根 城 本 丸（八戸市博物館提供）

南から俯瞰した根城本丸跡．中央の建物が主殿，周囲には掘立柱建物跡(平面表示)と竪穴建物，馬屋，門，柵などが復元されている

高 屋 敷 館（青森市教育委員会提供）

東(下)は大釈迦川に面した崖，西(上)はしだいに高地へと続く．堀の延長部分は西側の果樹園に残存している

七戸城北館
(七戸町教育委員会提供)

室町時代から戦国時代の七戸南部氏の居館跡．主殿と考えられる大型の掘立柱建物跡や，竪穴建物跡が重複している

福島城外郭土塁
(青森県五所川原市教育委員会提供)

外郭には壮大な土塁が構築されている．写真は外郭東側の土塁調査状況

浄 法 寺 城（二戸市埋蔵文化財センター提供）

中世糠部の拠点城館の姿が良好に保存されている．八幡館（主郭）は安比川に臨み，空堀には街道が通じている

大 林 城（〈公財〉岩手県文化振興事業団埋蔵文化財センター提供）

街道の両側に縄張された柏山氏の居城跡．東側（右側）の低い台地上には下館，宿と呼ばれる城下集落が拡がる

脇本城跡（南から）（男鹿市教育委員会提供）

男鹿半島にある戦国期の巨大な山城で，日本海運を押さえる立地は安藤氏に相応しい．背景の山は寒風山

大鳥井山遺跡空堀と土塁（横手市教育委員会提供）

堅固な二重の堀と土塁，土橋．左側高地には掘立柱建物や竪穴建物のほか，柵，逆茂木，門，櫓などの遺構が確認され「後三年合戦絵詞」を彷彿とさせる．

飯村 均・室野秀文［編］

東北の名城を歩く 北東北編

青森・岩手・秋田

吉川弘文館

刊行のことば

近年中世の城に関心を寄せ、各地の城を探訪する人が増加している。史跡整備された城館はもちろんのこと、里山にひっそりと残る山城もその対象となっている。各地で開発にともなう発掘調査の現地説明会では、地域を中心に多くの参加者が集まり、発掘された城の遺構を前に調査員の解説に耳を傾け、熱心に見学している。また、最近は城郭ブームを反映して城に関係する書籍が書店に数多く並んでいる。特に各地方の身近な城館を扱った本の出版が相次いでいて、少し前よりも地方の城の情報が格段に得やすくなっているのは確かなことである。本書もまた、北東北各地域の城館を身近に感じながら、地域の歴史に関心を寄せて頂くように計画された。

本書で対象とした北東北三県では、三〇〇〇以上の城館があると推定されるが、そこから五九の城館を選ぶことは容易ではなかった。まず国・県・市町村指定史跡を優先し、次に遺存状態が良好で現地に行きやすい城館で、地域バランスにも配慮しつつ、一一世紀～一七世紀に存在した城館とした。編者らだけでは当然すべての城館を知りえないので、秋田県は高橋学氏に、青森県は岩井浩介氏に、城館や執筆者の選定について御指導をいただいた。ここに記して感謝申し上げたい。

東北地方の太平洋岸に未曾有の災厄をもたらせた「三・一一」から六年半が経過したが、今本当の意味での「復興」が問われる時期に来ている。その中で、本書が地域の城館を再評価する契機となり、一人でも多くの方々が城館を訪ねていただければ、望外の幸せである。

平成二十九年九月

飯村　均
室野秀文

目次

秋田県——187

北東北の名城の歴史をたどる

室野秀文

東北地方北部の中世城館を考えるとき、その成立を知るには、律令国家の統治拠点、いわゆる古代城柵が多く構築された、朝廷の東北政策の時代からたどる必要がある。

【城柵と館】 古代律令国家によって設置された古代城柵は、東北地方を朝廷の版図へと組み込み、統治するために設けられた行政府であり、軍事拠点であった。奈良時代に構築された宮城県多賀城市多賀城秋田市秋田城などは丘陵に立地するものが多いが、平安時代初期に設置された岩手県奥州市胆沢《いさわ》城、盛岡市志《し》波《わ》城、岩手県矢巾町徳丹《とくたん》城、山形県酒田市城輪柵《きのわのさく》は、平野部の低位段丘にあって、都城制を基調とした方形プランであり、中央の政庁と外郭《がいかく》からなる二重構造である。区画施設は築地塀《ついじべい》または掘立柱列で、内外に大溝（堀）をともなう場合もある。微高地から低地におよぶ徳丹城では、微高地では築地、低湿地では堅固な木柵で代用している。外郭の築地や柵には櫓《やぐら》が設置されていて物々しい。内部の政庁近くには実務を行う官衙《かんが》（役所）群がある。志波城では外郭内に多数の竪穴建物が存在し、その多くは兵舎と考えられている。官衙近くの竪穴建物には、小鍛冶などの工房として機能した大型竪穴建物もある。徳丹城外郭内にも工房エリアがあり、井戸から琴や木製冑鉢《かぶとばち》が出土している。志波城はわずか一〇年で徳丹城へ移転し、徳丹城も九世紀半ばには役割を終えている。以後一〇世紀後半まで胆沢城が陸奥北部の統治拠点となった。

日本海側では七世紀に造営された秋田市秋田城のほか、内陸部に雄勝《おがち》城と仙北市払田柵《ほったのさく》が置かれる。秋田城は一〇世紀後半まで、払田柵は一一世紀前半まで存続しているが、どちらも外郭内に竪穴建物の工房が多数構えられている。この中には、カマドの無い壁沿いに柱の並ぶ中世的竪穴建物も存在する。陸奥鎮《ちん》守府《じゅふ》が置かれていた胆沢城はおおむね三期に変遷しており、九世紀前半の一期には掘立柱建物の政庁を中心に簡素な実務官衙が設けられる。外郭には櫓を備えた築地塀が廻る。九世紀半ばから一〇世紀前半の二期には政庁正殿や外郭南門などは瓦葺き礎石建物となり、政庁の南に殿門が設置され、饗応《きょうおう》のための府庁厨《くりや》や実務官衙建物が大幅に拡充される。志波城、徳丹城の機能を集約した結果と考えられている。その後一〇世紀後半には、胆沢城南東城外の伯済寺《はくさいじ》遺跡に上級官人の館《たち》が営まれるようになり、胆沢城そのものは衰退期に入っていく。鎮守府胆沢城はこうした館に機能が移転していったと考えられている。いっぽう、停廃した志波城東側の林崎遺跡、徳丹城隣の館畑遺跡には、九世紀中頃以後に大型の掘立柱建物群が建てられる。林崎遺跡では大溝や板塀で区画された二間×五間の掘立柱建物をL字形に配置した官衙的建物群が出現する。これらは在庁官人に登用された豪族の館と考えられている。

【環濠・防御性集落と北海道のチャシ】　東北地方北部の内、岩手県の宮古市、盛岡市、秋田県仙北市、秋田市を結んだ線から北には、平安時代の中頃から後半にかけて、丘陵や台地の先端に堀を廻らし、内部に竪穴建物を配置する特異な集落が出現する。集落の一部を囲んだものや、集落の全体を囲んだ構造のものがあり、多くは単郭または複郭構造をとる。中には青森県六ケ所村内沼蝦夷館や、秋田県能代市チャクシ館のように、多郭構造のものも存在する。また津軽海峡を挟んだ北海道や樺太には、擦文《さつもん》文化やオホーツク文化の集落にも、堀や溝によって外部と遮断し、囲郭するものが確認されており、こうした遺跡が後のアイヌ文化のチャシ成立に関係する可能性も指摘されている。

【安倍氏・清原氏の柵】 安倍氏は鎮守府胆沢城の在庁官人、清原氏は秋田城や払田柵の在庁官人の中から台頭した勢力で、安倍氏は陸奥国北上川上中流域の奥六郡、清原氏は出羽国仙北三郡と雄物川流域を基盤としていた。安倍氏の拠点とされる**鳥海柵**《とのみのさく》、清原氏の拠点とされる**大鳥井山遺跡**は、このころの武士の拠点として注目され、現在国指定史跡となっている。どちらも低地に臨む段丘縁辺部や低い丘陵上に立地しており、自然の沢による区画を最大限活用しながら、要所に堀を効果的に用いた防御を施している。

安倍氏の鳥海柵の堀は一重であり、全体に分散的構成をなすのに比べて、清原氏の大鳥井山遺跡では二重または三重の堀を構えたうえ、内部を堀で分割し、大鳥井山、小吉山《こきちやま》、台所館《だいどころだて》を有機的に関連づけた強固な構成へと進化している。内部の建物は掘立柱建物や竪穴建物で、象徴的な四面廂《しめんびさし》建物や二間×五間建物、一間四方または一間×三・四間の櫓、壁添いに柱穴列のある竪穴建物などで構成されている。この竪穴建物は、東北地方や北海道の中世城館では普遍的に構築された建物で、工房や納屋、兵舎などの用途が考えられている。その源流は古代城柵内に設けられていた金属加工や漆工等の工房としての竪穴建物であり、それまでの官制工房の施設と生産システムを自らの拠点に取り入れ、自身の社会的地位や武士団の存立を図ったものと考えられる。

【平泉藤原氏の城館】 後三年合戦の後、藤原清衡《ふじわらのきよひら》は江刺豊田館《えさしとよだのたち》から平泉に拠点を移す。平泉は仏教の浄土思想を基軸とした政権都市を形成し、ここを拠点に奥羽二国を管掌した。平泉の政治拠点平泉館は**柳之**《やなぎの》**御所遺跡**《ごしょいせき》と考えられている。北上川に臨む舌状《ぜつじょう》台地に立地し、二重の堀で囲んだ堀内部地区の居館、堀外部地区に藤原氏一門や重臣の屋敷群、北西の高地に堀で囲まれた高館がある。これらから猫間ヶ淵《ねこまがふち》を隔て、南に伽羅《きゃら》之御所、西には無量光院《むりょうこういん》が存在する。平泉の町の北西の関山に中尊寺、南西には毛越寺《もうつうじ》が存在し、これらの間には白山社《はくさんしゃ》や花館廃寺《なだてはいじ》、毛越寺に向かう志羅山《しらやま》、泉屋には官人や武士階層の邸宅が建ち並んでいた。藤原氏一門の居館として明確なのは**比爪館**《ひづめのたち》である。居館は中島のある五郎沼《ごろうぬま》に面した微高地に立地し、内部には館と宗教施設、園地が存在する。後三年合戦当時の清原氏の城館に比べれば、防御性はやや薄らいだ感じがするが、これは平泉時代の安定した状況を物語っている。

【鎌倉～南北朝期の城館】 文治五年（一一八九）の奥州合戦により、奥羽二国は鎌倉幕府の管轄となり、各地に御家人が配置された。この時代の城館の実像については不明な部分が多いが、**根城**の本丸には鎌倉時代の城館の存在が判明している。また岩手県北上市丸子館《まるこたて》も鎌倉時代のうちには城館が成立していることが確かめられている。また、岩手県二戸市諏訪前《すわまえ》遺跡、盛岡市台太郎《だいたろう》遺跡では、不整方形の堀による居館が確認されている。二戸市を含む糠部《ぬかのぶ》は鎌倉時代を通じて北条得宗領《ほうじょうとくそうりょう》であり、台太郎遺跡のある岩手郡の地頭職は工藤氏から北条氏へと移行した経緯がある。諏訪前遺跡や台太郎遺跡は北条氏や得宗被官の拠点であり、統治を目的とした平地の城館。**根城**や丸子館は在来の台地城館を引き継いで防御と統治の両方を目的とした城館である。鎌倉時代後期に津軽で起こった安藤氏の内乱では、幕府軍が安藤氏の堅固な城郭を攻めあぐねたことが「鎌倉北条九代記」に記されている。奥羽北部においては、地方武士の間では台地上の城館が継続して営まれていた可能性がある。こうした城館は南北朝、室町期以後も規模や構造を変えながら存続していることが多く、鎌倉時代の城館の詳細がわかりにくい。また平地の居館は、多くの場合地表に痕跡が残らず、大規模開発にともなう発掘調査でようやく存在が判明しても、発掘調査終了後は開発され、一般の目に触れる機会が極めて少ない。

鎌倉幕府の滅亡後、建武政権による大規模な旧幕府軍掃討戦があったほか、南北朝分裂後の両勢力の戦闘が続いた。奥羽北部では津軽や糠部、北上川流域において、多くの城館で攻防戦が繰り広げられたことが、遠野南部家文書や鬼柳《おにやなぎ》家文書などによって知ることができる。考古学的に確認された鎌倉時代末期から南北朝期の城館としては、根城のほかに青森県弘前市境関館、秋田県能代市竜毛沢館《りゅうげさわたて》、丸子館などがある。境関館は平野部に立地するが、他はすべて段丘や台地上に構えられた城館であり、南奥の福島県伊達市霊山城や福島県須賀川市宇津峰城に代表されるような、比高差の大きな山城は奥羽北部では今のところ確認されていない。台地城館で見られる構造的特徴は、居館のある主郭を広くとり、台地の先端部や細い基部を掘り切って堡塞《ほうさい》ともいうべき小郭を付属させ、守りを工夫している点である。ただし斜面部の腰郭《こしくるわ》（腰曲輪）や帯郭《おびくるわ》（帯曲輪）はまだ発達していない。丸子館では台地の基部の細い箇所に堀切《ほりきり》で小郭を設け、広い主郭は外側へ土塁《どるい》を盛った堀で囲んでいる。安藤氏の勢力圏では台地の基部を堀切って主郭とし、周囲に派生する尾根を掘り切って防御用の小郭を設けている。竜毛沢館や福島城の古い段階はこのタイプであり、安藤氏の関係した北海道松前町松前大館も主郭の大館と尾根の小館とに分けられている。檜山《ひやま》安東氏城館のうち大館もこのタイプになる可能性がある。福島城では後に大きな主郭内に大小の方形居館を営んでいる。

【蝦夷地（北海道）の和人の城館】　鎌倉時代末期の津軽の大乱、元弘の乱により、奥羽から津軽海峡を渡り蝦夷地《えぞち》（北海道）へと逃れた人々がいた。また蝦夷地は古くから罪人の流罪先でもあり、鎌倉時代の「蝦夷の沙汰」を管掌していたのが、北条家御内人《みうちびと》の安藤氏であった。蝦夷地での彼らの基盤は交易活動にあった。北海道渡島《おしま》半島の津軽海峡沿いの彼らの根拠地には防衛のため、港近くに城館が構えられた。康正三年（一四五七）アイヌと和人の交易トラブルに端を発したコシャマインの戦いでは、松前大館、上ノ国町花沢館、茂辺地《もへじ》町茂別《もべつ》館、函館市志海苔館《しのりたて》、箱館《はこだて》など、一二ヵ所の城館が攻撃を受けた。このとき花沢館を守っていた武田信広は蠣崎《かきざき》氏を継承して松前に進出し、子孫は松前藩主松前氏として存続することになる。

【室町時代、戦国時代の城館】　南北朝の合一（一三九二）後、奥羽も室町幕府体制に組み込まれ、奥羽の武士達は関東衆として鎌倉府の管轄下に置かれた。また奥羽二州には守護は設置されず、斯波《しば》一族の大崎氏を奥州、最上《もがみ》氏を羽州の探題とした。糠部の南部氏、津軽西部から秋田、能代の安東氏、仙北、雄勝、平鹿の小野寺氏など大身の武士たちは、京都御扶持衆として幕府直属の国人《こくじん》領主達であった。室町時代中期には、津軽海峡や津軽外《そと》ヶ浜《がはま》、西浜地域をめぐる安藤氏と南部氏との争い。仙北の小野寺氏と南部氏の争い。北上川中流域の国人領主稗貫《ひえぬき》氏と和賀氏の紛争など、大規模な戦闘が相次いで起こっている。永享七年（一四三五）初冬から同八年の夏にかけて起こった和賀、稗貫の合戦では、奥州探題と一族の斯波御所（**高水寺城**：紫波町）を大将軍に、南部氏のほか北奥各地の武士が動員されて鎮圧にあたっている。この時の主戦場は稗貫氏の岩手県は花巻市十八ヶ城《さかりがじょう》であったが、和賀氏の二**子城**も警護されている。

この時代の合戦は後の戦国時代の合戦よりも大規模で長期化したのが大きな特徴であり、自ずと各地の城館は長期戦を想定した大規模で守りの堅固な構造へと変化していった。拠点城館の大型化と多郭化、複郭化が進み、領主の本城は台地上の多郭式城館が主流となった。また小野寺氏は平城の**沼館城**のほかに、秋田県湯沢市湯沢城、**金沢城**など、丘陵や山上に大規模な城館を構えている。安東氏は福島城の中心に大型の方形居館を営んでいたが、南部氏との合戦で十三湊《とさみなと》を退去し、後に出羽の**檜山城**、**脇本城**を構えた。糠部の南部氏は**根城**の本丸、中館、東善寺館、沢里館の後背部に、巨大な二重堀の岡前館を構築して惣《そう》構《がまえ》的な巨大な城を整備した。南部氏一族の三戸《さんのへ》南部氏は段丘二段に二郭からなる**聖寿寺館**《しょうじゅじたて》を構築。全体として方二町の居館を強く意識したプランで構えられたが、天文八年の火災後、より堅固で巨大な山城の

三戸城へと移っている。糠部では八戸の根城南部氏の勢力は戦国期に弱まり、代わって三戸南部氏と、九戸氏が大きく成長した。九戸氏は本領の九戸から二戸地域へと進出して、一五世紀末頃に**九戸城**を構えている。一五世紀後半以後、一六世紀にかけては、**千徳城**、**角館《かくのだて》城**、**米《よね》ケ《が》崎城《さきじょう》**、**遠野城**、岩手県花巻市**鳥谷崎城**など、大型の山城や多郭構造の台地城館が構築されているほか、地域単位の紛争が多発するようになり、戦国大名や国人領主に属した村落領主層や地侍層までがこぞって中規模・小規模城館を構築した。その結果、現在の大字に対して一ヵ所から数ヵ所程度の城館跡が残るようになったのである。

【奥羽仕置と城館】　天正十五年（一五八七）豊臣秀吉は奥羽惣無事令《おううそうぶじれい》を発布し、同十八年には小田原北条氏攻略のため、諸大名に参陣を命じた。これに応じた南部氏や津軽氏、戸沢氏、安東氏などの大名は存続を許されたが、稗貫氏、和賀氏、江刺氏、阿曽沼氏など遅参、不参の大名は改易となるか、南部氏や伊達氏の家臣となった。この直後、奥羽仕置のため奥羽二国の検地と刀狩り、城割《しろわり》が実施された。同年秋、仕置軍の主力が帰還すると、奥羽各地に一揆が勃発した。糠部で南部信直《のぶなお》と対立していた九戸《くのへ》政実《まさざね》は九戸城に挙兵し、信直派を攻撃した。翌天正十九年再仕置によって葛西、大崎、九戸、仙北の一揆はすべて鎮圧された。この後**三戸城**、**九戸城**、鳥谷崎城など、存置城館の大規模な改修が施され、南部信直に引き渡された。他の地域においても存置城館については何らかの改修が加えられたと考えられる。この翌天正二十年（文禄元年）までに南部信直領内は四八城中一二城を残し三六城を破却。戸沢光盛領内は三五城のうち本城角館城以外の城郭をすべて破却した。

【幕藩体制の成立と北奥羽】　豊臣秀吉の死後、徳川家康が政治の実権を握り、慶長五年（一六〇〇）関ヶ原の合戦において家康は石田三成ら西軍に勝利した。奥羽においても徳川方の最上氏と西軍の上杉氏との合戦があり、南部利直《としなお》、戸沢政盛《まさもり》、小野寺康道《やすみち》は徳川方の最上氏へ加勢している。この合戦で上杉氏は敗退し、会津から米沢へ移されることになった。家康は西軍の諸大名の取りつぶしなどの処分を行い、小野寺氏は最上出陣の際に最上方の城を攻略したため、取りつぶされ、石見坂崎氏へ預けられた。慶長七年常陸国から佐竹義宣《よしのぶ》が秋田へ移され、代わりに戸沢氏、本堂氏、六郷氏、仁賀保氏は常陸へ国替えとなった。戸沢氏は後に出羽の真室川をへて新庄藩主となり、六郷氏は出羽の本荘へと移された。慶長八年（一六〇三）徳川家康は征夷大将軍となって江戸に幕府を開いた。元和元年（一六一五）豊臣氏が滅ぼされると、幕府は大名の居城は一城に制限した。これによってさらに多くの城館が整理されることとなった。

津軽では慶長八年**堀越城**から**弘前城**へと移転し、青森県弘前市**大浦城**、**堀越城**は廃城となった。南部信直、利直領内では慶長二年から**盛岡城**築城が開始されたが、**三戸城**、福岡城（**九戸城**）、**高水寺城**を仮居城としながら盛岡築城が継続された。寛永十年（一六三三）南部重直が**盛岡城**に入り、盛岡藩主の居城と定まった。

盛岡藩では**盛岡城**のほか、**花巻城**が支城、**三戸城**は古城と位置づけられ、他に鹿角《かづの》に**大湯**、秋田県鹿角市毛馬内《けまない》（**柏崎**）、花輪の三城、糠部に青森県野辺地町野辺地、青森県むつ市**田名部**、八戸（**根城**）の三城、閉伊《へい》郡に**大槌城**、**遠野城**、稗貫郡に岩手県花巻市新堀城、和賀郡に岩手県花巻市土沢城、北上市岩崎城が残されていた。このうち**大湯**、花輪、毛馬内、**遠野**、野辺地は要害屋敷として残され、幕末まで存続している。

秋田藩では**久保田城**を本城に、**大館**、**檜山**、**金沢**、秋田県横手市吉田、**横手**、秋田県大仙市紫島、**角館**、十二所の各支城が存在し、このうち**横手城**、**大館城**は幕末まで存続している。関東以西の地域と比較して、東北地方諸藩は藩領が広大なため、治安維持と地方統治の利便性を考慮せざるをえなかったのである。

●青森県名城マップ

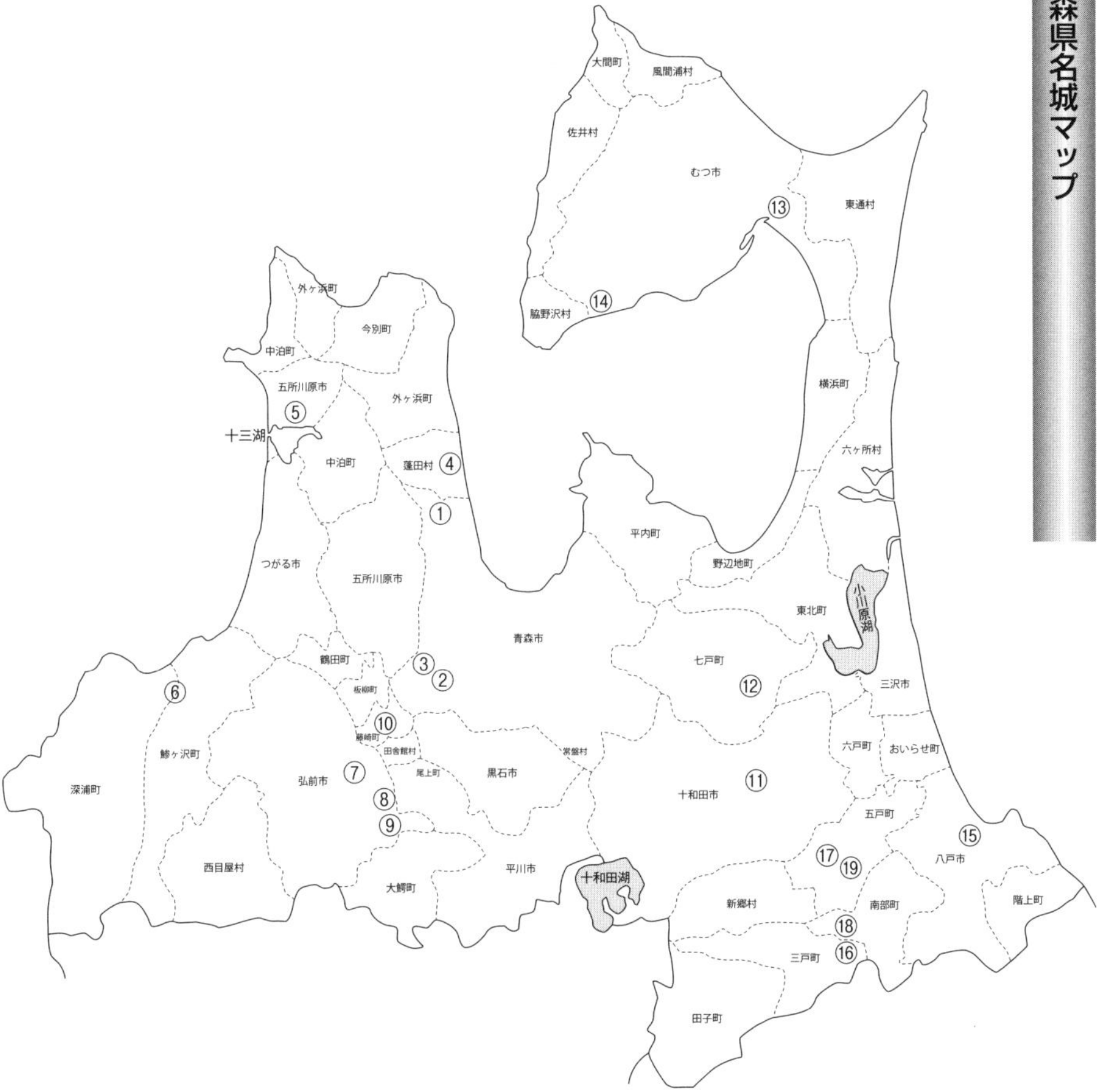

〔青森県〕
① 尻八館
② 浪岡城
③ 高屋敷館遺跡
④ 蓬田大館
⑤ 福島館
⑥ 種里城
⑦ 弘前城
⑧ 堀越城
⑨ 石川城
⑩ 藤崎城
⑪ 沢田館
⑫ 七戸城
⑬ 田名部館
⑭ 蠣崎城
⑮ 根城
⑯ 三戸城
⑰ 中市館
⑱ 聖寿寺館
⑲ 浅水城・浅水館

●岩手県名城マップ

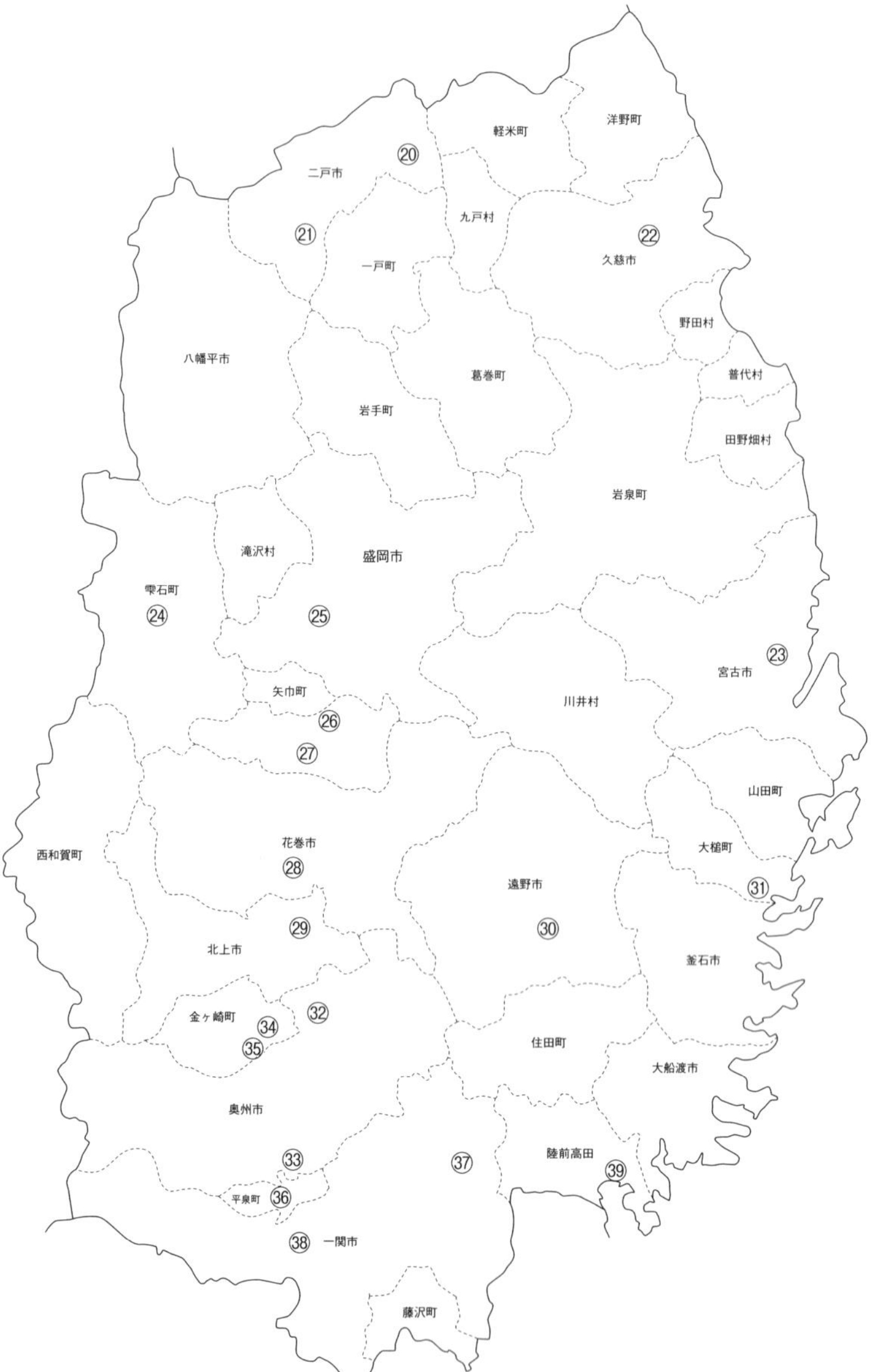

【岩手県】

⑳九　戸　城
㉑浄法寺城
㉒久　慈　城
㉓千　徳　城
㉔大館(付)雫石城
㉕不来方城
㉖高水寺城
㉗比　爪　館
㉘鳥谷崎城
㉙二　子　城
㉚遠　野　城
㉛大　槌　城
㉜岩谷堂城
㉝白鳥舘遺跡
㉞鳥　海　柵
㉟大　林　城
㊱柳之御所遺跡
㊲大　原　城
㊳一　関　城
㊴米ヶ崎城(付)高田城

●秋田県名城マップ

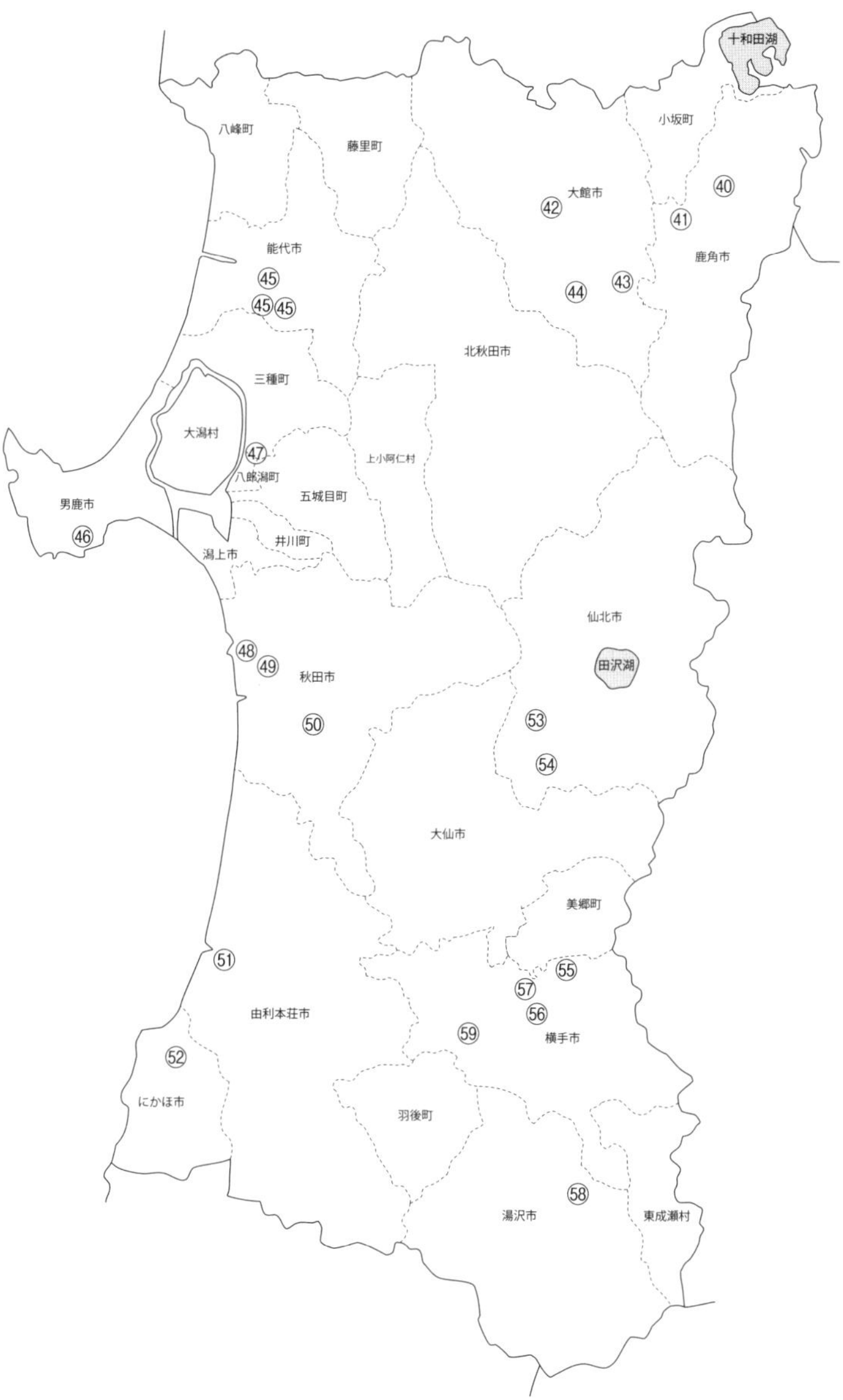

〔秋田県〕

㊵大湯館
㊶柏崎城
㊷大館城
㊸十二所城
㊹十狐城
㊺檜山城・大館・茶臼館
㊻脇本城
㊼浦城
㊽勅使館
㊾久保田城
㊿豊島館
(51)本荘城
(52)山根館
(53)門屋城
(54)角館城
(55)金沢城・陣館遺跡
(56)横手城
(57)大鳥井山遺跡
(58)稲庭城
(59)沼館城

青森県

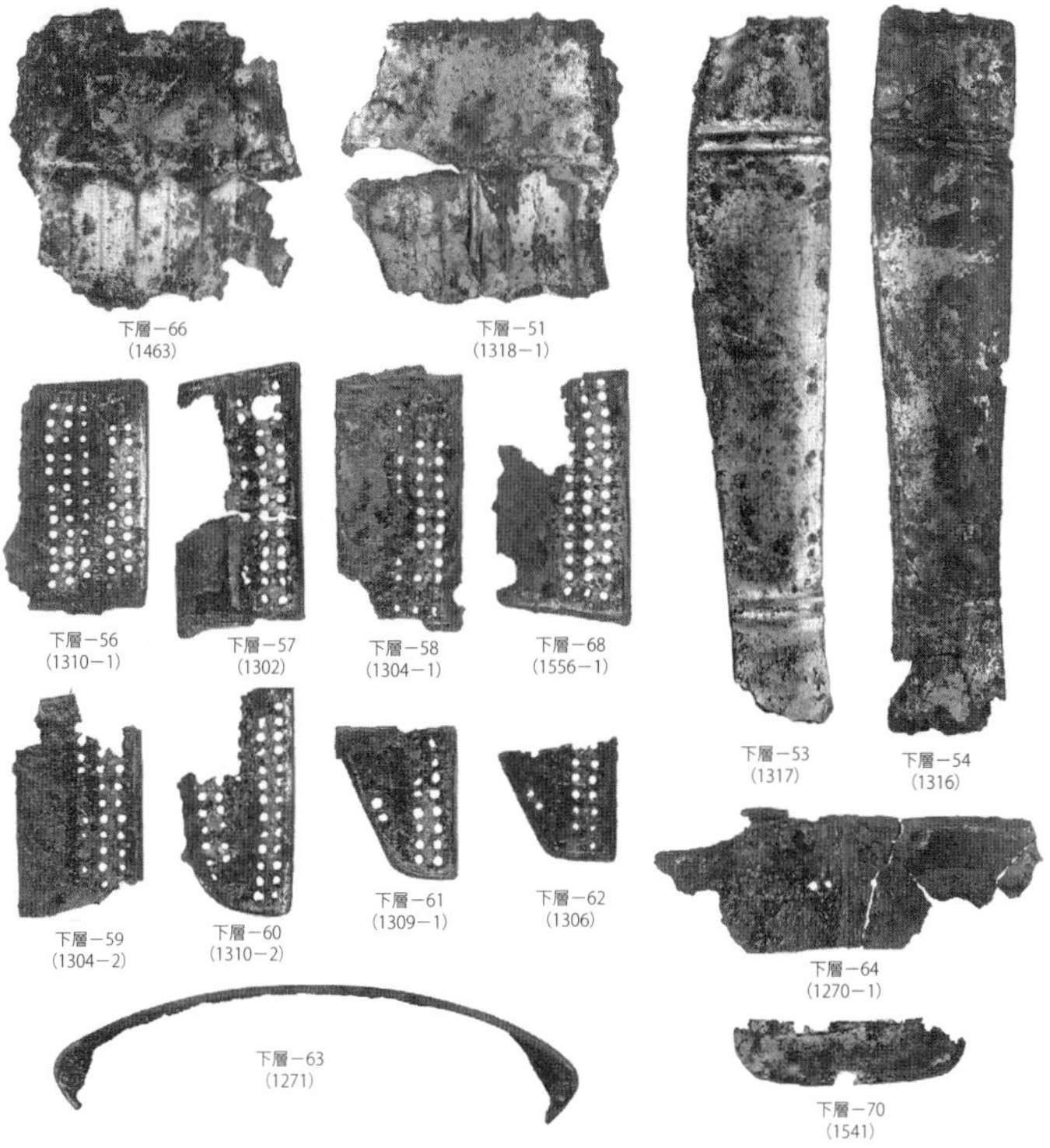

堀越城出土甲冑（弘前市教育委員会）

甲冑の籠手（左上），脛当（右上），草摺等の板小札（左），壺袖の冠板覆輪（左下）など

●安藤氏居館と推定される謎の山城

尻《しり》八《はち》館《だて》

〔所在地〕　青森市後潟字後潟山国有林・他
〔比　高〕　一四〇メートル
〔分　類〕　山城
〔年　代〕　一五世紀後半
〔城　主〕　津軽安藤氏？
〔交通アクセス〕　ＪＲ津軽線「後潟駅」下車、徒歩二時間。

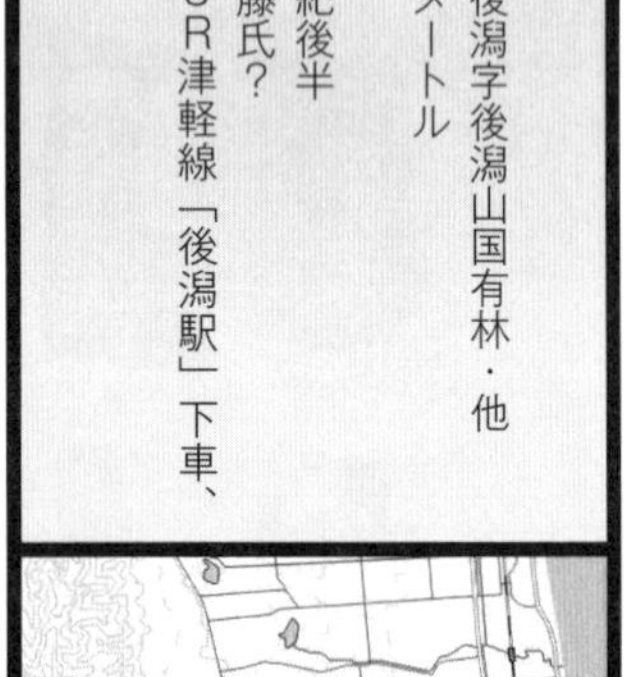

【環境と調査経緯】　尻八館は、陸奥湾・後潟《うしろがた》地区の海岸線から約四キロ西方に位置している。後潟川と六枚橋《ろくまいばし》川に挟まれた山稜上、標高約一八二メートルに存在するⅠ郭やその北東に位置するⅡ郭から構成される山城である。

館の存在は、明治から昭和初期にかけて地元の郷土史家を中心に、Ⅱ郭やその周辺から刀剣や陶磁器・銭貨が出土することで知られていた。ところが、当地の中世城館の調査記録である小友叔雄《おともとしお》の『津軽封内城趾考』（一九四三）や沼館愛《ぬまだてあい》三《ぞう》の『津軽諸城の研究（草稿）』（一九七八）でも城館としては認知していない。「尻八館」という名称自体も、一四世紀中ごろの『米良《めら》文書』に出てくる「尻引楯《しりひきたて》」の誤読とする見解があるなど、実態不明の城館であった。

この城館が注目を浴びたのは、地元の後方羊蹄《しりべし》郷土史研究会が昭和四十六年（一九七一）に同館跡から採集した青磁浮《せいじうき》牡丹文香炉《ぼたんもんこうろ》を青森県立郷土館へ寄託したことから始まる。この中国龍泉窯産の青磁香炉を見た東京大学名誉教授三上次男《みかみつぎお》は、一三世紀の砧《きぬた》青磁の優品と鑑定し、発掘調査の端緒となった。昭和五十二年から三次にわたる調査は、Ⅰ郭・Ⅱ郭および山麓の馬立場《またてば》地区を中心に行われ、次のような成果をあげることとなった。

【建築遺構】　Ⅰ郭は南北三〇メートル、東西一五メートルの平坦面で表土層が薄く調査面積が狭いため建築遺構を発見できなかったが、瀬戸仏花瓶《せとぶっかへい》が出土している。Ⅱ郭は南北一二・五メートル、東西一一・五メートルの平坦面で、その周囲を削平段が取り巻き、北・

西・南側に壕が巡る。東側にはいわゆる腰郭《こしくるわ》が広がり、中央部もふくめ柱穴の発見から掘立柱建物跡・柵列などが想定されるとともに竪穴《たてあな》建物跡も発見されている。竪穴建物跡周辺からは、青磁浮牡丹文香炉・青磁蓮弁文碗《れんべんもんわん》・瀬戸鉄釉印花《てつゆういんか》文瓶子《もんへいし》・朝鮮産褐釉《かつゆう》大壺・越前《えちぜん》壺・瓦質風炉《がしつふろ》など精品を含む多様な陶磁器類が出土している。

馬立場《またてば》地区はⅡ郭から北東に下った山麓にあり段築遺構で構成される平坦地からなる。一〇ヵ所のトレンチを入れると、柱穴、溝跡などとともに出土遺物もあり、一定の居住空間であることは確認できたが、調査目標としていた山城の麓に立地する居館を把握するまでには至らなかった。

【防御施設】 竪壕《たてぼり》・横壕・平場（削平段）・土橋《どばし》などがある。

竪壕は、Ⅰ郭とⅡ郭の平場から沢に下る場所に見られ、Ⅱ郭の東側には壕道《ほりみち》とされる長い竪壕も存在する。

横壕はⅠ郭のほぼ全周を、Ⅱ郭は前述したように東側を除き巡るが、特に西側のⅠ郭に向かう箇所

●―青磁浮牡丹文香炉（15世紀後半）（青森県立郷土館蔵）

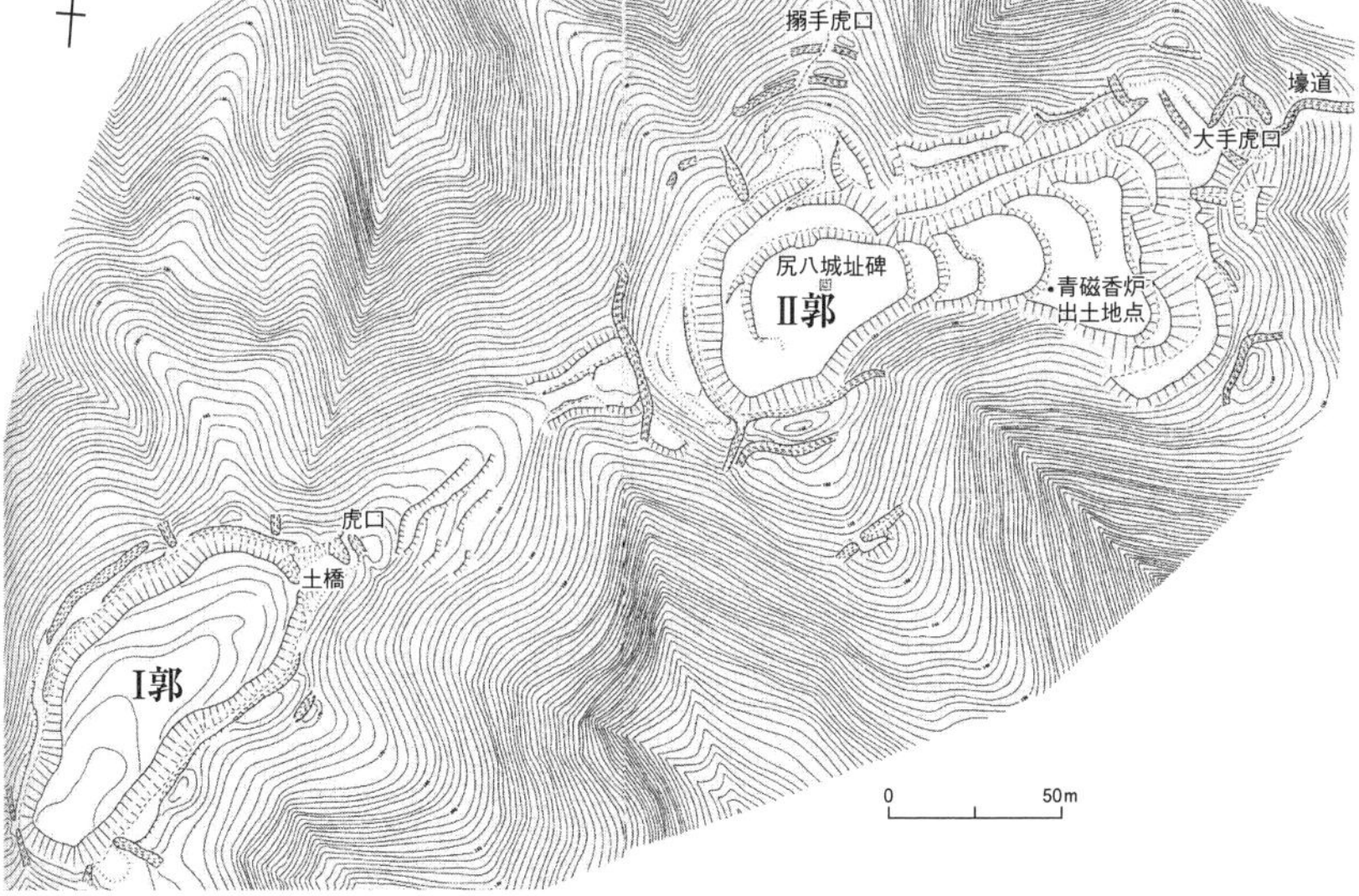

●―尻八館Ⅰ郭・Ⅱ郭全体図（『新青森市史資料編2』を一部改変）

には新旧三本の壕を確認している。古い壕は箱堀《はこぼり》の状況を呈し、この壕を埋め戻したうえで内側に薬研《やげん》堀の壕を構築している。また、南西側の一角には竪壕と横壕が交錯する地点もあり、いずれも薬研堀を呈する。

土橋は、I郭とII郭を遮断する横壕の上層で発見され、固

●—尻八館全域図

くしまった地業層で確認されている。

【出土遺物】　調査区（面積七八〇平方メートル）から出土した遺物は、陶磁器類一四五〇点、金属製品二一〇点、石製品（茶臼・砥石など）一三〇点、漆器一〇点余であり、山城にもかかわらず量は豊富である。

特に陶磁器類は多種多様な製品が多い。中国産として青磁香炉①・同酒会壺《しゅかいこ》②・同碗③〜⑦・同皿⑧・同盤、白磁碗・同皿⑨・同小杯、染付碗⑩、鉄釉碗（天目碗）・同壺（いわゆるルソン壺）があり、朝鮮産には碗・壺形（いわゆる三島手《みしまで》）・鉄釉の大型壺⑮、国内産としては、瀬戸産の碗・皿・鉢・盤⑭・香炉・仏花瓶⑬・瓶子⑪・耳付き壺⑫がある。他に珠洲《すず》・越前産の擂鉢《すりばち》や壺⑯、瓦質土器には風炉⑰・火鉢・擂鉢がみられる。（図の番号に対応）

金属製品としては、鉄製品に槍《やり》、吊耳《つりみみ》の鉄鍋、小札《こざね》、火打《ひうち》金《がね》、鉄鏃《てつぞく》、刀子《とうす》、釘のほか鉋刃《かんなば》、楔《くさび》、轡《くつわ》、鎌《かま》、銅製品には、笄《こうがい》、鎧《よろい》のコハゼ、刀装具の目貫《めぬき》、宝珠形の錘《おもり》、神獣形の脚《きゃく》などがあり、生活用具と武具の双方が出土している。

また、山麓の溜池北側では中世と想定された製鉄遺構が発見され多量の鉄滓も出土している。ただし、尻八館と同年代であるかどうかは未定である。

【城館の成立と城館主】　山城の成立年代は、出土した陶磁器

から、当初は一三・一四世紀頃と見ていた。それは、前述したように青磁香炉を典型的な砧《きぬた》青磁と考えたことによるが、発掘調査報告書でも指摘の通り最新の遺物年代は一五世紀後半を示していた。全国的に中世遺跡の調査が進展する中で青磁浮牡丹紋香炉の年代も、現在では一五世紀後半を中心とする時期に限定できる状況になっている。この時期は、南部氏が津軽から安藤氏を駆逐した永享四年（一四三二）以降であり、安藤氏が失地回復の抗争をしていた頃である。外浜《そとがはま》を基盤としていた安藤氏にとって後潟は故地であり、周囲には内真部館《うちまんべ》などの安藤氏関連城館も立地している。

文献の研究成果によると南部氏と安藤氏の戦いは、康正二年（一四五六）以降、戦乱終息と想定される延徳三年（一四九一）頃まで続いたとされ、山城という戦闘行為に対応する尻八館は、まさにこの時期に成立していたと想定される。出土陶磁器の年代もおおむねこの時期間幅に収まっている。

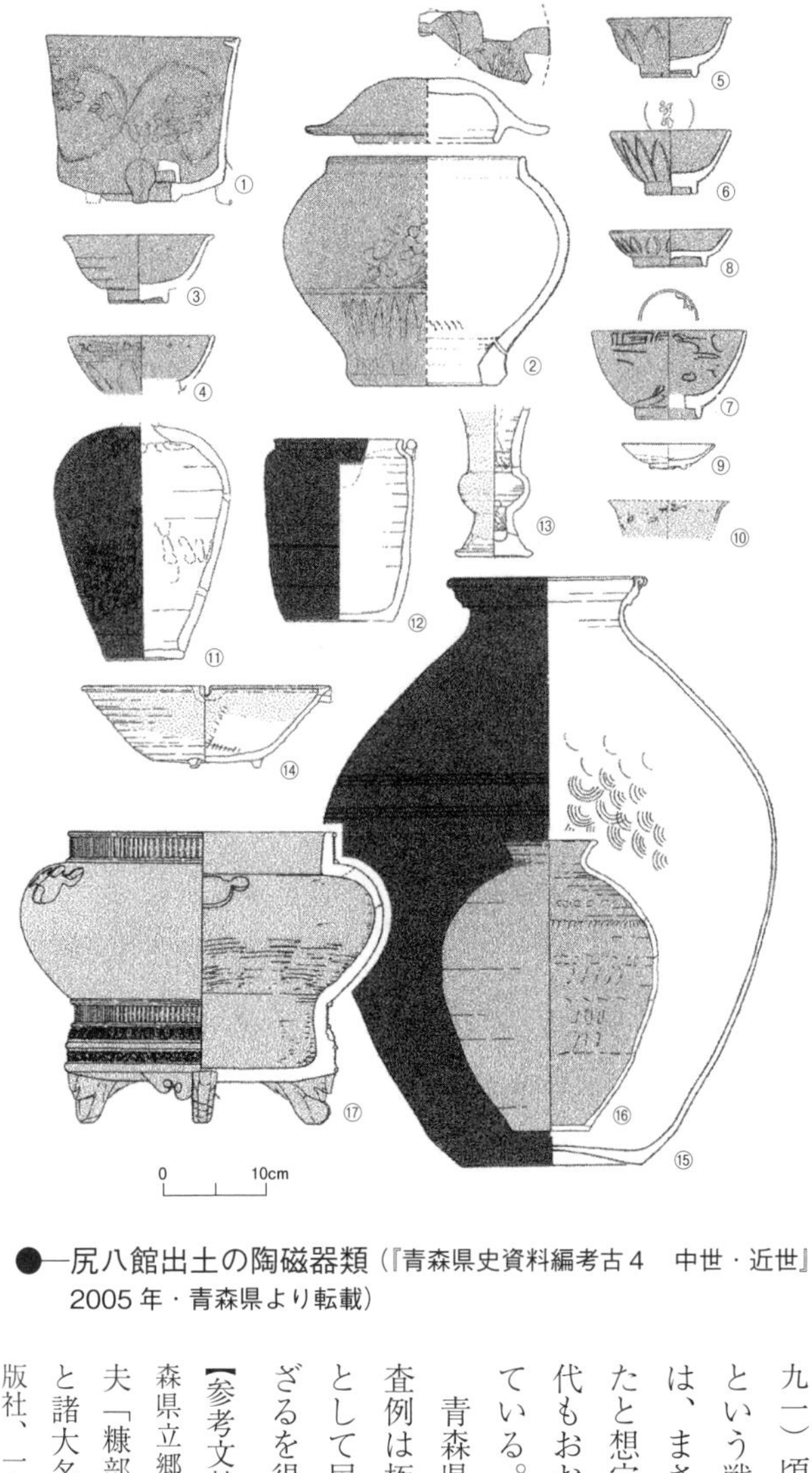

●—尻八館出土の陶磁器類（『青森県史資料編考古4　中世・近世』2005年・青森県より転載）

青森県における山城の存在と調査例は極めて少なく、貴重な城館として尻八館の価値は高いと言わざるを得ない。

【参考文献】『尻八館調査報告書』（青森県立郷土館、一九八一）、入間田宣夫「糠部・閉伊・夷が島の海民集団と諸大名」『北の内海世界』（山川出版社、一九九九）

（工藤清泰）

●浪岡御所と呼ばれた北畠氏城館

浪《なみ》岡《おか》城《じょう》

〔国指定史跡〕

〔所在地〕青森市浪岡大字浪岡字五所ほか
〔比　高〕一〇メートル
〔分　類〕平城
〔年　代〕一五世紀中頃～天正六年（一五七八）
〔城　主〕浪岡（北畠）氏
〔交通アクセス〕ＪＲ奥羽線「浪岡駅」下車、徒歩二五分。

【史跡指定と北畠氏】　浪岡城は、昭和十五年（一九四〇）二月十日、青森県初の国史跡に指定されている。指定書には、「浪岡川の右岸にあり、北畠氏の裔《すえ》と伝うる浪岡氏、天正六年の時まで居城せる処なり、城構は河岸台地を利用せる平城に属し、内館《うちだて》、西館《にしだて》、北館《きただて》、東館《ひがしだて》、猿楽館《さるがくだて》は各濠を繞《めぐ》らし城の主要部分をなし、更に西館の西に検校館《けんぎょうだて》、東館の東に新館《しんだて》あり、内館は現今行岳《なみおか》公園として桜樹を植え有栖川宮《ありすがわのみや》熾仁《たるひと》親王の御染筆に係る北畠城跡の碑あり」と、城館の歴史的経緯や構造などを簡潔に記載している。

城主・浪岡（北畠）氏は、南朝の雄北畠顕家の末裔と伝えられ、南北朝期の動乱をへて一五世紀中頃には南部氏の庇護下、浪岡城を構えたと考えられている。京都の公家・山科言継《やましなときつぐ》の日記『言継卿記《きょうき》』や叙爵者記録である『歴名土代《れきめいどだい》』の中に城主「具永《ともなが》・具統《ともつね》・具運《ともゆき》」の名が見えることから、同じ「具」の文字を使用する伊勢北畠氏と連絡をとっていたと想像される。浪岡氏の最盛期は、言継と交流のあった天文年間（一六世紀前半）とみられ、永禄五年（一五六二）、城主具運が叔父具信《とものぶ》によって殺害される事件、いわゆる「川原御所《かわはらごしょ》の乱」を契機に浪岡氏家臣団の四散そして浪岡氏の凋落が始まる。そして最後の城主顕村《あきむら》は、天正六年（一五七八）七月に弘前藩祖・大浦（津軽）為信の攻撃を受けて一日のうちに落城、自刃することとなる（年代に異説もあり）。

『言継卿記』によると、浪岡氏は官位を得るための工作として、当地の海産物である「昆布やイリコ（干しナマコ）」などを頻繁に言継に贈っており、京との連絡は密接であった。津軽地方の豪族の中で唯一公家の血を引く名門であったがゆえに、浪岡城は「浪岡御所」、傍系の具信系統は「川原御所」と称されて、現在も城跡の小字に「五所」そして川原館の所在地に「川原町」の地名が残っている。

【城の環境】　浪岡は、現在の青森・弘前・黒石・五所川原市のほぼ中間に位置し、古来交通の要衝地として発展してきた。中世においては、津軽平野部から外浜に抜ける大豆坂《まめさか》通りが蝦夷島・北方世界への第一ルートであり、浪岡城はその街道筋に存在している。

城は、北東側から傾斜する扇状地形の突端、浪岡川の段丘上に立地しており、南の河川氾濫源を自然の堀として活用

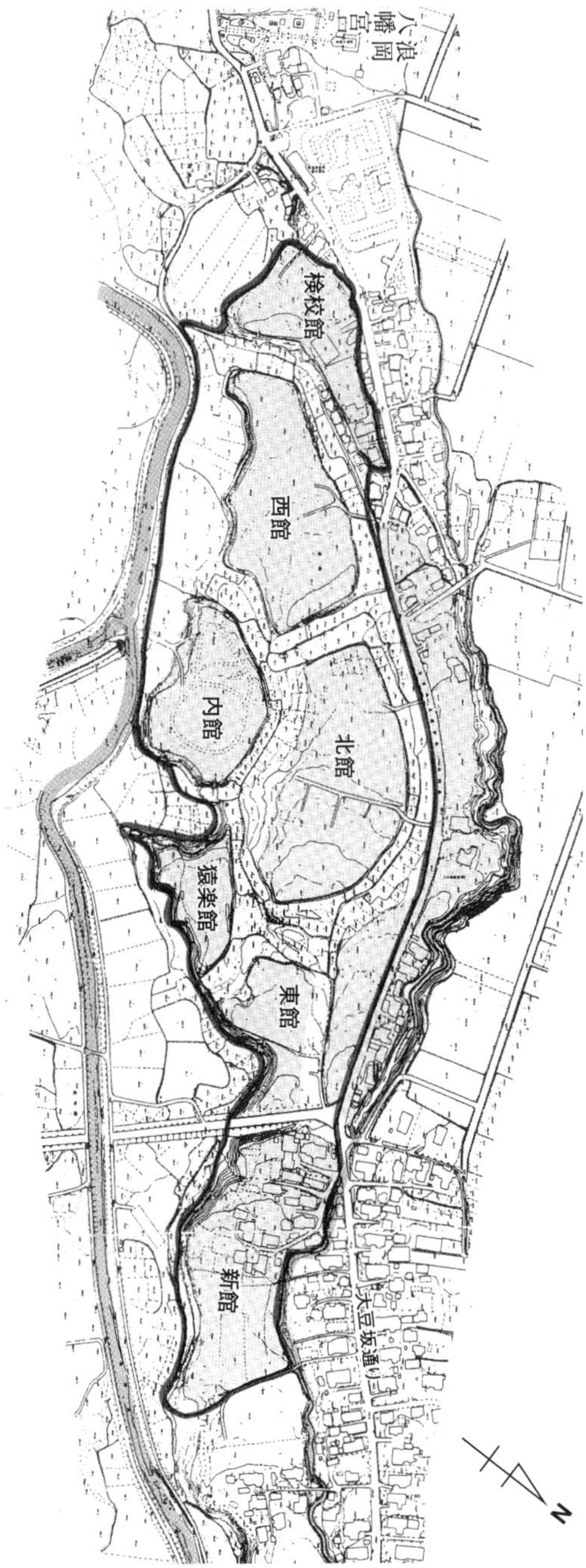

●―浪岡城全体図

●―家臣団屋敷と考えられた北館の遺構復元状況

し、丘陵上の平場を水堀と中土《なかど》塁《るい》で区画しながら防御機能を高めている。内部構造は、指定書に示された通り東側から新館・東館・猿楽館・北館・内館・西館・検校館そして大豆坂《まめさか》通りが通る「無名の館」の八ヵ所の平場からなり、それぞれ幅二〇メートル前後の堀で区画している。

史跡指定地は約一三万六〇〇〇平方メートル。東には加茂神社、西に八幡宮の神社領域が存在し、八幡宮側には九日町村、加茂神社側には七日町村の古名が残るなど、城域と一体化した城下（町）が存在した可能性は高い。

【北館は家臣団屋敷】　発掘調査は、昭和五十二年（一九七七）から始まり、東館・北館・内館の平場とその間の堀跡を中心に実施した。平場の遺構は、掘立柱建物跡と竪穴《たてあな》建物跡そして井戸跡がセット関係を有し、屋敷単位の集合体であることが特色である。全域を調査した北館では、東西に走る区画通路の南北に屋敷割りが認められ、一五世紀後半から一六世紀末までの各時期に区画範囲の変化を確認できる。

屋敷の中心となる掘立柱建物跡は一間が六尺六寸（約二メートル）の柱間を有するものが多く、大きさも五×六間ぐらいの建物を中心に据え、その周囲には竪穴建物跡を配置して、倉庫・工房・下人住居などに使用していたと推定された。

屋敷の中には木枠を有する井戸が数基存在したことから、建物ごとに独立性の高い居住空間を構成していたと想定され、武家屋敷的な居住空間と予想された。なお、東側の一角には武家住宅に相当する建物が発見されず、竪穴建物を主体とする区域が存在し、出土品にも鎧《よろい》修理、銅製品の製作に関わる遺物が存在したことから、職人の居住区域と考えられた。また、北館の南側には平場から一段低いテラスが認められ、この部分の調査では下層に堀跡が存在していた。このことから、北館南側では堀跡を埋め戻して平場を拡張し、一六世紀前半の最盛期に屋敷地を拡大していることがわかった。

【内館は城主居住空間】　これに対し同じく全域の調査を行っ

た内館においては、明確な屋敷割りは検出されないかわりに、掘立柱建物跡に根石を配置する建物が検出された。この建物の部屋割りをみると三×三間のいわゆる九間《ここのま》といわれる部屋が存在し、書院造り建物の中で政務や接客の部屋として使われていた可能性が高いものである。さらに、出土遺物を北館と比較した場合、北館は一六世紀代の陶磁器が多く、一五世紀後半から継続して一定量出土する内館と相違する。また、威信材的な優品といわれる青白磁《せいはくじ》陶枕《とうちん》・青磁盤・染付大皿などは内館から出土することが多い。このように浪岡城の築城時期から一貫して城館の主体を占め、主殿に近い建物も発見され、出土遺物もそれに見合うことを勘案すると、内館は城主の居住空間であったと考えられる。

この発掘成果は、曲輪《くるわ》配置の面から内館を扇の要とした縄張であり、内館が主《しゅ》曲輪であるとの考え方を是認する結果となった。

【堀は水堀】 平場を囲む堀跡の中には地山《じやま》を掘り残した中土塁といわれる遺構が存在して、結果的に堀跡は二重堀や三重・四重の堀となっている。また、堀の結節地点には柵《しがらみ》状の遺構が存在し、さらに多量の木製品が出土する調査結果からみると水堀であったと考えられる。水源は、浪岡川の上流から取水した灌漑用の水路が城館外周を巡り浪岡八幡宮域まで伸びており、築城時から計画的に水堀として構築したと考えられる。ただし部分的な調査のためその全容はわからない。

【出入口の発見】 北館の北西隅から桝形《ますがた》遺構を発見している。桝形スロープの途中には二脚門が存在し、そこから北館に出入りしていた。発掘当初はまったく痕跡が認められなかったことから城割《しろわり》に伴う出入り口の城館破却《はきゃく》とも推定される。

この桝形に対峙する西館の間には前述した中土塁が存在することから、中土塁は各館を連絡する通路として使用していたことも想定できた。明確に橋梁の柱痕が認められたのは西

●—北館から発見された桝形遺構（『浪岡町史』第２巻より転載）

館南東隅だけであり、この部分もスロープをもった出入口になって、中土塁を通じて対峙する内館に連絡していたものと思われる。現在の史跡整備にあたっては、既存の出入口と中土塁に対応する出入口に橋梁を架けて通路としているが、恒常的な橋梁か簡易な橋梁かを決定する材料は少ない。

【建物の数と機能】 掘立柱建物跡は、これまで七〇棟以上を確認しており、柱穴の配置から部屋割などの構造を理解できるようになっている。基本的には武家住宅・職人住宅・倉庫・馬屋などの機能を有すると考えられる。竪穴建物跡は、二〇〇棟ほど発見され、長辺七メートル以上の大型のものから三〜四メートルの一般的なものまで多様な形態が存在し、出入口スロープを有するものが多い。職人工房・下人住居・倉庫的使用を想定できる。井戸跡は一九〇基ほど発見され、木枠（隅柱《すみばしら》に横桟《よこさん》で組み立てる例が多い）を有する例と素掘《すぼ》りがあり、後者が多い。井戸跡の中には捨てられた遺物が多く見られ、陶磁器や木製品に貴重な資料がある。数は少ないが屋敷の一角に土壙墓が存在するほか、破砕した陶磁器や緡《さし》になった銭貨を埋納した特殊な遺構がみられる。

【出土遺物】 遺物は、約二万五〇〇〇平方メートルの調査面積に対して四万点近くの数がある。陶磁器（中国製が半数以上）約一万六〇〇〇点、金属製品約一万点以上、木製品約一七〇〇点、石製品約一一〇〇点、銭貨一万点以上と、出土量は青森県内でも屈指である。

陶磁器類のうちもっとも古い資料は、一二世紀後半代のものがある。中国産白磁四耳壺《はくじしじこ》・同碗、常滑《とこなめ》壺、須恵器《すえき》系甕などであり、この段階ではカワラケ（てづくね・ロクロ成形の皿）を伴い、平泉に関連した遺物群である。さらに一三〜一四世紀の陶磁器としては中国産青磁碗・白磁碗、瀬戸産の瓶子、珠洲《すず》産の甕・鉢がある。

もっとも出土量が多くなる陶磁器類の年代は、一五世紀後半から一六世紀末である。中国産では青磁の碗・皿・盤・香《こう》炉《ろ》・酒会壺《しゅかいこ》、白磁の皿・小杯《しょうはい》、染付の碗・皿・小杯・壺・水滴・盤、鉄釉壺があり、朝鮮産は碗・皿がある。国産では瀬戸美濃産の碗・皿・香炉・瓶子《へいし》・壺・鉢・水滴・天目台《てんもくだい》、珠洲産の擂鉢《すりばち》・甕、越前《えちぜん》産の擂鉢・甕・壺、唐津《からつ》産の碗・皿・擂鉢、備前《びぜん》産の擂鉢、瓦質《がしつ》土器では火鉢・風炉・天目茶碗写しの碗・香炉・燭台《しょくだい》・壺・花瓶《かびん》などがある。

金属製品では、建築部材である釘の出土がもっとも多く、鎧《よろい》の部品である小札《こざね》の出土も多い。造作に関わる道具として鋤《すき》・鍬《くわ》、作事に関わる道具として鉈《なた》・槍鉋《やりがんな》・鑿《のみ》・鋸《のこぎり》・斧《おの》・鎹《かすがい》などのほか、日常道具として小刀や鎌・苧引金《おひきがね》も多く、煮炊具《しゃすいぐ》である鉄鍋もある。また武具の類では、刀や槍・

鏃《やじり》本体のほか刀装具として小柄《こづか》小刀《こがたな》・鐔《つば》・切羽《せっぱ》・小柄・笄《こうがい》・鐺《こじり》・足金物《あしかなもの》・返角《かえりづの》・目貫《めぬき》があり、鎧・兜《かぶと》の部品として縁《ふち》金具・八幡座《はちまんざ》・こはぜ・胸板《むないた》、鉄砲関係では火縄挟《ばさみ》・弾も出土している。城内からは、鐔・刀装具の鋳型と鉄滓《てっさい》や銅滓もみられ、鍛冶《かじ》・鋳物《いもの》関係の工房が存在したと推定される。

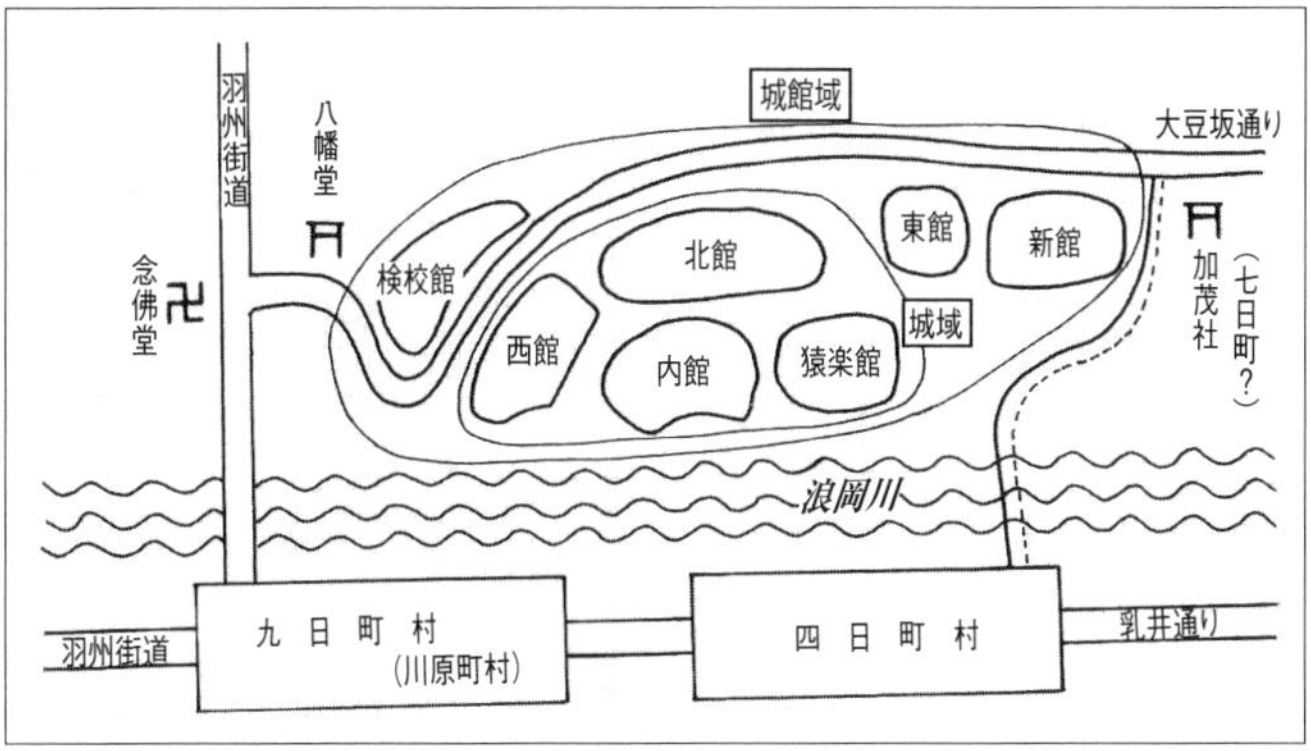

●—浪岡城の城館そして城下町概念図

木製品では、食膳関係の折敷《おしき》・膳《ぜん》・漆塗り碗や盤・曲物《まげもの》・箸《はし》・篦《へら》などと桶《おけ》と推定される部品もあり、漆塗りの篦も出土していることから塗師《ぬりし》の存在も想定される。

石製品では、茶臼《ちゃうす》・粉碾臼《こひきうす》・砥石《といし》のほか、灯火具であるシデ鉢、そして信仰に係る合掌する人形《ひとがた》もみられる。

暖房具である滑石《かっせき》製温石《おんじゃく》・瓦質行火《あんか》、馬具では馬の鬣《たてがみ》を梳《す》く馬櫛《ばくし》、宗教具では、塔婆《とうば》・柿経《こけらきょう》・形代《かたしろ》・数珠《じゅず》などがある。ほかに下駄《げた》・板金剛《いたこんごう》（草履）と墨書付札《つけふだ》、ガラス玉、麻《あさ》紐《ひも》・縄紐・煙管《きせる》・炭化米・堅果・種子・編物・人骨・獣骨なども出土している。

このように、出土遺物からは武士階層の存在とともに鎧細工師、鍛冶師、鋳物師、木工師・塗師などの職人、作事を行う大工集団などが、さらにアイヌ集団の使用するガラス玉・刺突具の一部である中柄の出土から、城内にアイヌの人々も居住していたと考えられた。

【城館と城下町】 浪岡城の発掘と浪岡（北畠）氏の文献の調査によって城館・城下のあり方がこれまで以上に理解されるようになった。前述した各館の機能と、九日町・四日町・七日町と呼ばれる城下は、浪岡川を挟みながら寺社領域とともに城下町を形成するに十分な説得力を持っている。

なお、環境整備後の各館跡への導線は、見学者の便を考えたものであり、本来の虎口《こぐち》と違う部分もあり注意を要する。

（工藤清泰）

【参考文献】 遠藤巌・木村浩一・工藤清泰『浪岡町史』第二巻（二〇〇四）

●国道を迂回して保存した蝦夷の環壕集落

高屋敷館遺跡《たかやしきだていせき》

〔国指定史跡〕

〔所在地〕青森市浪岡大字高屋敷字野尻、外
〔比　高〕一〇メートル
〔分　類〕環壕集落
〔年　代〕一〇世紀後半～一二世紀前半
〔城　主〕不明
〔交通アクセス〕ＪＲ奥羽線「大釈迦駅」下車、徒歩三〇分。

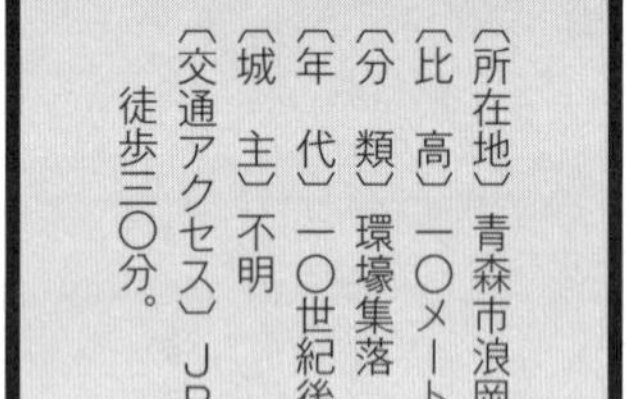

【遺跡の環境と史跡指定】　高屋敷館遺跡は、大釈迦《だいしゃか》川西岸の梵珠《ぼんじゅ》山地に連なる標高三五～四五メートルの段丘上に立地する。遺跡の調査は、国道七号浪岡バイパス建設事業に先立って、平成六・七年（一九九四・九五）度に青森県埋蔵文化財調査センターによって実施された。主要な対象は、壕と土塁《どるい》で囲まれた南北八〇メートル、東西五七メートルの約三四〇〇平方メートルであり、中世城館の認識のもと調査に入ったところ、結果は古代の環壕集落であった。

　これまでも、中里城遺跡のように中世城館と重複する古代の壕を有する集落の調査はあったものの、土塁と環壕の保存の良さ、そして環壕内の建物配置、出土遺物から想定される生活や生産のあり方、さらに交流のあり方が理解できる稀有な遺跡であった。同時期に調査されていた三内丸山遺跡の保存運動とも連動して、古代蝦夷社会を理解するうえで重要な遺跡と評価されたため、平成十三年（二〇〇一）一月に国史跡指定を受けた。

【遺構の状況】　区画に関係する遺構としては、土塁とそれに対応する環壕、出入口三ヵ所および環壕に残存していた橋脚跡がある。また生産・生活に関する遺構としては、竪穴建物跡（七五棟）、鉄関連遺構（二基）、工房跡（一棟）、掘立柱建物跡（一棟）、土坑（四二基）、井戸状遺構（二基）、溝跡（一一条）、道路状遺構（一条）、焼土遺構（一基）などが発見された。

【土塁と環壕】　土塁と環壕は、南北の小さな沢に挟まれた河

●―高屋敷館遺跡空中写真（北西から）（青森市教育委員会所蔵）

岸台地を取り囲むように構築され、壕の外側に土塁を巡らす構造、いわゆる「内環壕」で、土塁は壕の掘り上げた土を盛って造られている。

土塁の基部底部は二・一メートル、高さ約一メートルで、全長は一八八メートルとなる。壕は、幅五・五〜六・二メートル、深さ二・八〜三・五メートル、土塁頂部からの壕幅は約八メートル、深さ約四・五〜五・五メートルの大規模なものである。壕の全長は土塁全長より長く約二一四メートルである。壕の掘り方は全般に逆台形状（一種の箱薬研《はこやげん》的な壕）で、一部V字状（薬研堀）を呈し、部分的には掘り直しをしている箇所が存在する。当時の地表面であった黒色土の上に黄色の地山《じやま》が盛られており、降下火山灰の関係から土塁に関しては一〇世紀中頃以後に盛られたと推定できる。壕の構築時期も同時期と推定できるが、堆積土から二時期の埋め戻しが確認でき、出土遺物の面からも壕の成立は一〇世紀末以降で、一一世紀が土塁・環壕の主体となる使用時期である。一二世紀中頃には壕は埋め戻されていると推定される。

【出入口】 出入口は三ヵ所に認められ、調査区からはずれた西側中央（A）、壕底から橋脚と思われる四本の木柱を検出した南東角付近（B）、土塁の食い違いが見られる北側部分（C）で壕の壁や底には橋脚跡と思われる柱穴痕が存在する。これらの出入口に関しては、当初北側（C）に存在していたものが、いつの頃か閉鎖され、以後西側中央（A）と南東角付近（B）の二ヵ所が出入口として使われていたと想定されている。西側中央（A）に関しては浪岡町教育委員会が平成八年と同十六年に調査して、橋脚と門跡の可能性を有する遺構を発見している。

【建築遺構】 竪穴建物跡は、重複が激しく四〜五期の変遷が想定され、一時期に一〇軒ほどの竪穴建物跡が存在したと推

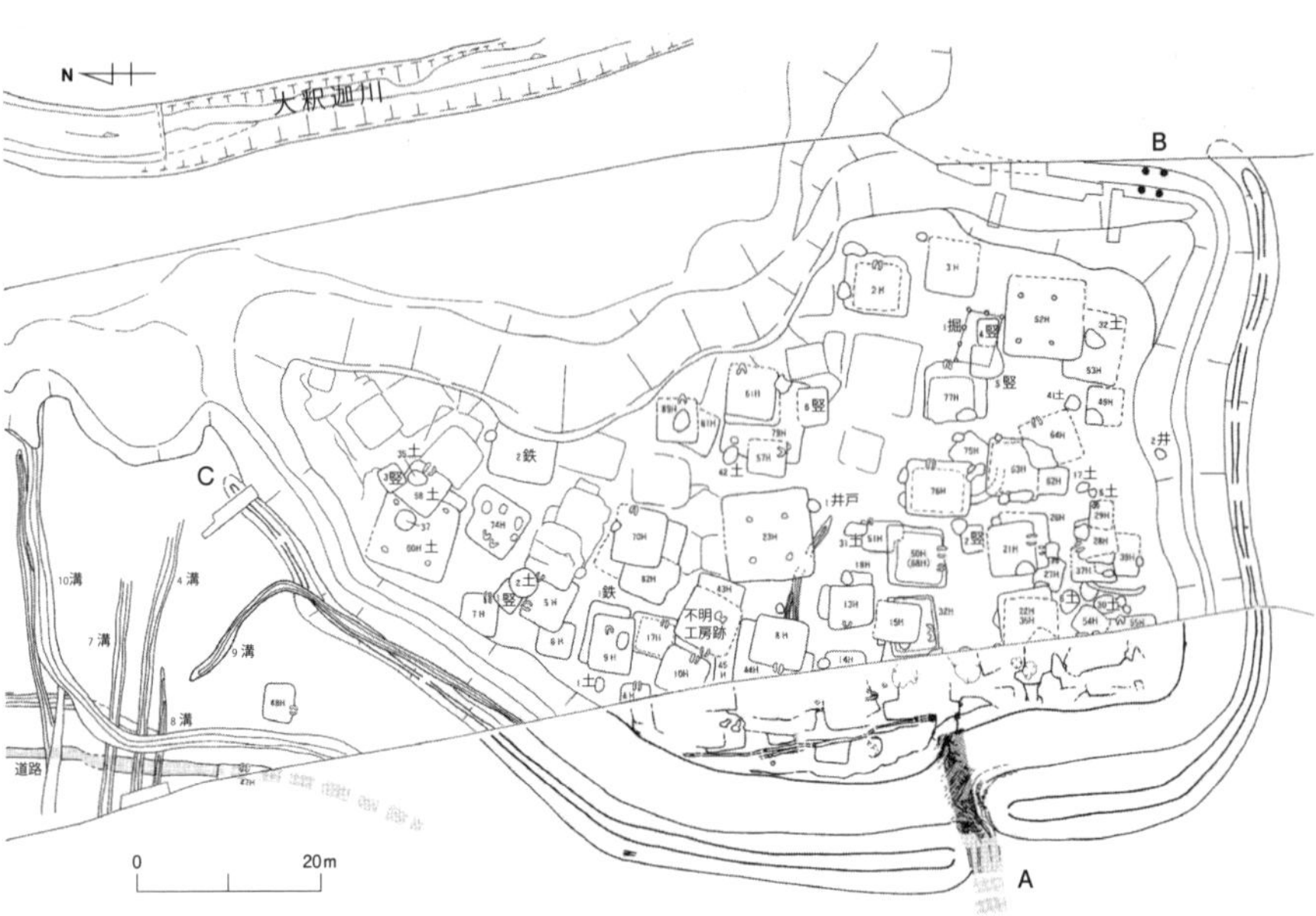

●—高屋敷館遺跡全体図

定される。規模は、一辺が四～五㍍のものが多く八㍍前後の大型の竪穴建物跡も数軒発見されている。年代は九世紀後半から一一世紀まであり、後半の建物は壁柱穴といわれる壁際に沿って三〇～五〇㌢間隔の柱穴配置を示す例が多い。

鍛冶遺構は環壕内部の北側地域から二棟発見されており、一棟は鋼精錬、もう一棟は鉄器鍛造（小鍛冶）を行っていた可能性がある。

井戸状遺構は、環壕内のほぼ中央と南側環壕に接して二基見つかっており、形状は円形、深さ二㍍前後で木枠等は発見されていない。

【多様な遺物群】 出土遺物には土器類（土師器《はじき》・須恵器《すえき》・擦《さつ》文《もん》土器など）、土製品（土玉《どだま》・勾玉《まがたま》・土錘《どすい》・羽口《はぐち》・支脚《しきゃく》など）、鉄製品（斧《おの》・刀子《とうす》・鎌《かま》・鍬先《くわさき》・紡錘車《ぼうすいしゃ》・鉄鏃《てつぞく》・錫杖《しゃくじょう》状鉄製品・鍋破片など）、銅製品（銅碗・用途不明製品）、木製品（菰槌《こもつち》・竪杵《たてぎね》・箸状木製品・椀・板状木製品・橋梁木柱など）、石製品（碁石？・砥石《といし》）、鉄滓《てっさい》、鍛造剝片《たんぞうはくへん》がある。

土師器の器種としては、甕・坏・壺・堝《なべ》・把手付《とってつき》土器・内《ない》耳《じ》土器・片口《かたくち》土器があり、量的には甕の破片が多い。把手付土器、内耳土器、片口土器は金属製品を模倣した土器で、一一世紀から一二世紀の標識となる可能性が高い。また、北方由来の擦文土器は擦文期後半の刻線を付けた甕形製品である。

鉄製品には農耕具である鍬先・鎌・苧引金《おひきがね》と武具である鉄鏃（鑿根《のみね》と雁股《かりまた》の形）そして工具である鉄斧・紡錘車・刀子などの他、宗教具と推定される錫杖状鉄製品が見られる。

銅製品として、銅碗の破片は厚さ〇・二五ミリで四枚が重なるように出土し、仏具で使用される佐波理《さはり》碗と言われるものに類似する。

木製品のうち、菰槌・竪杵は農耕やそれと連続する生産に関連した用具であり、遺跡の生産構造に農耕が存在したことを強く印象づける。橋梁から発見された木柱は、年輪年代測定によると一一〇一年と一一〇六年の伐採年代になっており、橋梁が数十年存在したとすると、一二世紀前半まで高屋敷館遺跡が存続したことになる。

●—高屋敷館南東から発見された４本の橋脚（南側から）（青森市教育委員会所蔵）

これまで青森県内の一二世紀前半の遺跡はほとんど特定されたことがないことから貴重な年代提示となった。

土製品のうち、土鈴《どれい》・土玉・勾玉は宗教的な祭祀関連の遺物であり、土錘は漁撈などの生産に関連する遺物、羽口は鍛冶生産に関連する遺物である。

石製品の中では、碁石と推定される黒色の石と白色の円形を呈する石（径一・七センチ、厚さ〇・七〜一・〇センチ）が出土し、もし碁石だとすると使用している住人の出自が気にかかるところである。砥石は比較的小型の製品が多く、鉄製品の加工や研磨に使用したと思われる。

鉄精錬工房付近から関連する遺物として鉄滓が多量に出土し、総数二万点、重量では三〇〇キログラムを越えている。また鍛造剥片は鍛冶遺構（火窪炉《ほどろ》）から約一〇グラム出土している。

本館跡《たてあと》は、古代環壕集落の中で初めて史跡となった遺跡で、最大の特色は壕と土塁の存在とともに、環壕内から発見された竪穴建物跡をはじめとする遺構群と出土遺物の多様性にある。

【参考文献】青森県教育委員会「高屋敷館遺跡発掘調査報告書」青森県埋蔵文化財調査報告書第二四三集（一九九八）、青森市教育委員会「国史跡高屋敷館遺跡環境整備報告書Ⅱ」青森市埋蔵文化財調査報告書第八八集（二〇〇六）

（工藤清泰）

●境界・外浜における平安時代後期～鎌倉時代の館

蓬《よもぎ》田《た》大《おお》館《だて》

〔所在地〕蓬田村大字蓬田字宮本
〔比　高〕約一〇～一五メートル
〔分　類〕平山城
〔年　代〕一〇世紀後半～一一世紀代、一二世紀後半～一四世紀前半、一六世紀末
〔城　主〕蓬田（相馬）氏
〔交通アクセス〕JR津軽線「郷沢駅」下車、徒歩四〇分。または国道二八〇号の内真部～蓬田バイパス道沿いにある蓬田城跡看板から徒歩一分。

【位置と沿革】　蓬田大館は本州の最北端、陸奥湾西岸に面した津軽半島東側のほぼ中央に位置する。一帯は中世に外浜《そとがはま》と呼ばれ、中世国家における東方（実際は北方）の境界領域と認識されていた地域であった。

現在、蓬田大館が所在する蓬田村は、北に外ヶ浜町、南に青森市、西に津軽山地を挟んで五所川原市と接しており、津軽山地から陸奥湾に流れる小河川が造り出す幅三キロほどの小規模な沖積地を形成している。

蓬田大館は蓬田川河口から西へ七〇〇メートルほど上流に遡った地点にあり、蓬田川北岸の標高一五～一八メートルの舌状台地先端部に位置する。館跡一帯は杉林で覆われているため、下草が少なく地表面観察がしやすいものの、耕作等による地形改変の影響があるため、全体の規模や構造等で不明な点が多い。

文献史料では、享保十六年（一七三一）成立の『津軽一統誌《つがるいっとうし》』、あるいは文政二年（一八一九）成立の『封内事実秘苑《ほうだいじじつひえん》』に、天正十三年（一五八五）三月に大浦《おおうら》（津軽）為信《ためのぶ》が外浜の油川《あぶらかわ》城を攻略し外浜一帯を領有化した際に、蓬田越前《よもぎたえちぜん》なる人物が南部領に追われたという記述がある。そのため、蓬田（相馬）氏は蓬田大館を拠点に蓬田一帯を支配していた豪族と推定されているが、確証を得られているわけではない。

【学術調査】　そこで、昭和五十六年（一九八一）に金沢大学、昭和五十九～六十一年に早稲田大学が中心となって、学術発掘調査が行われている。

調査の結果、館には二重の堀跡が残っており、内側を巡る

内郭（内堀）と外側をめぐる外郭（外堀）をもつ二重構造であることが判明している。外郭の規模は南北三〇〇メートル×東西二〇〇メートルで、不整な長方形を呈している。ただし、館の範囲

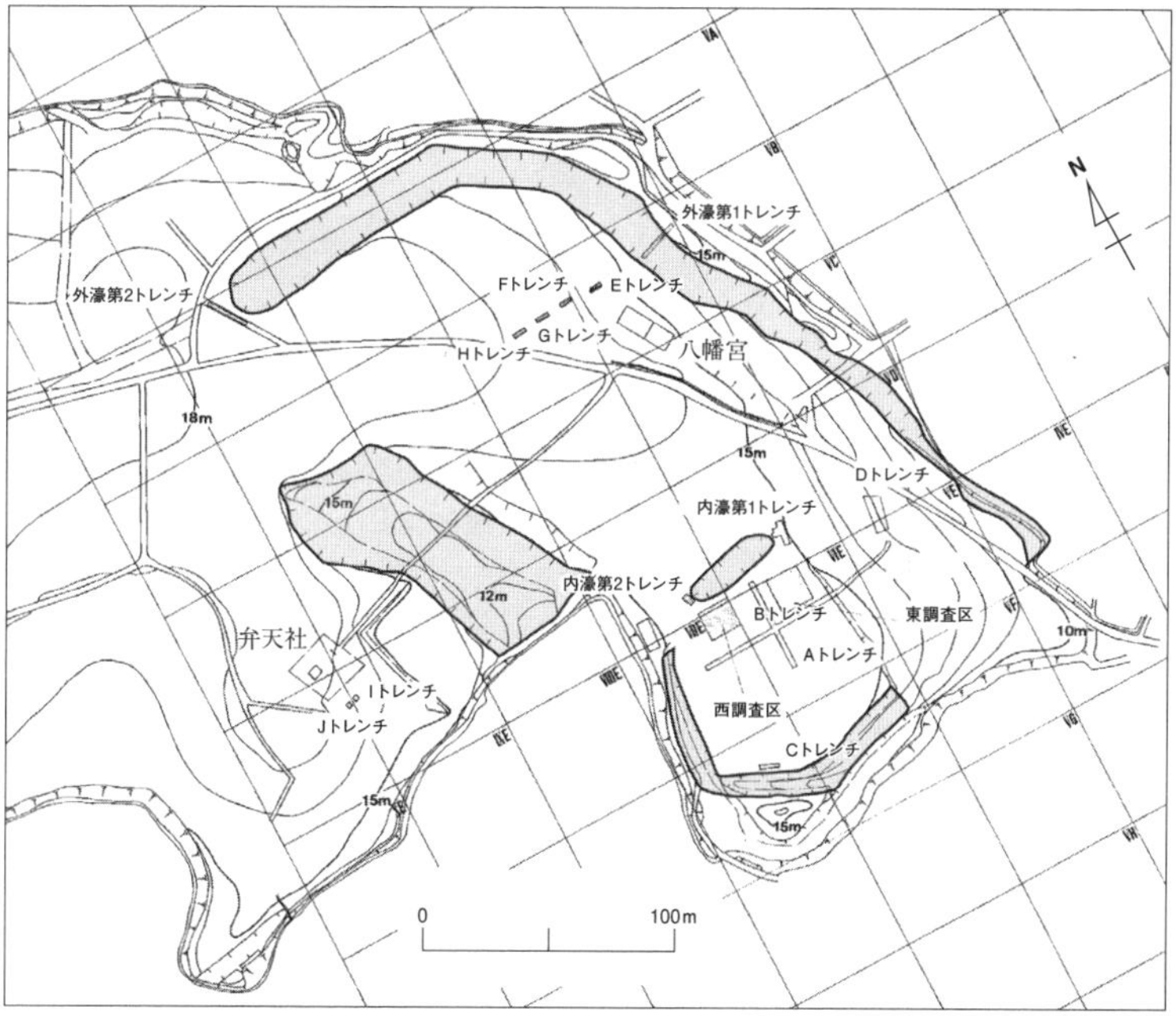

●—蓬田大館全体図

がさらに西側の舌状《ぜつじょう》台地一帯に広がる可能性が指摘されており、解明に向けた今後の調査が必要である。また、外郭には現在、蓬田八幡宮が鎮座しているが、その北側の外堀上幅一五・五メートルで、湧水のため明確な深さや構造は明らかではないが、深さ五メートル以上で、断面がV字状を呈する堅固なものである。

いっぽう、内堀は直径八〇メートルほどの環濠《かんごう》（円形）を呈している。内堀の規模は上幅四～七メートル、深さが二～三メートルほどで、断面がV字状となっていることが判明した。環濠内からは、竪穴建物一六棟、土坑三一基、掘立柱建物のピット群が検出され、遺構の重複が非常に激しかった。その竪穴建物跡は、一辺四～九メートルの方形もしくは長方形で、屋根を支える柱は壁《へき》溝《こう》沿いにある。竈《かまど》をもち、鍛冶炉《かじろ》・地床炉《じしょうろ》を併設するものもあった。その竪穴内からは本州の土師器《はじき》や須恵器《すえき》に伴って、北海道道央部と共通する擦文《さつもん》土器の甕《かめ》が出土することが判明し、一〇世紀後半以降に異なる土器文化の交流、すなわち人的交流が伺えるものとして特に注目されたのである。

また、土器類の中では把手《とって》付土器・内耳《ないじ》土器・羽釜《はがま》が多く出土している。これらは同形の鉄製品を模したもので、一一世紀以降に一般的になる土器群である。このように館の成立時期も一〇世紀後半から一一世紀代の古代末期に遡ると考え

●—蓬田大館・入口

られるようになった。これは従来、土塁《どるい》や堀で区画される遺構、つまり館跡は中世に成立するものであるとの考え方が一般的であったが、この蓬田大館の学術調査によって、館の成立を平安時代後期まで遡る例があることが判明したのである。

現在ではこうした類似する同時期の館が多く発見されるようになり、これらは古代末期の環濠集落、あるいは防御性集落と呼ばれるようになった。

また、環濠内からは一二世紀後半から一四世紀前半までの中世陶磁器がまとまって出土しており、少なくとも中世前期（鎌倉期）までは館として利用されていることが判明した。いっぽうで、文献史料が示すような戦国期に館として利用されていた様子は今のところ明らかとなっていない。

【奥州藤原氏の北方交易の玄関口】　その中で特に注目すべきことは、奥州藤原氏が拠点に置いた平泉関連遺跡群と共通する一二世紀後半代の手づくね成形のかわらけ、青磁劃花《せいじかくか》文碗《もんわん》、白磁碗、常滑焼《とこなめ》あるいは渥美焼《あつみ》の甕が出土していることである。このことから、一二世紀代の外浜は、中世の幹線道路であった奥大道《おくだいどう》によって奥州藤原氏の拠点・平泉と通じる北方交易の玄関口であったことを示すものであり、蓬田大館の館主の経済的基盤は、主として津軽海峡を挟んだ蝦夷地《えぞち》（北海道）との北方交易にあったものと考えられる。

なお、館には国道二八〇号のバイパス道路（内真部《うちまっぺ》蓬田バイパス）から徒歩一分の近距離にあり、見学には車でのアクセスが非常に便利である。道路沿いに館跡の標識看板が立っているものの、防風柵が邪魔になって見えにくいため、車で館跡を探す際は通り過ぎてしまわないように注意が必要である。

【参考文献】桜井清彦・菊池徹夫編『早稲田大学文学部考古学研究室報告　蓬田大館遺跡』（六興出版、一九八七）、福田友之「館の成立」『図説　青森県の歴史』（河出書房新社、一九九一）、榊原滋高「蓬田大館跡」『青森県史　資料編　考古四　中世・近世』（青森県史編さん考古部会、二〇〇三）、斎藤淳「蓬田大館跡」『青森県史　資料編　考古三　弥生〜古代』（青森県史編さん考古部会、二〇〇五）、工藤清泰「環壕集落と擦文土器—蓬田大館遺跡」『図説　青森・東津軽の歴史』（郷土出版社、二〇〇七）

（榊原滋高）

古代の環壕集落――百家争（鳴）名

工藤清泰

およそ、一〇世紀中葉から一二世紀前葉にかけて、北東北を中心に展開した壕や大溝を有する集落の名称は「百家争《ひゃっかそう》（鳴）名《めい》」の状況にある。

例えば、①防御性集落（三浦圭介・斉藤利男・工藤雅樹・本堂寿一ほか）、②環壕集落（井手靖夫・工藤清泰ほか）、③区画集落（齋藤淳）、④囲郭集落（八木光則）、⑤防禦集落（高橋学）などである。

読者の中には、この集落をなぜ「名城を歩く」の中で扱うのかと疑問を持つ人がいるかもしれない。

それは本堂寿一の研究に依拠する。本堂は、北奥における吟味すべき城郭用語として「チャシ」と「蝦夷館《えぞだて》」があるにもかかわらず、明治以降の古代蝦夷《えみし》＝アイヌ民族とする常識論から、該遺跡を平安時代の城塞と考え「蝦夷館」と紹介した。

しかし、古代蝦夷に対する「エミシ」「エゾ」という呼称問題、未発掘段階での竪穴《たてあな》建物跡と堀跡の構築時期問題等から「蝦夷館」の名称は不適当と自己批判した。

以後、北東北の発掘調査の進展により、いち早く該遺跡の分析を進めたのは三浦である。当初は集落全体を保塞する津軽型（中世の館《たて》に類似）と主体施設だけを区画する上北型（チャシに類似）の高地性防御集落と提示し、以後文献史学の成果も取り入れ①の防御性集落の名称に収斂していく。

これに対し②の環壕集落は、考古学的形態論にもとづくオーソドックスな名称で、防御のみの集落構造でない点を指摘する。また、③の区画集落や④の囲郭集落も形態的特徴を論者の視点で表現した名称で、特に③を提示した齋藤は、近世資料まで含めたミクロな地域生業の分析に注目でき、④の八木は、該遺跡の構成要件を厳しく定義した上で年代・性格を捉え、山地集落も付加する。

いずれにしても、律令国家体制から王朝国家体制に移行する時期に出現し、武士居館である安倍・清原・藤原氏の館が成立するまでに消滅・変化する特徴的集落であり、国史跡・高屋敷館遺跡を代表格に、北東北の中世城館の系譜を考えるうえで参考となる。

【参考文献】本堂寿一「研究ノート　蝦夷館雑考」『日本城郭大系二』（新人物往来社、一九八〇）

●十三湊安藤氏の方形居館

福《ふく》島《しま》城《じょう》

〈所在地〉五所川原市相内実取
〈比　高〉約二〇〜三〇メートル
〈分　類〉平山城
〈年　代〉一〇世紀後半〜一一世紀代、一四世紀後半〜一五世紀中頃
〈城　主〉十三湊安藤氏
〈交通アクセス〉JR五能線「五所川原駅」または津軽鉄道「津軽中里駅」下車、弘南バス小泊線「相内南口」下車、徒歩五分。

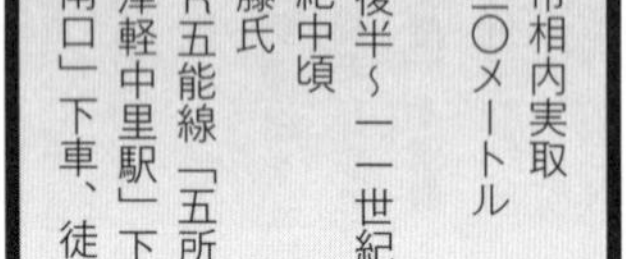

【位置と歴史】　福島城は青森県西部、津軽半島のほぼ中央、岩木川が日本海に注ぐ河口にできた潟湖、十三湖北岸の標高二〇〜三〇メートルの丘陵西端部に立地する。十三湖西岸には『廻《かい》船式目《せんしきもく》』に登場する「三津七湊《さんしんしちそう》」の一つ、「奥州《おうしゅう》津軽《つがる》十三《とさ》湊《みなと》」として知られる中世港湾都市・十三湊遺跡のほか、十三湊を支配した安藤氏関連の中世遺跡が多数所在する地域であり、福島城もその一つに挙げられている。

福島城に直接関係する根本史料はないが、近世の編纂物『十三《とさ》往来《おうらい》』（享保十六年〈一七三一〉成立『津軽一統志《つがるいっとうし》』所収）や『十三湊新城《しんじょう》記《き》』（秋田家文書）に登場する「新城」に比定する見解がある。それによると、『十三湊新城記』に登場する「新城」には鎌倉末期、正和年中（一三一二〜一七）に安倍（安藤）貞季《さだすえ》が築いた城郭と記されていることから、この地に勢力をもった安藤氏の居城として一般に理解されてきた。また、福島城の名称は『十三往来』に記載された「福島之城郭」が初見となっているが、中世にどのような名称で呼ばれていたかは、実のところ明らかになっていない。

ちなみに江戸時代の寛政八年（一七九六）、この福島城跡付近を訪れた紀行家・菅江《すがえ》真澄《ますみ》は『外浜《そとがはま》奇勝《きしょう》』の中で、「大野とてひろ野あり、そこに誰ならんすみつといふふる柵のとあり」と記しており、江戸時代にはすでに城主の名称や伝承は絶えていたことが分かる。

いっぽうで、南部氏による十三湊安藤氏の蝦夷島《えぞがしま》退去事件に関する二つの文献史料が知られている。一回目は『満済《まんさい》

准后日記《じゅごうにっき》』に記録される永享四年（一四三二）の出来事であり、事件の顛末は明らかとなっていない。しかし、十三湊の発掘調査結果から室町幕府の調停がうまくいき、安藤氏は十三湊へ帰還することができたものと考えられている。二回目は松前藩の家記『新羅之記録《しんらのきろく》』に記録される嘉吉二年（一四四二）である。ふたたび安藤氏は南部氏に攻められ、翌年、小泊の柴崎館《しばざきたて》から蝦夷島へ渡海したとする。この事件の背景には前年の嘉吉元年に起きた「嘉吉の乱」（室町幕府第六代将軍足利義教《よしのり》が有力守護の赤松満祐《みつすけ》によって殺害される事件）の影響が大きいと考えられる。これにより安藤氏は室町幕府の後ろ盾を一時失ったことで、南部氏に再度攻められる要因が生まれたと推測される。これ以降、領主権力を失った十三湊は急速に衰退し、間もなく廃絶したものとみられる。福島城も十三湊や安藤氏と同様な運命を辿ったものと考えられる。

●—福島城と十三湊（五所川原市教育委員会提供）

【規模と構造】 福島城跡は主に「内郭《ないかく》」と「外郭《がいかく》」の二重構造からなる城館である。内郭は一辺が約二〇〇メートル四方の方形を呈し、堀と土塁《どるい》が四方を巡っている。いっぽう、外郭は一辺が約一キロの三角形を呈する。特に外郭東端部は台地を南北に分断するように、一部自然の沢に手を加えながら、大規模な土塁や堀を構築している（外郭東土塁）。面積は約六二・五万平方メートルにもおよぶ極めて大規模な城館である。城跡北辺を横断する国道三三九号線沿いの外郭東土塁の規模は、基底部幅約一五メートル、高さ三〜四メートル、堀幅は上端部で約一二メートルと深く巨大なもので、見るものを圧倒する。

【発掘調査の概要】 福島城の考古学的研究は、戦後間もない昭和三十年（一九五五）に東京大学東洋文化研究所によって早くから注目され、一部の発掘調査や全体の地形測量が行われた。発掘調査では外郭東土塁が開口する地点の調査では、柵木列《さくぎれつ》を伴った門跡（外郭東門跡）が検出された。また、十三湖に突き出した「鰊崎《にしんざき》」と呼ばれる外郭南端部の台地上の調査では、竪穴《たてあな》遺構とみられる大きな落ち込みを三一カ所

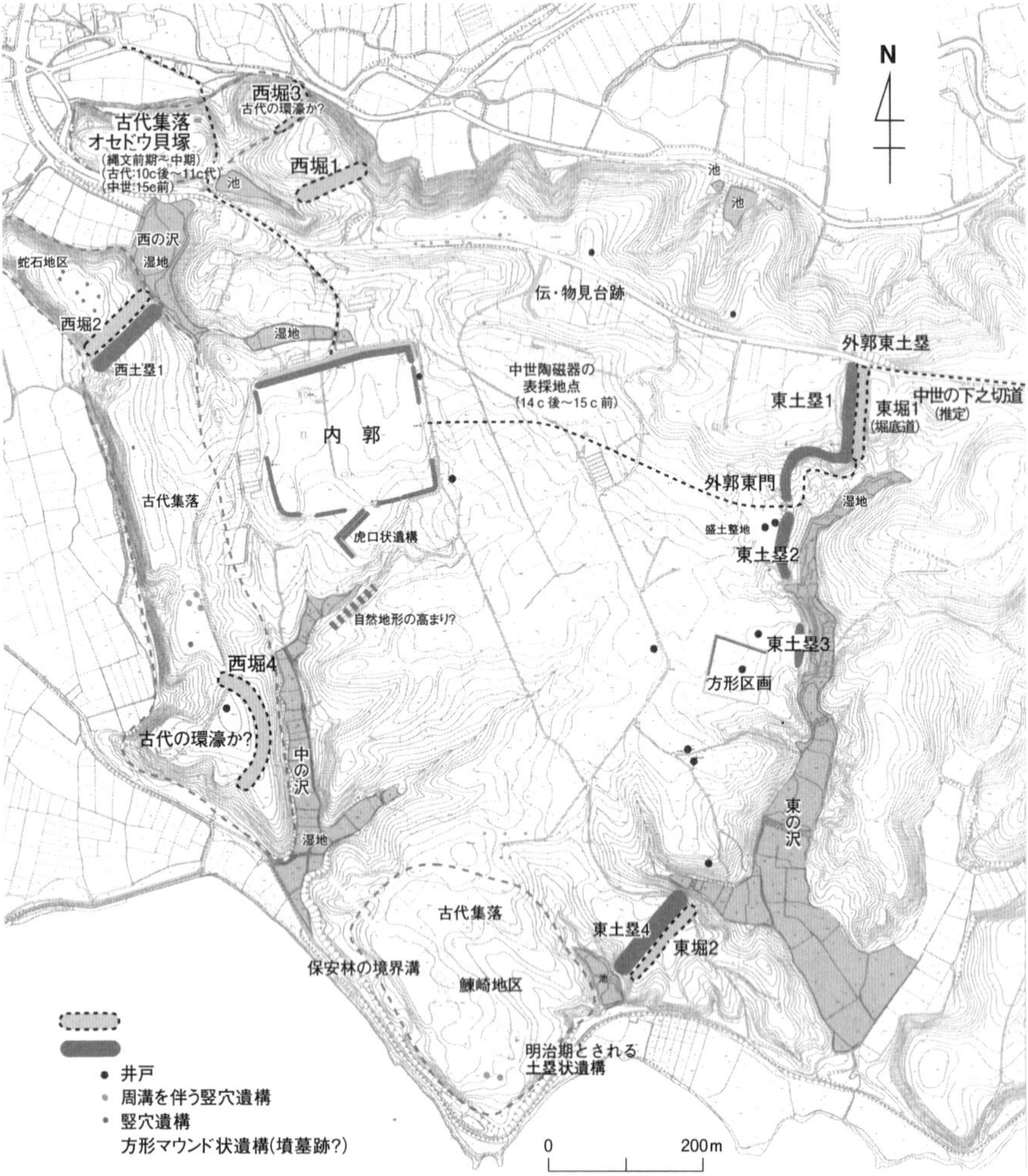

●—福島城分布調査図

確認し、そのうち四ヵ所が発掘調査された。調査の結果、平安時代後期（一〇〜一一世紀代）の竪穴住居跡二基、用途不明遺構一基、井戸跡一基が検出されている。このように中世の遺構や遺物は検出されなかったものの、これまでの伝承に従って中世安藤氏の城館とされ、「東北地方・北海道に特有な館・チャシの一類型」と位置づけられた。その後、平成四年（一九九二）に国立歴史民俗博物館が内郭の発掘調査を行ったところ、平安時代後期（一〇〜一一世紀代）の遺構・遺物が発見された。その結果、中世城館としては異質であり、平安時代後期まで遡る城館の可能性が高いと報告されたことで、福島城の評価や意義に関して大きな議論を呼ぶこ

●—福島城・外郭東門跡（五所川原市教育委員会提供）

とになった。

そこで、福島城の本格的な学術調査が平成十七〜二十一年に青森県教育委員会によって行われた。外郭東土塁・東門や内郭といった福島城に直接関係するとみられる城郭遺構について重点的に発掘調査が行われた。調査の結果、これらの城郭遺構が一四世紀後半から一五世紀前半に機能していたことが明らかとなり、一転して福島城は中世港湾都市・十三湊が機能した同時代の安藤氏による城館であることが判明した。

また、外郭東土塁に近接した場所に内郭とは別の方形区画が地表面観察によって確認されたことから、平成十七〜十八年に中央大学が調査を行った。方形区画は一辺約七〇メートルの規模で、周囲を幅約二・五メートルの溝が巡っている。方形区画内のトレンチ調査から、瀬戸《せと》平碗《ひらわん》（一四世紀後葉〜一五世紀前葉の年代）が出土したことから、方形区画が中世の方形居館である可能性が指摘された。このように、福島城は単純な二重構造ではなく、複数の方形居館や遺構群が内部に存在する可能性が指摘されるまでに研究が深化した。次に注目すべき近年の調査成果を述べる。

【外郭東土塁・東門の調査】 外郭東門付近の土塁は、黒色土とロームを交互に積み重ねた版築《はんちく》状の強固な造りとなっていた。土塁が開口する裾部分に沿って柵木列が並び、土塁内側

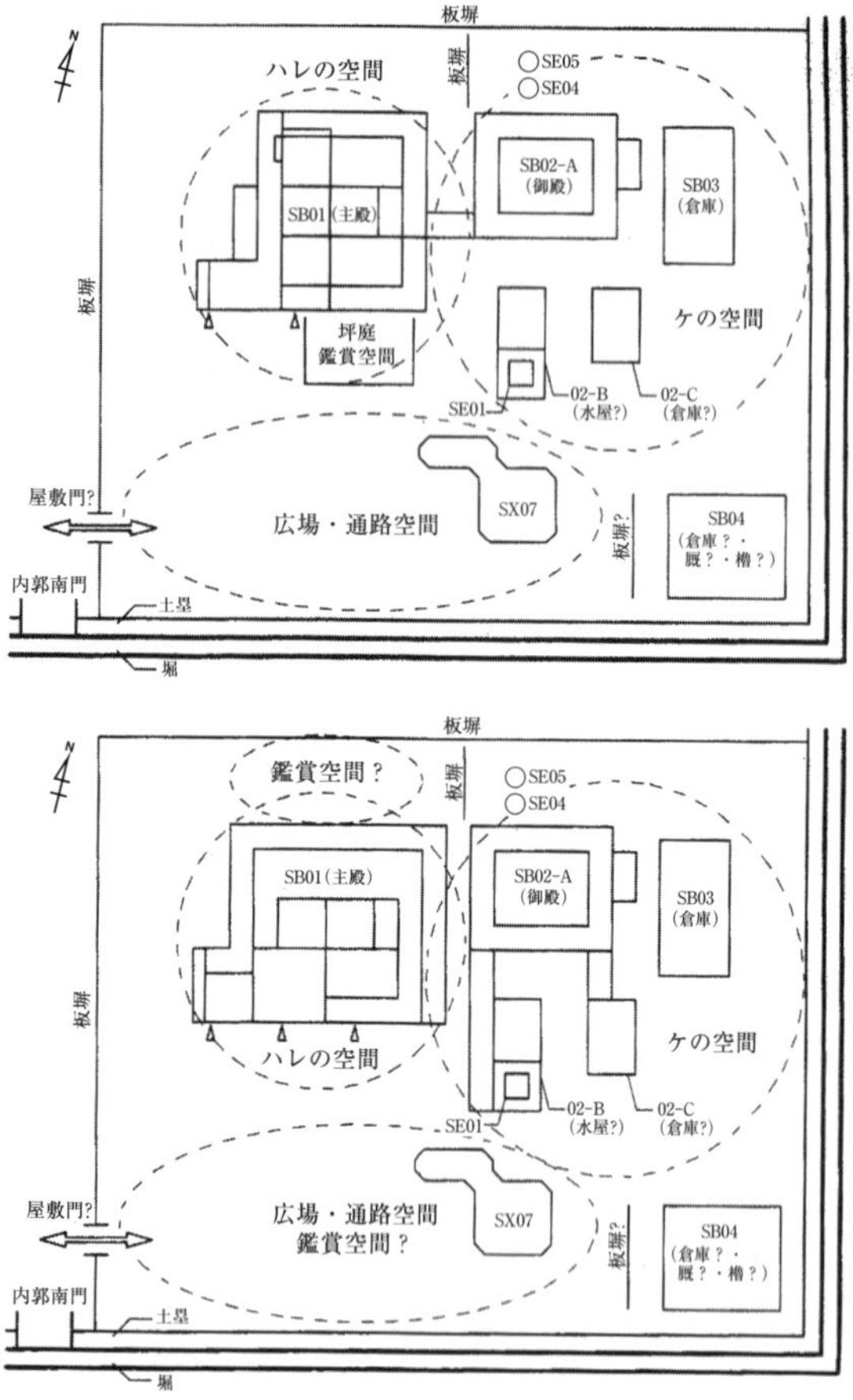

●―内郭屋敷・復原案概念図

の柵木列末端部に門跡とされる四つの柱穴が検出された。外郭東門は親柱《おやばしら》が対に並び、その後ろに控柱《ひかえばしら》が付く構造と推測される。また、柵木列の埋め土の中から一四世紀後半代の白磁碗が出土しており、この時期に外郭東門と共に外郭土塁が同時期に構築されたと考えられる。

このように中世に外郭東門が機能していたことが明らかになると、外郭東門を通って内郭に至る街道を想定することが可能となった。これは十三湖北岸を通過する「下之切道《しものきりみち》」と呼ばれる街道を指している。下之切道は中世まで遡る陸路であったことが点在する中世城館からすでに指摘されているが、津軽山地の丘陵西縁部の集落を通過して津軽平野を北上し、十三湖北岸を西進して十三湊や小泊《こどまり》へ至る主要な交通路であり、現在の国道三三九号線と重複する。

福島城跡・外郭土塁・東門は津軽平野内陸部に通じる「下之切道」を抑える重要な役割を担っていたのである。

【内郭の調査】　内郭の調査では、板塀で区画された中世の武家屋敷が発見された。内郭の南東部分から、東西七〇メートル×南北五五メートルの板塀で区画された中に、主殿《しゅでん》とみられる大型の掘立柱建物跡を含む四棟の掘立柱建物跡が検出された。そのうち主殿とみられる建物は、東西九間×南北八間の規模で、南西部にこの時期の武家屋敷に特徴的な「中門《ちゅうもん》」と呼ばれる突出部が付く平面形を有している。また、建物前面には広場空間や池跡とみられる窪地《くぼち》も確認されている。いっぽうで、出土遺物では石製硯《すずり》の優品が出土して注目された。また、陶磁器では日常雑器のほか、茶入《ちゃい》れ・天目《てんもく》茶碗などの茶道具や香炉などの奢侈品《しゃしひん》も出土している。

内郭の構築年代については、外郭東土塁・東門の構築時期よりもやや遅れて、一五世紀中頃（十三湊第一次陥落以後）に築かれた可能性が高いことが判明している。永享四年、南部氏にいったん十三湊を追われた安藤氏が再度十三湊に帰還した際に十三湊を再編する過程で新たな拠点として築かれたのが内郭であり、室町幕府との強い繋がりを誇示するために室町将軍邸を模倣した居館を築いたものと考えられる。

【境界防塁と方形居館】福島城は中世港湾都市・十三湊と同じく日本海と岩木川の水上交通の結節点にあたる十三湖を見下ろす場所に立地し、さらに主要街道である下之切道を押さえる水陸交通の要衝に位置する。一四世紀後半に築かれた外郭土塁・東門は十三湊都市領域へ陸路（下之切道）で通過するための関所や木戸に相当し、十三湊の東限の境界領域にあたる防塁の役目を果たしたと考えられる。いっぽう、一五世紀中頃に構築された内郭および武家屋敷は室町将軍邸を模倣したとされる全国各地の国人《こくじん》領主館や守護館と類似する方形居館であることが判明した。これは安藤氏が南部氏と強まる抗争の中で、室町幕府との繋がりや権威を借りて、生き残りをはかるための具現化した城館の姿ではないかと考えられる。

（榊原滋高）

【参考文献】青森県教育委員会『福島城跡』青森県埋蔵文化財調査報告書　第五二二集（二〇一二）、井出靖夫「津軽福島城跡の研究―第六次調査概報―」『人文研紀要』第五八号（中央大学人文科学研究所、二〇〇六）、江上波夫・関野雄・櫻井清彦『館址』（東京大学東洋文化研究所、一九五八）、「青森県十三湊遺跡・福島城跡の研究」『国立歴史民俗博物館研究報告』第六四集（国立歴史民俗博物館、一九九五）、鈴木和子「福島城跡の調査成果について」前川要・十三湊フォーラム実行委員会編『十三湊遺跡〜国史跡指定記念フォーラム〜』考古学リーダー七（六一書房、二〇〇六）、鈴木和子「中世安藤氏の城館と福島城跡」『第二回南部学研究会―中世南部氏と北日本の中世城館―』（青森県南部町・南部町教育委員会、二〇一四）、榊原滋高「十三湊の都市構造と変遷―発掘調査一〇年の成果から―」『中世十三湊の世界』（新人物往来社、二〇〇四）、高島成侑・中村隼人「福島城跡内郭の掘立柱建物跡」『福島城跡』青森県埋蔵文化財調査報告書　第五二二集（二〇一二）

●津軽氏発祥の地・津軽西浜の戦国期城館

種《たね》里《さと》城《じょう》

〔国史指定跡〕

〔所在地〕鰺ヶ沢町種里字大柳九〇
〔比　高〕二〇メートル
〔分　類〕山城
〔年　代〕一〇世紀後半〜一一世紀代、一五世紀後半〜一六世紀前半
〔城　主〕津軽（大浦南部）氏
〔交通アクセス〕JR五能線「鰺ヶ沢駅」から、弘南バス一ツ森線「種里城址前」下車、徒歩五分。

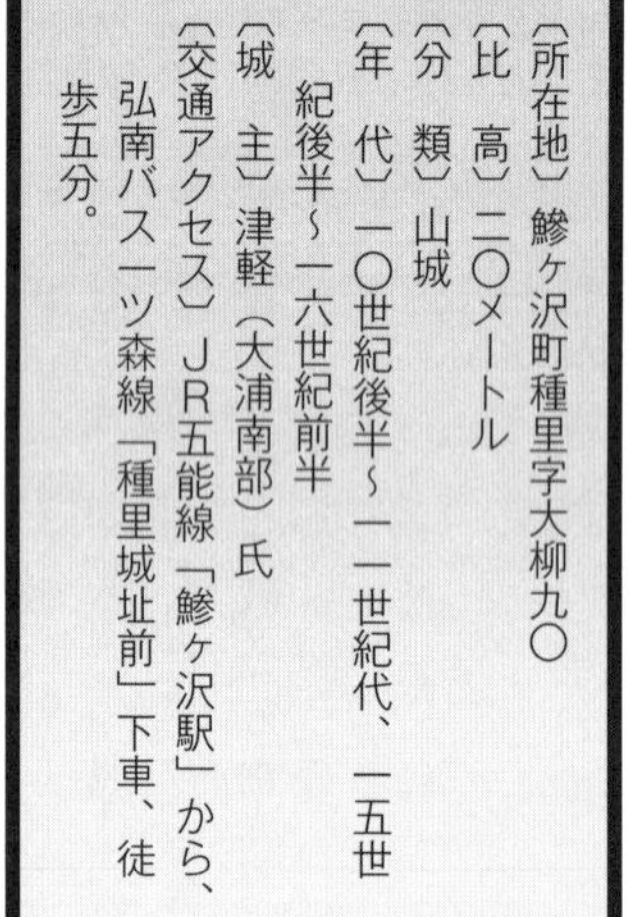

【位置と立地】 種里城は青森県西部、鰺ヶ沢《あじがさわ》町西方の日本海に注ぐ赤石川流域に所在する。種里城は赤石《あかいし》川河口から約八キロ遡った中流域に位置し、赤石川とその沖積地を望む左岸丘陵上、標高約七五メートルに立地する山城である。

【西浜街道と内陸交通の要衝】 鰺ヶ沢町の主要な交通路は、海岸に沿って港町を貫く国道一〇一号線であり、これは近世以降に西浜《にしはま》街道と呼ばれる幹線道路と重複している。さらに、西浜街道に沿って中世の板碑や城館が分布していることから、海に面した西浜街道は中世まで遡る幹線道路であったと推測されている。種里城が所在する鰺ヶ沢町は、岩木山麓や白神山地の山々が海岸部まで迫る海岸段丘を形成しており、平野部が非常に少ない地形的特徴をもつ。このため農業生産には適さず、古くから主として日本海交易による利潤が経済的基盤にあった地域であることから、地域支配の拠点となる城館は、主に海に面した西浜街道沿いに多く位置していることが多いが、種里城はそれとは大きく異なる立地環境にある。

西浜街道から種里城へ至るルートは赤石川による舟運のほかに、赤石川左岸の陸路が通じていた。この陸路を通れば、種里集落に至る手前に「将軍塚《しょうぐんづか》」とよばれる土塁《どるい》状の高まりに突き当たる。これは種里城の木戸であったという伝承があり、出入り口を監視する種里の境界領域を示すものであったと考えられている。そして、種里集落の中を進んでいくと、大浦光信《みつのぶ》が大永三年（一五二三）に建立したとされる種《たね》

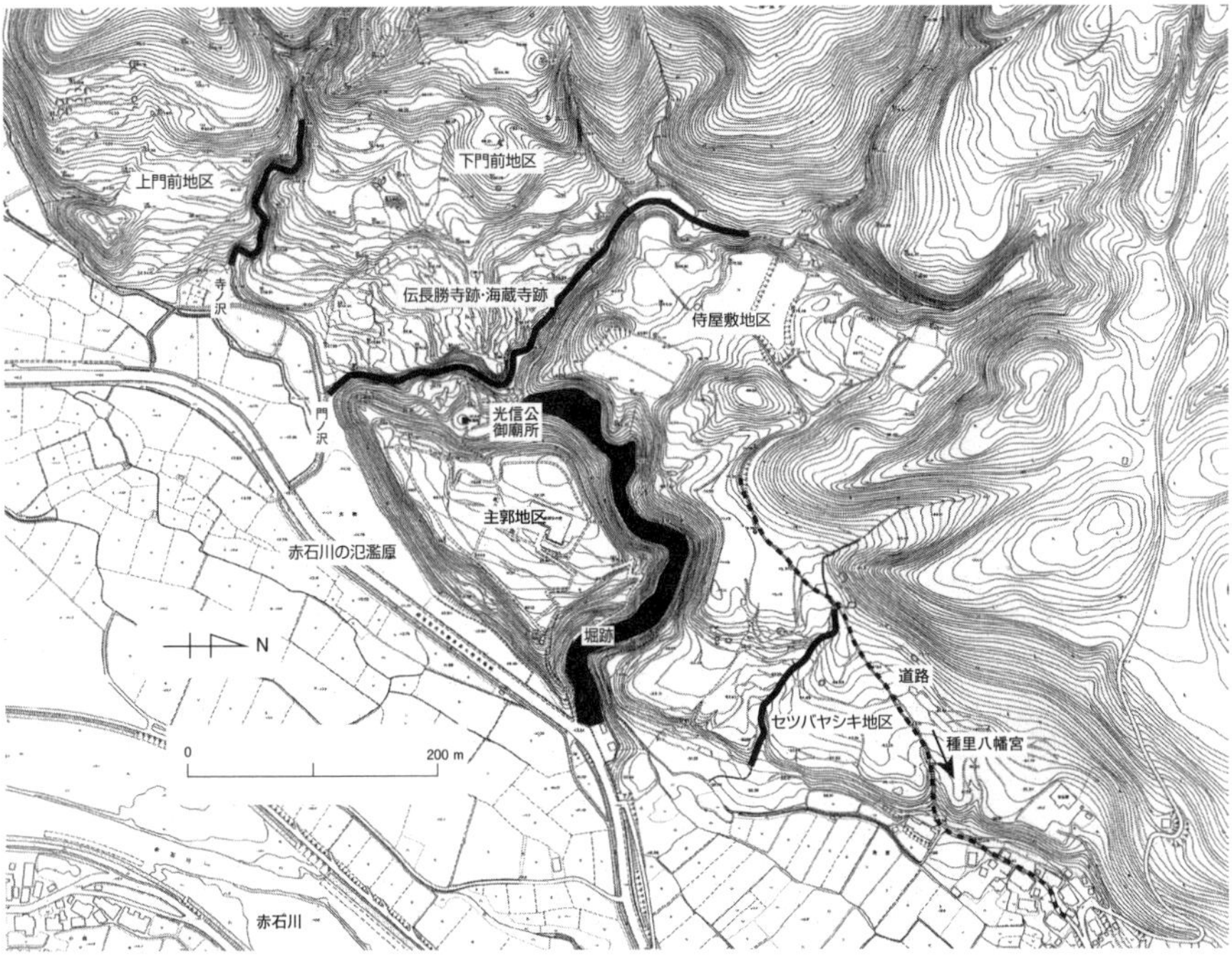

●—種里城の測量図

里八幡宮《さとはちまんぐう》に至る。種里八幡は交通の起点となって、南へは種里城本丸に至り、西へは種里城の背後の丘陵を超えて深浦・関方面に通じ、東には対岸の小森集落から岩木山南麓を通って、のちに拠点を移す大浦城のある津軽平野内陸部へと通じる交通の要衝であった。

【津軽氏発祥の地】 種里城は戦国時代末期に津軽の覇者となった津軽（大浦南部）氏発祥の地とされている。それは延徳三年（一四九一）、南部氏の一族・南部光信《みつのぶ》が九戸郡下久《しもく》慈《じ》（岩手県久慈市）から、「大浦・種里」に入城して種里城に拠ったことに始まるとされているからである（『前代歴譜《ぜんだいれきふ》』）。

戦国期の津軽西浜一帯は、港湾都市・十三湊《とさみなと》を支配していた下国《しものくに》安藤氏が嘉吉二年（一四四二）に南部氏に攻められて蝦夷島《えぞがしま》（北海道）へ退去して以降、津軽奪回を図る下国安藤氏と南部氏による激しい合戦の場となっていった。その戦乱の過程で、下国安藤氏の本家は断絶することになるが、その本家を継ぎ秋田に拠点を移した安藤政季《まさすえ》もまた、しばしば津軽に侵攻したのである。

そのため安藤氏勢力の侵入を防ぎ、南部氏の領域支配を確立するために、光信は津軽西浜《にしはま》・種里の地に入城したのであった。

その後、文亀二年（一五〇二）、光信は津軽平野内陸部の

●―種里城全景

岩木山麓に大浦城（弘前市）を築いて嫡男盛信《もりのぶ》を置いたとされ、大浦氏の歴史がここに始まる。そして、大永六年（一五二六）に大浦氏の初代光信は種里城において死去したとされる（『前代歴譜』）。

　光信亡きあと、二代盛信、三代政信、四代為則《ためのり》を経て、永禄十年（一五六七）婿養子として入った為信《ためのぶ》が大浦氏五代目となった。大浦為信は戦国末期の動乱のなかで、津軽氏を名乗るようになり、南部氏からの独立を目指して行動を起こし、津軽地域の領域支配を確立していった。天正十八年（一五九〇）には、豊臣秀吉により津軽支配を認められたことで、南部氏の支配から完全に脱却することができたのである。

　このようにして津軽氏は一豪族から戦国大名へ、さらに織豊政権の大名をへて、幕藩体制の大名へと成長していった。

また、津軽氏の城館は、為信の代において文禄三年（一五九四）に堀越城へ、さらに慶長十六年（一六一一）には弘前城（高岡城）へと移転し、ここに近世城下町弘前が成立したのである。

　そして、種里城で死去した大浦氏の初代光信は、津軽家始祖として位置づけられることになり、現在も種里城本丸跡の西南にある「光信公廟所《びょうしょ》」で祀られている。そのため種里城が津軽（大浦）氏発祥の地とされる所以である。

【規模と構造】　種里城は、南北二〇〇㍍×東西一〇〇㍍の規模をもつ主郭を中心に、堀を挟んだ周囲三方の台地平坦面で構成されている。赤石川を望む主郭《しゅかく》東側は急傾斜面をなし、他の三方は比高差二〇㍍で幅三〇㍍の深い堀が巡っており、主郭は極めて防御性が高いことが分かる。いっぽう、堀を挟んだ三方の台地平坦面は、郭として囲郭する堀が明確ではないものの、「寺ノ沢」・「下門前《しももんぜん》」・「上門前《かみもんぜん》」・「セツバヤシキ」などの地名が残っていることから、中世寺院や侍屋敷であった可能性が推測されている。

【発掘調査から分かったこと】　主郭の発掘調査が、公園整備事業に伴って昭和六十三年（一九八八）から始まり、現在では周囲の台地平坦面の発掘調査も行われ、おおむね城の全体像が把握されている。ここでは、主郭の調査成果をみておきたい。

まず、出土陶磁器の年代からみると、まずは平安時代後期に大きな集落が営まれたのちに、一五世紀後半に中世城館として造りかえられ、一六世紀前半になってピークを迎えることが判明している。さらに、出土陶磁器の中には、青磁の酒《しゅ》会壺《かいこ》・香炉、白磁《はくじ》の合子《ごうす》、瀬戸美濃の茶道具（天目《てんもく》茶碗・茶入）・有耳壺《ゆうじこ》があり、城主の威厳を示す威信財を多く所持していたことも分かる。なお、前述した光信入城の年代と発掘成果の年代が整合していることが明らかとなった。

主な遺構には、掘立柱建物一四八棟、塀跡（柱列）八六列、竪穴《たてあな》建物跡一二棟、井戸跡一九基のほか、溝跡・土坑、カマド状遺構などが確認されている。

主郭の地形は平坦ではなく、斜面にいくつかの段差を設けて平場を形成している。注目すべきは、その最上段の平場から大型掘立柱建物跡が三回にわたって建て替えられていることが判明した。最盛期（二期）のそれは一六世紀前半に相当し、桁行一三間（約二七メートル）と非常に大規模なもので、「九間」と呼ばれる格式の高い部屋割が認められることから、城主が来客を接見する主殿《しゅでん》と考えられている。また、主殿に近接した土坑から五五〇枚ほどの銭さしとなった銭貨が出土しており、何らかの儀礼的な埋納と想定されている。

いっぽうで、主郭の下段に広がる掘立柱建物群は、小規模な建物が目立つことから、日常的な空間の建物が並び、その中心は城主が寝起きした奥御殿《おくごてん》であったと推測されている。

【国史跡指定と現在】種里城跡は長年の発掘調査の成果が認められて、平成十四年に国史跡「津軽氏城跡」に追加指定されている。現在は城域の大半が杉林となっており、唯一、主郭のみが公園化されて一般開放されている。主郭には歴史資料館「光信公の館」が整備され、発掘調査の出土品のほか、津軽藩に関わる史料が展示されている。また、「光信公の館」の前庭には、津軽家の家紋にちなみ、八〇〇本の牡丹が植えられており、毎年五月中旬〜六月上旬に牡丹祭りが行われ、多くの観光客が訪れている。

【参考文献】中田書矢「種里城跡」『青森県史　資料編　考古四　中世・近世』（青森県史編さん考古部会、二〇〇三）、中田書矢「津軽西浜の歴史景観—海辺と山あいの遺跡から—」東北中世考古学会編『遺跡と景観』（高志書院、二〇〇三）、中田書矢「種里城跡」『津軽西海岸の城館遺跡』（鰺ヶ沢町・深浦町城館遺跡調査会、二〇〇七）、中田書矢「南部光信と種里城跡」『第二回南部学研究会—中世南部氏と北日本の中世城館—』（二〇一四）、中田書矢「津軽氏発祥の地　種里城跡と光信」『図説　五所川原・西北津軽の歴史』（郷土出版社、二〇〇六）

（榊原滋高）

●北奥の「さくらの名城」

弘《ひろ》前《さき》城《じょう》

〔国指定史跡〕

〔所在地〕弘前市大字下白銀町
〔比　高〕約一七メートル
〔分　類〕平山城
〔年　代〕慶長十六年（一六一一）～明治四年（一八七一）
〔城　主〕津軽信枚～津軽承昭
〔交通アクセス〕ＪＲ奥羽本線「弘前駅」から弘南バス土手町循環「市役所前」下車、約二〇分。

【さくらの名城】　長い北国の冬が終わる四月下旬、弘前城は約二六〇〇本の桜が咲き誇る「さくらの名所」となる。この時期開催される「弘前さくらまつり」は、大正七年（一九一八）開催の弘前観桜会《かんおうかい》から数えて、平成三十年（二〇一八）に一〇〇周年を迎える歴史ある祭りであり、例年来訪者数が二〇〇万人を超える国内有数の春祭りでもある。国内随一の生産量を誇るりんごの生産技術から生まれた、「弘前方式」と呼ばれる管理技術によるボリューム感のある花芽が評判を呼び、また、一〇〇年振りとも称される本丸石垣修理の本格化も相まって、祭りとともに城郭としての知名度も向上しているようである。

雑誌などでは、全国に一二棟しかない現存天守や、城内に残る五棟の櫓門《やぐらもん》と三棟の櫓などの文化財建造物、全国的にも希少な三重の濠で囲まれた総郭が残存していることなどが紹介され、城主である津軽氏や城郭の歴史についても詳細に解説されることも多い。しかし、廃城後約一五〇年間の中で「変化したもの」や「失われたもの」について、言及したものはそれほど多くないように思われる。

よって、「各見所」における詳細解説は他書に譲ることとし、本編では、弘前城跡が城郭として機能していた往時の姿に思いをはせながら、城外から本丸へと「歩み」を進めてみたい。

【弘前城の概要】　弘前城は、津軽平野南部に位置する台地北端と、岩木川右岸沖積地に立地する平山城である。慶長十五

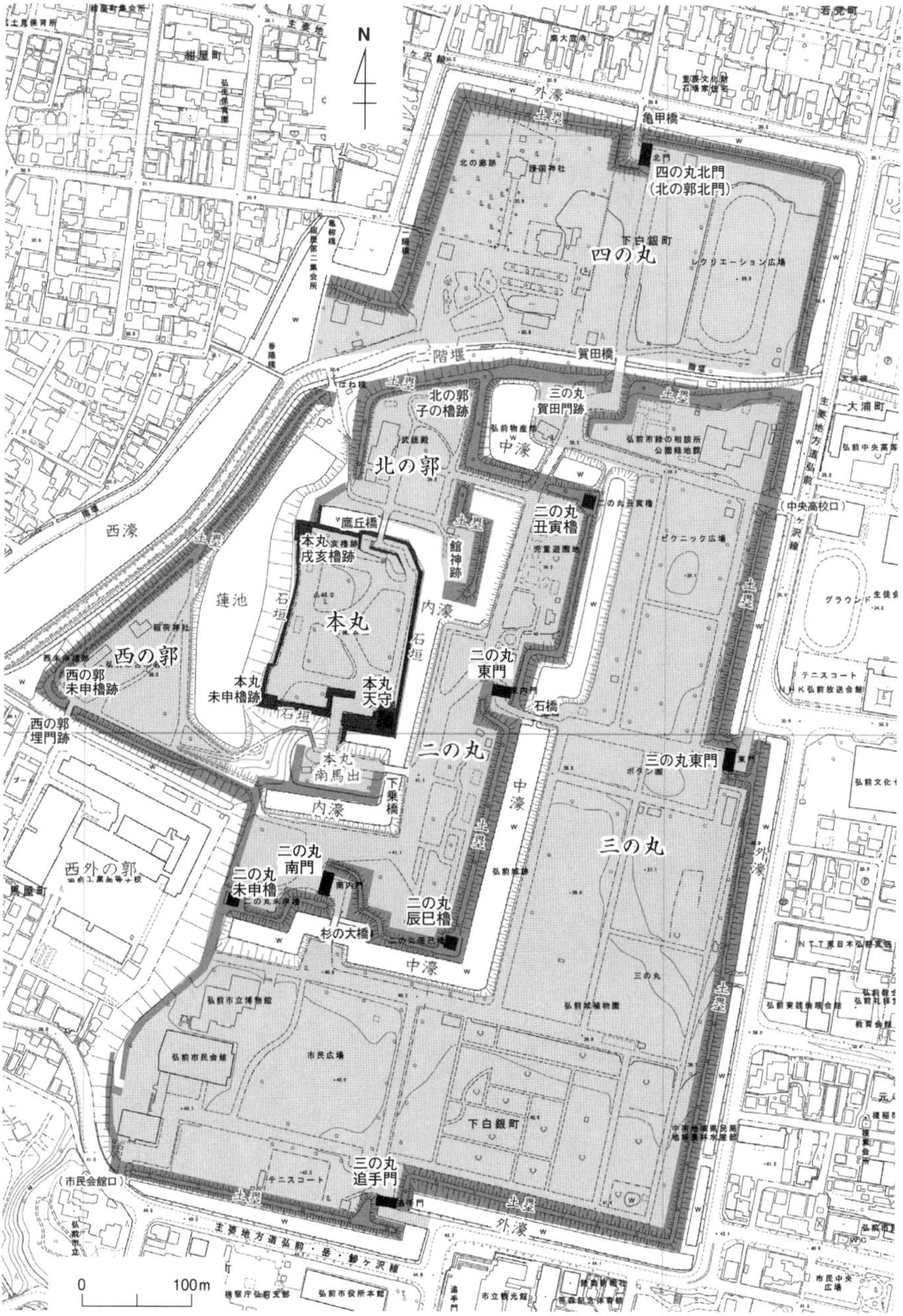

●―弘前城縄張図（弘前市教育委員会 原図提供，岩井浩介一部改変）

年（一六一〇）から弘前藩二代津軽信枚《のぶひら》により築城が開始され、翌慶長十六年には堀越城より本拠を移転、以後約二六〇年間、津軽氏歴代の居城となった。なお、築城当初は高岡城と称されていたが、寛永五年（一六二八）に弘前城へと改称されている（以下は「弘前城」で呼称を統一）。

築城当初は、城域中心からやや西寄りに位置する本丸、本丸北側の北の郭、本丸南東を逆L字に囲む二の丸とそのさらに南東を取り囲む三の丸、城域北側の四の丸、本丸の立地する台地西崖下の西の郭とその南の西外の郭の七郭で構成されていたが、西外の郭は一八世紀以降城外として扱われ、現在は県立高校用地や宅地となっている。平面形は南北約一〇〇〇メートル、東西約六〇〇メートルのやや不整な長方形を呈し、面積は約四九万平方メートルである。本丸を中心とする求心的な構造で、いわゆる梯郭式《ていかくしき》城郭である。

【弘前城の出入口と虎口】 現在の弘前城跡の主な出入口は、三の丸では南の追手《おうて》門口・東の東門口・北東端部の中央高校口・南西端部の市民会館口、四の丸では北の北門口・西の一陽橋口・春陽橋口、西の郭では南の埋門跡（工業高校口）などがある。これらのうち、近世期までさかのぼるのは、三の丸の大手門口・東門口、四の丸の北門口、西の郭の埋門跡である。西外の郭に至る三の丸西坂下口のように現在廃絶した出入口もあるものの、城郭としての基本的な出入口は東西南北の各一ヵ所に限られていたといえる。

弘前城における正門、いわゆる「大手」は築城当初は四の丸北門であった。しかし、寛文五年（一六六五）に、藩主の参勤交代に使用される街道が、鯵《あじ》ケ《が》沢《さわ》から出羽八森に至る日本海岸沿いの西浜街道から、津軽領内南端の碇《いかり》ケ《が》関《せき》から出羽大館に至る羽州街道に変更されたことに伴い、大手も三の丸追手門へと変更された。これらの門と三の丸東門には築城当初からの櫓門が聳え、まさしく城門としての威容を城外へと示している。しかし現在、弘前城跡への来訪者のすべてが、これらの櫓門を潜り城内に入るわけではなく、近隣の駐車場などとの関係から、近代以降に設置された出入口を通る来訪者も多い。特に利用者の多い三の丸北東端の中央高校口を抜け、さらに二の丸北端に近代以降に開削された通路を通るルートは、各郭の虎口《こぐち》をほぼ通り抜けないまま、最短で本丸に到達できるルートとなっており、このルートだと本来的な城道を通らずに「城」を観光できてしまうこととなる。よって次項からは、本来的な城道を通る、少し「遠回りなルート」を案内してみたい。

【四の丸北門から本丸へ】 弘前城北端の外濠沿いを、西方に岩木山を眺めながら西に向かうと、外濠に架かる橋（亀甲橋）

の向こうに四の丸北門（重要文化財の指定名称は「北の郭北門」）が見えてくる。「亀甲《かめのこう》門」の名で親しまれるこの門は、現存する他の四つの櫓門より規模が大きく、銃眼がないなどの古式を残している。伝承では敵対した大光寺城の城門を移したとされるが、弘前城の前身の城である堀越城で確認された本丸東門跡などを見る限り、堀越城築城以前の津軽の城館に北門規模の櫓門があった可能性は低く、部材が転用されたとみるべきであろう。ちなみに、四の丸北門は内桝形《うちますがた》虎口奥の城内側「一之門」に構築されているが、桝形正面の「二之門」は存在しない。弘前城内の桝形虎口については、近世期を通じて二重に門があったことはなく、基本的には城内側に櫓門を配するか、正面側に平門を配する構造となっている。

●—四の丸北門（亀甲門）（弘前市教育委員会提供）

さて、北門を抜けると四の丸に入る。築城当初は侍屋敷が建ち並んでいたが、一七世紀末葉（元禄期）以降、郭外へ移転、その後は「作事方《さくじがた》」や「鷹部屋《たかべや》」などが城道沿いに配されている。現在は東半に運動場、西半に護国神社が所在しており、平成二十九年現在、運動場は本丸石垣修理に伴う石材置き場となっている。四の丸北門から南下すると、正面に三の丸などが立地する台地北崖が見えてくる。約七㍍の高低差を有するこの崖と手前を流れる二階堰《せき》が、四の丸と三の丸を隔てる防御線である。築城時にこの崖を切り開き桝形虎口が構築され、櫓門である賀田門が配された。この門は賀田に所在した大浦城跡からの移築とされるが、廃城後取り壊されている。

賀田門跡を抜け三の丸に入ると、現在は正面に土橋《どばし》があり、そのまま二の丸北端へと入ることができる。しかし、この通路は明治三十一年（一八九八）、三の丸に陸軍が兵器支《し》廠《しょう》を設置、立入禁止としたことに伴い、通路確保のため三の丸北東端の現中央高校口とともに整備された新道である。よって、ここでは二の丸北東端の丑寅《うしとら》櫓を眺めつつ南へと回り込み、二の丸東門へと至る本来の城道を辿りたい。なお、三の丸も四の丸同様、築城当初は侍屋敷地であったが、一七世紀末葉以降に郭外移転され、その後は三の丸屋敷・評定所《ひょうじょうしょ》・蔵・馬場などが配された。現在は北側に広場、南東側に弘前城植物園、南西側に弘前市立博物館や弘前市民会館などが所在している。

さて、中濠に架かる石積みの土橋《どばし》（石橋）を渡り、二の丸東門を抜け二の丸に入ると、西に幅約一〇〇メートルを超える本丸東面の高石垣が見えてくる。この石垣は平成二十九年以降、修理事業が本格化しており、天守とともに全容をふたたび見ることができるようになるのはしばらく先となる。二の丸は築城当初、大身の屋敷地であったが、郭外移転後は北側に二の丸屋敷、南側に馬場・高覧所・宝蔵・太鼓櫓などが配された。現在は北側が児童遊園、南側は緑地帯となっている。この二の丸から本丸に至る城道には本丸南馬出《うまだし》を経由するルートと、北の郭を経由するルートがあるが前者は後述することとし、ここでは後者を通ることとする。

北の郭は本丸と並ぶ重要な郭であり、築城当初は為信《ためのぶ》室仙《せん》桃院《とういん》の御殿が、その後寛文十二年から宝永元年（一七〇四）までは四代信政《のぶまさ》の生母久祥院《きゅうしょういん》の御殿が配されていたが、それ以降は蔵が立ち並んでいた。現在は明治四十四年（一九一一）建築の演武場（武徳殿）を改築した休憩所のほか、平成十一年度から平成十三年度の発掘調査で確認された蔵跡などの遺構表示が整備されている。なお、北の郭ではぜひ、北東角の子《ね》の櫓跡と南東隅の館神跡を訪れてみたい。子の櫓は現存する他の櫓と同じく三層の櫓であったが、明治三十九年に西の郭未申《ひつじさる》櫓とともに焼失した。子の櫓跡では見学デッキから前述の発掘調査により確認された礎石を見学することができる。館神跡は、北の郭が南東に張り出し、鉤状《かぎじょう》の内濠と土塁で囲まれる一角に存在する。築城当初の慶長十六年に豊臣秀吉の座像をご神体とした館神を勧請したもので、以後本殿が解体される明治四年まで存続した。前述の発掘調査で本殿跡や鳥居跡が確認されており、現在は遺構表示や解説板が整備されている。

北の郭南の橋（鷹丘橋）を渡ると漸くして本丸に至るが、現存天守を除けば往時の面影を偲ぶものは多くない。しかし、本丸西面、約一七メートルの台地西崖上からは、作家司馬遼太郎に「台上（本丸）の主役が天守閣ではない」と言わしめた、津軽の秀峰岩木山の眺望を楽しむことができる。

【三の丸追手門から本丸へ】 三の丸の南に位置する追手門は、前述のとおり寛文五年以降大手となった。現在、門前には弘前市立観光館や近代建築の巨匠前川國男による弘前市庁舎本館（国登録有形）なども所在し、多くの来訪者で賑わっている。この追手門を抜け、北に向かうと、中濠の向こうに二の丸辰巳《たつみ》櫓が見えてくる。さらに中濠沿いに西に向かうと、前方（西）の二の丸南西土塁上に二の丸未申櫓、その手前の橋（杉の大橋）向こうには二の丸南門が見えてくる。いずれも国の重要文化財であり、建築は築城当初までさかのぼる。

●―修理中の本丸東面石垣と曳屋された天守

　二の丸に入り北へ向かうと、二の丸と本丸南馬出《うまだし》を繋ぐ下乗橋が左手（西）に見えてくる。この下乗橋の対面、二の丸南側には前述のとおり一七世紀末葉以降、馬場・高覧所などが所在した。平成二十八年に実施された発掘調査により、全長約一五〇メートルの馬場跡や高覧所跡などが確認されており、復元整備される予定である。この地区では、史跡弘前城跡のガイダンス施設も整備予定であり、今後は城内観光の拠点となることが期待される。

　さて、下乗橋上からは本丸南東隅の天守と天守台石垣、さらに本丸東面石垣を一望することができる。この三層の天守は文化七年（一八一〇）の再建である。築城当初の天守は五層で、本丸南西隅に所在したが、寛永四年（一六二七）に落雷により焼失したとされる。なお、平成二十九年現在、東面石垣は修理中であり、天守も本丸平場へと曳屋《ひきや》されている。

　本丸南馬出は、二の丸とは橋、本丸南虎口とは土橋でつながり、東・西・南を土塁で囲む小島状の独立した小郭であり、「豊臣秀吉が京都に築いた聚楽第《じゅらくだい》の馬出を祖形とした見事な馬出」（千田二〇〇五）と評されている。土橋を渡った先は本丸南の桝形虎口である。入ってすぐ右手（東）の石垣には亀石とも呼ばれる三メートルを超える城内最大の築石が配され、また、正面と左手（西）の石垣にも二メートルを超える巨石が一定間隔で配されている。これらは鏡石と呼ばれる、慶長期にみられる意匠的な石積みの技法である。この桝形虎口を抜けると、本丸御殿の玄関前に至る。本丸御殿は、南半には広間や書院などの公的（表）な空間、北半には台所や奥などの藩主の私的（奥）な空間が配されており、平場を埋め尽くすほどの規模であったが、現在は玄関の礎石が一対残るのみである。

【三の丸東門から本丸へ】 三の丸東門から二の丸東門を経由して本丸に至る城道は、前述までの城道に比べてかなり短い。しかし、他の城道に比べて現代的な人工物が少なく、古城らしさを感じられる通好みのルートとも言える。なお現在、三の丸南東側は植物園となっており、園内では昭和期の発掘で確認された庭園も復元整備されている。

【西の郭埋門から本丸へ】 この城道は前述の三の丸東門からの城道よりもさらに短く、距離だけ見れば本丸への最短ルートとなる。しかし同時に、台地西崖の高低差約一七メートルを一気に登る高低差の最も厳しい城道でもある。西の郭は築城当初から侍屋敷などは配されず、南西隅には未申櫓、平場には馬場などが配された。郭南端の埋門は南の西外の郭とつなぐ門である。築城当初、岩木川《いわきがわ》は弘前城西側で駒越《こまごし》川と樋の口川の二筋に分岐し、城域西縁には樋の口川が北流していた。しかし、延宝二年（一六七四）から天和二年（一六八二）までの工事により、川筋は西側の駒越川に一本化され、旧樋の口川は西濠として、西外の郭は郭外として扱われるようになった。

さて、埋門から東に進むと、二の丸西端に至る近代以降の園路と、本丸南馬出北西端に至る城道の二手に分かれる。城道については現在、モミジの名所として知られており、秋には石垣を背景に、美しい紅葉を眺めることができる。

【次の「一〇〇年」へ】 紙面の関係もあり、前項までかなり足早に城内を「歩いて」きた。各郭や濠・土塁、建造物の来歴など触れていないことも多いが、少しでも「往時の姿」に思いをはせながら、城内を散策する際の手掛かりとなることを願いたい。なお、前述までのとおり、平成二十九年現在、城内では本丸東面石垣の修理事業が本格化しており、天守曳屋、石垣の解体・積み直し、そして天守曳戻しなど、刻一刻とその様相は変化している。ぜひこの機会に「一〇〇年ぶり」とも称される「平成の石垣修理」についても見学いただけたなら幸いである。

【参考文献】 千田嘉博「第二編第一章日本海域の城郭」長谷川成一・千田嘉博編『日本海域歴史体系第四巻近世篇二』（清文堂、二〇〇五）、長谷川成一監修『弘前城築城四百年』（清文堂、二〇一一）

（岩井浩介）

●整備の進む津軽為信最後の居城

堀《ほり》越《こし》城《じょう》〔国指定史跡〕

〔所在地〕弘前市大字堀越
〔比高〕約三メートル
〔分類〕平城
〔年代〕南北朝期、戦国時代後半〜慶長一六年（一六一一）
〔城主〕津軽為信、津軽信枚
〔交通アクセス〕ＪＲ奥羽本線「弘前駅」から車で一五分。あるいは、弘南バス弘前〜大鰐・碇ケ関線「堀越」停留所下車、徒歩三分。

【甦る堀越城】　堀越城は、弘前藩初代藩主津軽為信《ためのぶ》が生前、最後の居城とした城である。津軽地域においてもっとも著名な歴史上の人物の一人である為信が、津軽地域においてもっとも著名な城である弘前城に居城したことがないという事実については、実は地元弘前市民でも十分に知られているとは言い難い。しかし、為信が元禄三年（一五九四）に本拠を大浦城から堀越城へと移した後、慶長十二年（一六〇七）に京にて死去したことや、慶長十五年からの弘前（高岡）城築城が二代藩主信枚《のぶひら》により開始されたことはほぼ間違いなく、弘前（高岡）城築城までの津軽氏の居城はこの堀越城、ということになる。

　堀越城については、弘前城への本拠移転後廃城となり、また、同時代の文献資料もほとんどないことから、長らく実態が不明瞭であった。しかし、昭和六十年（一九八五）の国史跡指定（追加指定、名称を「史跡津軽氏城跡」へ変更）と、公有地化をへて、平成十年度から平成二十五年（二〇一三）度までの一六年間、弘前市により実施された発掘調査により、城内の様相は徐々に明らかとなってきている。さらに平成二十四年度から本格化した整備事業により、公開環境も向上しており、「為信の城」を気軽に散策できるようになりつつある。まずはさっそく、城内に歩みを進め、為信の城を体感していくこととしたい。

【堀越城の構造】　堀越城は、津軽平野南部のやや東寄りの平野部に位置する平城である。基本的には普請《ふしん》（堀・土塁《どるい》）によ

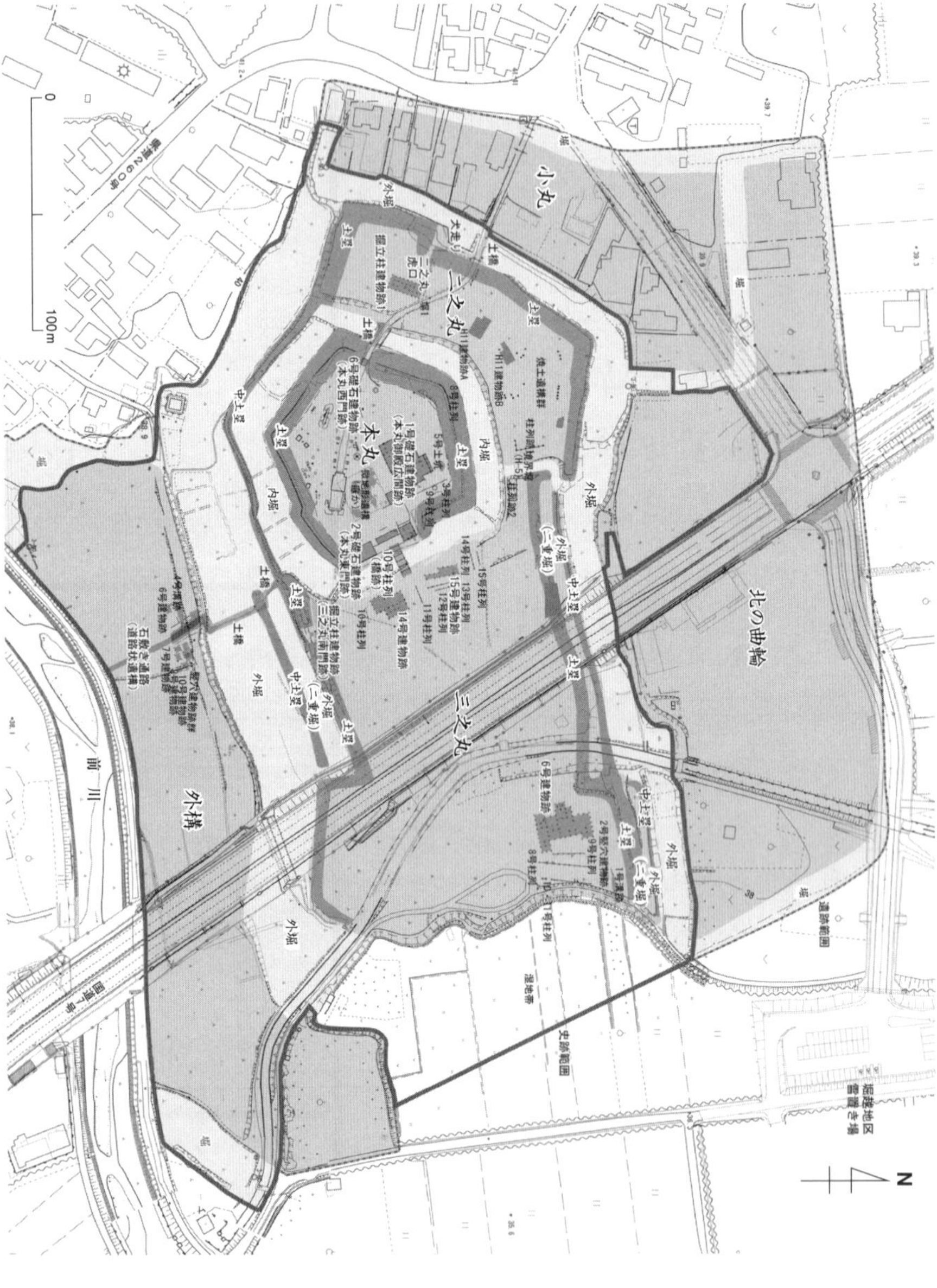

●—堀越城縄張図（弘前市教育委員会 原図提供，筆者一部改変）

る人為的な高低差が守りの要となる「土の城」である。やや南東寄りの中央部に本丸を配し、その北西に二之丸と小丸、本丸東側に三之丸、そして城域南縁に外構、北縁に北の曲輪が配される。これまでの発掘調査によりこの求心的な縄張については、為信が本拠を移転した一六世紀末葉の改修によりつくり出されたものであることが判明している。各曲輪を堀が取り囲むほか、外構南縁には前川が東流する。なお、本丸・二之丸・三之丸・小丸の名称は廃城後に検分した弘前藩士が付した呼称、また、北の曲輪・外構は発掘調査時に付した仮称であり、いずれも往時の呼称は不明である。現段階では小丸から二之丸を経て本丸西虎口《こぐち》に至る城道と、外構から三之丸を経て本丸東虎口に至る城道が確認されている。まず、小丸からのルートを辿ることとしよう。

【小丸から本丸へ】　旧国道七号、現在の県道二六〇号は、一七世紀後葉に南方の丘陵際に付け替えられるまで羽州街道として使用された街道筋をおおむね踏襲している。この県道は、堀越城の北西端で三差路となっている。この三差路に面する鳥居が、現在本丸に鎮座する熊野宮の参道であり、また、小丸への入口となる。小丸は宅地が進み、その様相は明確でないが、近世の絵図等からこの参道は城道をおおむね踏襲しているようである。

●—本丸土塁からみた二之丸と岩木山

鳥居を抜け参道を南東に進むと、正面に見えてくるのが、復元整備された二之丸の土塁と土橋《どばし》である。現在、参道は土塁の間を抜け、平場内へと延びているが、これは近世以降に開削された道筋であり、土橋の先で右手に折れ、土塁を左手と正面に見ながら進み、さらに左手に折れ平場に入るのが、整備により復元された本来の城道となる。二之丸と本丸西虎口とは土橋で接続しており、この西虎口では、調査で確認された幅二・四メートルの礎石立ちの本丸西門跡が遺構表示されている。二之丸は南・北・西を土塁に取り囲まれた、小振りで閉鎖的な曲輪である。発掘調査では総柱の掘立柱

●—整備された本丸（弘前市教育委員会提供）

建物、多量の炭化種実、竪穴《たてあな》建物跡や多数の鍛冶炉が確認されており、貯蔵や金属生産に関わる施設が配されたことが判明している。本城道は閉鎖的な印象を受ける城道であるが、次項の外構からの道筋と比較すると、その差異はさらに際立つ。

なお、本丸西虎口（西門）からは、二之丸虎口上、そして城外の旧羽州街道上に聳える津軽の秀峰岩木山《いわきさん》の姿を見ることができるが、これは霊峰としての岩木山への眺望を確保するための意図的なものと考えられる。

【外構から本丸へ】 前項の城道は、多少の差異はあるものの、文献資料等にも記載がある近世以降も城道として認識されてきたルートである。しかし、これまでの調査により堀越城のいわゆる「大手」は本項の城道であった可能性が高い。まずは、城外の旧街道を復元するところから始めてみたい。

近世の絵図によると、堀越城の北から西へと回り込んだ街道筋は、城の南西で北東へと屈曲し、前川右岸の集落内でさらに南東へ再屈曲し、石川方向へ延びていたことが確認されている。なお、南東に位置する石川城までは約四キロである。

絵図にはこの再屈曲部のやや先の集落南縁に「村隠」の記載があり、同様のものが堀越集落北端にも記されていることから、堀越城下の総構を画する土塁であったと考えられている。

　発掘調査により、この城下南東での街道再屈曲部の軸線を、外構平場まで伸ばした地点で、円礫を敷き詰めた幅二・四メートルの通路跡が確認された。さらに外構北側の幅約四〇メートルの外堀内からは、この通路から、三之丸南縁に配された中土塁と土塁を抜け、三之丸南虎口（南門）へと至る土橋跡も確認された。この城道については整備により復元されている。

　さて、三之丸から本丸東虎口へは整備された木橋で渡ることができる。この東虎口には、三棟の礎石建物からなる、幅三〇メートルを超える東門が配されており、このうちの中央建物が、幅一〇メートルを超える櫓門であったと推定されている。この門を抜けると、城内最大の建物である本丸御殿広間跡へと至る。この広間跡は南東に張出（中門）を有する礎石建物であり、臣下が城主、すなわち津軽為信に謁見を行う、城内でもっとも格の高い建物となる。いずれの建物も整備による遺構表示を行っており、解説板には建物の復元イメージも示されている。

　なお、本丸東虎口正面に位置する三之丸からは、複数の大型の掘立柱建物が確認されており、家臣団の屋敷地が存在した可能性が想定される。


【為信の城「堀越城」】　津軽氏が堀越城を本拠とした一六世紀末葉から一七世紀初頭の津軽には、中央政権から大名として認知されてもなお、不穏な空気が漂っていた。堀越城本丸にのみ確認される礎石建物は、その状況下で中央政権との繋がりを示す装置として導入され、特に本丸東門については、かつて為信と敵対した南部氏の旧勢力圏である岩木川東岸域に対し、威容を示すため建築されたものと思われる。しかしながら石垣もない堀越城は、城郭・城下とものちの弘前城に比して小規模であり、「近世大名」の居城としては不十分だったようである。

　為信が自ら改修し、本拠とした堀越城には、激動の時代における為信の「等身大の姿」が示されている、といえよう。

　なお、平成三十二年春の全面公開を目指し、城内では現在弘前市による整備が進行中である。弘前城を訪ねた際には「平成の築城」により往時の姿を取り戻しつつある堀越城にもぜひ足を運んでいただけたなら幸いである。


（岩井浩介）

【参考文献】　弘前市教育委員会『堀越城シンポジウム資料集』（二〇一五）

●津軽における南部氏支配の拠点

石《いし》川《かわ》城《じょう》

〔所在地〕弘前市大字石川
〔比　高〕約一〇〜四〇メートル
〔分　類〕山城
〔年　代〕南北朝期〜近世初頭
〔城　主〕南部高信
〔交通アクセス〕弘南鉄道大鰐線「石川駅」下車、徒歩五分。あるいは、JR奥羽本線「石川駅」下車、徒歩二五分。

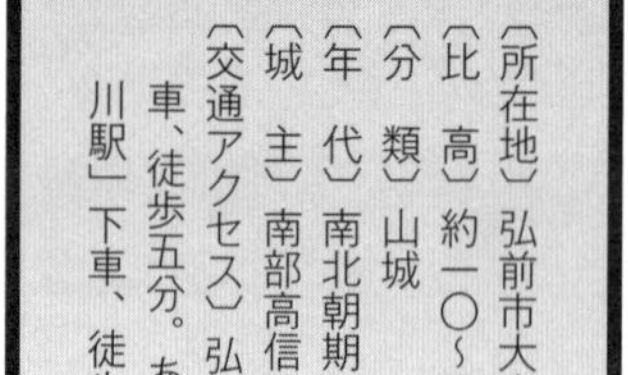

【津軽為信と石川城】　石川城は津軽地域において、屈指の知名度を誇る城跡である。しかし、その知名度は、同じ津軽地域においてもっとも著名な歴史上の人物の一人である津軽為信《ためのぶ》との関係において特に知られるものである。

享保十六年（一七三一）に成立した弘前藩官撰史書『津軽一統志』によると、元亀二年（一五七一）、のちの弘前藩初代藩主である大浦城主南部（大浦）為信は、北西に位置する堀越城を夜半に発ち、石川城を奇襲、津軽郡代として南部氏の津軽支配を担っていた南部高信《たかのぶ》を自害に追い込んだとされる。為信が南部氏の支配から津軽を切り取り、大名へと成長していく、その最初の第一歩の舞台となったのが、この石川城となる。

しかし、後世の編さん史料における「歴史」の舞台としての石川城がどのような様相であったのか、その痕跡を現状の城跡の中で確認することは難しい。また、「石川十三館」とも称される石川城は、遺跡としての登録範囲で約二四万平方メートルの規模があり、大半がりんご園などの民地となっている。次項では、現地で見学できる城跡の痕跡を、辿ることとしたい。

【大仏ヶ鼻城】　東北地方の太平洋側を縦貫する東北自動車道は、岩手県北から秋田県北東部の鹿角地域を抜け、青森県津軽地方へと入る。この東北自動車道は、古代以来の「奥大道《おくたいどう》」とそのルートが近似するとされるが、この自動車道を鹿角地方より北上し、県境の山間地を抜け、津軽平野へと入る際に、その出入口ともいえる境界部に突き出た丘陵が、石川城の東端に当たる「大仏《だいぶつ》ヶ鼻《がはな》城」である。現在は弘前市が管理する「大仏公園」として開放されており、毎年七月には一帯にあじさいが咲き乱れる「あじさいまつり」の会場として、多くの来訪者で賑わう。

●—大仏ヶ鼻城東端から見た平川

一般的にはこの大仏公園でもある大仏ヶ鼻城跡のみが、石川城と認識されることも多いが、大仏ヶ鼻城跡自体はあくまでも石川城の一部であり、実際の城域は大仏ヶ鼻城跡から、西側約五〇〇《メートル》まで広がるものと考えられている。しかし、大仏ヶ鼻城跡に踏み入れ、その東端の急崖上から直下を流れる平川と南方へと続く羽州街道を、そして、北西端の急崖上から北方に広がる津軽平野を望むと、この地がいかに交通の要衝として重要で、かつ地形堅固な地であるかを実感することができる。「大仏」の地名は、秋田・青森県境を水源とし北流する平川が、かつて大きく蛇行し、大仏ヶ鼻城の立地する丘陵を囲繞《いじょう》しながら流れていたため、丘陵南東側の屈曲部が「大淵《おおぶち》」と呼ばれていたことによるとされる。この大淵に突き出た岬状の地形が「鼻」と称されており、天文二年（一五三三）に三戸南部康信《やすのぶ》より津軽に派遣された南部高信《たかのぶ》が、その地に築城したため「大仏ヶ鼻城跡」と呼称されるようになったとされる。

大仏ヶ鼻城跡は、北側の平場部分と南側の山城部分に大きく区分され、北側の平場はかつて一～〇・五《メートル》ほどの高低差を有する一〇段で形成され、東に向かい階段状を呈していたとされる。現在は公園の造成のため、段数を減らしているが、階段状の造成にその様相を残している。平成二十六（二

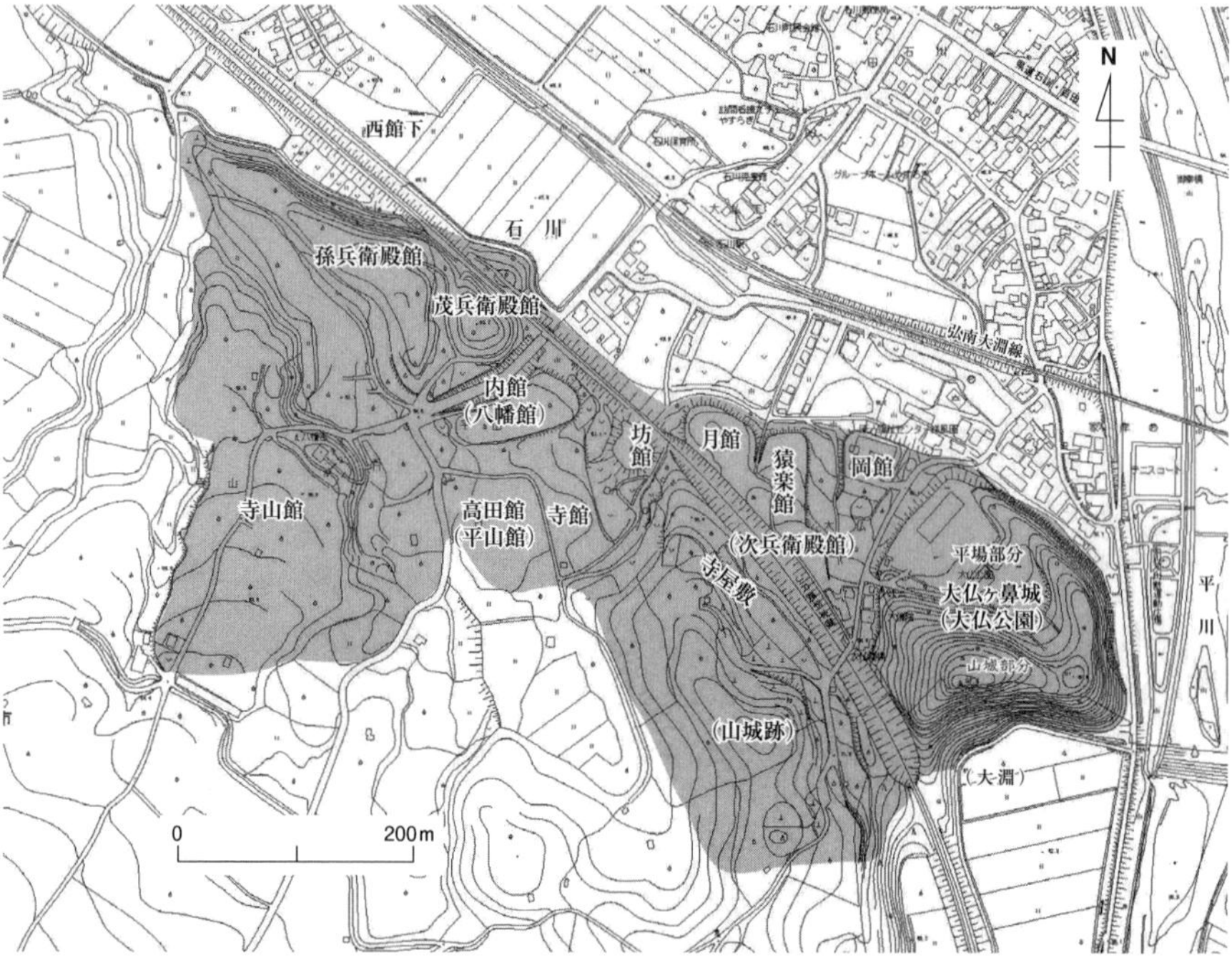

●—石川城郭配置推定図（弘前市教育委員会 原図提供，岩井浩介一部改変）

〇一四）年度に弘前市が実施した試掘調査では、明確な中世期の遺構は少なかったものの、平場の造成を図った盛土などが検出され、平場が人為的に形成されたものであることが確認されている。南側の山城部分は頂部で一〇〇《メートル》近い標高を有し、城内の最高所となる。近年の園路造成などで本来の姿はだいぶ失われているほか、樹木の繁茂により眺望はあまり芳しくないものの、尾根沿いに整備された公園の園路により散策は可能である。

　前述の「大仏ヶ鼻城」の城名の由来や城内の様相、また南部高信による築城の真偽については、近年の発掘調査によっても明確でない。しかし、立地などからは大仏ヶ鼻城が石川城の中心的な郭の一つであったことは十分に伺い知ることができる。なお、為信が石川城急襲に当たり前線基地とした堀越城は、石川城から約四《キロ》北西の旧羽州街道上に所在しており、まさしく指呼の距離にある。

【内館および諸郭群】　石川城跡は、「石川十三館」とも称される、約二四万平方《メートル》におよぶ大規模な城跡である。「十三館」には諸説があるものの、前項の大仏ヶ鼻城ほか、岡館、猿楽館、月館、坊館、寺館、高田館（平山館）、内館（八幡館・次五兵衛殿館）、茂兵衛殿館、孫兵衛殿館（西町館）、寺山館、小山館、新館の十三を指すとされる。しかしいずれも、大半は、現状でリンゴ園等に使用される私有地であり、ごく一部を除き発掘調査等も実施されていないため、各郭がどのような関連性を持つのか、ほとんどわかっていない。なお、小山館については孫兵衛殿館の西側の台地を指すとされるが、明確な遺構は確認できていない。また、新館については、小山館のさらに西側に位置しており、別な城館として扱うべきものと思われる。

●―内館の遠景

石川城は「石川館（盾）」として南北朝期の文献史料に記載のある城館とも重複すると考えられており、南北朝期から中世末期にかけて、各郭がどのように機能したのか、時代的な変遷についても考慮が必要となる。その中で、前項の大仏ヶ鼻城はその立地等から重要な郭の一つであることは言を俟たないが、過去の縄張調査では、石川城跡のほぼ中央に位置する通称「内館」についても、主郭の候補として指摘がある郭である。この内館については、弘南鉄道大鰐線石川駅の西側から城内へと続く農道の改築にともない、平成七・八年度に弘前市により中央部を縦断する形で発掘調査が実施されている。残念ながら、後世の掘削により平場内部の遺構はほとんど滅失していたが、郭西端で深さ二・四メートル以上、東端では八メートル以上の堀跡が確認されており、また、石川城としての使用時期を網羅する一三～一六世紀代の陶磁器も、その堀跡内から出土するなどの成果が得られている。残念ながら、現状では郭外周に堀の痕跡をわずかに残すのみではあるが、その成果については農道横の説明板で確認することが可能である。

なお、その他の郭については平場部分の大半が私有地であり、立入りは難しいものの、郭間を画する堀部分には農道が整備されている地点も多いことから、切岸《きりぎし》などの様相を見歩くことは可能である。

【参考文献】斉藤利男・小山彦逸「第三章弘前地域の中世城館」『新編弘前市史　資料編一　古代・中世編』（弘前市、一九九五）、岩井浩介「津軽支配の拠点　石川城跡」長谷川成一監修『図説弘前・黒石・中南津軽の歴史』（郷土出版社、二〇〇六）

（岩井浩介）

●鎌倉幕府を揺るがした津軽大乱の舞台

藤《ふじ》崎《さき》城《じょう》

〔所在地〕藤崎町藤崎
〔比　高〕不明
〔分　類〕平城
〔年　代〕南北朝期〜一六世紀前葉か
〔城　主〕安藤高星丸・安藤教季
〔交通アクセス〕ＪＲ五能線「藤崎駅」下車、徒歩一五分。

【安藤（東）氏発祥の地】　ＪＲ五能線藤崎駅の南西に位置する八幡宮の境内奥に、小高い盛土がある。この盛土は、境内南隣を東西に走る国道七号で断ち割られる形となっており、この国道から見ると、台形状の断面形を呈することがよくわかる。この盛土上に「安東氏発祥の地」。「藤崎城土塁の跡」と記載された二基の標柱が設置されており、この盛土が藤崎城の土塁《どるい》として伝承されていることがわかる。

中世北奥に覇を唱え、「日《ひ》ノ本《もと》将軍」とも称された安藤氏に関しては、近年津軽平野北端岩木川《いわきがわ》河口に位置する十三《とさ》湊《みなと》遺跡とその関連遺跡での発掘調査が進捗し、多くの知見が得られており、国の史跡となった遺跡も多い。しかし、その「発祥の地」とされる藤崎城と、安藤氏との実際の関係となると、判然としないことが多く、その実態は謎に包まれている。

【藤崎城と八幡宮】　藤崎城の土塁跡とされる盛土は、八幡宮の境内奥に位置しており、本殿などは盛土の上に位置する形となっている。伝承や系図等によれば、前九年の役に敗れた安倍貞任《さだとう》の子高星丸《たかほしまる》が、津軽に逃れ藤崎城を築城、同時にこの八幡宮を創建したとされる。また、近隣寺社の境内や、城跡北側に位置し、鎌倉幕府執権北条時頼《ときより》の愛妾と関連するとされる「唐糸御前《からいとごぜん》史跡公園」内には、一四世紀後半の年紀を有する板碑《いたび》もいくつか残されている。「唐糸御前」の伝承については、いわゆる「貴種の廻国伝説」の一種ではあるが、中世の伝承が残る土地であるとはいえよう。

●—藤崎城に残る土塁

なお、藤崎城については、藤崎町教育委員会による平成八年（一九九六）から平成十二年にかけての発掘調査でも、中世の明確な痕跡は確認できておらず、むしろ、近世弘前藩の宿場町・川湊としての活動を示すと思われる近世期の陶磁器が多数出土している。

さて、安藤氏については、鎌倉時代末期の蝦夷蜂起に端を発し、安藤氏一族の内紛や、幕府の不手際も絡み、鎌倉幕府の支配を揺るがす形と大事件となったとされる「安東（藤）の乱」が知られている。その真相は不明な点も多いが、その重要な舞台の一つとして藤崎の地があり、その際にはこの藤崎城が攻防の舞台として機能したと考えられる。

残念ながら藤崎城の現地に、その様相や安藤氏の面影を伺うことのできる場はそう多くはない。しかしながら、城跡の西側を北流する岩木川やその支流の平川が、近世期においても津軽における物流の大動脈であったこと、そして、その河口に十三湊が存在したことに想いをはせれば、津軽平野における通運の要衝として、この地が安藤氏にとって重要な地であったこともまた、想像に難くない。

【参考文献】工藤清泰「藤崎城と安藤氏　藤崎城跡」長谷川成一監修『図説弘前・黒石・中南津軽の歴史』（郷土出版社、二〇〇六）

（岩井浩介）

●北奥に残る方形居館

沢《さわ》田《だ》館《たて》

〔所在地〕十和田市沢田地内舘地区
〔比　高〕約一〇メートル
〔分　類〕平城
〔年　代〕戦国期か
〔城　主〕沢田助三郎
〔交通アクセス〕東北新幹線「七戸十和田駅」下車、車で約三〇分。弘南バス「舘入口」下車、徒歩五分。

【位　置】　青森県十和田市（旧十和田湖町）の沢田館は、奥入瀬川南方一・七五キロ、丘陵の東端で、三日市館の西約四キロの地点にある。館の起源は明らかではないが、天正二十年（一五九二）の『四十八城注文』には、「沢田、平城、在、恵《え》比《び》奈《な》左《さ》近《こん》持分」とあり、また、『館持支配帳』には、「沢田館、千三百石、沢田助三郎」とある。

沢田氏は南部家幕の後七家の一人で、南部家から重用され、天正二十年に南部諸城が破却された時も、残された十二城のひとつである。恵比奈はその本姓である。天正十九年の九戸政実の乱の時は、宗家の南部信直の側についたと伝えられている。

【館の縄張】　館は、東・北・南の三方面は沢地に臨み、西方が陸続きとなっているが、地形的にはさほどの要害の地ではない。

このため、奥入瀬川の小支流が流れている南方を除いた三方に二重堀をめぐらし、防備を厳にしている。堀の一部は水堀であった。これらの遺構はいまなおほぼ完全に残されており、中世南部地方における居館の形式を教えてくれている。

館は丘陵突端の南方の低い所にあるので、北方に対する展望はよくないが、その欠点を補うため、北方丘陵の高所を見張所として利用したようである。

規模は東西、南北ともおよそ一〇〇メートルで正方形を呈している。堀は畝堀《うねぼり》で、堀幅は約一五メートル、堀の中央にある中土塁《どるい》は約二メートルである。

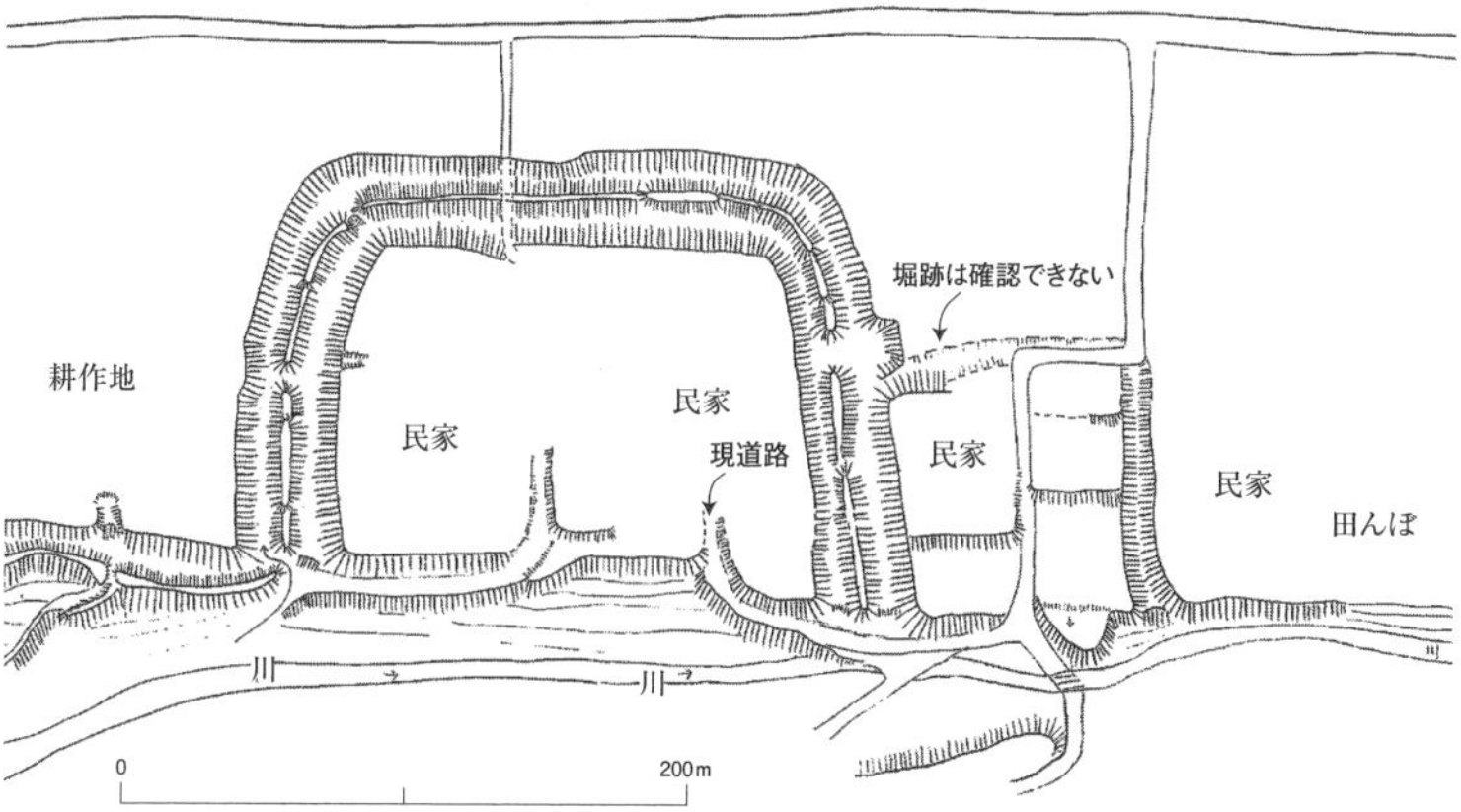

●—沢田館概念図（1999年11月　作図：小山彦逸）

●—沢田館の空堀現況（1999年10月撮影）

【奥入瀬川流域に見られる城館】　沢田館を含めた奥入瀬川流域には、三日市館・沢田館をはじめ、多数の城館が築かれている。その理由の一つは、ここから八甲田《はっこうだ》山を越えて津軽地方に通ずる道があり、それを抑える必要があったからであろうと考えられる。もう一つの理由は、この奥入瀬川は南部氏の領地ではあるが、南部氏の中でも三戸南部氏と七戸南部氏の領域支配の境界にあたるため、境界領地の防御のために城館群が奥入瀬川を挟んで築かれたということができる。

【方形居館の形態】　南部氏内の城館で、平城で方形居館を呈する典型が沢田館であるということができる。ただ、これほど正方形ではないが、それに近い形態の居館も見られる。一般的に、このような方形居館は関東武士などが用いるものとされるならば、今後の研究においては非常に良好な城館の一つということができる。

【参考文献】　沼舘愛三『南部諸城の研究』（伊吉書院、一九七八）、『日本城郭体系二—青森・岩手・秋田—』（新人物往來社、一九八〇）、青森県教育委員会『青森県の中世城館』（一九八三）、佐藤嘉悦『南部四十八城の賦』（一九八九）

（小山彦逸）

●南部氏の最北に位置する平山城

七《しち》戸《のへ》城《じょう》

〔国指定史跡〕

〔所在地〕七戸町字七戸地内
〔比　高〕約四〇メートル
〔分　類〕平山城
〔年　代〕室町時代初期から戦国期末
〔城　主〕七戸政光・七戸家国
〔交通アクセス〕東北新幹線「七戸十和田駅」下車、徒歩三〇分。

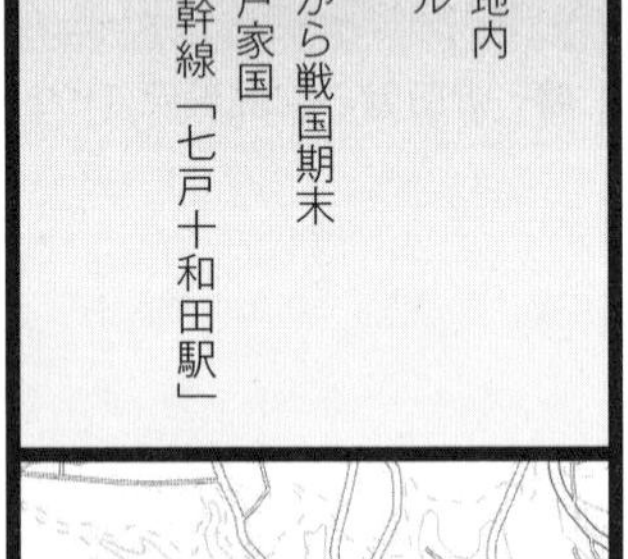

七戸城は昭和十六年（一九四一）十二月十三日に中世城館跡として国の史跡指定を受けている。平成三年（一九九一）から平成十五年まで史跡整備のため、北館郭の全面発掘調査が行われている。

【考古学から見た七戸城の年代】　七戸南部氏の居城である七戸城は、鎌倉時代や南北朝時代の文献史料に「七戸氏」という記載が見られることから、その居城である七戸城が存在していたかのような印象が持たれてきた。たしかに小規模な城はあったかも知れないが、発掘調査によると、本格的な七戸城が築城されるのは、室町時代初期の一四世紀末と現時点では考えられている。それは平成三年（一九九一）からはじめられた、史跡整備に伴う北館郭発掘調査によって、一四世紀後半～一六世紀末までの遺物は出土するが、一三世紀から一四世紀中頃の遺物や遺構がほとんど確認されていないからである。

【七戸南部氏の歴史】　一四世紀後半になると根城南部氏の第八代城主であった、南部政光《まさみつ》はおそらく応永三年頃（一三九六）に政光の兄の子供に根城城主の座を譲り、七戸に移り見町観音堂や小田子不動堂といった寺院を創建した。主要街道の整備、さらに七戸城の本格的な築城を行ったと考えられている。

天正元年（一五七三）室町幕府が滅び、豊臣秀吉が天下統一の大業に着手しはじめる天正十年六月より約五ヵ月前、南部一族内では、田子城主である南部信直《のぶなお》が迎えられて三戸城に入り、南部氏宗家二六代の大守となる。しかし南部信直の大守就任を不満に思う者が南部家の有力武将の中には少なからずいた。七戸城主であった七戸家国《いえくに》もまたそのひとりであった。九戸政実《まさざね》、久慈政則《くじまさのり》らも当然不満をもっていた。

天正十八年三月末に南部信直は大浦（津軽）為信《ためのぶ》を討とうと決意し、七戸家国や九戸政実らに出陣を命じたが、誰も命令を聞かず、謀反の意志が明らかとなった。そのような時期に、関東の小田原の北条氏攻めに関連し、秀吉は奥州の諸将にも小田原参陣を促した。南部信直は七戸家国らの謀反にあい、大浦（津軽）為信の奇襲攻撃に備えるなどして、豊臣秀吉のところに馳せ参じることが大浦為信より遅れ、その結果南部氏の領地の半分を大浦為信に奪われる結果となる。

天正十八年七月、小田原城を攻略した秀吉は日本統一のための最後の仕上げとして、奥州討伐の大軍を発し、宇都宮に至り、やがて会津（福島県）に進駐した。奥州の豪族の中には切取勝手《きりとりかって》（武力による略奪）の中世という時代は、まさに終わりを告げようとしていることを感じとれない人たちがまだいた。天正十九年正月には、九戸政実をはじめとした信直の太守就任に不満をもつ人たちが反旗を翻した。三月十三日、九戸政実はいっきに行動を起こし、七戸家国は津村伝右衛門の居城である伝法寺城を攻撃したが失敗に終わった。しかしこれらの失

●—史跡七戸城跡の石碑

●—整備された七戸城東門

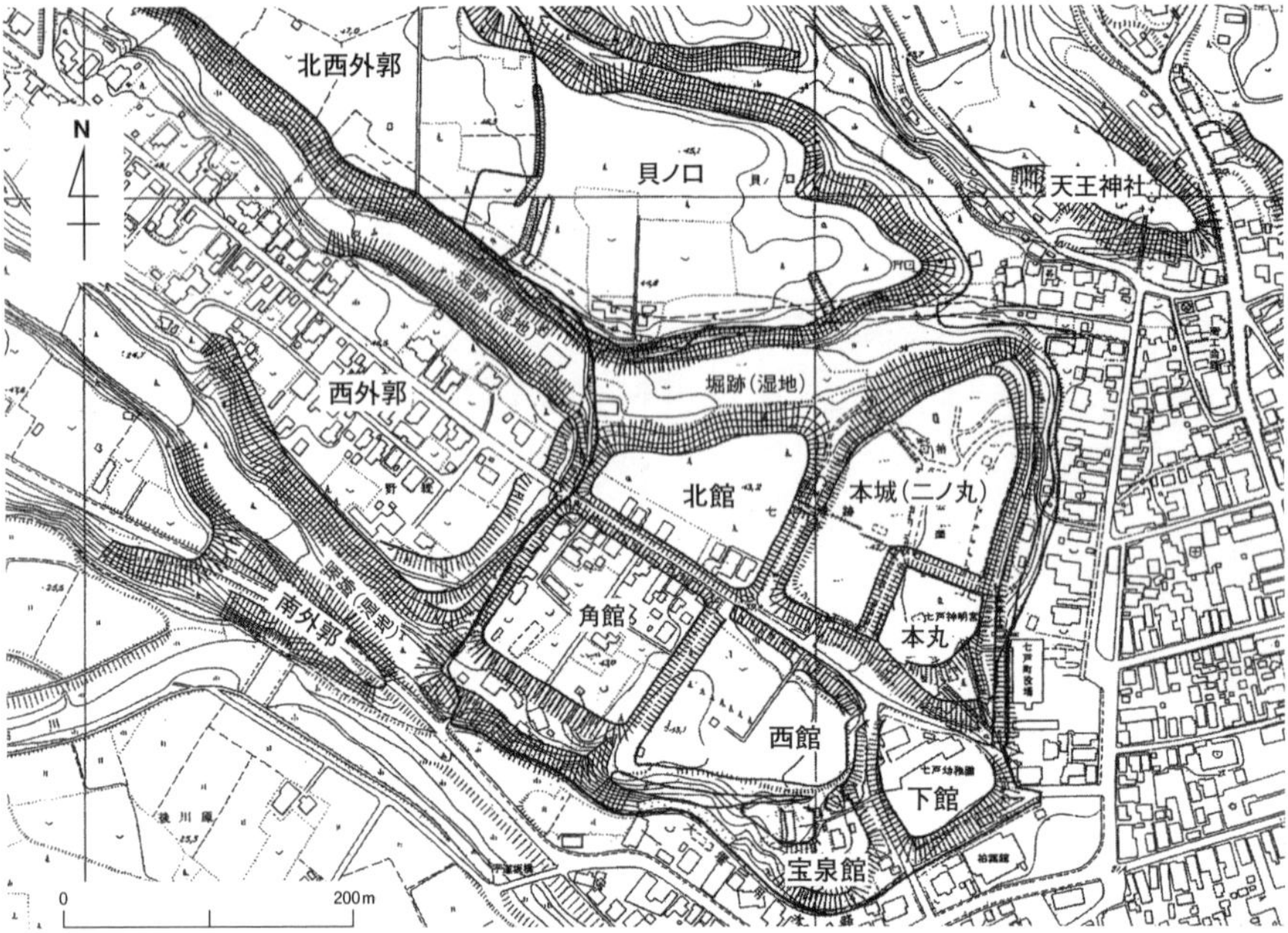

●—中世七戸城の縄張図（作図：小山彦逸）

敗にもかかわらず、九戸政実側の勢力は増大し、七戸周辺の土地の多くも、七戸家国に味方をしたとされている。九戸政実の乱の時、七戸城はわずかの守備兵はいたと考えられるが、ほとんど空城に等しかった。この間の、すきをついて上杉景勝率いる軍が七戸城を一気に襲い、落城させてしまった。

その時、七戸城の北東側にあった出丸の矢館や南東側の坂本館、東側の大池館においても戦闘が行われた。矢館の発掘調査では、畝堀《うねぼり》を挟んで攻防が繰り広げられたように鉄鏃《てつぞく》や鉄砲玉なども出土している。天正十九年九戸政実の乱で、七戸家国は捕らえられ、処刑されてしまう。天正二十年、南部領内に四八あった城は、一二城だけが残され、その他三六の城は廃城となった。七戸城も廃城とされ、その後江戸時代を通じて七戸の地は南部盛岡藩の直轄地として管理され、盛岡藩直轄の代官所が置かれた。

【縄張の特徴】 七戸城の縄張の大きな特徴は、平野部を臨む複数の舌状台地の先端を利用して築かれていることである。そのため平野部から見ると、山城のように見える。また自然の大きな沢を利用し、その両側の法面《のりめん》を加工して空堀《からぼり》として作り出していることも大きな特徴である。主郭《しゅかく》のある台地は、中央に空堀をまっすぐに通し、直交もしくはややずらし

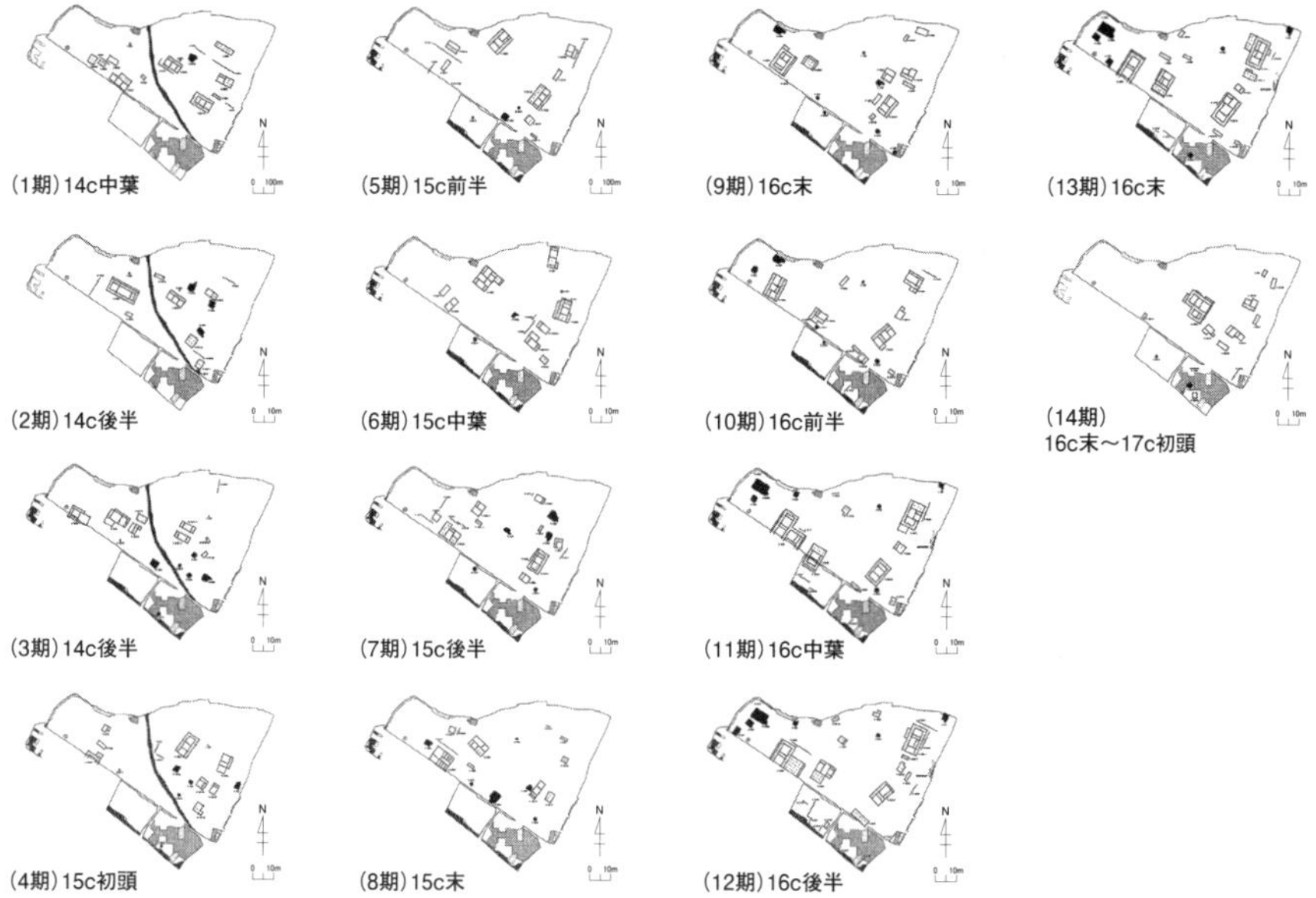

●—北館郭の遺構変遷図（14 期の変遷の様子）

て空堀を入れている。そのため各郭は並列的で上下の関係が分かりにくいのも特徴である。

郭は「北館」を中心に、「主郭（本丸・二の丸）」、「下館」「西館」「角館」「宝泉館」「貝ノ口」「北西外郭」「西外郭」「南外郭」と一〇ヵ所の郭（空間）からなっている。規模としては約二五㌶を超える大規模な城跡で、南部氏系築城技法が随所に見られる城である。

【規模が大きい城】　なぜ七戸城の規模が大きいのか。その理由として挙げられることは、南部氏の居城の中で七戸南部の居城が、南部領内で最も北に位置していることにある。七戸城の北側には安藤氏に関係した蠣崎氏《かきざきし》や、さらに北海道に逃げ延びた安藤氏一族がいる。安藤氏は南部氏によって十三《とさ》湊《みなと》を拠点として活躍していたが、南部氏により攻め滅ぼされて北海道に逃げた。その安藤が南部領内に攻めてくる時に、真っ先に攻撃を受けるのが七戸城である。そのため、安藤氏に対しての「南部氏の北方最前線基地」としての役割を担っていたからこそ軍事基地としても大規模なものにならなければならなかったのである。実際、安藤氏に深い結びつきのある蠣崎氏は康正二年（一四五六）に七戸城を攻撃したとされている。

【北館郭の発掘調査成果】　北館郭は一三年間におよぶ発掘調

査が行われてきた。その結果一四世紀中頃から一七世紀初頭まで利用されていたことが明らかとなった。また一六世紀前半には「御主殿」「常御殿」「奥御殿」という御殿がセットで一六世紀末まで五時期にわたり築かれていたことも明らかとなっている。

【見学ポイント】 七戸城は規模が大きいため見どころスポットを挙げておく。

〈本丸・二の丸〉 と呼ばれている場所は、現在都市公園（柏葉公園）として整備され、また神明宮という神社が建立されており、鎮守《ちんじゅ》の森として親しまれている。また樹齢五〇〇年を超えると言われている樅《もみ》の木や栗木などもある。江戸時代には代官所があった場所で、そのため地元の人は七戸城というと、この場所を城だと思い込んでいる人が多い。

〈大手虎口〉 宝泉館跡と下館に挟まれた間にある道を入って来るとある。この大手虎口《こぐち》部分には七戸城を見て回る説明看板がある。その看板を三〇㍍ほど行くと、自然地形模型があり、七戸城跡全体の自然地形が理解できる。

〈北館地区〉 将来的には建物の復元整備が予定されている場所であるが、まだ復元整備はされていない。ただ北館の発掘調査成果を基に、一六世紀後半の時の建物配置のジオラマが設置されている。このジオラマを見ることにより中世時代に建てられていた建物は平屋づくりであったことが理解できる。**〈七戸城東門〉** 貝ノ口地区と本丸の東先端部の沢が開口した場所にある。文献史料によると天正十年までこの場所に寺院があったこと、そして縄張的に見て、北館地区が中心的な郭であることから、この場所の防備を固めなければならないということから、なんらかの防御施設があったと考えられていた。そのようなことから平成十九年に東門が作られた。この東門の西奥には花菖蒲園も作られている。

【参考文献】 七戸町教育委員会『七戸城跡—北館曲輪発掘調査総まとめ報告書—』（二〇〇〇）、七戸町教育委員会南部首長会議編『私たちのまちと南部氏』（一九九四）、小山彦逸「発掘された七戸城」七戸町教育委員会『中世糠部の世界と南部氏』（二〇〇三）、村田修三総監修『日本名城百選』（小学館、二〇〇八）

（小山彦逸）

●下北半島に残る平城

田《た》名《な》部《ぶ》館《だて》

〈所在地〉むつ市小川町二丁目（代官山公園）
〈比　高〉約一〇メートル
〈分　類〉平城
〈年　代〉室町時代～戦国期
〈城　主〉新田盛政
〈交通アクセス〉ＪＲ大湊線「下北駅」下車、徒歩三〇分。

【館の立地】　田名部館は下北半島にあり、むつ市の中心街部に位置している。陸奥湾に注ぐ田名部川河口から約二キロ東方にあって、この川に面した段丘上に立地している。標高一五メートルである。以前は館の中央部に市立図書館があったが、その後図書館は移転し現在は「代官山公園」として整備され、市民の憩いの場として利用されている。

代官山公園の中央部には、江戸時代に植えられたとする推定樹齢およそ三〇〇年といわれる高野槙《こうやまき》がある。

田名部小学校があった時には、学校のシンボルとして親しまれ、現在は代官山公園のシンボルツリーとしてその存在を感じさせている。

【城　主】　城主については不明な点が多いが、建武年間（一三三四―三五）の頃、武田修理赤星五郎が南部師行の家臣として武田信義と共に田名部の目代となったと伝えられている。

また建武二年十月二十九日、北畠顕家《あきいえ》が、安藤高季《たかすえ》に、鼻和郡・糠部郡の宇曽利郷《うそりごう》・西浜等の所領を安堵する相伝安堵状を交付していることから、宇曽利郷（下北半島）がその頃も北条得宗《とくそう》領の代官である津軽安藤氏配下の領地である

●―代官山公園に据置かれている標識

●—代官山公園の中央に聳える高野槙

ことを北畠顕家が認めている証拠でもある。康正年間（一四五五—五六）に蠣崎《かきざき》蔵人が南部氏領内に攻撃を開始し、それに対して八戸南部政経《まさつね》が蠣崎氏を攻め落としたとされている。そして田名部館の城代として新田盛政が治めた（「八戸系図」）と記されている。さらにその後、田名部城は八戸氏の属城となった。また慶長年間（一五九六—一六一五）には八戸直政《なおまさ》の室、清心尼《せいしんにん》が田名部北方の女館にいたが、元和三年（一六一七）に田名部を宗家の支配に移した。

　幕末の戊辰戦争のあと、南部藩は削封され、会津藩が三戸・三本木・七戸・田名部の地三万石を与えられ、田名部に移ったが、一年あまりたった明治四年（一八七一）に廃藩となった。いまでも田名部（現在のむつ市田名部の繁華街）の本町・柳町通りは城内と呼ばれているが、ここが昔は城地内であったためと思われる。赤星氏の居館後、九州菊池の一族（南朝方）の菊池正興という人物がこの地に来て住んだとも伝えられている。江戸時代初期、盛岡南部藩がここに代官所を置き、明治維新を迎えるまで、下北田名部支配の要所とした。

【城館構造】　館は田名部平野に突き出た舌状台地を利用して造られたもので、北側を二重の空堀《からぼり》で切断している。この堀は最大幅二〇メートル内外の空堀である。現在でも遺構として残さ

●—田名部館の航空写真（調査報告書より転載）

れているが、当時は西面まで巡らされていたものと推測される。東面に小川が流れており、これも堀の役目を果たしていたと考えられる。ただ田名部館の全体を示す縄張図は残念ながら作られていない。

【発掘調査】　田名部館の一部が道路建設工事に先立ち、平成七〜八年（一九九五―九六）に青森県埋蔵文化財調査センターによって発掘調査が行われた。

発掘調査面積は三一五〇平方メートルである。館は基本的に単郭であるが、主郭《しゅかく》の南西側に副郭《ふくかく》の小郭がある。発掘調査により館の西側で薬研堀《やげんぼり》と箱堀状の二重の堀が確認された。この二重堀は郭の北側から南西側まで続いている。堀の間には高さ約一メートルの地山《じやま》の削り出しによる土塁《どるい》があり、現状でも西から北側に確認できる。

調査区北側東端にある土塁の一部も発掘調査されている。土塁の規模は幅が約七メートル、頂上部の幅一・五メートル、高さが三メートルである。版築工法によって土塁は築かれていることが判明した。さらに土塁は三時期に渡って築かれていたことも明らかとなった。副郭からは焼土状の遺構、溝状遺構、柱穴群が検出され、館に付属する施設であったと考えられてい

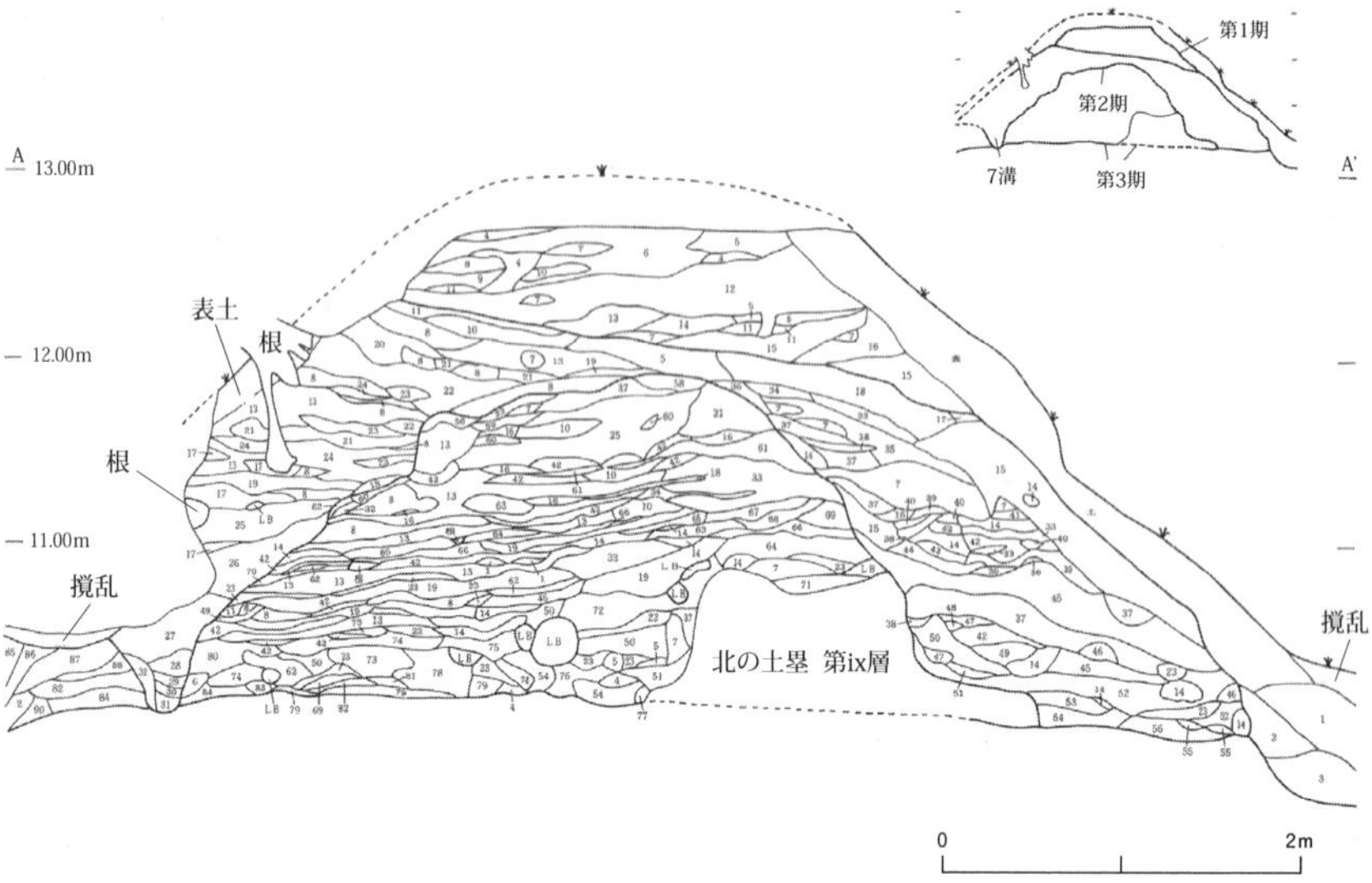

●―田名部館の土塁の断面図（調査報告書より転載）

る。焼土遺構は鍛冶工房あるいは鉄の精錬を行っていた可能性もあるのではないかと推測されている。

調査区域は、ほぼ全域にわたって後世の撹乱を受けてきたため、出土層位はわからなかった。出土遺物は、中国産青磁の碗、珠洲《すず》焼の大甕・甕と擂鉢《すりばち》、越前焼の擂鉢、永楽通宝（明・一四〇八年）がある。いずれも一五世紀から一六世紀のものであると考えられている。

【館の年代と性格】 出土遺物は一五～一六世紀のものであるが、田名部館の主郭内は未調査のため詳しいことはわかっていない。田名部の地は中世の時代には、木材や海産物が豊かな地であったことから、これらの搬出は田名部湊で行われたと考えられる。しかし湊と田名部館がどのような関係にあったかは今もってわかっていない。

また田名部館と関連すると考えられる順法寺城と呼ばれる城館も記録として残っている。その順法寺城は、現在の海上自衛隊航空隊駐屯地内にあるのではないかとされている。

【引用文献】 青森県教育委員会『青森県の中世城館』（一九八三）、『田名部館跡』青森県埋蔵文化財調査報告書第二一四集（青森県埋蔵文化財調査センター、一九九七）

（小山彦逸）

●「幻の城」蠣崎氏の居館

蠣《かき》崎《ざき》城《じょう》

〔所在地〕むつ市川内町字蠣崎地内
〔比　高〕約一〇メートル
〔分　類〕平城
〔年　代〕南北朝末～
〔城　主〕蠣崎信純
〔交通アクセス〕むつ市内からJRバス「蠣崎」下車、徒歩一五分。むつ市中心部から国道338号線経由三五キロ。

【位　置】　蠣崎城は、下北郡川内町の西方約八キロの地点にある。南側は海と蛎崎川に面し、東面も迂回した蛎崎川に、北側背面は七面山をはじめ小高い山に面し、しかも段丘状という自然の地を利用した要害に造られている。

最近まで城跡の場所はわからず「幻の城」とも呼ばれてきた。それは自然地形を巧みに利用し、遺構か自然地形かの見極めが難しい城跡であったためである。

蠣崎城の入り口には、大きな杉の巨木と、「錦帯城《きんたいじょう》」と刻まれた石碑が建っている。また近くには今は廃校となってしまった蠣崎小学校の校舎と校庭が寂しく残っているだけである。

【蠣崎氏の歴史】　蠣崎氏は南北朝の頃、八戸根城南部氏に国代として遣わされた南部師行の家臣武田信義《のぶよし》に始まり、五郎信晨《のぶとよ》—信吉《のぶよし》—治部丞《じぶのしょう》信道《のぶみち》—信純《のぶすみ》の五代にわたるという記録が残されている。建武元年から五代信純（蠣崎蔵人）が八戸根城の南部政経に滅ぼされる康正三年（一四五七）までの約一二〇年間続いた。その居城が蠣崎城であると考えられる。

正慶二年（元弘三／一三三三）に後醍醐天皇は鎌倉幕府を倒し、天皇に敵対する北条勢力の影響の強かった関東と奥羽を治める必要性から、八戸根城を根拠地として糠部に根城南部氏を、下北に田名部蠣崎氏を置いたとされる。

蠣崎氏は、五代信純の時代以降、姓を武田から蠣崎と改めるが、南北朝抗争時代（一三三六—九二）はもちろんのこと、元中九年（明徳三／一三九二）の合体後も、一貫として南朝方（宮方）を擁立し、もともと三戸・八戸両南部氏とは宿敵関係であった津軽の覇者安藤氏と行動を共にしていた。

文安五年（一四四八）五月二十五日、北部の順法寺城（現在のむつ市城ヶ沢か?）の城主である新田義純《よしずみ》が、第一子義元・第二子次郎および家老の田名部城主赤星修理大夫《あかぼししゅうりのたいふ》ら一一名と共に蠣崎沖で舟遊び中、舟底の浸水で全員が溺死するという事件が起こった。この報告を受けた八戸南部政経《まさつね》（南部十三代）は、約八年の歳月をかけて七戸内蔵頭に詳しい内偵調査を進めさせた。その結果この事件は蠣崎城主の信純が家臣と謀議して起こした謀りごとであることをつきとめたと言う。

南部政経による蠣崎氏追討は康正二年八月から始まり、陸路攻撃から海上攻撃に変更しながら、翌三年の正月二十四日に軍船で奇襲し、蠣崎氏を滅ぼしたとされている。蠣崎氏の武田信純以下、生き残りの家臣たちは渡島の松前に逃れた。これは俗に「康正の乱」とも呼ばれている。

【蠣崎城の規模】 蠣崎城跡の規模は、元の蠣崎小・中学校のある敷地全部と西側は畑地から堀の役目をしたとみられる沢まで、東部は男川まで、そして北部は七面山までと仮定すれば、かなり広大な規模であったと考えられている。

また姫小杉の跡や八幡宮の由来記、また城下町と想定される範囲も含めると、下北地方の一大拠点であったということが言える。

【蠣崎城の縄張の特徴】 蠣崎城全体の基本構造は、縄張図（73頁）で説明する。政庁部分と山城部分、さらに東側と西側の山頂下には日常居住空間が作られている。その規模は東西約一キロ、南北約九〇〇メートルと比較的大きいことが確認される。

蠣崎城跡の築城技法は、南部氏が築城で用いられるような、大きな空堀を設けて郭を作り出すとか、尾根を掘り切って切断し郭や遺構を作り出すといった箇所はほとんど見られない。あくまでも自然地形を巧みに利用して、施設の作り出しは最小限の加工で処理するという工法を用いている。

「詰城部分」や東郭、西郭、南郭、南東郭、見張り空間においては自然地形を残し、ごく一部を整地加工し、その他については緩斜面が続くという程度のもので、段築や切岸《きりぎし》といった遺構はみられない。「詰城部分」（山城部分）においては、特に沢部からの侵入者に対する監視施設が若干設けられ、要所を厳重に防衛している。沢地の谷間に自然にある枝尾根を意識的に竪土塁《たてどるい》状に加工してみせている。また一部試掘調査が行われたが、遺構は検出されなかった。

「居住域」は山城の中腹部に作り出されている。技法としては低い土塁を多用し、方形・長方形の居住域を設けているのが特徴である。また低い土塁には川原石の小さな石を意識的に混入させて積石状としている。

「政庁域」は元の学校校舎や、校庭などがつくられた場所であると思われるが、中世段階にどのような形状を示していたかは確認することはできなかった。

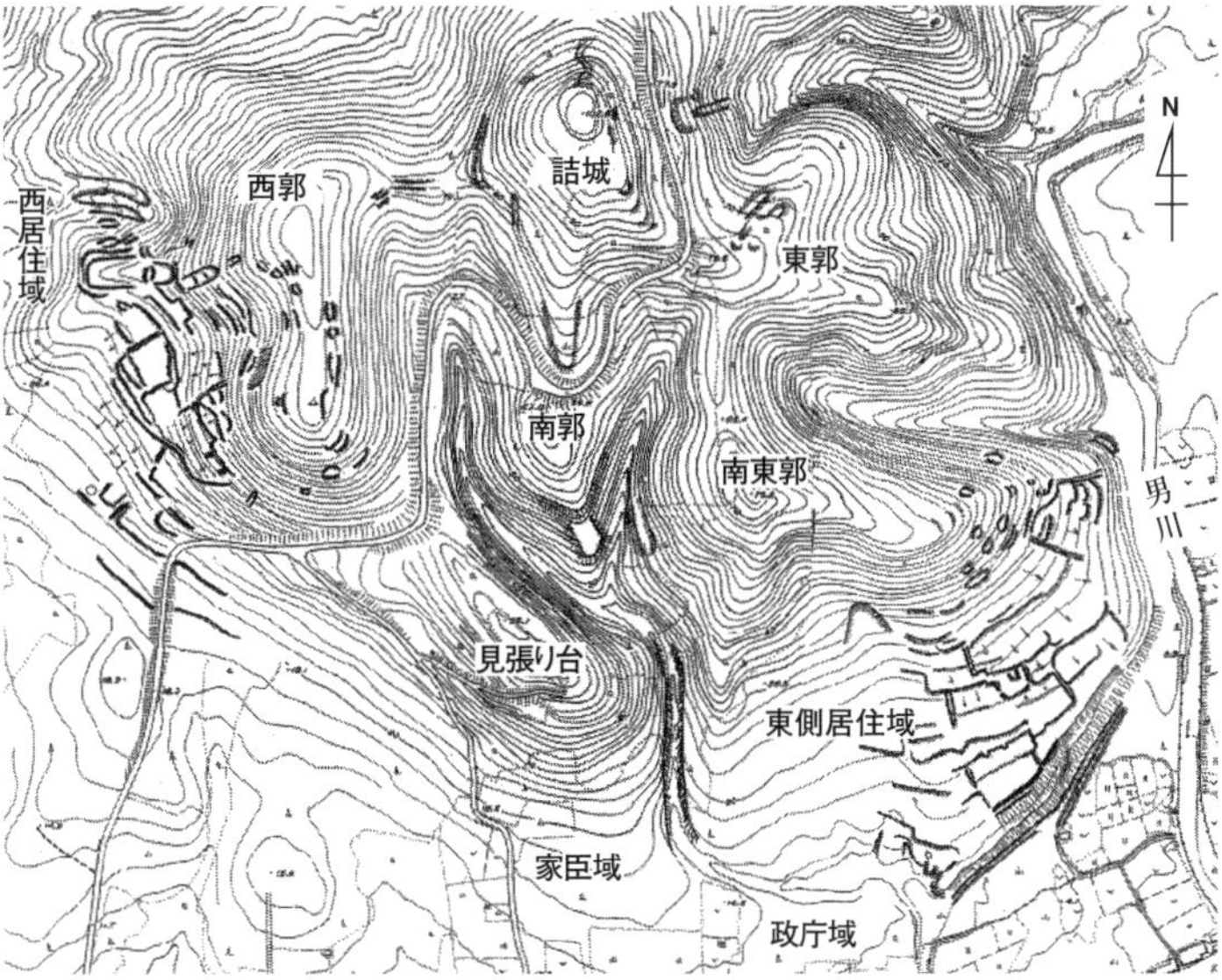

●—山城部分の縄張図（作図：小山彦逸）

全体として蠣崎城は平地の「政庁域」、家臣域をはじめ放牧場と思われる施設を持ち、山頂には「詰城《つめじろ》」を中心にその両側には「東郭」「南東郭」「南郭」「西郭」「見張り台」と自然地形を若干加工した程度の郭が展開され、その中間部には「東側居住域」「西側居住域」が平地と山頂の中間地点に作られている。その中で平地の遺構は残念ながら開発により、中世段階にはどのような形であったかは確認することはできない。蠣崎城の特徴として、山頂と平地の中間部に東側と西側にそれぞれ居住域を設けているということである。とくに「東側居住域」は男川と接していることである。

縄張図からもわかるように蠣崎城主の権力基盤を支えるものは、交易を生業とする集団と、そして地元の牧畜などの生業を中心とする集団が城域内に見事に取り込まれ、そして政庁部分が見てとれる。それと同時に東側と西側の居住域は有事の際には防御砦としての役割も担っている。

東側居住域と西側居住域のそれぞれの空間に、基壇を思わせる五㍍四方の遺構が意識的に作られているということも見逃せない。

今まで幻の蠣崎城と呼ばれてきたが、縄張調査によりその

●—男川から見た蠣崎城の全景（中央の小山が城跡）

●—蠣崎城発掘調査状況（東住居域の一部）

姿が次第に明らかとなってきている。

【随所にみられる名残】　蠣崎城に関係すると思われる名残が随所に残っている。例えば「姫杉の跡」や「八幡宮」、「流水庵」、鍵型街路などである。

「姫杉の跡」は民家の畑の中に小さな古びた説明板が掲げられている。説明板には「この道は狐沢鬼伏《こざわわきのさわ》へと続く古道である。この道をや、進んで右手香禾畑に樹令五百年を超える杉の大木があった。人呼んで姫小杉又の名を杉ながら姫小松という。村人は蠣崎城主の息女松子姫の墓標として大切にしていたが明治三十五年のころ畑主の千場某村人の諌止《かんし》を聴容れず遂に代倒、売却した。昭和十年四月松前靖広公来村の砌《みぎ》りこれを惜しんで朽ちたる切株跡に杉を手植えして今日に至る。昭和五十一年七月」と記してある。

蠣崎城の東側に建立されている蛎崎八幡宮も蠣崎城との関係を物語っている。八幡宮の説明版には「蛎崎八幡宮由来記」として次のように書かれている。

「一三三四年　建武元年押領使南部師行□将武は修理太夫信義北部の目代となり蠣崎地を拠点となす、そのころより鎮守として祀れる御堂に蛎崎八幡宮の源を求めることを得ん
一四五三年　享徳二年第五代武田五郎□純蛎崎城主と号し威勢彌々《いよいよ》高く上洛して□□将軍に拝謁の砌の御太刀一腰拝領蛎崎八幡宮奉納せり
一四五七年　康正三年南部政経下ノ国家安東氏に加担せる蛎崎蔵人信純を討伐の□□八幡宮に於て勝関をあげる
一五七〇年　元亀元年南部氏北部の鎮守として改めて勧請爾来連綿として今日に至る
一八五六年　安政三年南部利剛公脇野沢砲台御巡検の砌り蛎崎八幡宮に御休息せりと」としている。

【参考文献】川内町『川内町史　資料編』（二〇〇二）、川内町『蠣崎城跡—縄張り調査報告書』（二〇〇四）、小山彦逸『中世北奥羽の安藤氏系城館跡』（二〇一五）

（小山彦逸）

●復原された戦国大名南部氏の本拠

根《ね》城《じょう》

〔国指定史跡〕

〔所在地〕八戸市大字根城字根城
〔分　類〕平城
〔比　高〕〇メートル
〔年　代〕建武元年（一三三四）～寛永四年（一六二七）
〔城　主〕南部氏
〔交通アクセス〕ＪＲ東北新幹線・八戸線「八戸駅」下車、市営バス「根城（博物館前）」下車。八戸自動車道「八戸インター」から一〇分。駐車場有

【馬淵川に面した南部氏の居城】　根城は、太平洋に注ぐ馬淵《まべち》川の河口から約五キロ、馬淵川に面した低位段丘先端に立地する。城の標高は約二〇～二五メートル、北側は川に面した低地と、川を挟んだ沖積平野を眼下に臨む。城の東西は川へ注ぐ沢によって区切られ、南側は標高一〇〇メートルの段丘が背後に迫っている。

　根城がつくられた馬淵川右岸の低位段丘には、飛鳥～奈良時代以降多くの古代集落が営まれており、この地が古くから河川による交通が盛んであったことを物語っている。鎌倉時代には北条氏被官の工藤氏が根城周辺を治めており、根城築城以前の工藤氏の城館とみられる遺構も検出されている。

　昭和十六年（一九四一）に国史跡に指定され、現在は城の約半分が「史跡・根城の広場」として整備・公開されている。また、出土遺物は城の東側に建てられた八戸市博物館に展示されている。

【築城の背景】　根城を本拠とした南部氏は、甲斐の出身である。元弘三年（一三三三）五月二十二日、鎌倉攻めを行った新田義貞軍の中に、根城を築いた南部師行《もろゆき》と弟政長《まさなが》がいた。執権北条高時らの自害による鎌倉幕府滅亡後、北条氏得宗《とくそう》領であった奥羽支配を重視した後醍醐天皇は、同年十月、近臣北畠親房の嫡男顕家《あきいえ》を陸奥守に任命した。義良親王《のりよししんのう》（後の後村上天皇）を奉じて多賀城に下向した北畠顕家一行に、南部師行も付き従っている。南部師行は、現在の岩手県北～青森県東部にあたる糠部《ぬかのぶ》郡の国代に任命され、建武元年（一三三

四）、根城に本拠を構えた。以来、寛永四年（一六二七）に現在の岩手県遠野市へ村替えとなるまで約二九四年間、根城は南部氏の本拠として機能

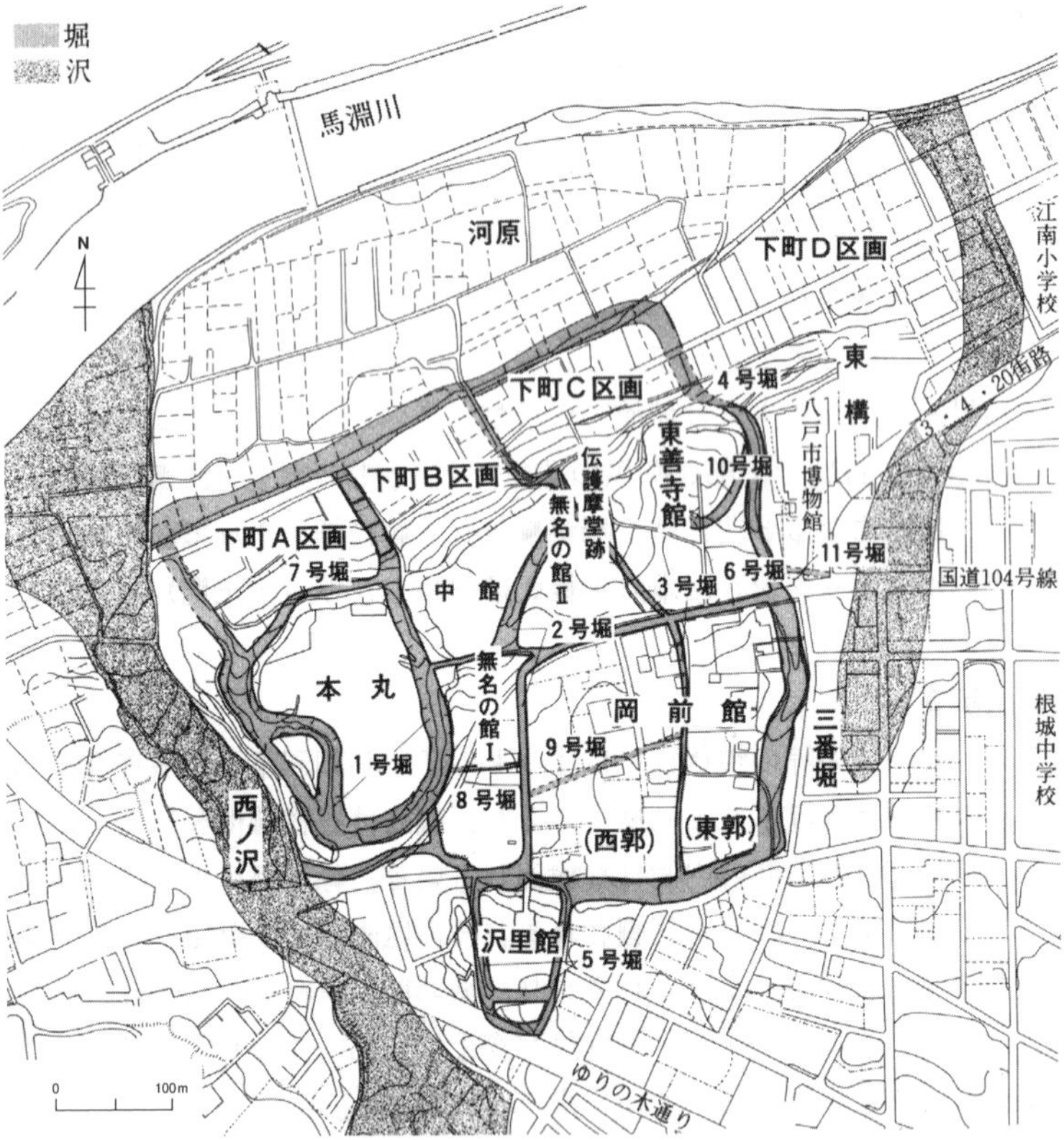

●—根城最終段階の想定図（八戸市 1996『根城 - 環境整備の発掘調査』より）

していた。発掘調査でも、一七期にわたる遺構変遷が確認され、落城することなく近世を迎えたことが明らかになっている。

城は、当時の史料では「八戸」・「八戸城」と記されている。「根城」の名称がいつから使われるようになったかは明らかでない。元和四年（一六一八）に南部利直《としなお》により根城当主に出された「知行宛行目録」には、「根城廻」とあることから、古くからあった地名が城名となったと考えられる。

【戦国大名南部氏】　南部氏には、根城を本拠とし、近世には岩手県遠野に移って盛岡藩家老職を勤めた家系と、聖寿寺館《しょうじゅじ》・三戸《さんのへ》城などを本拠とし、近世盛岡藩主となった家系の大きく二つの家系がある。区別のため、根城を本拠とする家系を根城南部氏、聖寿寺館・三戸城などを本拠とする家系を三戸南部氏と称することが多い。

二つの家系のうちどちらを嫡流とするかは諸説あるが、近年では根城南部氏を嫡流とする説が有力である。二つの家系は、時期により勢力を変えつつも、北条方の残党や十三湊《とさみなと》

を本拠とする安藤氏を滅ぼし、最盛期には現在の青森県全域・岩手県北東部・秋田県北東部におよぶ広大な範囲を勢力下に治めることとなる。天正十八年（一五九〇）三戸南部氏南部信直が豊臣秀吉より本領安堵状を受け、後の近世大名南部氏へと至る。このとき、根城南部氏は三戸南部氏の家臣と位置づけられた。

●―根城全体写真（八戸市博物館所蔵）

【城の構造】　根城は、標高二〇〜二五メートル、比高差をほとんどもたない八つの郭から構成される。八つの郭の総面積は約一〇万六〇〇〇平方メートルにおよぶ。西端には主郭《しゅかく》である本丸《ほんまる》、東側に中館《なかだて》・東禅寺館《とうぜんじだて》・無名《むめい》の館《たて》の三つの郭、岡前館《おかまえたて》（東・西）・無名の館の三つの郭が南北に並列し、南端に張り出すように沢里館《さわさとだて》がつくられている。各郭は薬研堀《やげんぼり》によって区画され、本丸・中館・東禅寺館を南北に区切る堀は、北側の川に面した低地へとのびている。城の西側は馬淵川へ続く西の沢、東側は現在の八戸市博物館にあたる東構地区の東側に入りこんだ沢によって囲まれている。現在は、本丸・中館・東禅寺館を区画する南北方向の堀と、岡前館外周を巡る三番堀が整備され、堀底道を歩きながら各郭をめぐることができる。また、本丸西側の西の沢との間には、地山《じやま》削り出しの土塁《どるい》が良好に残されている。

比高差の少ない複数の郭が並列する構造は、南部氏関連の城館に共通してみられる特徴であり、発掘調査が行われたものを除けば、主郭がいずれか判然としない場合も多い。

郭の名称は、明和年間（一七六四―一七七一）に書かれた根城図に由来し、昭和十六年の史跡指定時につけられた。本丸以外の郭のうち、中館・岡前館・沢里館は、それぞれ南部氏の重臣である中館氏・岡前氏・沢里氏の館が、東禅寺館には南部氏の祈願所である東禅寺（日蓮宗→真言宗）があったといわれている。

虎口《こぐち》は本丸の東西で確認されているのみであるが、明和年間の絵図から、中館・東禅寺館と岡前館の間を区切る堀が通路として機能し、東構地区から東禅寺館へ至る付近に大手があったと推測される。

【発掘調査成果】 史跡整備・住宅建築などに伴い、本丸・中館・岡前館・下町地区・東構地区で発掘調査が行われている。

本丸は、平場約一万六〇〇〇平方㍍の九割以上が調査された。中世の遺構は、約二万個におよぶ夥しい数の柱穴《ちゅうけつ》、竪穴《たてあな》建物跡、礎石建物跡、井戸跡、溝跡、土坑、土坑墓などがある。根城の城館期の建物はすべて掘立柱建物である。柱穴群の整理により、塀跡二三三条、門跡一九棟、掘立柱建物跡三五四棟が確認され、その他の遺構も含めた一七期の遺構変遷が明らかになった。一～四期は南部氏以前の一二～一三世紀中葉にあたり、北条氏得宗《とくそう》領時代の工藤氏の城館を南部氏が利用し、城館の整備を進めたと考えられる。

本丸の平場は、北側・西側が盛土整地によって構築されている。平場の外縁は、高さ〇・五～一㍍の土塁上に布掘りの柵跡が全周をめぐり、北・東・西側の三ヵ所に門がつくられていた。本丸虎口は、東側北寄りと西側に検出され、西側は堀底道へつながる搦手《からめて》である。東側は、中館との間の堀で橋脚が確認された。中館から木橋で本丸へ渡ると、南北二股に分かれた通路がそれぞれ門へと続き、北側は地山、南側は砂利敷と工法の異なる通路面が構築される。虎口と周辺の堀跡は、天正二十年（一五九二）の破却の際の二・五㍍の厚い盛土で埋立てられていた。本丸を囲む堀は、幅二〇～三〇㍍で、幅一㍍の堀底道として利用されている。西側は搦手の南西に三日月形の郭をもち、さらに外側は地山削り出しの土塁と西の沢が大きく城を取り囲んでいる。

本丸内部には、掘立柱建物跡の集中部が一一ヵ所検出され、それぞれの地点で同様の建物が建替えられている。建物の柱間寸法には六・五尺、六・六尺、七尺、七・五尺が認められた。特に本丸中央に位置する掘立柱建物群では、建物建築に伴う盛土整地が複数回認められ、六・六尺の柱間寸法が用いられている。この建物は、大型で複雑な間取りをもち、本丸内の中心的な建物「主殿」と推測される。

掘立柱建物群とともに、根城の建物を構成する竪穴《たてあな》建物

●—検出された虎口（八戸市博物館所蔵）

は、平面長方形の竪穴に、出入口とみられる舌状のスロープをもつ建物跡で、壁際に柱穴がめぐる構造も認められる。本丸内では、長軸一〇メートル、深さ一・三メートルを超える大型のものも検出された。建物内に検出された被熱面や、小札などの武器・武具類の出土から、鍛冶工房や木製品などの工房として利用されていたと考えられる。屋外にも野鍛冶場が検出され、鋳型や刳りもの・曲げ物の加工に使用する工具類が出土している。本丸内には武器・武具や漆器・刳りものなどの小規模な加工や修繕を行う工人たちの空間が取り込まれていた。

　本丸北西には、方形の溝跡に囲まれた空間がある。遺構の重複がほとんどみられず、近世にはこの場所に祠《ほこら》が移されていたことから、館神のような宗教的な施設が存在していたと考えられている。中館では、郭北側に土塁の痕跡と掘立柱建物跡・竪穴建物跡が検出された。中館東側の堀・東禅寺館東側の堀の調査では、本丸の堀と同様に埋立てが確認された。

　岡前館の調査では、郭内部を区画する小規模な溝跡と掘立柱建物跡・竪穴建物跡が検出されており、本丸とは異なる様相が認められる。また、岡前館東側の三番堀は、根城で唯一の二重堀であり、全幅二〇メートル、調査で検出した内側は幅九メートル、深さ六・五メートル、外側は幅五メートル、深さ四・五メートルであった。調査地点は三番堀北側の東禅寺館に近い地点であり、東禅寺館と同様に天正二十年の破却の際の埋立てが検出されている。

　城に隣接する地区では、東構地区で金・銅・鉄などの鍛冶関連遺物や鍛冶炉が多数検出され、城に関わる工人空間と捉えられている。下町地区は、本丸・中館・東禅寺館を区画する堀が河原まで延び、掘立柱建物や鍛冶遺構が検出されており、各郭に対応する空間としての位置づけが想定される。

【出土遺物】　本丸内では、一三世紀前半代主体、一四〜一七世紀前半の陶磁器が出土した。貿易陶磁は青磁・白磁・青白磁・染付のほか、天目《てんもく》茶碗や呉須赤絵《ごすあかえ》皿、朝鮮産の三島手《みしまで》

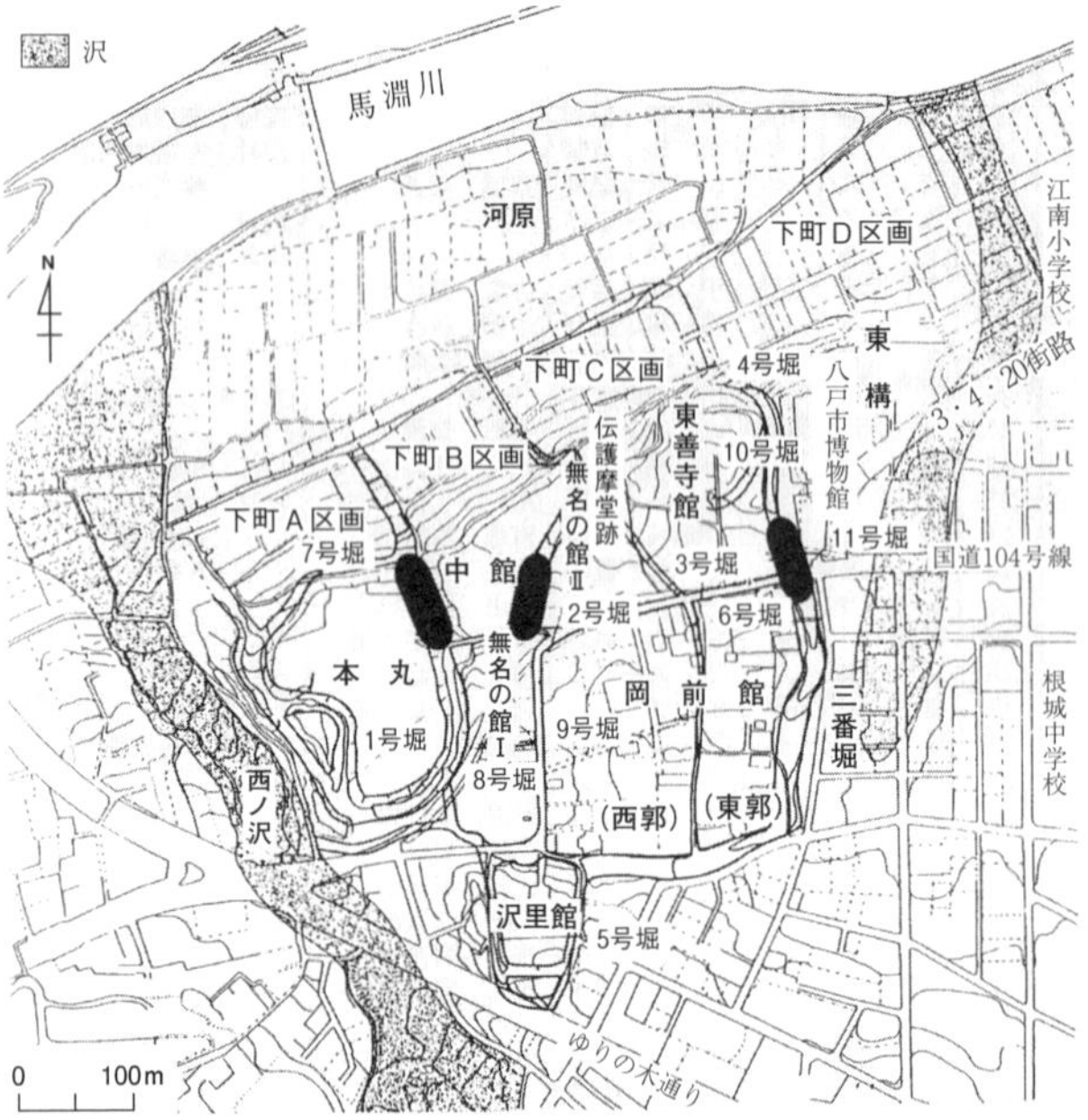

●—破却された堀（『城破りの考古学』吉川弘文館より）

碗などが少量出土した。国産陶器は瀬戸・美濃産主体で、唐津・信楽《しがらき》・越前・珠洲《すず》・備前などが出土している。貿易陶磁と国産陶器の比率は、破片点数で六：四と貿易陶磁の比率が高く、中国産天目茶碗、青磁花生・馬上坏・盤・酒会壺、青白磁瓶子といった威信財が含まれている。陶磁器以外にも、小札・革札・冠板といった武器・武具類、釘・鎹《かすがい》（引手《ひきて》）・柿板《こけらいた》といった建築部材、生活用品、鍛冶や木製品・漆製品の加工に関連する遺物、仏具・仏像など、多様な遺物が出土した。

【城の破却】 豊臣秀吉の奥州仕置に際し、天正十八年（一五九〇）七月二十七日三戸南部氏南部信直へ出された所領安堵状には、その支配地を「南部内七郡」と定めるとともに、家中の諸城破却が示された。実際の破却は、天正十九年九戸《くのへ》政実《まさざね》の乱にはじまる奥州再仕置の後と推測されるが、天正二十年六月十一日付「南部大膳大夫《だいぜんのだいぶ》国之内諸城破却共書上之事」には、領内四八城のうち三六城を破却したと記されている。南部彦次郎持分「八戸」についても破却とあり、「八戸」すなわち根城の破却を示している。

発掘調査では、一六世紀末を下限とする第一六期で、本丸外周を囲う土塁・柵・門の撤去と通路・虎口が約二・五メートルにおよぶ盛土で埋立てられていた。また、本丸と中館をつなぐ橋も撤去され、堀も部分的に厚さ約三メートルの盛土で埋立てられていた。同様の堀の埋立ては、中館と無名の館の間、東禅寺館と東構の間・三番堀でも確認された。本丸第一七期（～一七世紀前葉）には、埋め立てられた虎口の位置に新たな通路・門がつくられているが、内部の建物群は規模・間取り・配置ともに前時期までと異なるものとなり、建物群の性格の変化

●—整備された本丸（八戸市博物館所蔵）

がうかがえる。

発掘調査によって明らかになった根城の破却は、大きく①防備上重要な虎口・門・柵などの破壊、②主要な堀の埋立て、③本丸外周柵・土塁を壊す、④虎口形態の道を簡易な道に付け替える、の四点である。城の防備上重要な施設を破壊し、城としての軍事的な機能を失なわせることを主眼としたものであった。

【復原された戦国期の城を歩く】 史跡・根城の広場では、発掘調査で確認された第一六期の本丸の姿を復原している。第一六期は天正年間（一五七三―一五九二）、当主は一八代南部政栄・一九代直栄に比定され、天正二十年の破却直前の城館としての最盛期の姿を良好に残している。

八戸市博物館のある東構地区から、江戸時代の旧八戸城東門（移設復原）をくぐると、根城東側を区画する堀をわたり、東禅寺館・無名の館・中館へと続く園路が整備されている。東禅寺館には、城の中に植えられていたと考えられる薬草や、籠城に備えて植えられた実のなる木などが植えられた。各郭を区画する堀は、幅六～一二㍍の空堀である。中館から本丸へは、発掘調査で検出された橋脚・虎口をもとに、木橋が復原された。木橋をわたると、二股に分かれた通路の先に北門・東門が復原され、板塀・木柵が本丸外周をめぐっている。

本丸内には、主殿をはじめとする御殿、馬屋、番所、工房、板蔵、納屋といった建物群や柴垣・板塀・井戸・野鍛冶場などが復原されている。調査成果から、本丸中央は政治的、北側は軍事的空間、南側は奥向きの空間と、三つの空間が建物の軸方向を違えて構成され、塀などによって区画さ

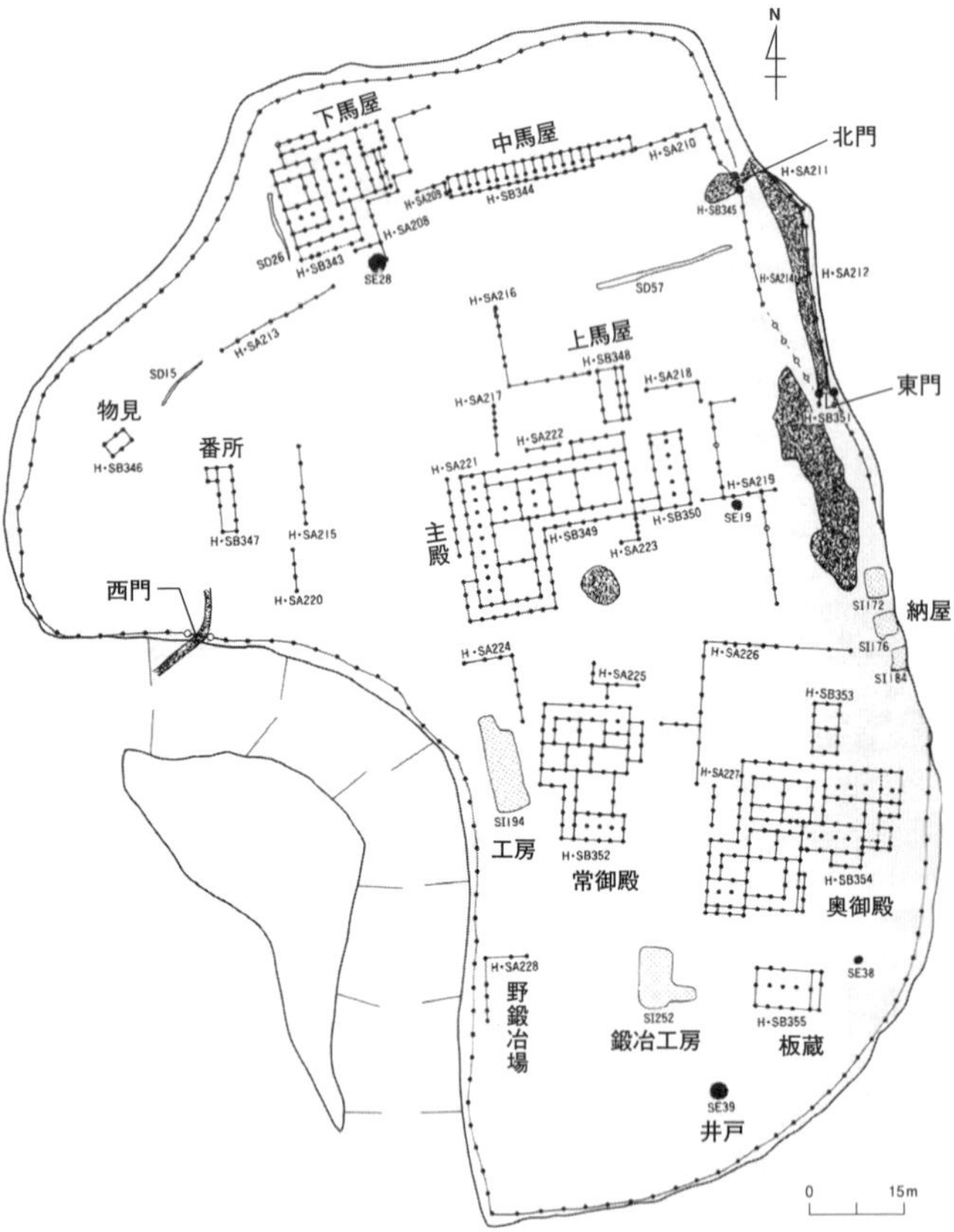

●―整備対象時期（第16期）の遺構配置（八戸市教育委員会『根城』1993より加筆転載）

れている。建物群の名称は発掘調査成果を踏まえ、位置や規模、間取りから推定されたもので、工房・鍛冶工房は竪穴建物、その他の建物は掘立柱建物を元に復原され、建築史や地域性にもとづき建物の形状や工法を選択した。中でも、主殿は、梁間三間を基準とする間取りをL字形に連続させた特徴的な建物であり、南部氏関連城館の主郭に共通して検出される「主殿」の姿を板葺《いたぶき》・入母屋《いりもや》造で復原している。建物内では、出土品や文献に基づき、正月の儀式の様子や調度品を展示しており、戦国期南部氏の城館を存分に体感することができる。

城周辺や南側の岡前館内は宅地化が進んでいるが、広場内や整備された三番堀、下町地区などに往時の地形が残り、中世の姿がうかがえる。

【参考文献】八戸市教育委員会『根城―本丸の発掘調査―』（一九九三）、八戸市教育委員会『根城―環境整備の発掘調査―』（一九九六）、八戸市教育委員会『根城―史跡根城の広場環境整備事業報告書―』（一九九七）、藤木久志・伊藤正義編『城破りの考古学』（吉川弘文館）、佐々木浩一『日本の遺跡一九　根城跡』（同成社、二〇〇七）

（船場昌子）

お城アラカルト

北海道の二つのチャシ

乾　哲也

チャシ跡とは先住民族であるアイヌ民族の歴史文化を象徴する遺跡で、壕に区切られた砦《とりで》跡や見張り場、儀礼の場などの機能をもっている。道内に五〇〇ヵ所以上が登載され、構築年代は一般的に一六～一八世紀、初源は一四世紀以降と言われている。厚真町では二ヵ所のチャシ跡を調査しており、チャシ跡研究はもちろんのこと、前時代の擦文《さつもん》文化期からの変遷を考察するうえでも重要なデータを与えてくれた。

ヲチャラセナイチャシ跡は厚真川上流域の河岸段丘先端部に立地し、低位段丘面との比高差は約一〇メートルを測る。ダム建設に伴って平成二十年（二〇〇八）と二十二年の二ヵ年にわたって全面調査され、上幅が最大で約三・五メートル、深さ約一・六メートルの壕によって隅丸方形状に囲まれた約二五メートル四方の郭がある。郭内には四×六メートルの平地式建物跡が一軒検出された。一六六七年降下の樽前b火山灰との層位的所見と建物跡の柱材や炉跡出土の炭化種子の年代測定の結果、一三世紀代のチャシ跡であることが判明した。立地地形や壕の規模等から儀礼場としての性格が想定できる。

いっぽう、厚真川中流域の桜丘チャシ跡は、半島状に突出した細尾根に立地し、沖積低地との比高差は三五メートルである。壕の上幅は約一二メートル、深さ約三メートルを測る。平成二十一年のトレンチ調査の結果、火山灰との層位的所見から一五～一六世紀前半の構築年代が想定された。立地地形や壕の規模等から防御機能を有する砦としての性格が想定できる。

この二つのチャシ跡からは、成立年代がこれまでの定説より少なくとも一世紀以上遡ることとなる。分水嶺を挟んだむかわ町穂別地区ニサナイチャシ跡は、ヲチャラセナイチャシ跡とほぼ同じ形態で、年代測定の結果から一三世紀とされている。また、チャシ跡が突如出現するのではなく、厚真町上幌内モイ遺跡・富里三遺跡や平取町カンカン二遺跡の擦文文化期中期後半（一一世紀）の周溝を廻らす区画遺構がその初源と思われ、すでに一九八〇年に藤本英夫が明察していた。

一一世紀後半から一三世紀にかけての区画遺構やチャシ跡は、儀礼場跡としての性格があり、一五世紀後半から一六世紀以降のチャシ跡は戦闘的機能へと変遷していったことがうかがえる。そこには擦文土器の有無という物質文化から時代区分を行う考古学的手法を越えた、遺構からの連続性をみることができ、アイヌ民族社会自身が本州やサハリンとの接触の中で大きく変容していったことの現れと思われる。

●—ヲチャラセナイチャシ跡（厚真町教育委員会提供）

●—桜丘チャシ跡の壕（厚真町教育委員会提供）

●大型の山城

三《さん》戸《のへ》城《じょう》

〔三戸町指定史跡〕

〔所在地〕三戸町梅内
〔比　高〕約九〇メートル
〔分　類〕山城
〔年　代〕室町・戦国時代～江戸時代
〔城　主〕三戸南部氏・盛岡南部氏
〔交通アクセス〕青い森鉄道「三戸駅」下車、徒歩四〇分

【戦国期の大型山城】　三戸盆地の中央部。馬淵川と熊原川の合流点に屹立する山城は留《とめ》ケ《が》崎《さき》城、または三戸高城とも呼ばれ、永禄年間以後、三戸南部氏の本城である。標高一三〇メートル、比高は八〇メートルから九〇メートルあり、山容は大きな蒲鉾《かまぼこ》のようであり、山上は広く、大きな郭を連郭《れんかく》式に配置している。正確な築城年代は定かではないが、戦国時代の永禄年間（一五五八～一五七〇）に南部晴政が築城したと伝えられている。ただし本丸や谷丸からは一五世紀に遡る陶器破片が出土しており、より古い時代から城が存在した可能性も比定はできない。また、この城は近世盛岡藩成立後も三戸御古城として残されていたが、城の建物が何時取り壊されたのかは記録が残っていない。貞享年間（一六八四～八七）に三戸代官所が設置されており、この頃の廃城かと推定されている。

【山城の構造】　この山城は南西から北東へ突き出した細長い山上にあり、山頂に本丸、二の丸、谷丸、家臣団屋敷があった。谷丸は本丸よりも一段低く、城の用水確保のため本丸に取り込んでいた可能性がある。本丸は谷丸をU字形に囲み、中央には城主居館があり、北東側には諸役所や武具蔵、御台所が存在した。谷丸に面した所には石垣が積まれており、三重の隅櫓《すみやぐら》が存在したといわれている。絵図によっては御二階と記したものもある。本丸から東へ下る所には搦手《からめて》門があった。本丸の西側には高い土塁《どるい》が構えられ、石垣を備えた桝形《ますがた》と太鼓櫓、正門の大御門があった。本丸南側にも土塁が残存している。本丸の諸役所や武具蔵のあったあたりは現在

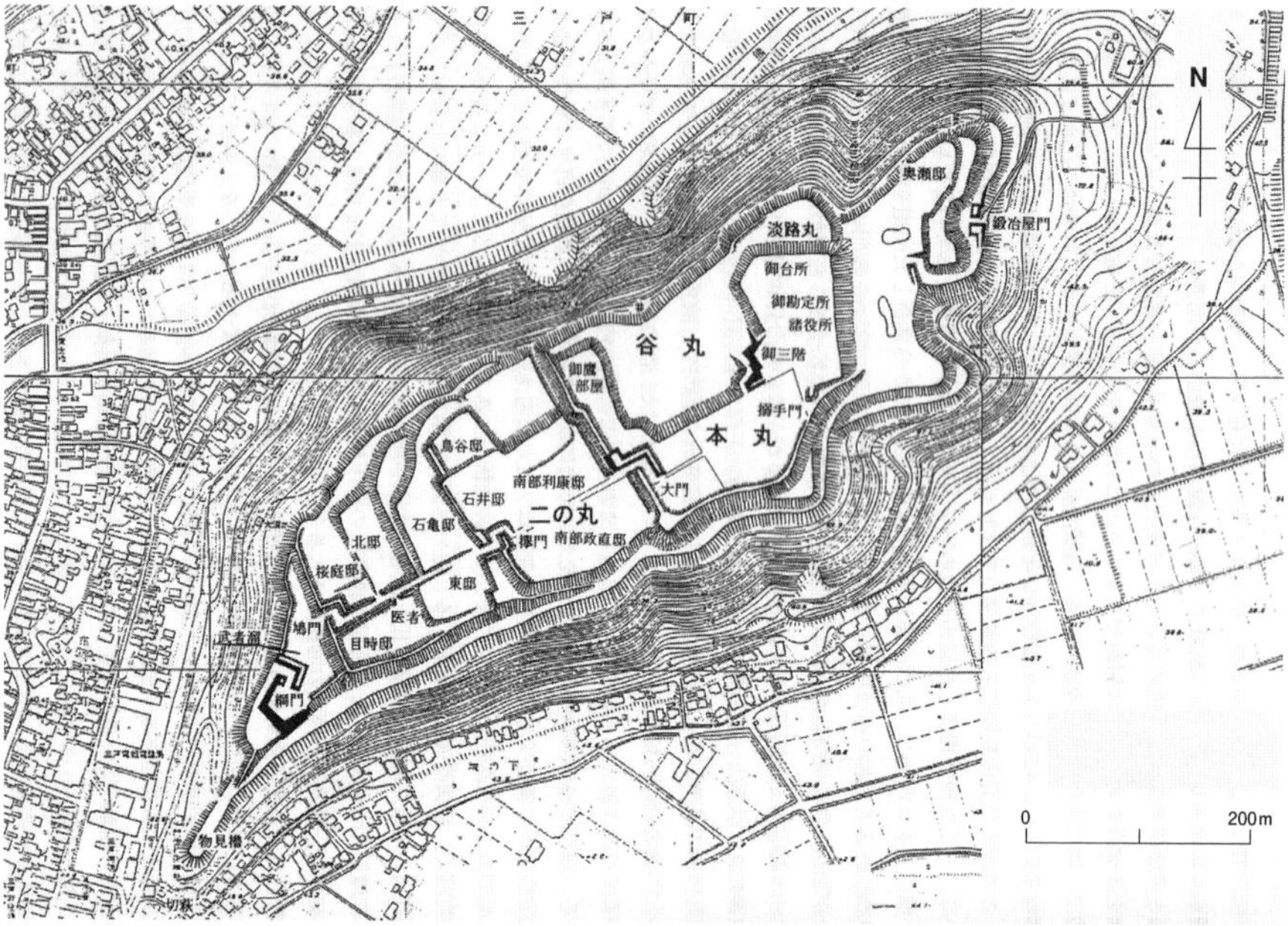

●—三戸城縄張図（三戸町都市計画図を基に室野秀文作図）

●—三戸城鳥瞰図（三戸町教育委員会提供）

大きく削られて運動場になっている。このあたりの地形改変が著しく、旧地形は推し量りがたい。上図は幕末の三戸御古城図（もりおか歴史文化館蔵）を元に改変部分を復元した縄張図である。二の丸には南部氏の近親者、縁戚の屋敷があり、西側には土塁があり、桝形の欅《けやき》御門がある。ここから西側へ一段下がり、三の丸に相当する郭がある。ここには重臣の北氏、桜庭氏、目時氏、医者などの屋敷があった。ここからさらに鳩御門の桝形虎口《こぐち》を出て下がると大手の武者溜《むしゃだま》りがあり、石垣の桝形に綱御門があった。現在の櫓門は平成元年（一九八九）に建てられたもので、石垣も改変を受けている。綱御門石垣の延長は南西部の隅部が道路沿いに三段程度残存している。隅のみ割石を用い、築石は野《の》面《づら》石を積んでいる。綱御門の先の突端は物見櫓《ものみ》が存在したところで、「べごの鼻」と呼ばれている。直下の切萩は尾根続きを掘切った場所といわれている。

本丸から搦手門を出て、坂を下ると上段厩《うまや》があったところで、鶴ヶ池と亀ヶ池がある。北東側の突出部は重臣の奥瀬《おくせ》氏屋敷があった。ここから一段下る坂は現在新しい道路で寸断されているが、坂を下ると搦手の鍛冶屋《かじや》門の構えられた武者溜りである。門は石垣の喰違《くいちがい》虎口であり、半ば崩落しているが、石垣の形状は判明する。野面石を主体に積まれており、門の脇の隅角には割石が用いられている。ここから坂を下ると下段の厩をへて留ヶ崎の家臣団屋敷跡に出る。この屋敷町には三戸の地侍の屋敷で構成されていた。これは三戸南部氏の直臣達である。留ヶ崎の台地は周囲に腰郭《こしくるわ》状の平場が廻り、熊原川に面して喰違の土塁による虎口、台地先端部には土塁の平虎口が認められ、三戸城の外郭であったらしい。江戸時代城の大手は綱御門であったが、中世戦国期には留ヶ崎側に大手が存在したと推定され、おそらくは鍛冶屋門が本来の大手門ではなかったかと思われる。現在見られる城の遺構は、奥羽再仕置き後の改修された姿と考えられ、九戸城とほぼ同じ頃に三戸城も改修され、虎口や櫓台などの石垣を備えるようになったと考えられる。中世の三戸城の構造については、まだ解明されていない。

（室野秀文）

●—鍛冶屋門の虎口

●—鍛冶屋門の石垣

【参考文献】佐藤嘉悦『物語三戸城』（東奥日報社、一九八二）、三戸町教育委員会『三戸城跡発掘調査報告書』（二〇〇四〜二〇一六）

●典型的な舌状台地型城館

中《なか》市《いち》館《たて》

〔五戸町史跡〕

〔所在地〕五戸町大字倉石中市
〔比　高〕約四〇メートル
〔分　類〕平山城
〔年　代〕一五世紀後半～一五九二
〔城　主〕小笠原氏
〔交通アクセス〕南部バス「倉石支所前」停留所下車、徒歩一五徒分。

【城館の立地】　中市館は天正二十年（一五九二）の「南部大《なんぶだい》善大夫分国之内諸城破却共書上之事《ぜんたいふぶんこくのうちしょじょうはきゃく》」によれば、三戸《さんのへ》南部氏家臣の小笠原弥九郎《やくろう》の居城とされ、この時点で破却されている。

中市館は五戸《ごのへ》川右岸段丘上の台地に位置し、標高は約一〇〇メートルを数え、川面からの高さは四〇メートルある。南東部にも小河川が流れ、川面からの高さは二〇メートル程度を測る。館跡は地元では「タデッピラ」と呼ばれている。

【発掘調査】　発掘調査は平成十二年（二〇〇〇）より倉石村教育委員会（現五戸町）により実施され、掘立柱建物跡・竪《たて》穴《あな》建物跡・鍛冶遺構などが確認されている。出土遺物としては、青磁碗、白磁皿、染付碗・皿、香炉、瀬戸美濃天目茶碗・皿、越前甕《えちぜんがめ》・すり鉢、茶臼、フイゴの羽口、坩堝《るつぼ》、火《ひ》箸《ばし》、釘、銭貨がみられる。城館の存続年代は出土陶磁器より一五世紀後半から一六世紀末葉と考えられる。

【城館の縄張】　城館は北西を流れる五戸川と南東を流れる小河川に挟まれた舌状台地上に立地し、基部を大規模な三重の堀跡で区画する単郭の構造である。三重の堀の外側に位置する南西部の平場は緩斜面となっており、内部の平場とは雰囲気が異なるため、城館の施設として利用されていたかどうかは不明である。三重の堀は長さ一〇〇～一五〇メートルの薬研堀《やげんぼり》を呈し、東側の堀跡の規模が最も大きい。堀は舌状台地先端部にも二条設けられており、先端部東側には竪堀も二条見受けられる。中心部の平場は二段から構成され、北側縁辺部には

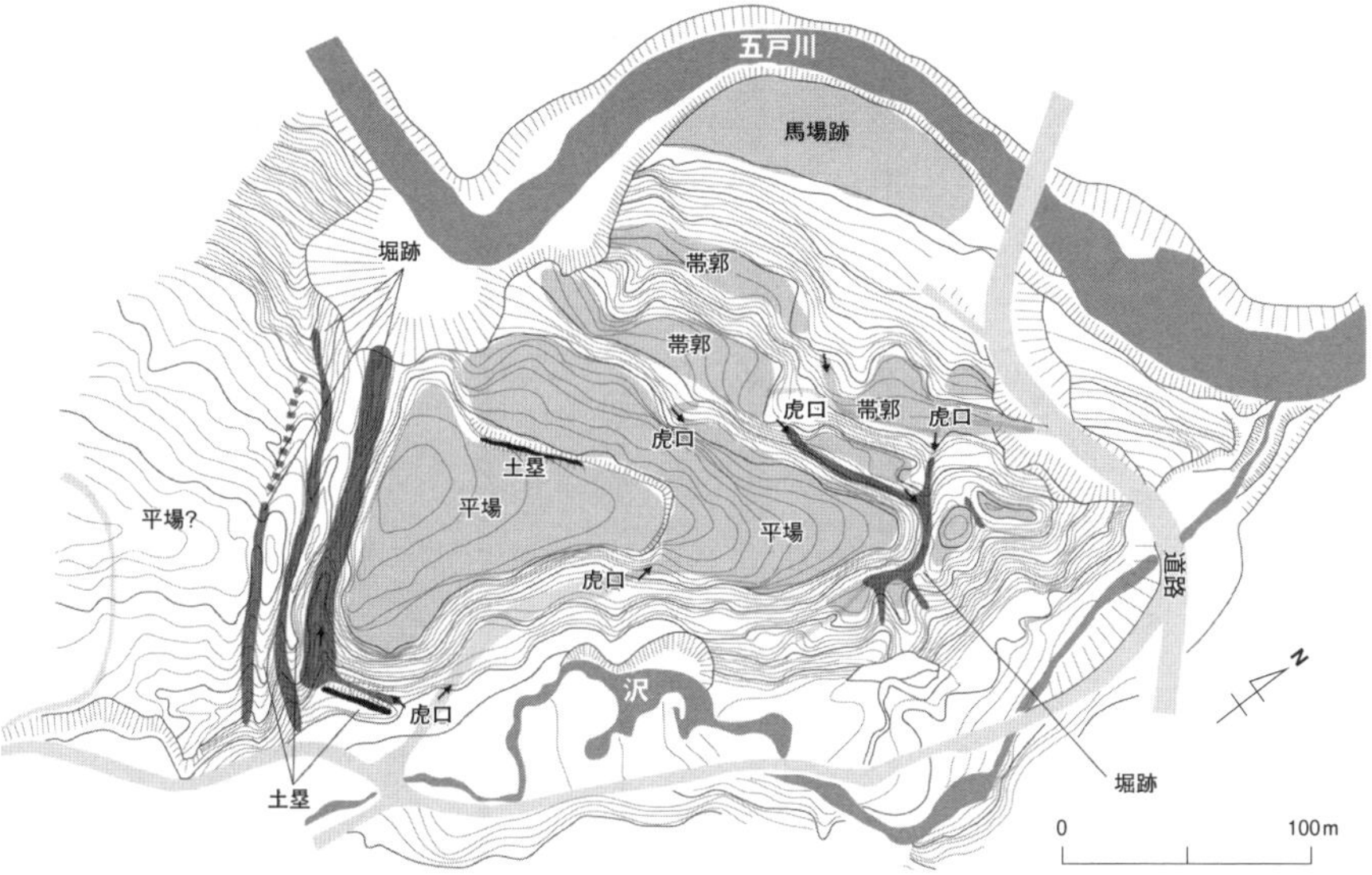

●―中市館縄張図（作図：布施和洋）

●―中市館堀跡

●―中市館遠景（北西から）

基底部幅三メートル程度の土塁も五〇～六〇メートル程度残っている。五戸川に面する北西部斜面には二段ないしは三段におよぶ帯郭《おびくるわ》が形成され、虎口《こぐち》も三～四ヵ所見受けられる。南東部の急斜面下にも土塁《どるい》と堀跡が見られ、虎口として使われていたことが推測される。五戸川に接する平場は、地元の話では城館の馬場であったともいわれる。南部地方によるみられる典型的な舌状台地の基部を堀で区画するタイプの城館であるが、特筆すべきは開発による削平等がなく、ほぼ完全な形で中世城館としての地形が観察可能な点である。

【参考文献】『青森県史　資料編　考古四』（二〇〇三）、倉石村教育委員会『中市館跡発掘調査報告書Ⅰ・Ⅱ（概報）』（二〇〇一・二〇〇二）

（布施和洋）

●三戸南部氏の中心的城館

聖寿寺館《しょうじゅじたて》

〔国指定史跡〕

【馬淵川と奥州街道】　聖寿寺館は東北地方を代表する中世武士団・三戸南部氏の室町～戦国時代の城館である。当時、津軽も含めた青森県全域から岩手県北部・秋田県鹿角地方を手中に治めていた南部氏にとって、馬淵《まべち》川と奥州街道が交差する水陸ともに交通の要衝にあった聖寿寺館は戦略的に重要な拠点であった。

　城館は馬淵川へと流れ込む猿辺《さるべ》川と、猿辺川へと流れ込む鱒沢《ますさわ》の左岸にあり、標高は平場で約六五～七〇メートルを数える。聖寿寺館を中心として南に川を挟んで馬場館、西に小向館、東に佐藤館と平良ヶ崎城も立地し、互いに連携して防御性を高めていたとも考えられ、これらの城館すべてを含めた形で本三戸城とみる考え方もある。

〔所在地〕南部町大字小向字舘ほか
〔比　高〕約三〇メートル
〔分　類〕平山城（台地上）
〔年　代〕一五世紀前半～天文八年（一五三九）
〔城　主〕三戸南部氏
〔交通アクセス〕青い森鉄道「三戸駅」下車、徒歩三〇分。駐車場有

【南部氏の奥州入部】　鎌倉時代の糠部郡《ぬかのぶぐん》は執権北条氏《しっけんほうじょうし》の得《とく》宗領《そうりょう》であった。得宗被官であった南部氏の糠部入部の時期は不明な点が多いが、おそくとも鎌倉時代末頃までにはこの地に入部していた説が有力である。室町時代になると、三戸南部氏は現在の南部町の本三戸城（聖寿寺館）を中心として糠部の大部分を支配下に治め、戦国時代には津軽や岩手県中部・秋田県鹿角地方へも勢力を伸ばしていった。

　文献史料により、三戸南部氏の事績が確かとなるのは、南北朝時代の半ば、南部一二代にあたる信行《のぶゆき》（南部氏系譜で政《まさ》行《ゆき》とされる人物）の代からとなる。その子一三代守行《もりゆき》は、室町将軍直属の御家人（京都御扶持衆《ごふちしゅう》）として遇され、伊達氏や葛西氏と並んで奥州屈指の格式を誇った。応永二十五年

●—三戸南部氏の拠点　本三戸城

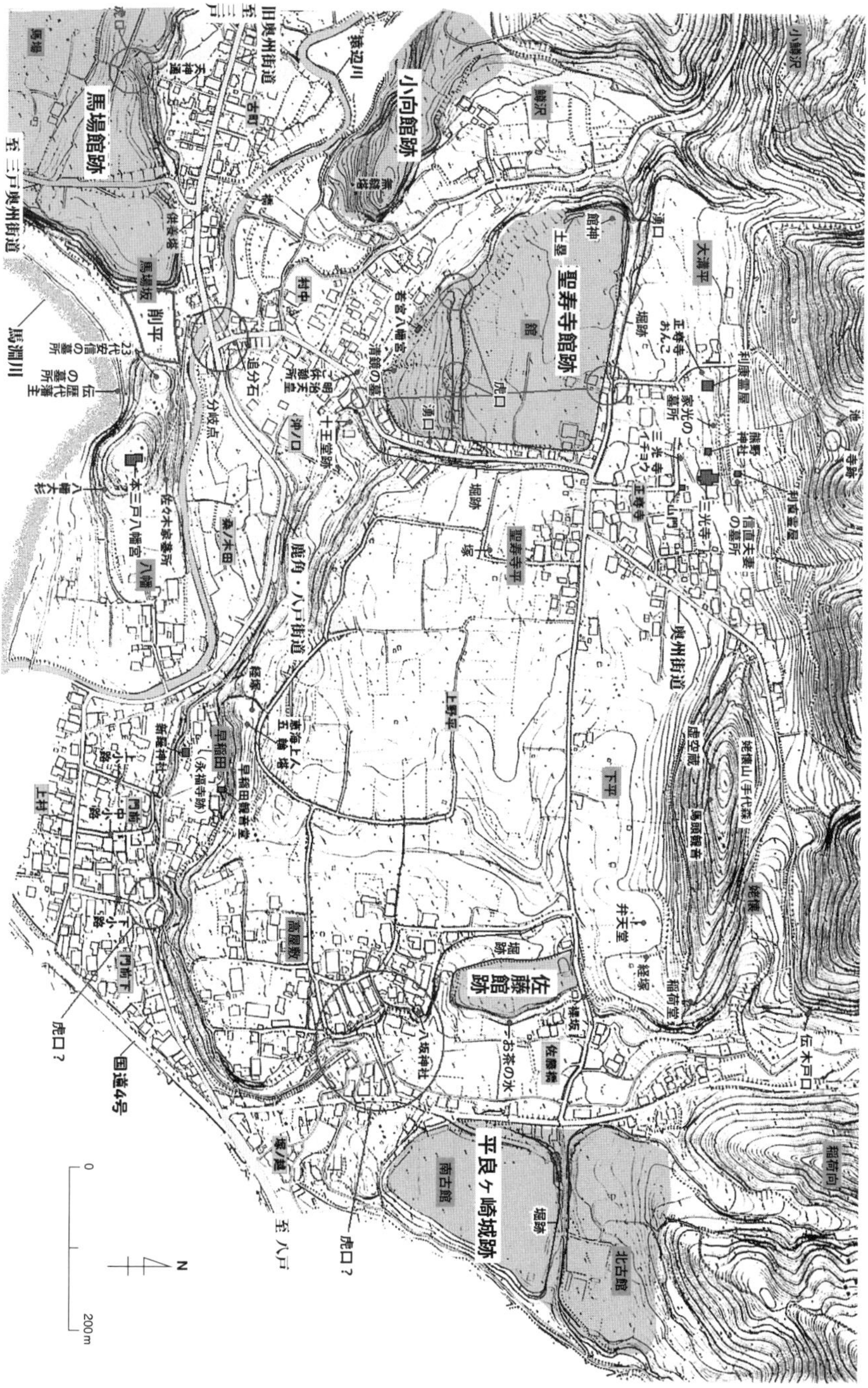

●—聖寿寺航空写真（南部町教育委員会提供）

（一四一八）には馬百頭金千両を室町幕府四代将軍義持《よしもち》に献上している。その後二〇代信時《のぶとき》、二二代政康《まさやす》、二三代安信《やすのぶ》、二四代晴政《はるまさ》の頃に勢力を拡大し、奥州北部を掌握するに至った。

本三戸城（聖寿寺館）は天文八年（一五三九）に炎上したと伝えられ、城館からは当該期の被熱した陶磁器とともに多量の炭化物が確認されている。

【城館の築城】　残念ながら聖寿寺館の築城年代を示す文献史料は残っていないが、これまでの発掘調査で出土した瀬戸美濃製品の年代をみてみると、伝世する可能性の低い碗・皿が出土するのは古瀬戸後Ⅲ期に入ってからであり、一五世紀前半代（一四一〇～一四四〇頃）の築城と考えられる。

【縄　張】　城館の西側は馬淵川の支流である鱒沢《ますさわ》の天然の断崖によって守られ、北側と東側は幅一〇～二〇メートルの大規模な堀によって台地から切り離されている。北側の堀は、平場から六メートルの深さで堀底が検出されている。堀底からは四条の溝が確認されており、当初薬研堀《やげんぼり》であったものが、箱堀に改修されている。堀は地形から考えてすべて空堀《からぼり》である。東側の堀底は奥州街道として利用され、南には鹿角街道《かづのかいどう》と奥州街道の分岐点も立地する。街道を城館内に取り込みながらも防御には余念がなく、街道が通る東側の堀は二ヵ所で意図的に曲げられ、見通しが悪く作られている。

聖寿寺館の虎口《こぐち》は現在のところ、縄張調査から四ヵ所が想定されている。また、城館の平場は大きく分けて上段と下段の二面からなり、五メートルほどの落差がある。現状では埋まって

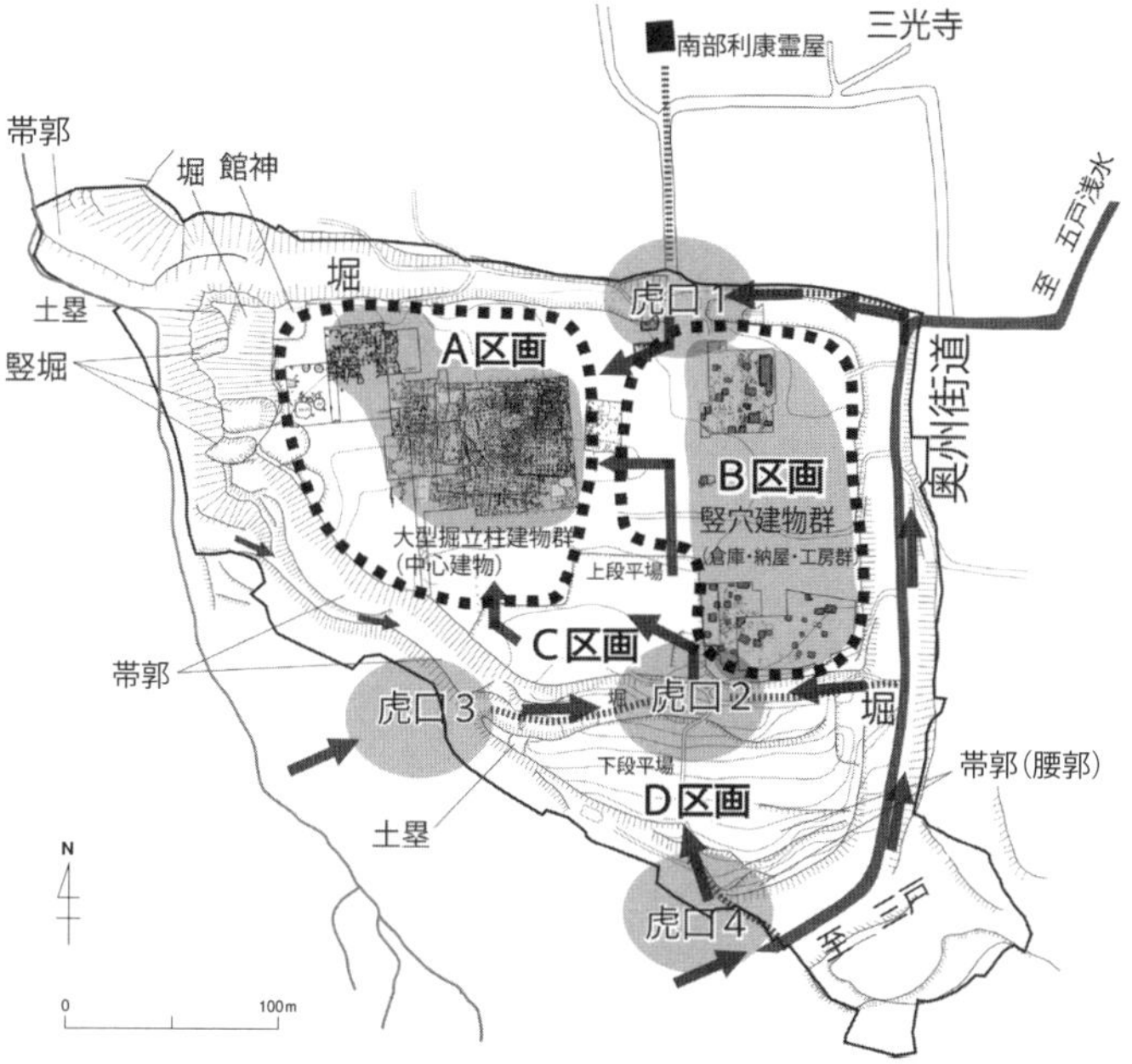

●―聖寿寺館の縄張と空間構造（作図：布施和洋）

いるため確認できないが、上下段の平場の中間には東西に堀が通っていることが発掘調査で確認されている。この東西方向の堀は堀底道としても利用されていたことが想定され、堀の中央部には上段の平場へと至る虎口２がある。さらに、東西方向の堀の西端には虎口３がある。城館の中に設けられた東西方向の堀（堀底道）と外部とを隔てる重要な位置にあり、かつ土塁《どるい》を造成し開口部を緩やかなくの字状に屈曲させている。この虎口３にともなう土塁は幅五〜七メートル・高さ二〜三メートル、開口部の幅は五〜六メートルを測り、中世城館の虎口としては大規模な部類に入る。虎口３の北側斜面には帯郭《おびくるわ》が連なる。この帯郭は城館南西部に配され、幅約一〇メートル、長さ一五〇メートルにおよび、上段平場との比高は一〇メートルを数える。帯郭はところどころ二段ないしは三段になり、西側にある鱒沢へと下る道もある。帯郭は城館北西部に存在する幅約一〇〜二〇メートルの三条の竪堀《たてぼり》で遮断され、斜面の横移動が防がれている。虎口４付近には数段の腰郭《こしくるわ》もみられる。また、虎口１は南部利康《としやす》霊屋から館に向かって伸びた道路の正面に位置し、その延長線上には（新）三戸城が見える。上段平場の土塁は、城館の西側縁辺部にわずかな高まりがあり、基底部幅約三メートル・高さ一メートル程度の規模が確認されている。

【空間利用】　斜面を除いた上段平場は約四万平方メートルあり、一〇〇メートル四方の一般的な領主級方形居館の四倍の面積を有する。面積的にも平場内に存在した建物は主殿や会所等、領主の居館のみで構成されるとは考えられず、家臣の居住区や倉庫等、居館以外の施設が存在する可能性が指摘されていた。

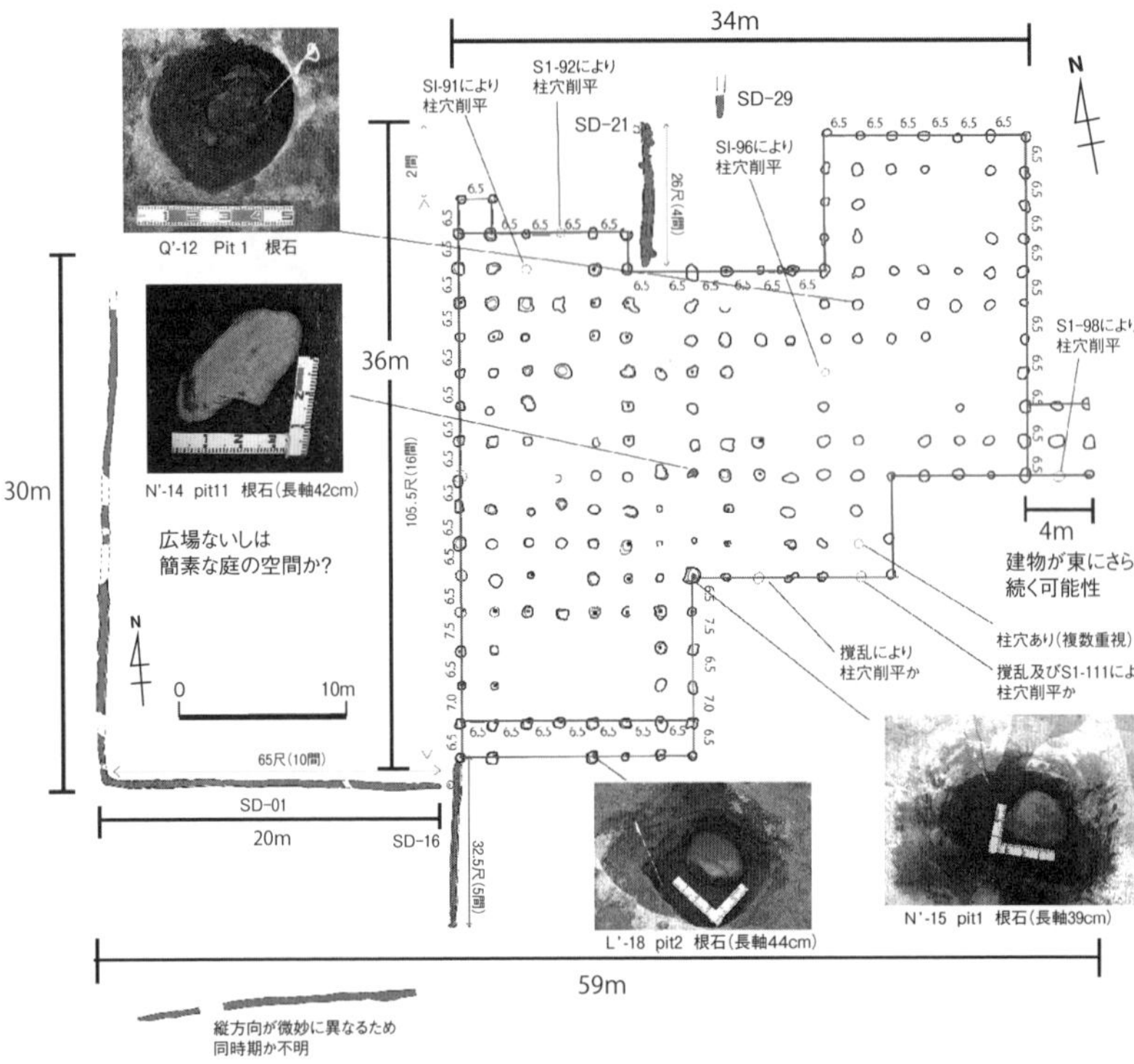

●—聖寿寺館中心区画から確認された大型掘立柱建物跡

平成五年（一九九三）からはじまった発掘調査により、城館内の空間利用については、掘立柱建物跡や竪穴建物跡群の分布から、主に上段平場西側が領主や家臣の屋敷として利用され、上段平場東側が倉庫や室・納屋・工房として利用されていたことが明らかとなった。

掘立柱建物跡は上段平場西部から確認され、建替えも含めて数十棟の建物が想定される。建物の重複関係から五回程度の建替えが行われたと推測され、存続期間は約百年程度であったと考えられる。礎石建物は確認されていない。

聖寿寺館跡で最大の掘立柱建物跡である建物Bは南北一八間×東西一七間（約三六×三四メートル）となり、東北でも最大規模を誇る。建物Bは重複関係も新しいことから、城館の最終段階のものと考えられ、二三代安信《やすのぶ》から二四代晴政《はるまさ》にかけての中心建物と考えられる。建物Bの柱穴から出土した炭化材の樹種同定を行ったところ、耐水性の高い高級木材であったヒバ材が使われていることもわかっている。中心建物跡の立地する場所は微地形で城館内でも最も高所に位置し、霊峰名久井岳を眺めることができる。

竪穴建物跡はこれまでに約九〇棟が確認されている。特に城館北東部から確認された大型竪穴建物跡は南北一四メートル、東西六メートルを計り、国内最大級を誇る。竪穴建物跡からは、ほぼすべての埋土より炭化物が確認されている。陶磁器は被熱したものが多い。

井戸跡は三基確認されており、最大のものは直径約六～七メートルの円形を呈する。調査では大量の炭化物とともに約五〇〇本におよぶ釘や熱を受けた陶磁器等が出土した。出土した陶磁器は一五世紀後半から一六世紀前葉のものに限られ、城館が火災にあった後、火事場整理により焼失した建築部材や使用できなくなった陶磁器・道具類が投げ込まれたものと想定される。

●―向鶴青銅製目貫金具

【墓所・霊廟】 史跡聖寿寺館跡本体の南北には関連する宗教施設が良好に残されている。聖寿寺館の北側にある三光寺境内には国重要文化財南部利康霊屋・県重宝建造物南部利直《としなお》霊屋（盛岡藩二代藩主）・県重宝南部信直《のぶなお》夫妻の墓石（盛岡藩初代藩主）があり、聖寿寺館の南側にある本三戸八幡宮境内には二三代南部安信《やすのぶ》の宝篋印塔《ほうきょういんとう》が残されている。

【出土遺物】 中世陶磁器はこれまでに約三〇〇〇点が出土している。種類別傾向としては、青磁が二〇％、白磁が一三％、染付が二四％、瑠璃釉《るりゆう》・赤絵が二％、瀬戸美濃が二六％、越前が二％、信楽が三％、瓦質土器が二％、産地不明国産陶器が七％となっている。「威信財」の割合が高いことと、すり鉢等調理具の欠如が特徴として挙げられる。また、カワラケが出土しないのも特徴的である。年代別には一四世紀代が少なく、一五世紀段階では増加し、一五世紀後葉から一六世紀前葉にかけて劇的に増加し、一六世紀中葉になるとぱったりと途絶える。

石製品としては硯《すずり》、茶臼、粉挽《こび》き臼、砥石、石鉢が出土している。粉挽き臼が突出して多いのも特徴的であり、当地方の粉食文化を反映していると考えられる。

また、アイヌ文化の関連遺物が出土しているのも特徴的である。竪穴建物跡の埋土等から骨角製品が約二〇点出土している。中柄や刺突具以外に未成品や素材となる加工痕のある鹿角も出土していることから、城館内でアイヌ文化集団が道具を製作していた可能性も考えられる。

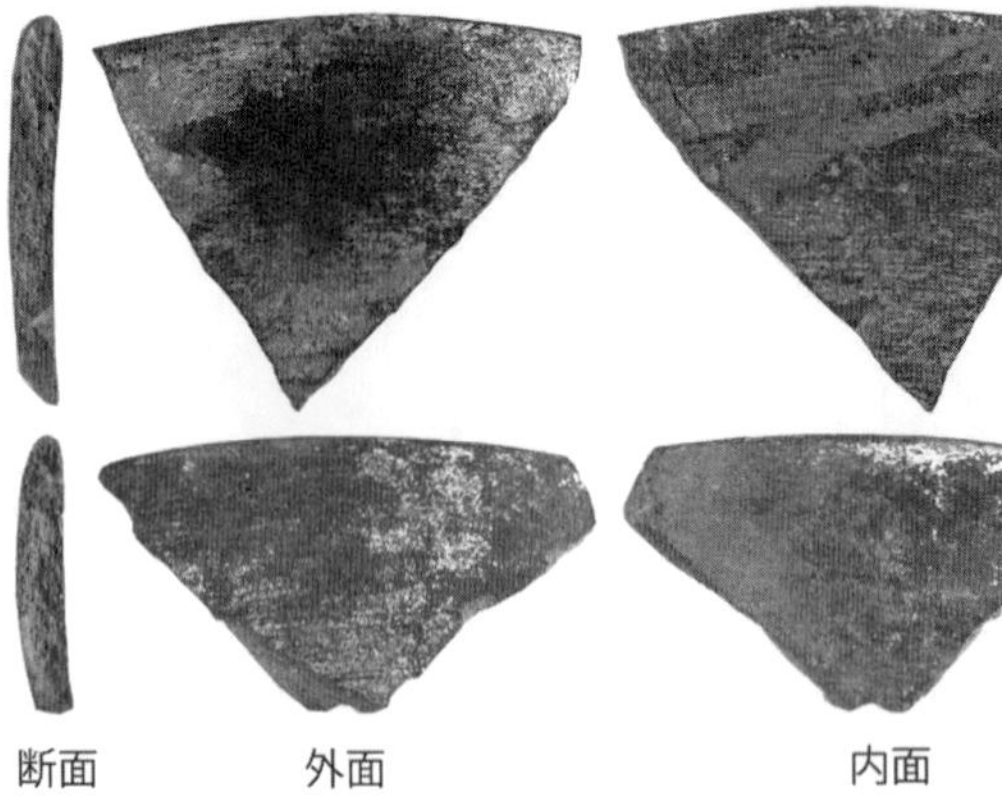

●―聖寿寺館出土金箔土器

青銅製品としては南部家家紋の向鶴《むかいづる》が施された刀装具も出土している。一円玉を二枚重ねた大きさの目貫と考えられ、現存する最古の向鶴紋である。

【威信材の数々】　聖寿寺館の陶磁器を特徴づけるものとして威信財の多さがあげられる。青磁酒会壺をはじめ国内で数例しかみられない青磁鉄斑文《てっぱんもん》瓶、瑠璃釉磁器など希少性の高い陶磁器は、一五世紀後半から一六世紀前葉にかけてのものと考えられる。陶磁器の数量や質の変遷は、三戸南部氏の領土拡大時期とその変遷過程とも符合し、三戸南部氏の勢力を色濃く反映しているとも考えられる。

【金箔土器】　東北地方では初となる金箔土器も出土している。土器の内外面に黒漆が塗られ、その上に金箔が貼られており、主殿と考えられる大型掘立柱建物跡を構成する柱穴とその近くから出土した。金箔土器は全国的にみても類例は少なく、後北条氏の八王子城跡（東京都）や毛利氏の居城である吉田郡山城跡（広島県）、大内氏の大内氏館跡（山口県）、大友氏の大友氏館跡など室町時代から戦国時代を代表する大名の居館等でしか出土していないのが特徴である。

【三戸城・盛岡城への移転】　聖寿寺館は天文八年に家臣の赤沼備中の放火により焼失したとされ、城館からは当該期の被熱した陶磁器とともに多量の炭化物が確認されている。聖寿寺館廃城後、三戸南部氏は、南部氏一族の中で唯一、三戸城という山城への移転を成し遂げ、一族との差別化を図っていくこととなる。

【参考文献】　布施和洋「室町・戦国期の聖寿寺館中心区画」『第3回南部学研究会』（二〇一六）

（布施和洋）

●南部家一族の重臣 南氏の居館

浅《あさ》水《みず》城《じょう》・浅《あさ》水《みず》館《たて》

〈所在地〉五戸町大字浅水
〈比　高〉浅水城（約五〇メートル）・浅水館（約一〇メートル）
〈分　類〉平山城（舌状台地上）
〈年　代〉一五一七〜一七世紀代初頭
〈城　主〉南氏
〈交通アクセス〉南部バス「浅水」停留所下車、徒歩一五分。

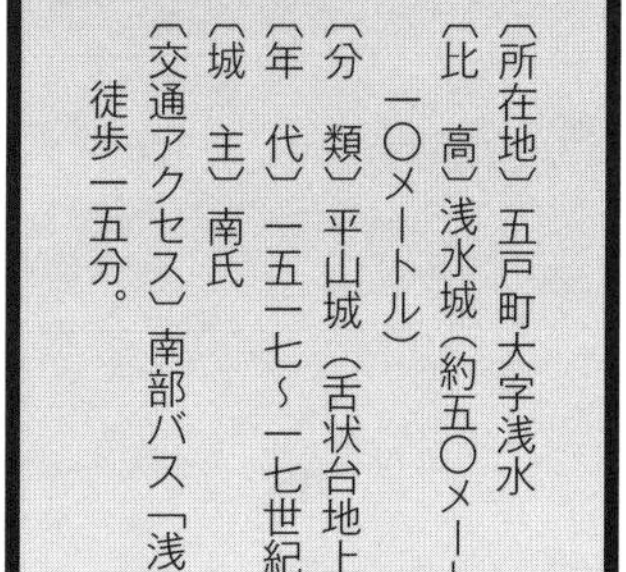

【城館の立地】　浅水城・浅水館は東北地方を代表する中世武士団である三戸南部《さんのへなんぶ》氏の一族・南氏の居館である。三戸南部氏は室町・戦国期に支配地強化のため、一族から北氏・南氏・東氏を輩出し、街道沿いの要衝に立地する主要な城館に配置した。氏族名称の由来は本三戸城（聖寿寺館）を中心として北・南・東方向にそれぞれ屋敷を構えていたことに由来する。

南氏の支配下にあった浅水地区には浅水城と浅水館が浅水川と奥州街道を南北に挟む形で立地し、河川と街道を眼下に見下ろせる立地となっている。奥州街道は城下を東西に横断する形で通っており、奥州街道を約四キロ南下すると、南部氏の主要な産業とも言うべき糠部《ぬかぶ》の駿馬《しゅんめ》が生産されていた相内野牧（南部九牧の一つ）が立地し、さらに約五キロ南下すると三戸南部氏の居城である本三戸城（聖寿寺館）が立地する。

【城館の年代】　浅水城・浅水館等は発掘調査が実施されていないため、その年代は不明であるが、初代城主の南遠江守長《なが》義《よし》が永正十四年（一五一七）に築城したと伝わる。また、文献史料から城館は、安土桃山時代・江戸初期まで存続していたと考えられ、最後の城主は六代目の南彦七郎（正保四年〈一六四七〉没）といわれる。

【城館の縄張】　浅水城は浅水集落の北側にある裏山で、浅水川左岸の舌状台地上に立地し、集落との比高は約五〇メートルを測る。舌状台地の北側と東側・南側は断崖になっており、西側は幅が二メートルから一〇メートルほどの極端に狭い尾根が続いており、幅二〜三メートル程度の腰郭《こしくるわ》も北側に付随する場所もある。台地先端部には中心となる郭とみられる平場があり、それに接続するように北側・東側には幅の広い帯郭《おび》が見られる。堀跡は見受けられない。しかし、平場の面積は極めて狭く、南氏の居館ではなく臨時の砦としての性格が強いものと考えられる。

浅水館は南から北へと延びる舌状台地を利用した城館で、北郭・南郭・工藤屋敷の三つの郭から構成されている。城館の範囲は南北約三〇〇メートル、東西約五〇〜二〇〇メートル程度で、北郭と南郭は堀で区画されている。北郭の先端部には虎口《こぐち》状の地形が認められ、北西側には幅一五メートル程度の帯郭が配置されている。南郭にも北西側に長さ約一二〇メートルにおよぶ帯郭や腰郭・約七〇メートル程度の土塁《どるい》が認められる。

工藤屋敷は北郭・南郭とは沢で隔てられた別の舌状台地に選地している。南氏が浅水へ入部する以前に工藤氏が居館としていたとも伝わる。

同じ南部氏重臣の北氏の剣吉城（南部町）や東氏の上名久井城（南部町）と比較すると、この浅水館は規模や選地、縄張り構造が極めて類似しており、この浅水館が南氏の居館であったと考えられる。

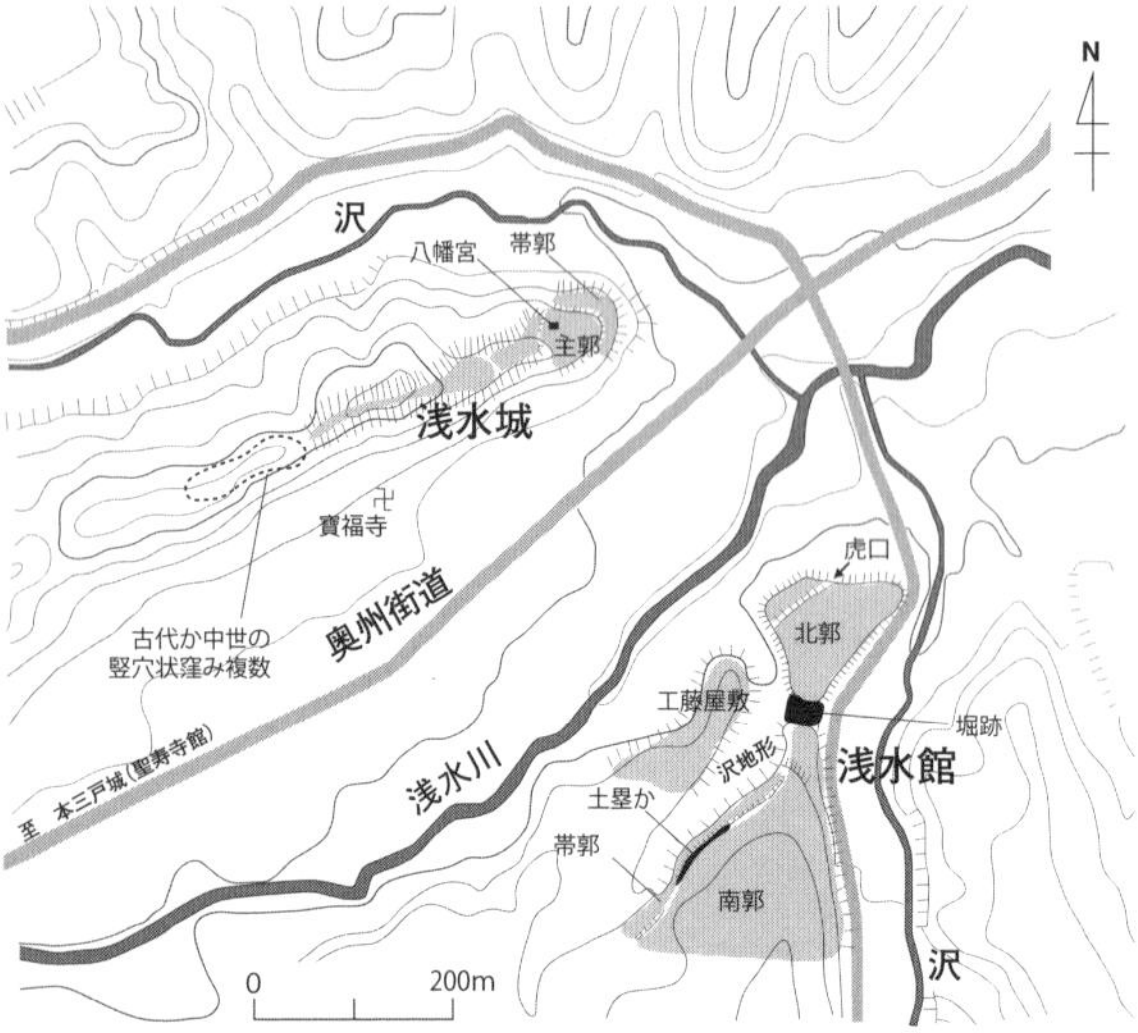

●—浅水城・浅水館縄張図（作図：布施和洋）

●—浅水館北郭（南西から）

【参考文献】青森県教育委員会『青森県の中世城館』（一九八三）

（布施和洋）

岩手県

九戸城本丸石垣（二戸市埋蔵文化財センター提供）

天正19年(1591)の九戸合戦直後に築かれた野面積みの石垣

●豊臣秀吉天下統一、最後の戦場

九《くの》戸《へ》城《じょう》

〔国指定史跡〕

〔所在地〕二戸市福岡字城の内、城の外
〔比　高〕四五メートル
〔分　類〕平山城
〔年　代〕明応年間（一四九二〜一五〇一）〜寛永十三年（一六三六）
〔城　主〕九戸氏、南部氏
〔交通アクセス〕ＪＲ東北新幹線「二戸駅」からＪＲバスまたは岩手県北バス「呑香稲荷神社前」下車、徒歩五分。

【難攻不落の要害】　九戸城は岩手県と青森県の県境近く、二《にの》戸《へ》盆地を北流する馬淵《まべち》川の右岸に位置する。河岸段丘の地形を巧みに縄張に取り入れ、馬淵川、白鳥川、猫渕《ねこふち》川を外堀とした雄壮たるその姿は、まさに難攻不落の要害と呼ぶにふさわしい。九戸城の対岸である馬淵川の川岸から見上げれば、奥州再仕置軍がいかにこの城を攻め倦《あ》ぐんだか、よく理解できる。

天正十九年（一五九一）九月、豊臣秀次を総大将とした奥州再仕置軍がこの城を包囲した。蒲生氏郷《がもううじさと》を主力とした井伊直政《なおまさ》、浅野長吉《ながよし》、堀尾吉晴《よしはる》等の再仕置軍は五万とも言われ、対する九戸政実《くのへまさざね》は五〇〇〇。この攻城戦の終了をもって豊臣秀吉の天下統一が名実共に成された、歴史的舞台の地である。

【本丸に向かう】　国道四号線から二戸市中心部を県道に沿って北進すると、橋場付近で巨大な堀跡にたどりつく。地名のとおりかつてここは堀で分断され、木橋《きばし》で城内に出入りした。今でも白色火山灰が切り立った様子を目にすることができる。近世の本丸への登城口は、堀に沿って東に向かい武家屋敷である在府小路遺跡を通り抜け、二の丸大手に向かうのが本来の道筋である。

直進し、松の丸北側を郭の外周に沿って東に向かえば深田堀にたどり着く。二の丸と松の丸、在府小路を画する深田堀は幅約五〇メートルもある巨大な堀跡である。一説によると鉄砲戦を想定したものともされ、城郭でも大きな見どころである。

●—九戸城遠景

白色火山灰が切り立った二の丸の切岸《きりぎし》を左手に見ながら登ると、二の丸の大手《おおて》にたどり着く。近世には二の丸大手と在府小路は土橋《どばし》で繋がっていたが現在は失われている。本丸から二の丸へは二つの虎口《こぐち》が開かれている。本丸南の虎口の名称は残っていないが、本丸の東は追手門《おうてもん》との地名が残り、木橋が架かっていたことが判明している。本丸の西南隅櫓《すみやぐら》は城郭で最も標高が高く九戸城を取り囲む地形が一望できる。

二の丸の搦手《からめて》から石沢舘との間を通る堀底道に出る。ここから堀底道をとおり若狭舘《わかさ》、石沢舘の各郭に至ることができる。また、若狭舘との間をとおり抜ければ九戸氏の本拠地である、九戸方面に至ることができるため、九戸氏の時代から主要な道筋であった。そのまま進み、本丸を回るように一巡すると、河岸段丘を取り入れた城郭の構造がよく分かる。三の丸から奥州道中と重なる県道に出で、馬淵川に沿ってマスケ坂を下ると、馬淵川と白鳥川の合流点には岩谷観音堂がある。その傍らに九戸一揆の戦没者を供養する千補陀堂の建立碑が残されている。

【築城の経緯】　九戸城の築城時期は明らかではない。安倍頼《より》時《とき》の子、則任《のりとう》が居城とした白鳥城を築城時期とする説もあるが根拠はない。築城時期は大きく二つの説があり、一つは「南部根元記」、「奥南旧指録」などによれば永禄十一年（一五六八）に、鹿角《かづの》郡奪還の戦功にて福岡地域を給されたと記されており、この時期に九戸政実が築城したとする説。

もう一つは「参考諸家系図」に「光政《みつまさ》、修理《しゅり》、此時《このとき》九戸より封を二戸の荘に移して白鳥城に居る……」と記されており、また一戸町の実相寺の由緒書きにも「……領主九戸殿より……」と記されていることから、九戸光政の代の頃にあたる明応年間（一四九二〜）頃には築城されたとする説である。

発掘調査で出土した陶磁器類は一五世紀第４四半期〜一六世紀第２四半期かけての白磁の端反皿、青磁の線描蓮弁文《せんがきれんべんもん》碗《わん》、直口碗、稜花皿《りょうかざら》、染付の蓮子《れんし》碗、碁笥底《ごけぞこ》の皿などの貿易陶磁器、大窯Ⅰa期の瀬戸・美濃産の灰釉《かいゆう》陶器が見られることから、明応年間（一四九二〜）前後に築城されたものと考えても大過ないと思われる。

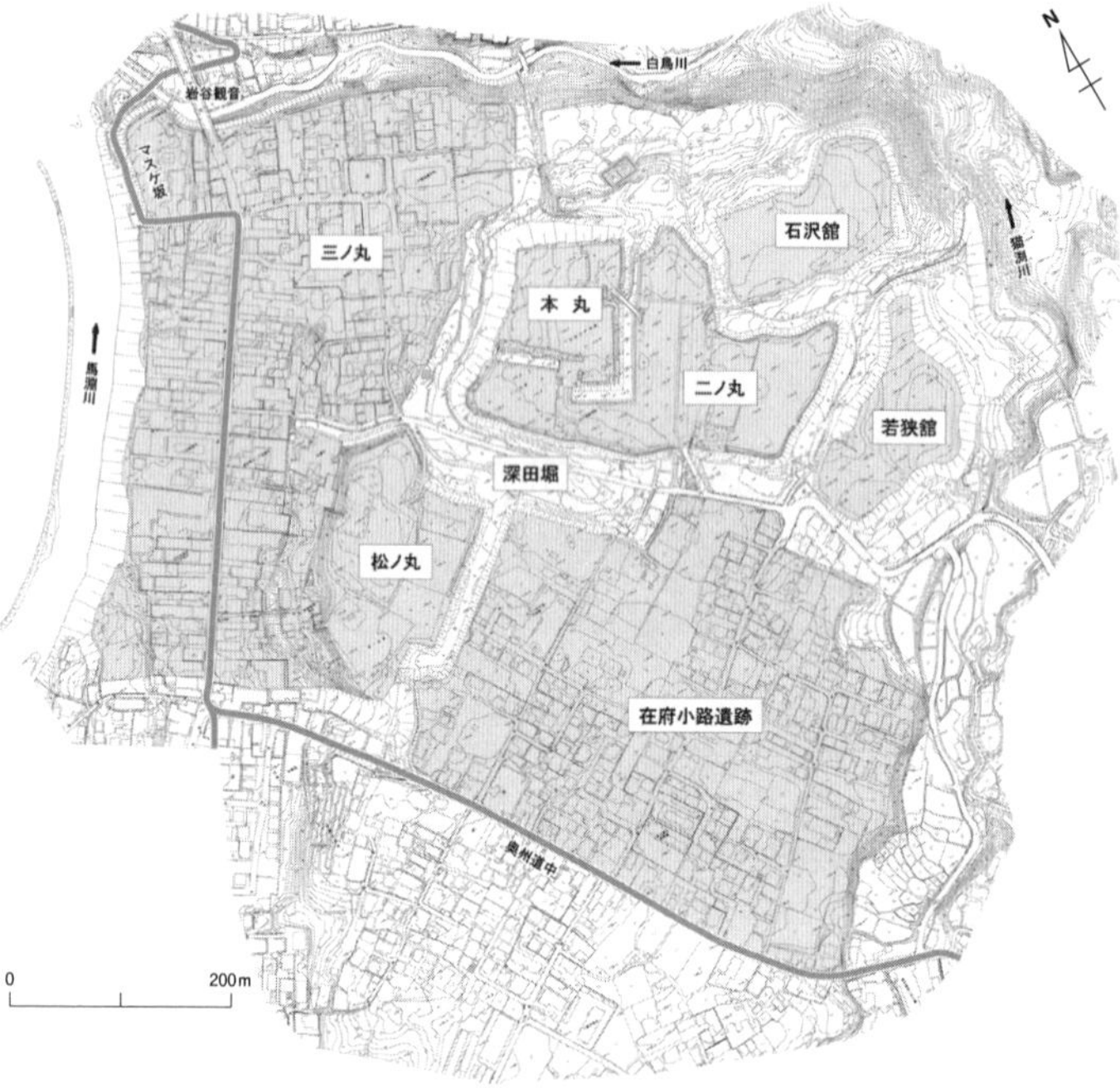

●—九戸城全体図（「史跡九戸城跡環境整備事業報告書」より転載）

【城の変容】　九戸城は豊臣秀吉の天下統一の最後の戦場として有名であるが、残念ながら現地で目にすることができる姿は、九戸氏の居城ではない。九戸一揆後に再普請《さいふしん》され、南部氏の居城となった福岡城の姿である。本丸と二の丸を画す、東北最古と言われる石垣は九戸城の見所の一つだが、開城後に蒲生氏郷によって普請されたものである。

九戸城は本丸を囲むように二の丸が配され、その東側に若狭館、石沢館（外館）が配されている。深田堀を挟んで二の丸の南側に松の丸、在府小路が、本丸の西側には三の丸が並ぶ。当初の九戸城の城郭範囲は、白鳥川に沿って東西に郭が並列に並ぶ、本丸、二の丸、若狭館、石沢館がその範囲と推定されている。

九戸氏は天文（一五三二〜）期以降に徐々に勢力を強めていったと見られ、永禄六年（一五六三）の「諸役人付」には「外様衆《とざましゅう》大名在国衆」の中に「南部大膳亮《だいぜんのすけ》」と共に「九戸五郎」の名がみられる。また九戸氏が独自の家中を形成し

「親類」「内衆」という家格が確認されることから、城郭も九戸氏の勢力の拡大に伴って徐々に拡張していったと推測される。

本丸、二の丸は蒲生氏郷によって大幅に改修されており、戦国時代の様相は明らかではない。浅野家文書には「〜又外丸はハ其ままにて〜」との記述があることから、若狭館、石沢館は当時の姿を留めていると推測されている。実際、現地に立てば、土塁《どるい》や石垣、直線的な堀をもつ本丸、松の丸と異なり、土塁を持たず南部氏の城館によく見られる曲線的な郭の形状をみることができる。

●—本丸隅櫓西側石垣裏の石積
（二戸市埋蔵文化財センター提供）

【九戸氏の痕跡】 現在、九戸氏時代の遺構として目にすることができるのは、若狭館、石沢館とその横堀、そして二の丸と松の丸、在府小路を隔てる深田堀である。深田堀の幅は約五〇メートルの規模で九戸城の中でも最も大規模な堀跡である。また、各郭を囲む堀跡は堀底道となっており、いまでも往事の道を実際に歩くことができ、それぞれの郭に至ることができる。

【発掘調査された遺構】 平成元年（一九八九）より環境整備のため二戸市教育委員会によって発掘調査が実施されており、九戸城時期とおぼしき遺構がいくつか検出されている。本丸整地層の断面に焼土や木炭、火を受けた生活遺物や火縄銃の弾丸などの遺物が見られ、下層には九戸城時代の遺構が残っていることが明らかになっている。平成二年の発掘調査では、天正十九年（一五九一）に築かれた本丸の隅櫓脇西側石垣の裏側から、古い石積《いしづみ》が検出されている。この石積は残念ながら埋め戻されて現地では見ることはできないが、九戸城の虎口に伴う施設と推測されている。

また、平成四年の発掘調査では本丸南虎口の下層から埋没した堀が検出されている。堀は深さが三メートル以上で、土橋状に堀跡の切れ目が確認されている。虎口であった可能性が高く、九戸城期においても現在の本丸と同様の位置に、郭が存在した可能性が指摘されている。

【奥州再仕置】 天正十八年の豊臣秀吉による奥州仕置後、奥

●—岩谷観音堂

羽各地で一揆が発生する。同年九月下旬には出羽仙北一揆、十月十六日には大崎・葛西一揆、十月下旬には和賀・稗貫一揆が蜂起する。

翌年の天正十九年春に九戸政実が蜂起し、南部信直は前田利家を通じて上方に援軍を依頼する。同年六月二十日には豊臣秀次を総大将とした「奥州奥郡為御仕置」のため再仕置軍が動員される。再仕置軍は九月一日に九戸城に到着、九月四日には九戸政実は降伏する。九戸政実ほか主立った武将は、栗原郡の三迫《さんのはざま》で処刑された。また、他の籠城者は二の丸に閉じこめられ、殺戮されたという。平成七年の二の丸大手付近の調査で、刀傷痕を持つ人骨が土坑墓から出土しており、人骨の損傷の検討から撫《なで》切《ぎ》りが実際に行われたと推定されている（百々二〇〇八）。

【南部氏の本城福岡城】　九戸城落城後に蒲生氏郷はすぐに普請に着手したとみられ、天正十九年九月十日付け浅野長吉宛て書状に「～五六日中に出来候」とあることから、同年九月十九日頃には竣工したとみられる。また天正十九年九月十三日付け浅野幸長宛の書状の案には「……南部方居城……」と記されており、当初から南部氏の居城として普請されたと思われる。

改築箇所は本丸、二の丸の一部で、松の丸もこの時に増築され、在府小路も武家屋敷として整備された。改修後、南部信直に引き渡され、福岡城と改称し、南部氏の本城となった。その後、南部利直の長子である経直が福岡城の城主となるが急逝し、城代が置かれたが、寛永十三年（一六三六）に廃城となった。「南部史要」によると廃城に伴い城内の建築物は取り壊され、盛岡城新丸御殿の用材として利用されたと記されている。

今の九戸城には一切の建築物は残っていない。崩れた石垣と荒涼とした風景が広がる。二の丸の搦手に土井晩翠の荒城の月の歌碑が佇み、まさに荒城の風情が漂う。

【参考文献】『二戸市史』（二戸市、二〇〇〇）、『骨が語る奥州戦国九戸落城』（東北大学出版会、二〇〇八）

（柴田知二）

●名門畠山氏末裔、浄法寺氏の居城

浄《じょう》法《ぼう》寺《じ》城《じょう》

〔所在地〕二戸市浄法寺町字八幡舘
〔比　高〕四五メートル
〔分　類〕山城
〔年　代〕明応年間（一四九二～一五〇一）～天正二十年（一五九二）
〔城　主〕浄法寺氏
〔交通アクセス〕JR・IGRいわて銀河鉄道「二戸駅」からJR東北バス「浄法寺」下車、徒歩五分。

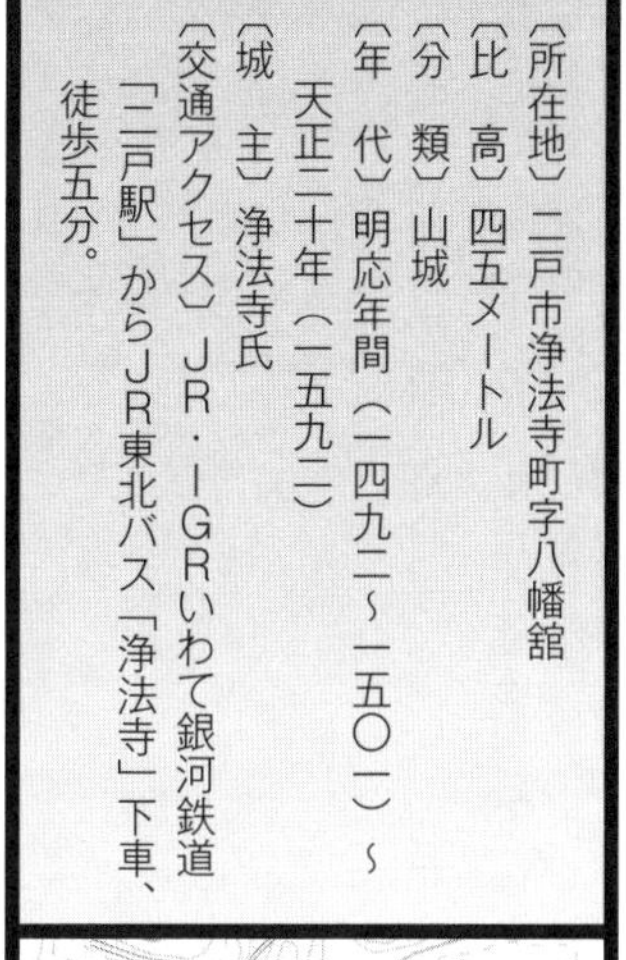

【市街地を一望できる堅固な城郭】　浄法寺城は浄法寺氏累代の本拠地として伝えられる。安比《あっぴ》岳を源流とする安比川によって開析された低地のほぼ中央に位置する。城郭は旧浄法寺町の中心市街地に隣接している。南西から北東に流れる安比川の左岸、南東に張り出した台地上に立地しており、白色火山灰が切り立った丘陵が目に付く。

この場所は糠部《ぬかのぶ》から鹿角《かづの》に至る交通の要所でもあり、郭はこの街道を取り込んでいる。八幡舘、大舘の間を通るこの街道は、郭の切岸をそのままに往年の雰囲気をよく残している。街道を進み、浄法寺城の西南麓に至ると、永禄元年（一五六〇）開創の吉祥山福蔵寺《ふくぞうじ》（曹洞宗）がある。

【浄法寺氏】　浄法寺氏は畠山重忠《はたけやましげただ》の子孫と言われており「旧南秘事記」によれば畠山重忠の弟重宗《しげむね》が二戸《にのへ》郡を賜ったが、嫡男が死去したため重忠の末子に跡を継がせ、家名も浄法寺氏としたとある。また「奥南落穂集《おうなんおちぼしゅう》」によれば、畠山重忠の三男の重慶《しげよし》が出家し奥州に下り浄法寺に住み着き、後に兵を起こしたが討たれ、その子供が浄法寺重基とされる。

浄法寺氏は戦国期には有力な勢力に成長し、松岡、太田、駒ヶ嶺、大森の諸氏はその一族と言われている。天正十年（一五八二）南部宗家の後継者をめぐる会議では「浄法寺修理」の名が見えることから、三戸南部の重臣の一人であったようで、戦国時代の終わりには五〇〇〇石を領したと伝えられている。

【郭の構成】　浄法寺城は八幡舘・大舘・新城舘の郭のほか、

伝承がのこらない西館、北館から構成されている。

八幡館は、東西方向約三四〇㍍、南北方向二〇〇㍍の規模である。郭の北東に八幡宮が祀られており、参道の西側谷地が大手《おおて》と考えられている。八幡宮がある平場の端には土塁《どるい》が残る。

郭内は段差をもった小平坦地から構成されており、大部分は耕作地として利用されている。南東部には四〇×四〇㍍の張出《はりだし》が付くが、南側斜面の数段の細長い平坦面と土塁があることから「虎口《こぐち》」を伴う馬出《うまだし》の可能性がある。

発掘調査の結果では、郭の平場から一四棟の掘立柱建物跡が確認されており、庇《ひさし》をもち、主屋に準じた建物の規模から主殿区域と推定されている。

●—浄法寺城内を通る街道

大館は東西一一〇㍍、南北一一〇㍍の規模で、八幡館西に配され、街道が通る堀跡と画されている。郭の東側に腰郭《こしぐるわ》が付き、南の堀跡は二重になっている。なお、堀の周辺には

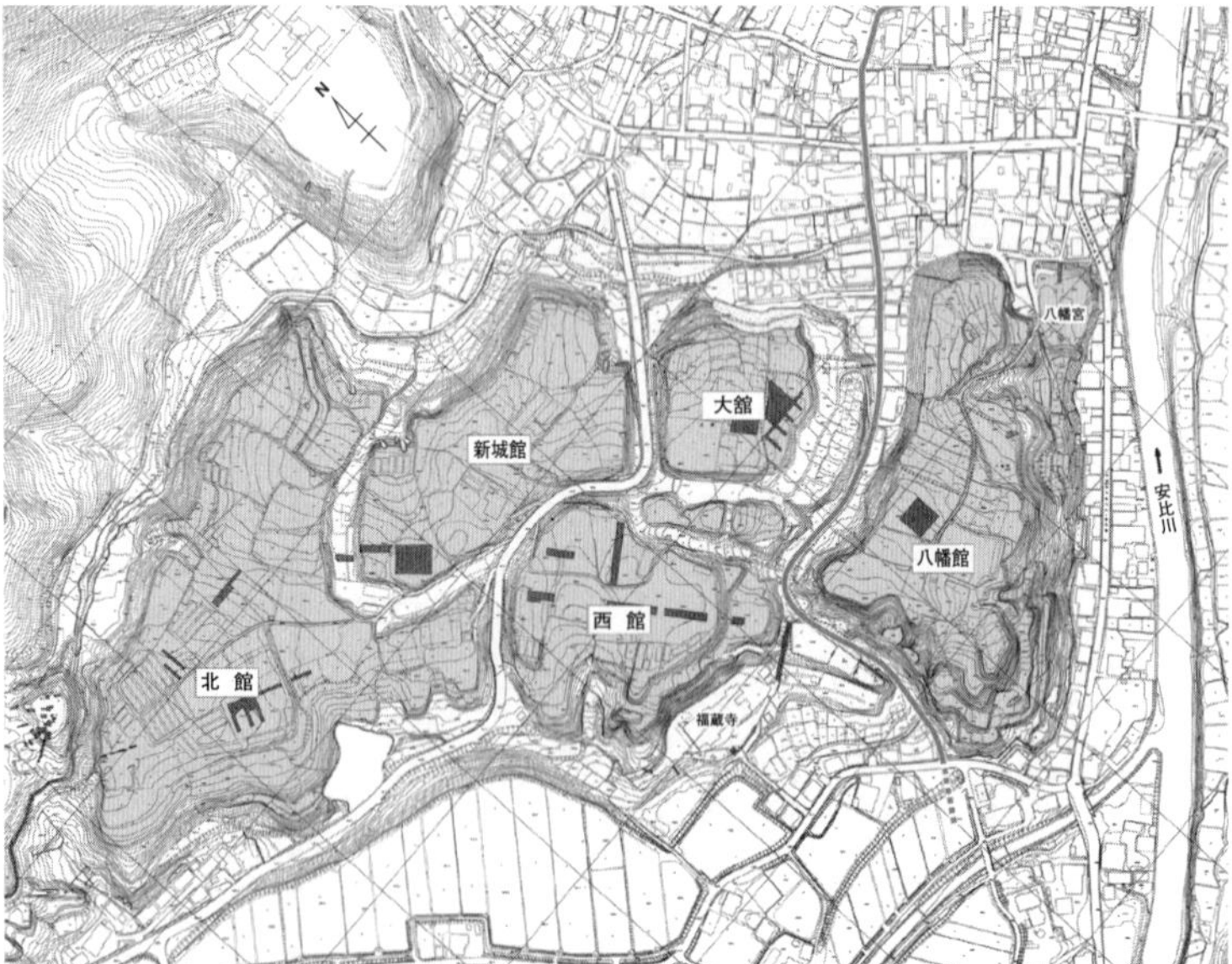

●—浄法城全体図（「調査報告書」より転載，一部加筆修正）

二戸市特産の漆《うるし》が植生しているので訪れる際は気をつけて欲しい。

平場は小段差をもって南北に二分されている。発掘調査の結果では上段は掘立柱建物跡を中心とした居住域で、下段は小型の竪穴建物跡を中心とした遺構が確認されており付属的な区域であったと報告されている。遺構の変遷は三時期あり、一六世紀前葉を中心とした、おおむね一五世紀から一六世紀の年代観が与えられている。破却の時期までの遺物が出土しておらず、なお検討が必要である。

新城館は、東西は二八〇《メートル》、南北は一五〇《メートル》の規模で遺構密度が薄い。伝承居をもたない西館は東西は二〇〇《メートル》、南北二〇〇《メートル》。北館は東西二〇〇《メートル》、南北二〇〇《メートル》の規模である。

●—八幡館に残る土塁

【九戸一揆での動向】　天正十九年（一五九一）の九戸一揆では、浄法寺修理重安《しげやす》は南部信直家臣として参陣し、槍五、弓三、鉄砲五丁、四〇人の兵をもって奥州再仕置軍に参加している。

その後、一国一城令に基づく南部領内の城割が行われ、天正二十年六月の秀吉の家臣持城破城令により浄法寺城は破却される。同年の「諸城破却書上《しょじょうはきゃくかきあげ》」には「糠部郡之内　浄法寺　山城破　畠山修理持分」と記されている。

慶長五年（一六〇〇）の岩崎一揆（岩崎城攻め）では一二〇の手勢を引き連れ参戦する。梅内祐訓著の、南部家系譜略をはじめ、南部家始祖光行から二十九代重信に至る間の事蹟のほか、岩崎戦記その他の地方資料を集積した「聞老遺事《ぶんろういじ》」によれば岩崎一揆は冬のため一時中断するが、浄法寺氏は南部利直の命に背き、浄法寺に帰参したため勘気《かんき》をこうむり（咎められ）、領地を没収され家系も断絶した。

【浄法寺氏復興】　浄法寺修理重安の次男である松岡正吉は、明暦二年（一六五六）に和賀郡藤根に野竿新田を開発、拝領し浄法寺氏を再興する。

今の浄法寺城は市街地の中心に位置するが奇跡的に開発から免れている。北奥羽地方の拠点的な中世城館としては良好にその姿をとどめており、安比川流域の中心的城館として往時の姿がうかがえる。

【参考文献】「浄法寺町史」（浄法寺町、一九九七）

（柴田知二）

●久慈氏の居城

久《く》慈《じ》城《じょう》

〔久慈市指定史跡〕

〔所在地〕久慈市大川目字新町
〔比　高〕三〇メートル
〔分　類〕平山城
〔年　代〕室町時代～戦国時代
〔城　主〕久慈氏
〔交通アクセス〕三陸鉄道北リアス線「久慈駅」下車、市民バスのるねっとKUJI「久慈新町」下車、徒歩二〇分。

【大規模な平山城】　久慈市大川目の西北の丘陵先端に構えられた平山城である。城から二〇〇メートルほど南東側の平地には堀屋敷と呼ばれる居館跡の長方形土地区画が残存する。

【久慈氏】　久慈氏の出自については明確ではないが、中世後期には久慈郡の有力国人領主であった。糠部《ぬかのぶ》の九戸《くのへ》氏とは濃密に縁戚を重ねており、戦国時代末期の当主久慈政則《まさのり》は天正十八年（一五九〇）から十九年（一五九一）に九戸政実《まさざね》に荷担して、南部信直《のぶなお》派の葛巻《くずまき》氏と交戦。九戸城（二戸市）に籠城した後、豊臣秀次に投降し、栗原郡三迫《さんのはざま》において九戸政実や七戸家国らと共に処刑されている。

【城の構造】　久慈城は丘陵の先端部が小高く盛り上がった所に占地しており、背後の尾根を二ヵ所で堀切《ほりきり》、頂部を主郭《しゅかく》としている。主郭は頂部から南東側へ向けて五面の平場を造成しているが、このうち頂部の平場と二段目の平場がもっとも要となる部分であろう。馬場に面した南斜面には腰郭《こしぐるわ》を二段ないし三段築き、説明板のある麓の城下から馬場をへて曲折しながら主郭にいたる道がある。南東の尾根先端部の下にも小さな堀切が存在するが、その西側から腰郭をつたいながら主郭の中程に至る道もあり、居館との位置関係から見れば、こちらが本来の大手道なのかもしれない。

主郭には土塁《どるい》の痕跡は認められず、背後の堀切の外側に低い土塁が伴っている。この堀切と外側の堀切の間は細長い副《ふく》郭《かく》があり、北西端部がやや小高い。その北西側はしだいに低くなり、先端は大きく切り落とされた地形で、直下の用水路は堀切の痕跡であろう。主郭の西側中腹に湧水箇所があり、当時の井戸跡といわれている。久慈市教育委員会が実施した分布調査では主郭から掘立柱建物の柱穴群が確認されており、かつて城跡から十文字槍の穂先が出土している。久慈城の規模はさほど大きくはないが、保存状態が良好であり、久慈地方の国人《こくじん》領主の居城として重要な城跡である。

【参考文献】久慈市教育委員会『久慈市内遺跡詳細分布調査報告書V』（一九九四）

（室野秀文）

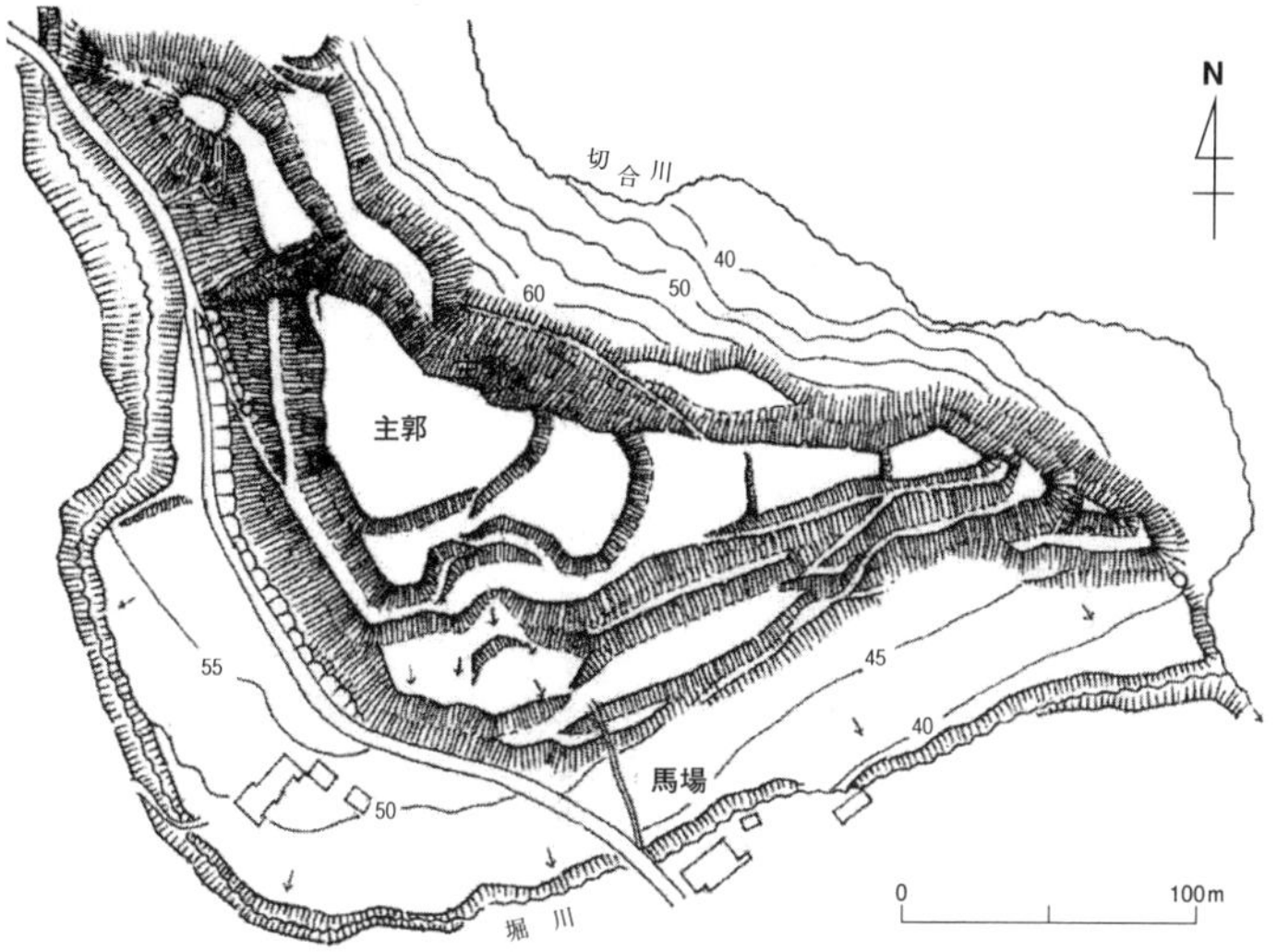

●—久慈城縄張図（久慈市教育委員会 1994　掲載図を改変し作図：室野秀文）

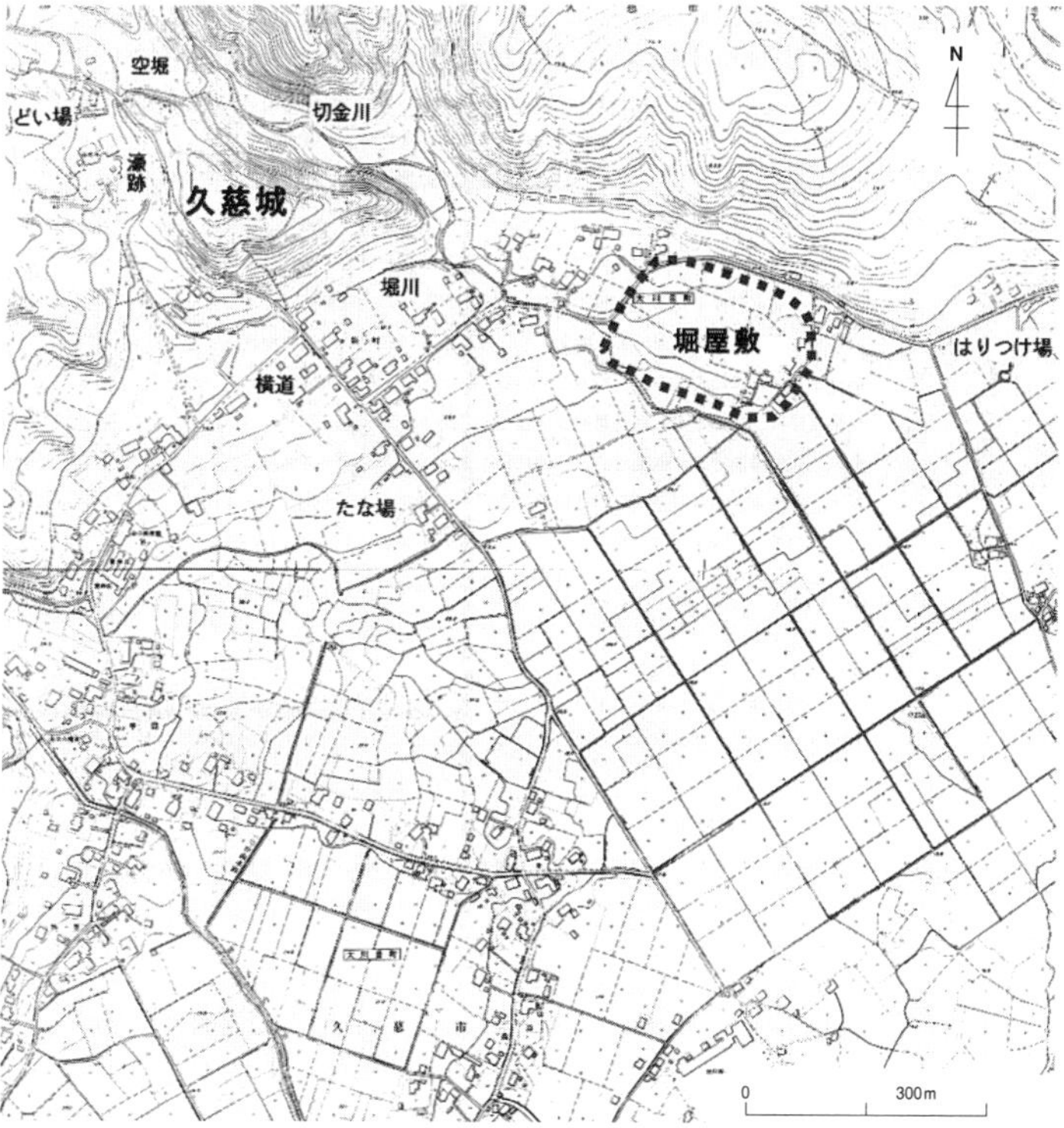

●—久慈城周辺図（久慈市教育委員会 1994，掲載図に加筆）

●破却を命じられた城

千《せん》徳《とく》城《じょう》

〈所在地〉宮古市千徳町
〈比　高〉六〇メートル
〈分　類〉山城
〈年　代〉一六世紀頃
〈城　主〉一戸氏
〈交通アクセス〉ＪＲ山田線「千徳駅」下車、徒歩約三〇分。（宮古駅前観光案内所オレンジチャリで約二〇分）

【史料にみる千徳城】　奥州南部大膳大夫分国之内諸城破却書立事『篤焉家訓』に閉伊《へい》郡千徳山城破却一戸孫三郎持分唐之供留守兵庫とある。千徳山城とは千徳城を示すと考えられる。天正十三年（一五八五）に関白となった豊臣秀吉は、同十四年に奥州に惣無事令を命じ地域の停戦を令した。天正十八年秀吉は、奥羽仕置として南部信直《のぶなお》に対し領内にある諸城の破却を命じた。諸城破却書立事にある千徳城は、同令にある田鎖城と共に破却を命じられたことで、史上にその名が知られることになる。

【城の立地】　千徳城は、地域の主流河川である閉伊川と支流近内川、長沢川の合流点となる場所にある。城跡に向かう途中に千徳八幡宮が祀られている。城との関係は定かではない。麓は住宅地として市街化しているが、街路がクランク状になっているところがあり、「曲之手」のような遺構のなごりとも想定される。城跡を中心に麓の市街地も含め『千徳城遺跡群』として遺跡登録されている。

千徳城は「諸城破却書立事」にもあるとおり、丘陵上にある山城である。丘陵の地形に沿って郭を造成して、各郭を堀切《ほりきり》や切岸《きりぎし》や堀を組み合わせて防御を固めている。Ⅰ郭は城内で最も高い場所にあり、主郭《しゅかく》と考えられる。他のⅡ、Ⅲの郭は南に続く尾根に沿って築かれている。Ⅰ郭からは東・西、南側を展望でき、好天時には東に宮古湾が見える。

「諸城破却書立事」には、館主として一戸孫三郎とある。一戸《いちのへ》とは一戸氏（一戸城主・現在の一戸町）の支流と考えられ

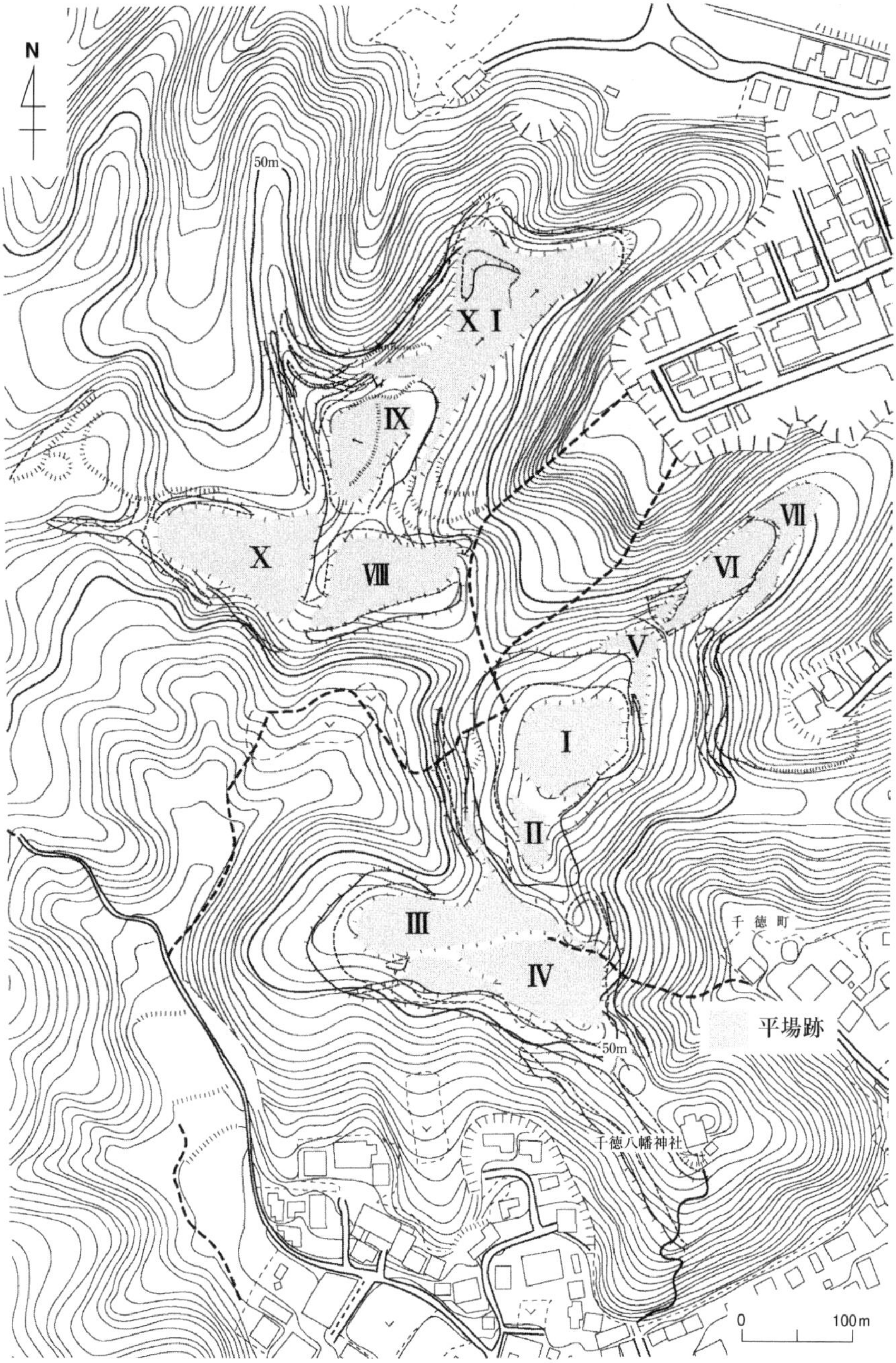

●—千徳城縄張図（作図：安原誠）

●—上空から見た千徳城遺跡群（南から）（（公財）岩手県文化振興事業団埋蔵文化財センター提供）

る。一戸氏は三戸南部、九戸、久慈、八戸氏と並び勢力を誇った領主である。一戸を本拠に沿岸部の野田・千徳・八木沢・津軽石・江繋に支流を配したと考えられている。

閉伊川流域には、四〇の城館跡が知られる。その多くが、最小限の造成を加え築かれた簡素なつくりのものである。城造成時の平場や堀の跡が数多く残っている千徳城は、現地の遺構の状態からも地域を代表する城跡であったことが伺える。

【参考文献】田村忠博『宮古地方の中世史　古城物語』（文化印刷、一九八三）

（安原　誠）

●南北朝期の山城か？

大館《おおだて》

(付)雫石城《しずくいしじょう》

〔所在地〕雫石町山津田
〔比　高〕一三〇メートル
〔分　類〕山城
〔年　代〕一四～一五世紀
〔城　主〕不明
〔交通アクセス〕JR田沢湖線「赤渕駅」下車、徒歩三〇分。

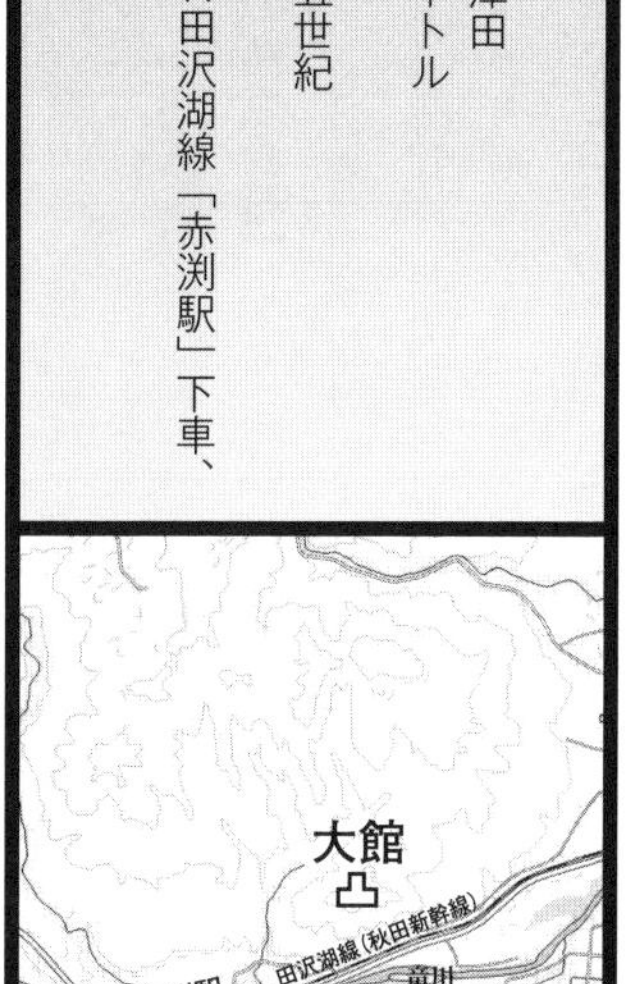

【雫石盆地を眼下に】　東北新幹線盛岡駅から秋田新幹線に乗り換え、二〇分ほどで雫石駅に到着する。ここから普通列車に乗り換えて秋田方向へ二つめの駅が赤渕駅である。駅の北東側に見える大きな山が大館跡で、山頂は標高三五四・一メートルである。山城へは赤渕駅南側の国道四六号線を三〇〇メートルほど雫石方向に下り、交差点を北に入り線路をくぐりぬけ、一段高い山津田《やまつだ》集落の神社前を通過してすぐ左手の尾根から登るのが楽である。山城の南斜面や東側の沢から登る方法もあるが、高い急斜面で危険である。南西尾根には中腹の緩斜面に神社跡があり、その背後の斜面を登れば西側の山稜に出る。

　赤渕駅からここまで徒歩三〇分程度である。すぐに西側二重堀切や削平地に気づくだろう。このあたりから東に三六〇メートル。南北二二〇メートルにわたって山城の遺構が広がり、落葉後ならば山頂からは雫石盆地が見渡せる。東側には深く切れ込んだ沢があり、沢の対岸の低い山にも弧状の空堀《からぼり》と土塁《どるい》で区切られた単郭の城館がある。どちらの山城も遺構はよく残存し、西側の大館は中枢部を悌郭《ていかく》式に、三方の尾根を連郭《れんかく》式とした構成をとる。各郭は自然の起伏を残す粗野な造成で、竪《たて》穴《あな》建物らしい窪みが認められる。空堀は埋没が進行しており、年代の古さを感じさせる。これまで発掘調査は行われておらず、詳細な年代は不明ながら、城の施設が山頂平坦部や尾根上に集中しており、斜面部に腰郭《こしぐるわ》や雛壇《ひなだん》状テラスが発達する戦国期山城とは異なる。おそらくは南北朝期から室町前期ごろの山城と推定される。

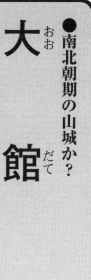

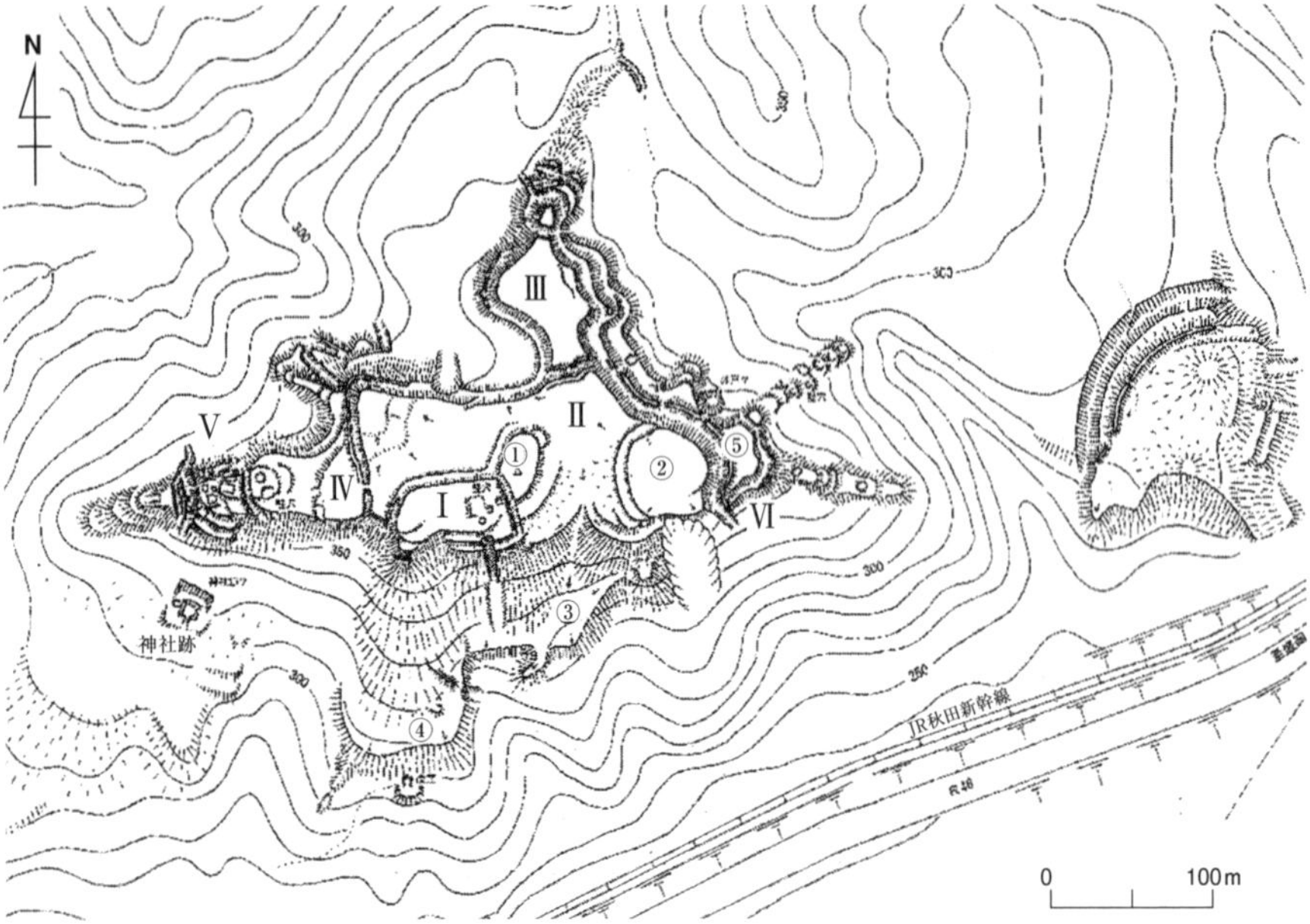

●—大館縄張図（作図：室野秀文，2011 年）

●—大館北側尾根の小郭

【南朝の拠点滴石】　南北朝動乱時代、興国元年暦応三年（一三四〇）、北畠顕信《あきのぶ》が陸奥に入り、南部政長《まさなが》が岩手郡西根の北朝勢力を破り、西根要害の構築を賞している（『遠野南部家文書』）。この西根が滴石（雫石）の西根を指すのか、八幡平市西根町（ともに岩手郡）を指すのかは意見が分かれるところである。

顕信は貞和二年(一三四五)から観応二年(一三五一)ごろまで滴石に滞在しており、この間滴石は奥羽南朝勢力の拠点であった。盆地中央の雫石城もこのころの築城と考えられた経緯もあるが、これには雫石城の南東、元御所近くの滴石古館が該当するだろうか。いずれにしても平時の統治拠点とは別に築かれた山城がこの大館ではなかったかと考えられている(『雫石町史』他)。滴石氏は戸沢氏であり、当時南部氏や河村氏等とともに南朝勢力として活動していた。後に一族が出羽国山本郡門屋に存続し、戦国時代には角館《かくのだて》城に進出し、ここを本拠とする戦国大名へと成長している。


【山城の構造】 この山城は北側の山から南へ盛り上がり、T字形に広がる場所に構築されている。東側と南側の斜面は急峻であるが、北西側や南西側斜面は比較的緩やかである。このT字の要を主郭とし、南斜面以外の三方を広い郭が囲む。さらに東側、西側、北側の三方の尾根にも郭を連ねた、多郭構造の山城である。

Iの郭が主郭《しゅかく》で、東西七四メートル、南北二八メートルの不整長方形をなし、南側には段のテラス、残りの三方を小さな空堀で囲み、東辺に小さな土塁が盛られている。南東側は東側の空堀と食い違いに竪堀《たてぼり》が組み合わされ、虎口《こぐち》となっている。南西側の小さな尾根は堀切で区切る。東寄りに一辺一〇ほどの竪穴建物があり、南東側に小型の竪穴が四ヵ所存在する。

IIの郭は東西二二〇メートル、南北一一〇メートルで主郭の三方を囲む。三方の尾根に対しては空堀で区切り、堀の外側に土塁を盛り上げている。特に東側の塁壕は大きく、急峻な地形と相まって、防御の重点を東側に置いていたことがわかる。内側の土塁は北側の堀切に面した低い土塁のみである。

郭内部は全体に起伏があり、三角点のある①と南東側の②の平場は主郭と同程度の高さがある。あるいはこれらのピークを中心にして、いくつかの郭に分かれていたのかも知れない。①と②の間は鞍部となり、南斜面中腹のテラス③、④からの登り道が到達している。これが大手《おおて》虎口《こぐち》であろう。しかし麓からどのように③、④に至ったのかは不明である。下から中腹の炭焼窯に上る小道があるが、地形は急峻である。あるいは南西尾根の神社跡から斜面を横につたい、③に至る道が存在したのかもしれない。その場合麓の山津田集落に根小屋などが想定できよう。

ふたたび山上に戻る。IIの北側にIIIの郭がある。南北八〇メートル、東西二〇メートルから四五メートルの規模で、東側は二段、西側は一段の堀、またはテラスが周る。北側尾根には堀切で区切られた小郭があり、東側からの二段の堀が北西斜面に回り込み、

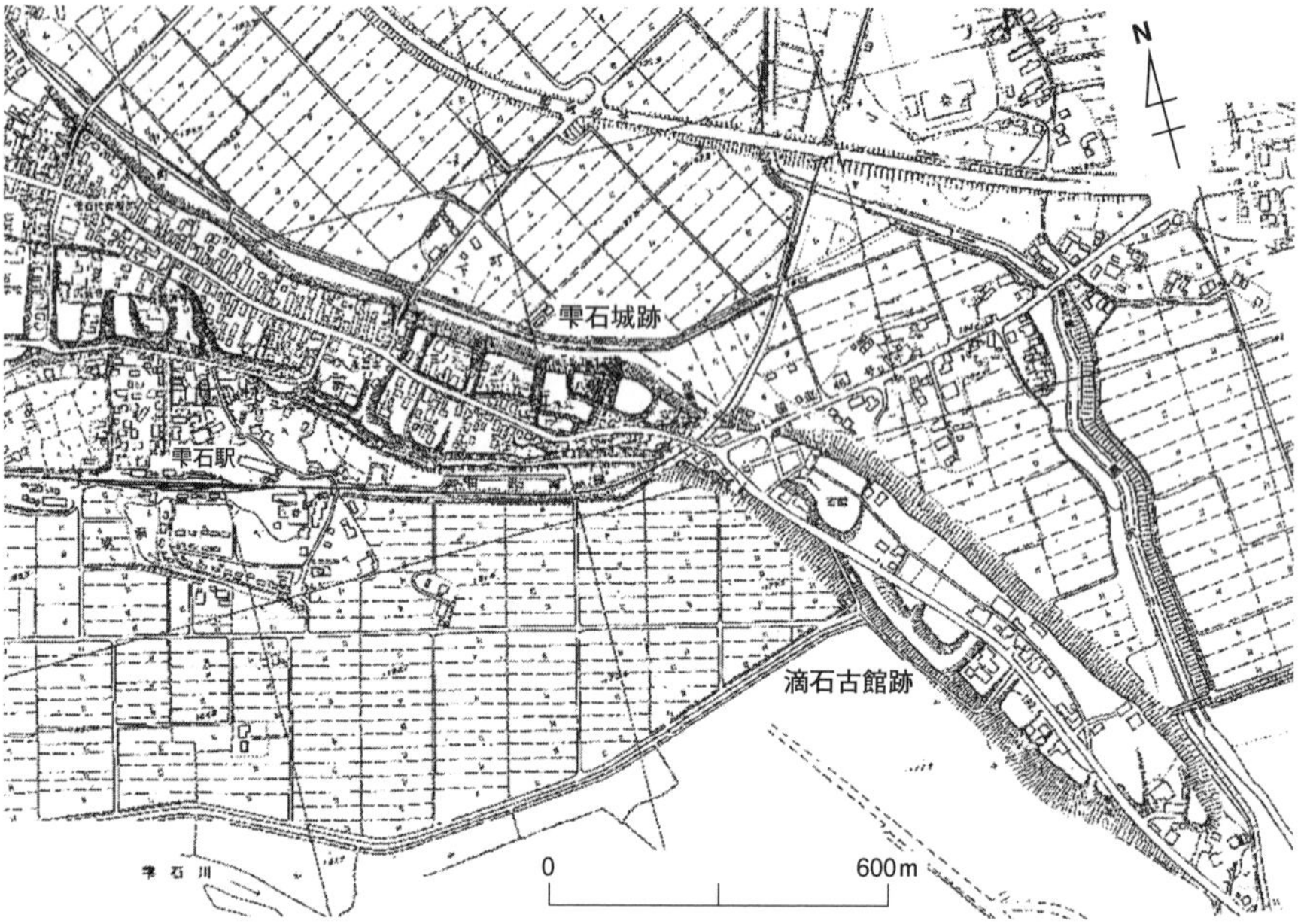

●—雫石城・滴石古館（雫石町遺跡地図を改変し作成）

竪堀となって落ちている。東側尾根は⑤の小郭から二股の尾根になり、それぞれ堀切で区切られている。外側の尾根には小さな削平地に竪穴建物が認められる。谷筋の監視小屋であろう。

この尾根の北側、堀とテラスが二段構えられ、下段には二ヵ井戸らしい窪みがある。Ⅱの西側にはⅣとⅤの郭が連なる。空堀で区画された内部はいくつかの段に分かれており、ⅣとⅤそれぞれに大小五ヵ所の竪穴建物跡がある。Ⅳの北西側竪堀と平場を組み合わせた防御、Ⅴの西側は二重の堀切で、外側には三段の平場がある。

【雫石城】　帰りの時間にゆとりがあれば、雫石駅近くの雫石城跡をお奨めしたい。近代以後の宅地化が著しいが、本丸跡の八幡神社周辺には低い土塁が残り、東側に二重堀、西側の畑や宅地の間にも空堀を見ることができる。西側の雫石代官所跡までの間にも数条の空堀や痕跡があり、段丘上の大きな連郭式城館であることに気づくだろう。天文年間（一五三二—一五五五）高水寺城の斯波氏が一門を分知して雫石御所と呼ばれたが、天正十四年（一五八六）南部信直に攻略されて信直の直轄城となり、天正二十年の城破りで廃城となった。

【参考文献】高橋與興右衛門『雫石町史通史編　甦る雫石郷の歴史』（雫石町教育委員会、二〇一二）

（室野秀文）

●近世の盛岡城

不来方城《こずかたじょう》

〔国指定史跡〕

〔所在地〕盛岡市内丸
〔比　高〕一八メートル
〔分　類〕平山城
〔年　代〕一四世紀～一九世紀
〔城　主〕福士氏、南部氏
〔交通アクセス〕東北新幹線「盛岡駅」下車、徒歩二〇分。

【三ツ石と不来方】そのむかし、この地には羅刹《らせつ》という鬼が住みついており、田畑を荒らすなどして村人を大いに苦しめていた。あるとき里の人々は三ツ石（盛岡市名須川町）の神様に、鬼を追い払ってくれるようお願いした。神様はすぐに鬼を捕らえて三ツ石に縛り付けた。鬼は前悪を悔いて二度と悪さはしないので許してもらいたいと懇願した。そこで神様は悪事をしない証として岩に手形を押させた。その後里の人々は安心して暮らすことができたのだという。

鬼が来なくなったことから不来方、岩に手形を押したことから岩手の地名が生まれたのだと伝えられている。三石神社は名須川町東顕《とうけん》寺の裏手にあり、大きく三つに割れた花崗岩には注連縄《しめなわ》が張られている。昔は鬼の手形には苔が生えず大きな手形が明瞭だったという。後述する盛岡城三の丸の烏帽子《えぼし》岩とあわせ、花崗岩質の不来方は起伏に富み、古代の磐座《いわくら》を思わせる神聖な景観をなしていたらしい。不来方城は北上川と中津川の合流点に営まれた城で、南側の丘に淡路館、北側の丘に慶善館《けいぜんだて》が存在した。

【岩手郡と福士氏】文治五年（一一八九）源頼朝の奥州合戦により、岩手郡地頭には甲斐の御家人工藤小次郎行光《くどうこじろうゆきみつ》が着任した（『吾妻鏡』）。行光は主に鎌倉にあって、岩手郡には一族の代官をおいていたらしい。建長八年（一二五六）幕府は奥大道《おくのおおみち》の夜討、強盗の取り締まりを郡地頭に命じているが、その中に岩手左衛門太郎、岩手次郎の名が見える（『吾妻鏡』）。工藤氏は岩手殿と呼ばれており、左衛門太郎と次郎は工藤氏の一族であろう。その後、工藤氏は次第に勢いを失い、岩手郡地頭職は北条氏が担った。

鎌倉幕府滅亡後の建武元年（一三三三）九月、岩手郡仁王《におう》郷（不来方周辺）の三分の二について、領地を拝領した後藤

●―不来方城と盛岡城（盛岡広域都市計画図に加筆）

佐渡三郎太郎基泰《もとやす》は現地に赴いたところ、南条左衛門六郎清時《きよとき》は仁王の本主であると主張し、土地の打ち渡しを拒絶したまま津軽へ下向したため、打ち渡しが延引されている。新政権の発給した綸旨《りんじ》、国宣《こくせん》を持たない者の領有は認められないので、清時に代わって親戚の新田孫五郎が仁王の所領のうち三分の二を後藤基泰に速やかに打ち渡すよう、陸奥守北畠顕家が発給した御《み》教書《きょうじょ》がある（『大石寺文書』）。

南条氏、後藤氏とともに鎌倉時代には北条氏の有力被官《ひかん》であったが、岩手郡が元弘没収地となり、建武政権から所領を給付されたのである。ここで仁王の本主と主張する南条氏

は、鎌倉時代末期までに北条泰家《やすいえ》の地頭代として岩手郡に着任していた可能性がある。室町時代から戦国時代の仁王郷不来方の領主は福士《ふくし》氏である。福士氏の系譜によれば、甲斐国巨摩郡福士郷を出自とする甲斐源氏の一族であり、南部氏とともに奥州入りし、南北朝時代三戸の南部信長が岩手郡工藤氏を平定し、岩手郡目代《もくだい》として南部一族の糠部彦次郎と福士伊勢守政長を不来方に駐在させたという。また、応永十一年（一四〇三）、南部義政《よしまさ》が福士左京大夫親行《ちかゆき》と福士治部少輔秀行《ひでゆき》に不来方を与えたとしている。義政は三戸南部氏当主であるが、八戸根城南部氏の重臣にも福士氏が確認されるほか、閉伊《へい》郡山田の織笠氏も福士氏の流れをくむという。

吉田東伍は、先述の大石寺文書を引用して南条時光（清時の父）が不来方福士氏の祖先であることを示唆している（大日本地名辞書）。南条氏の本領駿河国富士郡上野郷と福士氏の甲斐国巨摩郡福士郷とは同じ富士川流域で二十数キロの位置関係にあり、両者に縁戚関係や主従関係があっても不思議ではない。また福士氏は富士（富士）氏と書かれた史料もあって、富士氏の系譜とする説もある。福士氏の菩提寺東顕寺（名須川町）の記録には、南北朝時代の福士家当主の没年には北朝年号が使用されているのは、福士氏が奥州南朝勢力の要、南部氏の重臣であったとするには整合しないし、南朝の要として活動したのは八戸根城にあった南部氏で、この時代の三戸南部氏の動向は不明確である。また南北朝から室町時代中期の岩手郡は、北西部の西根平館周辺（八幡平市）に一戸南部氏が進出していたが、岩手郡の北上川両岸地域はまだ南部氏の制圧下ではなかった可能性もある。

南の志和郡には鎌倉時代より足利一門の斯波《しば》氏が代々居住しており、戦国期には岩手郡に進出している。このような状況下で、福士氏が南部氏との主従関係を持ちながら単独で不来方を領有し続けたとする所伝には無理があり、そこで吉田東伍の説が妥当性を帯びてくるのである。福士氏の不来方入りの経緯や南条氏や南部氏との関係についても確かなことは不明で、今後の研究課題である。

室町時代中期の永享七年（一四三五）和賀郡の領主和賀《わが》宗《むね》家《いえ》と一族須々孫《すすまご》氏との間に争いが起こり、不来方の福士伊勢守の調停によっていったんは収まったかに見えたが、黒沢尻氏が隣の稗貫《ひえぬき》出羽守を頼み和賀小次郎の飯豊城（北上市）を攻めたため騒乱が拡大した。このため奥州探題《おうしゅうたんだい》は斯波御所を大将軍とし、南部遠州（根城南部氏：南部遠江守長安）を中心に北奥地域の軍を編成して岩手郡不来方城に集結させている（『稗貫状』南部叢書第二冊）。翌年（一四三六）の春から夏にかけて稗貫郡寺林城、十八ケ城《さかりがじょう》、湯の館（花巻市）で合戦

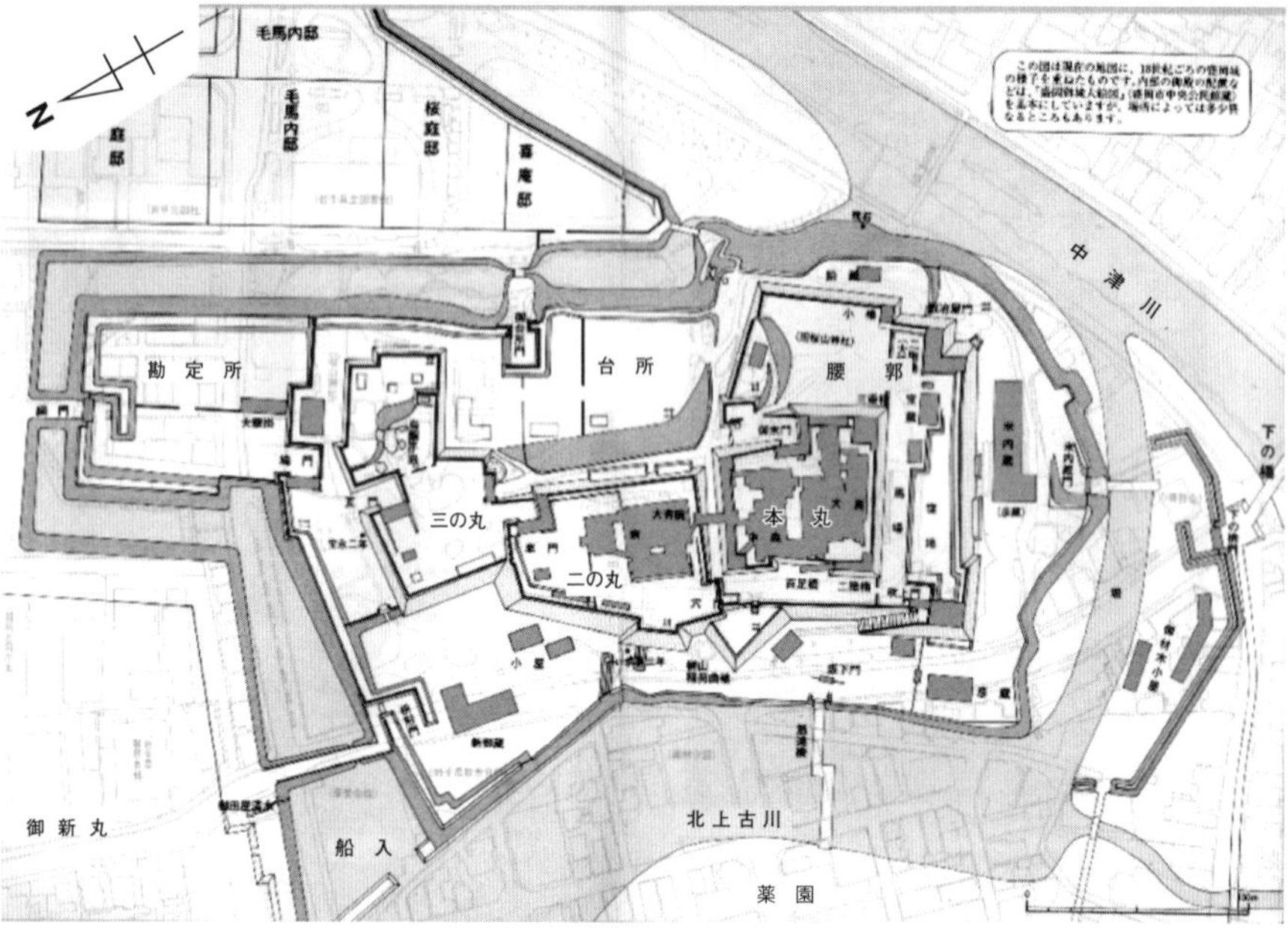

●—盛岡城復元平面図（盛岡市教育委員会提供）

が行われた。盛夏に至り奥州探題大崎も出馬したのち、十八ヶ城の稗貫氏が降伏して乱が終結している。

天文十四年（一五四五）斯波氏は岩手郡に侵攻し、雫石（雫石町）と猪去《いさり》（盛岡市上太田）に一門を配置した。高水《こうすい》寺《じ》、雫石、猪去の三御所である。このとき斯波氏の勢力は岩手郡のどこまで北上したか分からないが、不来方の福士氏も斯波氏の影響下に置かれた可能性がある。また、盛岡市北部の米内、玉山地域から岩手町にかけて、北向きに構えられた城館が目につくのは、南部氏を中心とする糠部勢力との緊張関係を物語る。これも天文期か、より古い時代の斯波氏の動きと関係があるのかもしれない。

戦国時代末期、三戸南部氏を相続した南部信直は、天正十四年から十六年にかけて岩手郡雫石御所、猪去御所、高水寺御所の攻略を進めた。この時福士氏も南部信直に従い、志和郡侵攻に加わっている。その結果志和郡の乙部《おとべ》城（盛岡市）を領有している。天正十八年小田原に参陣した信直は南部七郡の本領を安堵され、豊臣政権下の大名として存続を許された。この翌年、九戸政実《くのへまさざね》の乱に際し、福士氏は明確な態度を保留した。九戸の乱終結後、南部信直は豊臣軍の浅野長吉（長政）など、諸将を不来方に案内したが、この時浅野長吉から、三戸城から不来方城への居城移転を奨められた。信直

●—本丸の遠望

●—本丸三重櫓台

は秀吉への取り成しを浅野長吉に頼み、後年の盛岡築城へと進んでいく。

九戸合戦から直後にかけての福士氏の動向は詳らかではないが、南部信直に背くことがあり、秋田へ亡命していたが、文禄二年（一五九三）に召返され、不来方城を接収のうえ、岩手郡滝沢の鵜飼《うかい》（滝沢市）へわずか二〇〇石の知行で移転させられている（『奥南旧指録』南部叢書第二冊）。その後二戸郡長流部《おさるべ》（二戸市）をへて、八戸藩分封の際に八戸藩士となり存続した。盛岡城の築城開始年次については諸説あるが、慶長二年（一五九七）三月六日に信直の嫡子利直を総奉行に鍬初《すきはじ》め（鍬初め）が執り行われている。城の縄張は浅野長政とされる（『祐清私記』南部叢書第三冊）。

慶長四年信直死去の後は利直によって工事が進められたが、冬期間は工事を中断して岩手、志和の侍衆が警護し、翌年春から工事を再開した。しかし中津川、北上川の氾濫もあって進捗せず、利直は三戸城、福岡城（九戸城）、郡山城（高水寺城）を仮の居城としながら築城を継続した。

盛岡城が藩主居城と定まるのは、寛永十年（一六三三）南部重直（利直嫡子）の入城以後であった。城の内曲輪《うちくるわ》は御城内と呼ばれ、不来方城の淡路館を中心に縄張されている。三の丸には注連縄《しめなわ》を巻いた烏帽子《えぼし》岩がある。不来方城の時三の丸は本丸に比肩していたため、新城の築城で削り下げられることになり、突き出した岩を除こうとしたが、巨岩となったため吉兆石として残された。頂上の本丸から二の丸、三の丸と段下がりに縄張され、本丸の腰《こし》曲輪（淡路丸）や三の丸まで花崗岩を主体とする石垣が構築されている。

昭和五十九年度（一九八四）以後の石垣解体修理と発掘調査で、石垣の背面から、築城期の本丸野面積石垣のほか、不来方城の土塁や堀が確認されている。それらの位置から推定される不来方城は石垣のない土の城であり、後の本丸、二の丸、三の丸の前身となる曲輪があり、本丸の周囲や腰曲輪の裾にも大きな空堀を廻らす大型の城館であったことが判明している。また、築城期の本丸は現在の本丸よりも一回り小さく、石垣は本丸と二の丸や主な虎口に限られていた。築城当時の石垣は、本丸東側の一部、三の丸不明門の西側などに認められる。また二の丸西側は北上川に面した高い崖で、ここと腰曲輪は柵をめぐらせていた。

二の丸西側が石垣となるのは、寛文十三年（一六七三）からの北上川切り替え工事の後で、二の丸西側石垣の基部に貞享三年（一六八六）三月の普請奉行二名の名が刻まれている。城の北にあった慶膳館は築城の際削り下げて周囲の低地を埋め、外曲輪《そとくるわ》となった。江戸時代には八戸氏屋敷（現在の岩手県庁北側）に石の多い小高い地形があり、石垣修復の際には採石場となっていた。外曲輪北側や中津川対岸には遠曲輪《とおくるわ》の堀をめぐらせて、総構えとし、遠曲輪には奥州街道が引き入れられた。中津川には上、中、下の三つの橋が架けられ、上の橋と中の橋には青銅の擬宝珠《ぎぼし》（上の橋は慶長十四年、中の橋は慶長十六年銘）があった。この擬宝珠は現在上の橋と下の橋に現存しており、上の橋の擬宝珠は国の重要美術品、下の橋の擬宝珠は盛岡市指定文化財となっている。

【参考文献】盛岡市教育委員会『盛岡城跡Ⅰ』（盛岡市、一九九二）、盛岡市教育委員会『盛岡城跡Ⅱ』（二〇〇八）、『探訪ブック盛岡城』（川口印刷株式会社、二〇一五）

（室野秀文）

●奥州斯波氏の居城

高《こう》水《すい》寺《じ》城《じょう》

〔紫波町指定史跡〕

〔所在地〕紫波町古館字二日町ほか
〔比　高〕七〇メートル
〔分　類〕平山城
〔年　代〕一四世紀～一七世紀
〔城　主〕斯波氏、南部氏
〔交通アクセス〕東北本線「紫波中央駅」下車、徒歩三〇分。

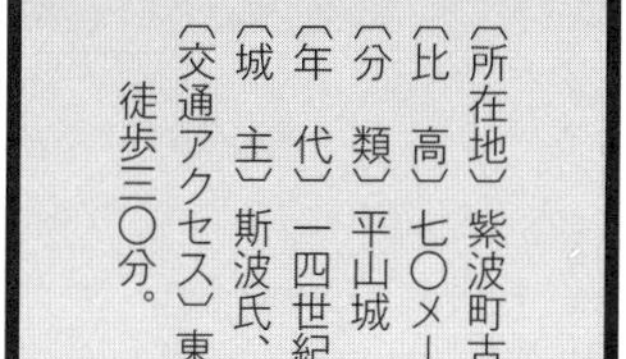

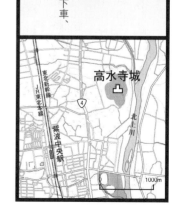

【大規模な平山城】　高水寺城は紫波町郡山の北側、通称城山《しろやま》に構えられた平山城である。ただし、この城山は江戸時代初期に盛岡藩南部氏の城として機能した郡山城の部分であり、中世の斯波氏時代には、この西側に連なる向山、吉兵衛館、戸部《こぶ》の御所を含む広大な城域を誇った。

　城山の東側は北上川が流れ、北と南には平地が開け、西側は低い丘陵が続く。北西二・五キロには文治五年（一一八九）九月に源頼朝が着陣した陣ヶ岡があり、古い空堀と日の輪月の輪の園池跡が残っている。陣ヶ岡近くの岩手県指定史跡川《か》原毛窯跡《わらけかまあと》は、延宝年間の盛岡城本丸の赤瓦を生産した瓦窯跡である。

【斯波氏】　文治五年奥州合戦の後、斯波（紫波）郡は足利義兼《よしかね》に与えられ、一族が代官となって治めていた。鎌倉時代の後期、足利家氏は郡名を冠して斯波家を興した。斯波氏の始祖である。建武新政《けんむのしんせい》の後、斯波家長は足利尊氏より奥州《おうしゅう》管領《かんれい》に任じられ、斯波郡に入った。この時の拠点が斯波郡の何処にあったのかは明らかではない。建武四年（一三三七）奥州より西上する北畠顕家《あきいえ》により、鎌倉杉本城で自刃している。その後家長の跡は一族が継承して高水寺城に存続し、志和御所と呼ばれた。

　戦国時代の天文年間（一五三二―一五五五）には岩手郡へ進出し、一族を雫石御所（岩手郡雫石町）と猪去《いさり》御所（盛岡市猪去）に配置した。天正十六年（一五八六）、糠部から岩手郡、志和郡へと進出した南部信直が高水寺城を攻略し、奥州

●―高水寺城遠景（北から）

の名門斯波氏は滅亡した。

その後城は南部氏の城代中野氏が在城し、寛永六年（一六二九）には南部利直が築城中の盛岡城の予備城として高水寺城を補修して居住している。城は郡山城と名を変えて、盛岡城の支城の一つであったが、寛文七年（一六六八）大風による破損を契機に、郡山城を破却した。城の建物などは延宝二年（一六七四）からの盛岡城本丸再建に使用されたと伝えられている。

【城の構造】　高水寺城は城山山頂に本丸を置き、南に二の丸とされる若殿屋敷、本丸の北東に右京屋敷、その北に姫御殿とされる曲輪が連なっている。これらが城の中枢部分であり、空堀《からぼり》や堀切《ほりきり》で区分されていた。本丸は中央から北側にかけて広く安定した平坦地になっており、南側はやや狭く北側よりもいくぶん低くなっている。この地形から北側は御殿などが存在した部分であり、南側から入る門があったと推定されるが、虎口《こぐち》の形状はよくわからない。周囲は比高四㍍から六㍍の段差となっていて、過去の発掘調査では東側の裾を廻る空堀が確認されている。

本丸の法面には江戸時代まで石垣が残存していたが、江戸後期の南部利済《としただ》の時、南東側の北上川に承慶橋《しょうけいばし》を架ける中島を構築するために石材を取り崩したという。現在でも北上

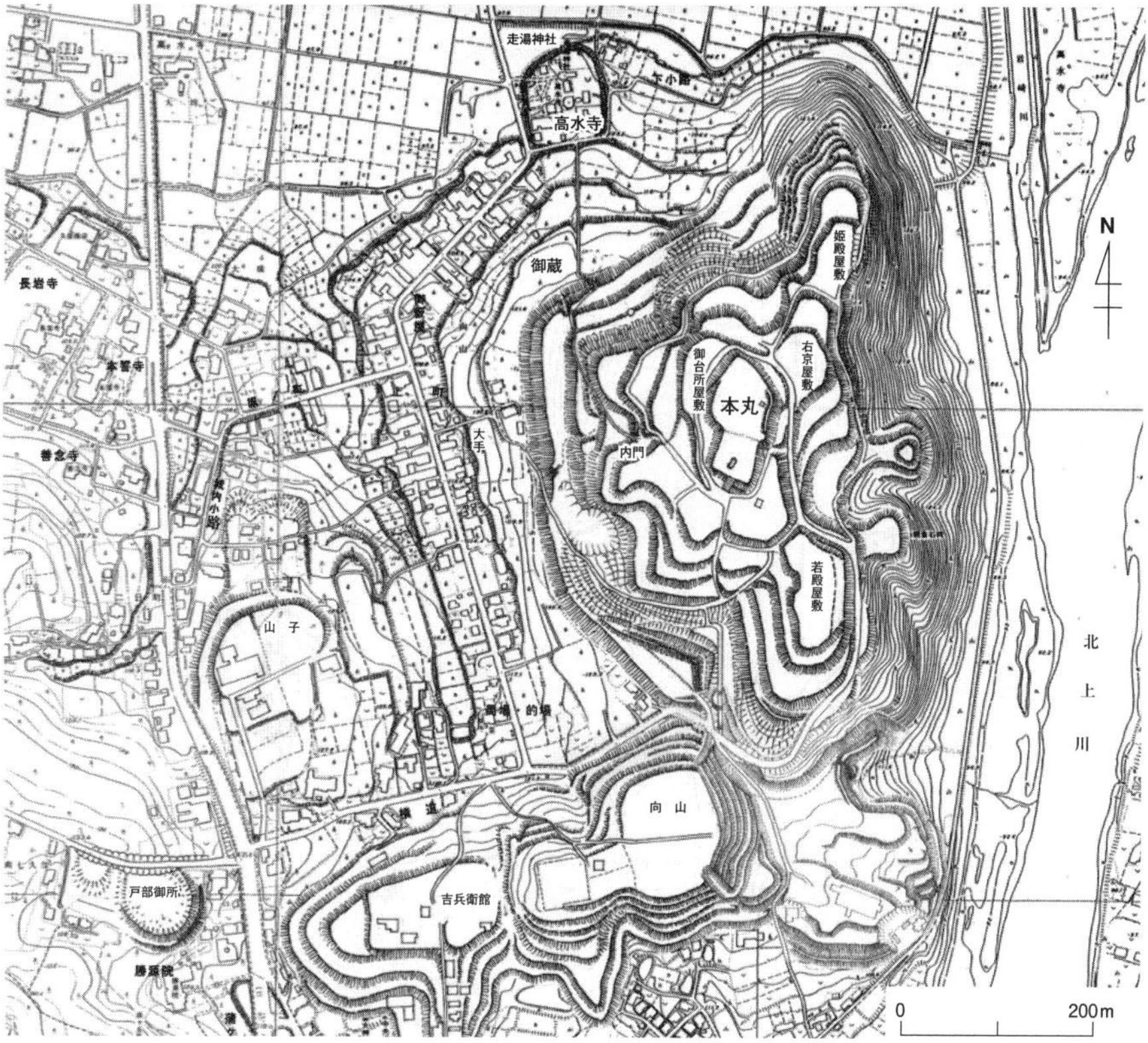

●—高水寺城跡（作図：室野秀文）

川の中程に石材が多く堆積し残っているが、多くは野面《のづら》石である。実際に本丸のどの範囲まで石垣が存在したのかは明確ではない。東側の堀の発掘調査では石垣の痕跡は確認されていない。本丸北西側の法面には裏込《うらごめ》石とみられる川原石が露出しており。城下町に向いた本丸西側を中心に石垣が積まれていたのではないかと推察される。もちろんこの石垣は斯波氏の時代ではなく、南部氏の郡山城の時の石垣であろう。

現在本丸南西隅に粗く割った石材で石垣が積まれているが、これは後世の公園整備で積まれた新しいものである。本丸の周囲には右京屋敷の他、西側にも広い曲輪が造られており、発掘調査で井戸も確認されている。この郭から西側へ下る坂道があり、内門跡といわれている。左右の法面には石垣の石材とみられる石も露出している。本丸から堀切を隔てて二の丸がある。この平場と西側の腰曲輪《こしぐるわ》が平成二十五年（二〇一三）に浄水貯水池建設のため発掘調査された。二の丸平坦面からは掘立柱建物、竪穴《たてあな》建物、腰曲輪からも重複した掘立柱建物が確認されている。出土遺物には一一

●—二の丸腰曲輪の遺構

世紀の坏《つき》、一四世紀から一五世紀を中心に瀬戸美濃の葉茶壺、灰釉《かいゆう》の盤、中国青磁皿、碗などが出土している。

城山の中腹には腰郭や帯郭《おびぐるわ》が雛壇《ひなだん》状に築かれ、西側の下部には堀が取り巻いていた。城の大手は西側麓に存在したとされている。

城山から南西側に堀切を隔てて、向山、吉兵衛館が連郭式に続く。山上の右京屋敷は斯波家臣の岩清水右京の屋敷、向山は同じく家臣の向山大和の屋敷、吉兵衛館は九戸氏から入婿した高田吉兵衛直康（九戸政実の実弟、後の中野吉兵衛）の屋敷とされる。ここからさらに国道を挟んで西側には戸部《こぶ》の御所とされる独立した郭があり、南東側に空堀が残る。地形から御所とするにはやや狭小であり、高水寺城西側の出城とすべきかもしれない。

吉兵衛館から北に二〇〇㍍ほど離れて、現在保育所がある台地は、北西側に腰曲輪を伴い、広く安定した曲輪である。ここも斯波氏一門の居館跡と推定される。城山の北西側には上町という町場があり、江戸時代は盛岡藩の郡山御給人の屋敷街が形成されていた。この町場の形成はおそらく斯波氏の時代に遡るものであろう。城山北側の高水寺《こうすいじ》観世音《かんぜおん》のある走湯《そうとう》神社は『吾妻鏡』に記された走湯権現である。高水寺も元々は城山の一角を占めていた古い名刹《めいさつ》であったが、藩政時代に盛岡に移転している。現在観音堂には平安時代後期の十一面観世音菩薩像（岩手県指定文化財）が納められている。走湯神社から低地を挟んで西側の、戸部の御所の北東側や南東側には寺院が集中している。

高水寺城は北上川に臨む城山を本城とし、そこから一門や重臣の居館や曲輪を連郭式に連ね、城山の麓と向山、吉兵衛館の南に城下町を形成している。周囲には由緒のある寺社も存在し、斯波氏の頃は高水寺城を中心に、守護所を思わせるような景観を成していたと考えられる。

【参考文献】『紫波町史』第一巻（一九七二）、紫波町教育委員会『高水寺城第一〇次・第一一次発掘調査報告書』（二〇一五）

（室野秀文）

●奥州藤原氏の第二の拠点

比《ひ》爪《づめの》館《たち》

〈所在地〉紫波町南日詰字箱清水
〈比　高〉ほぼ平坦
〈分　類〉居館
〈年　代〉一二世紀前半～一一八九年
〈城　主〉藤原俊衡（比爪太郎）
〈交通アクセス〉JR東北本線「日詰駅」下車、徒歩一〇分。東北縦貫自動車道紫波ICから一〇分。

【比爪と平泉】　奥州藤原氏は平安時代末期（一二世紀）に東北地方に大半の地域に勢力を有していた在地権力である。奥州藤原氏の権力拠点はいうまでもなく「平泉」であるが、第二の拠点「比爪」が存在する。比爪の地は現岩手県紫波《しわ》郡紫波町南日詰付近に相当する。比爪の最後の当主「藤原俊衡《ふじわらのとしひら》」は平泉の藤原秀衡《ひでひら》の従兄弟であり、平泉初代藤原清衡《きよひら》の直系の孫ということになる。

　また、比爪館およびその周辺遺跡の考古学的調査からも、比爪の規模は居館と都市域を有する大規模なもので、出土遺物も質的に平泉と何ら遜色のないことが明らかになっている。血統的にも、遺跡・遺物からも比爪は「第二の平泉」と称することが妥当な格式と内容を有することが証明されている。『吾妻鏡』にも「比爪館」は登場し、奥州藤原氏勢力を平らげるには、比爪はどうしても避けて通られない重要拠点であったことを示している。

【概　要】　比爪の中心施設「比爪館」は、紫波町南日詰字箱清水の「比爪館跡《ひづめたてあと》」に擬定されている。現国道四号に接する西側に位置し、その規模は東西幅約三〇〇メートル、南北幅約二〇〇メートルで、南側は人工の堤「五郎沼」に面し、北・東・西辺は大溝で区画されている。大溝は幅約二五メートルと推測され、深さは一～二メートルの規模であり、幅に比較して浅いもので、防御的な堀というよりも、区画溝と理解すべきものである。大溝と五郎沼で区画される内部面積は五万平方メートルにもおよぶ広大なものとなる。これまで、主に紫波町教育委員会が主体となり

●—比爪館航空写真（紫波町教育委員会提供）

三二次にわたる発掘調査が行われ、当該期の掘立柱建物、井戸跡などの遺構、多量のかわらけ等の遺物が出土している。また一二世紀前半の遺物も確認されており、比爪館の構築が平泉初代の清衡の時代（西暦一一〇一―一一二八年頃）に遡ることが判断できる。

【比爪館の微細地形測量調査】 しかしながら、これまでの発掘調査は、現赤石《あかいし》小学校敷地である区画内部の北西部に集中し偏っており、大溝区画内部の全体様相は不明な点が多い。この点を打開するため、平成二十五年～二十七年（二〇一三～一五）の三ヵ年にわたり、岩手県立博物館の考古部門が大溝の区画内部の微細地形測量を実施した。その結果、大溝区画内部の南西部に約一〇〇メートル四方の広がりを持つ池に相当する形状と、その西端に楕円形の島状の地形の高まりが浮かびあがった。この規模、形状は平泉の無量光院《むりょうこういん》と同規模の阿《あ》弥陀堂《みだどう》浄土《じょうど》庭園《ていえん》が想定できる地形である。また、北東部には、径約一二メートルの中島を有する四〇×三〇メートル程の規模の池と想定される地形が存在する。一二世紀に遡る地割、地形の現在までの残存は平泉においても認められることであり、比爪館内における残存地形が一二世紀に遡るものであることは驚くに足らない。

【御所・政庁・寺院の複合施設】 これらの微細地形測量によ

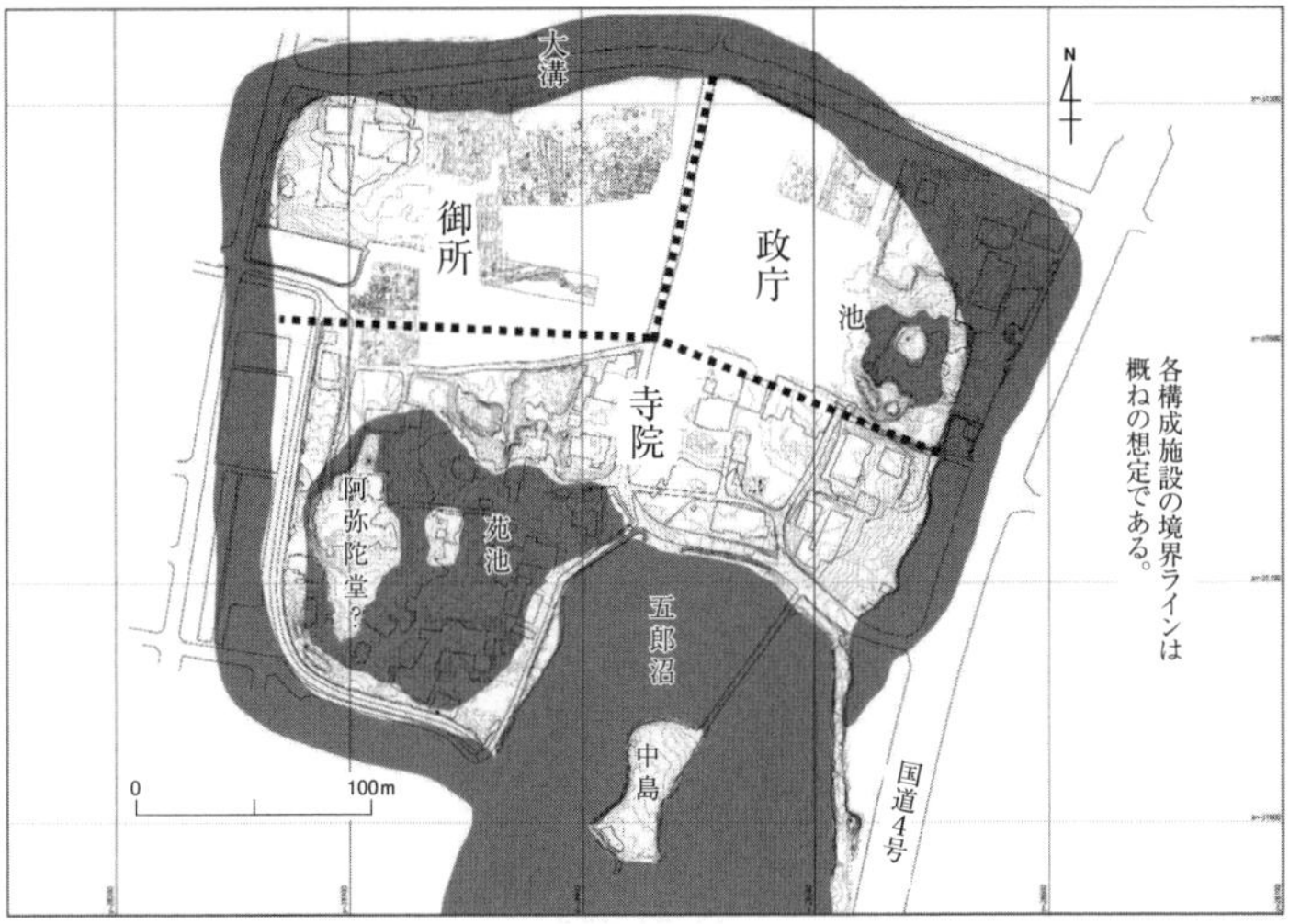

●—比爪館内部構造の想定

る残存地形の検出と、発掘調査の成果を合わせると比爪館の大溝内部の構造は「政庁」、「御所」、「寺院」からなる複合施設であると推測する。「政庁」は政務や公式儀礼を行う公的な場所、「御所」は当主の日常生活が営まれる私的な場所、「寺院」は当主の持仏堂的な場所とすることができる。この複合施設の組み合わせの構造は平泉においても見いだされ、秀衡時代の後半においては政庁＝平泉館《ひらいずみのたち》（柳之御所遺跡）、御所＝加羅御所《きゃらのごしょ》、寺院＝無量光院の組み合わせが秀衡の拠点施設となっている。この三施設の組み合わせが大溝で囲まれた「比爪館」内部にも存在すると考えられるのである。

【比爪館の内部構造】 比爪館跡の具体的な内部構造を考察する。「政庁」は大溝区画内部の北東部と推測する。この地点で見出される池の規模は柳之御所遺跡で検出された池と規模が近似しており、柳之御所遺跡と共通する機能の施設と推測される。狭義の意味での「比爪館」はこの地点である可能性が高い。このエリアは、現在の国道四号に踏襲される当時の幹線道路「奥大道《おくだいどう》」にも面しており、政庁の立地としては適している。そして、「御所」に相当する地点は、大溝区画内部北西部と推測する。この近辺は、発掘調査が進展している赤石小学校敷地を包括する。発掘調査では、規模の比較的大きい四面庇《しめんひさし》建物、井戸跡等の遺構や、陶磁器、かわらけ、木製品など豊富な遺物が見つかっており、日常生活が営まれた「御所」に相応しい区域と判断される。かわらけは私的な色合いの強い宴会儀礼に用いられたものであろう。

そして「寺院」に相当するのは大溝区画内部の南西部、約一〇〇メートル四方の広がりを持つ阿弥陀堂浄土庭園が想定できる地形部分の周囲と想定される。比爪館内には「大荘厳寺《だいしょうごんじ》」という寺院が存在していた。大荘厳寺は近世初頭に城下建設に伴い盛岡に移転しており現地では存続していないが、この南西部の苑池地形こそが大荘厳寺の中心仏堂に相当すると推測される。この苑池と想定される範囲内に、盛岡へ移転した大荘厳寺の知行地の年貢を管理していた「大荘厳寺肝入」の役を務めていた箱崎家（屋号・後松原家）が所在する。箱崎家の敷地内には現在も阿弥陀堂があり、大荘厳寺ゆかりとされる阿弥陀如来座像が安置されている。後松原箱崎家に伝わる大荘厳寺から渡された天保二年（一八三一）の「遺証文《つかわすしょうもん》」から、後松原箱崎家の屋敷地が「阿弥陀堂古地面」と称されていたことが読み取れ、移転前の大荘厳寺の阿弥陀堂が、屋敷地付近に所在したことを示している。微細地形測量によって見出される苑池状の地形は、正にこの地点に存在するのである。

また、実際に発掘調査でも平成二十四年度の比爪館三〇次調査で、池の岸と判別できる掘込み跡（SX〇一六）が紫波町教育委員会により検出されている。この地点に約一〇〇メートル四方の広がりを持つ阿弥陀堂浄土庭園の存在はすでに実証されているとも言える。また五郎沼北岸に面する大溝区画内部南東部には、鎌倉期の年号を有する板碑群「箱清水石卒都婆《はこしみずいしとうば》群《ぐん》」がある。この板碑《いたび》群が立つ場所は、微細地形測量により一辺約一〇〇メートルの方形の「壇《だん》」の形状を呈していることが明らかになった。板碑と宗教施設である「壇」の存在から、この区域も寺院「大荘厳寺」の寺域である可能性が高い。このように、大溝で囲まれた区画内は、「御所」「政庁」「寺院」の施設が所在し、これらの複合施設が広義の比爪館ということになる。

そして、比爪館は単独で存在していたのではなく、その東側には道路で区画された都市域（小路口《しょうじぐち》遺跡、大銀《だいぎん》遺跡など）が付随することも発掘調査により明らかになっている。この都市域の広がりは平泉と同程度であり、比爪の求心力の大きさを示している。今後の奥州藤原氏研究の進展は「比爪」の存在を無視しては成り立たないと筆者は強く感じる。

【参考文献】紫波町教育委員会『比爪館跡三〇次発掘調査報告書』（二〇一三）、『比爪―もう一つの平泉―』岩手県立博物館テーマ展パンフレット（岩手県立博物館、二〇一四）、『前平泉文化関連遺跡調査報告書』第三三冊（岩手県立博物館、二〇一六）

（羽柴直人）

●中世稗貫氏本城と近世盛岡藩支城

鳥《と》谷《やが》崎《さき》城《じょう》

〔花巻市指定史跡〕

〔所在地〕花巻市花巻町
〔比　高〕
〔分　類〕平山城
〔年　代〕一〇〇〇年代、一五九一〜一八六九年
〔城　主〕安倍氏、奥州藤原氏、稗貫氏、北氏、南部氏
〔交通アクセス〕ＪＲ釜石線「花巻駅」下車、岩手県交通バス「イトーヨーカドー前下車」五分。

【大規模な城館】　この城は平安時代後期の安倍氏の鶴脛《つるはぎ》柵という説がある。確かなことはわからないが、本丸土塁《どるい》の下から一一世紀の坏《つき》が出土しており、安倍氏関連の遺跡であることは間違いない。室町時代から戦国時代にかけて、稗貫《ひえぬき》氏の本城鳥谷崎《とやがさき》城が置かれた。鳥谷崎の名は城の三の丸南東隅が、北上川と豊沢川に向かって大きく突出している地形に由来すると伝えられる。奥羽仕置による稗貫氏改易の後、南部氏の城として花巻城と改称された。

【稗貫氏】　武蔵の中条《ちゅうじょう》氏一族で、文治五年（一一八九）奥州合戦の軍功によって稗貫郡を与えられたと伝えられている。稗貫氏当主は代々出羽守を名乗り、建長八年（一二五六）六月二日、奥大道《おくのおおみち》沿いの夜討、強盗取り締まりを命ぜられた郡地頭には、和賀氏とともに出羽四郎左衛門尉（稗貫光家《みついえ》）の名前が見える（『吾妻鏡』）。下って南北朝内乱期に稗貫氏は北朝方として活動し、北畠氏、南部氏らと交戦している。初期には小瀬川（花巻市）に居住していたが、後に本館《もとだて》に移り、十八《さかり》ヶ《が》城をへて鳥谷崎に移ったとされている。

永享七年（一四三四）から翌年に起こった和賀・稗貫の乱では、瀬川十八ヶ城（花巻市）に籠城する稗貫氏は、斯波《しば》氏、南部氏等の軍と交戦し破れている。この時鳥谷崎には薄衣美濃が在陣している。鳥谷崎に本城を移したのは一五世紀中頃以後と推定され、三の丸の発掘調査成果からも、一五世紀から一六世紀にかけて大規模な城館が存続したことが明らかになっている。天正十八年（一五九〇）小田原合戦に参陣でき

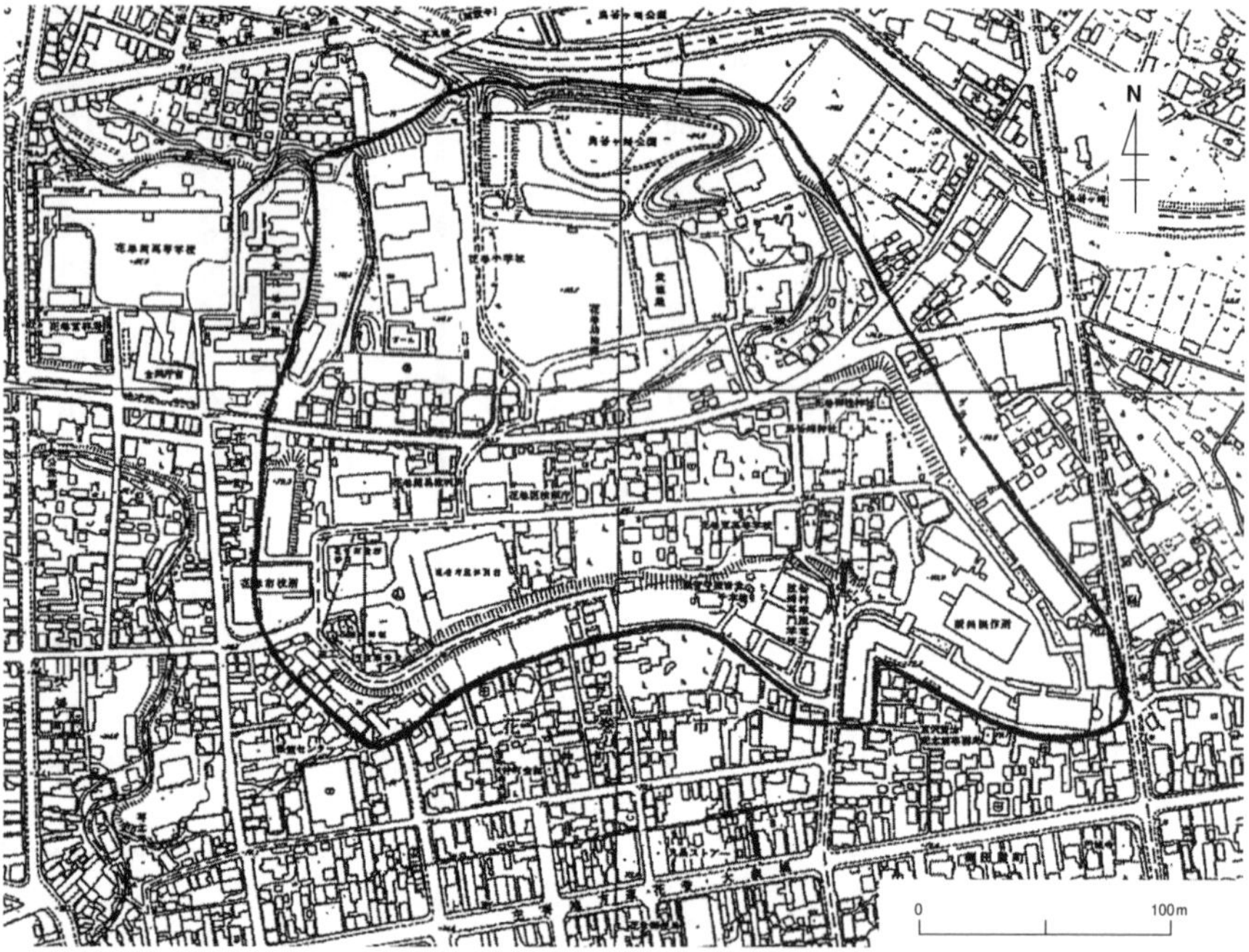

●—花巻城現況図（花巻市教育委員会 1997）

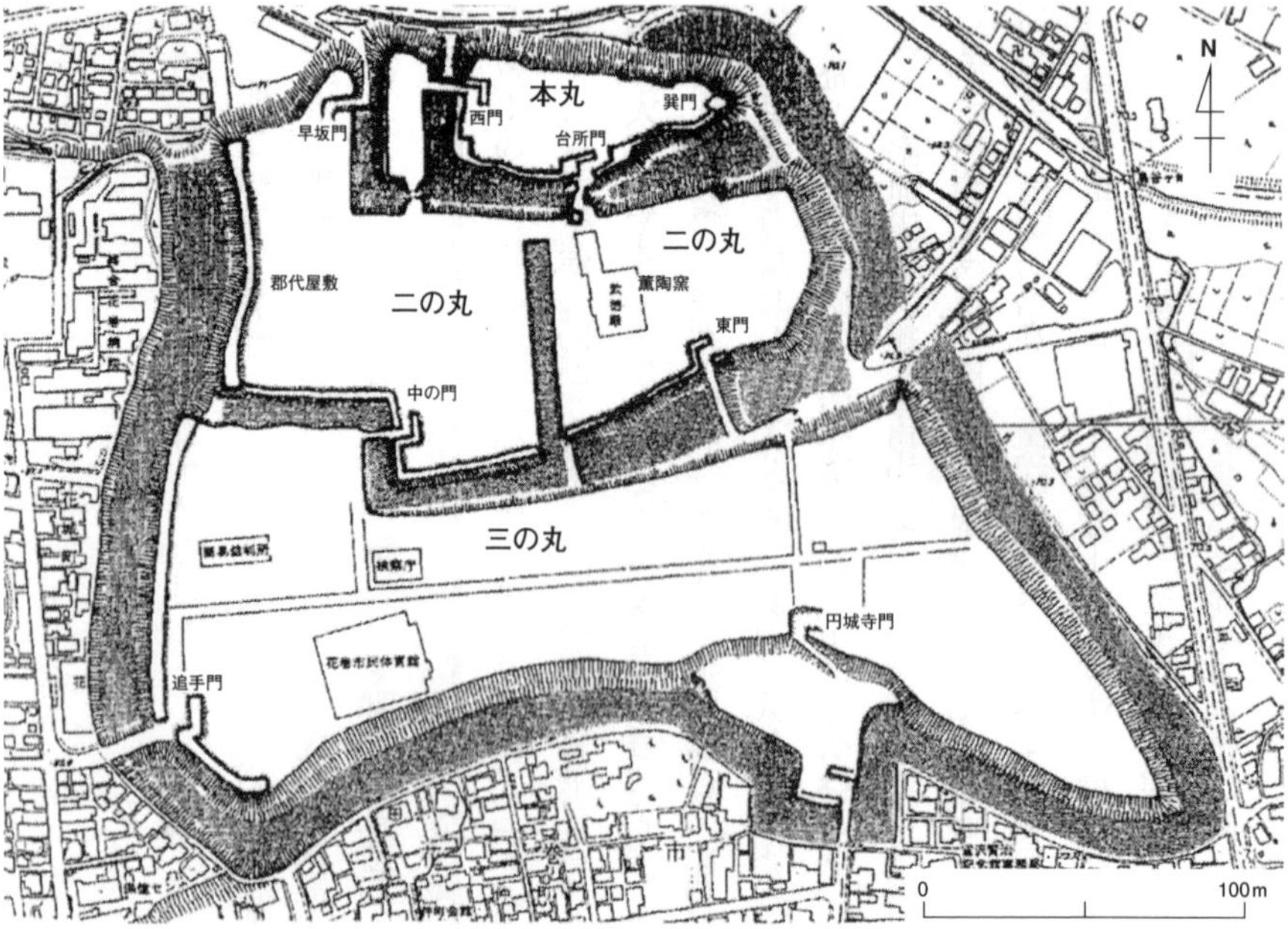

●—花巻城（復元）（花巻市教育委員会 1997 に加筆）

なかった稗貫氏は改易され、同年に浅野長吉（長政）が和賀、稗貫郡の検地を実施し、鳥谷崎城には浅野鎮吉《しげよし》を残留させて警護にあたらせた。同年十月、稗貫氏、和賀氏の反乱により鳥谷崎城は落城寸前となり、浅野鎮吉は南部信直に救出されて三戸に逃れている。

翌十九年の奥羽再仕置によって和賀、稗貫二郡は南部信直領となり、郡代として重臣の北秀愛《きたひでちか》が八〇〇〇石で入城し、城名は花巻城と改められた。慶長三年（一五九八）秀愛の後を父信愛《のぶちか》が受け継ぎ入城した。慶長五年南部利直が出羽国最上に出陣中、和賀氏、稗貫氏残党の夜襲で二の丸まで侵入されたが、北信愛は本丸台所門で食い止め、これを退けている。慶長十八年北信愛死後、南部政直（利直の嫡子）が二万石で入城、翌年和賀郡二子城（北上市）の大手門を三の丸に移築して円城寺門とした。三の丸の鳥谷崎神社に現存する櫓門《やぐらもん》がその遺構である。寛永四年（一六二七）政直の死去により、ふたたび郡代が置かれ、幕末まで存続した。

【城の構造】　花巻城は北と東を蛇行する北上川による段丘崖、南は豊沢川によって形成された段丘崖を要害とし、地形が平坦な西側に巨大な堀を設けて城域を画している。元々この段丘の東側は沢によって三つに分かれていたらしく、この地形を最大限活用して、北から本丸、二の丸、三の丸を梯郭《ていかく》式に配置している。城域は昭和三十五年（一九六〇）頃までは比較的良好に残っていたが、その後公共用地や宅地化などが進んだため、現在では城の構造がわかりにくい。江戸時代末期の「花巻城絵図」（岩手県立図書館所蔵）を頼りに地形を復元し、城の縄張や構造を述べる。本丸は城の北東隅にあり、稗貫氏のころ瑞興寺が存在したと伝えられている。西側の二の丸早坂門との間に馬出《うまだし》の曲輪《くるわ》があり、江戸時代には長屋が置かれていた。本丸は東西一六二㍍、南北六二㍍の不整形で、南辺と西辺には土塁が巡り、南西隅は天守相当の櫓台となる。本丸の正門は西御門で、内桝形《うちますがた》を構成し、野面積《のづら》みの石垣で固められていた。西の馬出から両石垣の土橋《どばし》で渡り、桝形を右に折れて櫓門を入るようになっていた。平成五年（一九九三）に木造で西御門と土塀が復元された。

南辺中央にはクランク状に曲折する石垣の内桝形があり、ここに台所門があった。桝形の東西は櫓台が伴い、西側の櫓台には蔵があった。本丸東の突端には菱櫓《ひしやぐら》が存在した。二の丸は本丸の西から南を囲む郭で、三の丸の鳥谷崎とは沢を利用した堀で区画される。中央を南北方向の堀で東西に二分しており、東側には御蔵と東門、西側には郡役所（郡代屋敷）と稽古場があり、三の丸との間の堀はクランク状に曲折し、中の門があった。二の丸から三の丸の西側は巨大な濁り堀で

●—円城寺門

区画される。この堀は幅三五メートルから五〇メートル、深さ一〇メートル以上の堀で、古い河道を理用しているのかもしれない。この堀に面した部分には幅一五メートル、高さ四メートルの土塁が築かれていた。花巻小学校の南西側に一部が現存する。三の丸は二の丸の南側から南東の鳥谷崎におよび、稗貫氏当時は延寿《えんじゅ》寺（円城寺）があったという。

藩政時代には花巻御給人のうち、上級武士の屋敷街で館《たて》小路と呼ばれている。西側には高い土塁が構えられ、追手門跡の西側に花巻市本庁舎がある。南側の円城寺門坂下には観音堂の一郭があり、南側先端に喰違《くいちがい》土塁の嘴《はし》状虎口《こぐち》を構えていた。一般に西側の追手門に対して円城寺門は搦手《からめて》門といわれているが、城の縄張から見れば円城寺坂下の虎口が大手門に相応しく、搦手は二の丸の早坂門ではなかったろうか。あるいは稗貫氏当時の大手や城下がこのあたりに存在したのであろうか。

奥羽仕置で浅野氏が城の改修に着手し、この時に本丸と馬出、円城寺坂下の虎口が造られていたのであろう。また二の丸亀御堀から鍵御堀《かぎおぼり》、薬研《やげん》堀は北信愛の工夫で造られたと伝承されている。このように花巻城は、中世の鳥谷崎城を基盤に、奥羽仕置で浅野氏が改修。その後北秀愛、信愛から南部政直の在城期にかけて整備され、以後藩政時代を通じて盛岡藩の和賀郡、稗貫郡統治拠点として存続した。

【参考文献】『日本城郭大系二』（新人物往来社、一九八〇）、花巻市教育委員会『花巻城跡　平成四、五、六年度本丸発掘調査概報』（一九九七）、花巻市教育委員会『花巻城跡　平成六年度三之丸発掘調査報告書』（一九九八）

（室野秀文）

お城アラカルト

奥羽仕置とその後の城館

室野秀文

戦国時代終末の天正十八年（一五九〇）から一九年にかけて、豊臣政権による奥羽仕置が二度にわたり実施された。小田原参陣の直後、陸奥糠部《ぬかのぶ》の領主南部信直に対し、秀吉から朱印状が交付された。内容は南部七郡の本領安堵《ほんりょうあんど》とともに、信直妻子の在京、領内検地の実施、家中の者が抱える城々の破却と三戸城下集住の厳命であった。十八年の仕置では小田原不参の大名の改易（取りつぶし）と各地の城館の破却と存置城館の改修、検地、刀狩りが進められたが、一通りの仕置きを終えた豊臣軍の主体が帰還後、奥羽各地で一揆が発生し、豊臣方の代官が襲われた。旧領主やその家臣達による反乱である。この事態に対応して、豊臣秀吉は、翌十九年に豊臣秀次を総大将とする再仕置軍を編成し、奥羽に向かわせた。豊臣軍は旧大崎領、旧葛西領での反乱を鎮圧しながら北上を続け、九月二日から糠部の九戸城を包囲、攻撃し、九月四日九戸政実らが投降し、奥羽の反乱は収束した。九戸城は蒲生氏郷《がもううじさと》により本丸を中心に石垣を構築するなどの大改修を施した後、南部信直《のぶなお》居城として引き渡された。

また旧大崎領や旧葛西領では伊達政宗居城となる岩出山（岩手沢）城や、佐沼城、気仙城、大原城などが存置城として改修を加えられた。後に盛岡藩の支城となる鳥谷崎（花巻）城や、後に仙台藩の要害となる岩谷堂城、水沢城などもこの頃までに改修を受けている。城の改修内容は、九戸城のように本丸の構造を石垣で築き直し、三の丸を土塁《どるい》で囲んで総構えにするなど、かなり大がかりに実施した城もあれば、佐沼城、気仙城（高田城と推定）など、本丸に天守、または天守相当の櫓《やぐら》を設置し、大手に桝形虎口《ますがたこぐち》、または丸馬出《まるうまだし》を整備したものなど、改修の程度はさまざまである。これには改修城館の重要性や、旧城館の様態によっても、改修内容が左右されたようだ。また、奥州市佐倉河の上館《かみだて》や、花巻市石鳥谷の新堀《にいぼり》城などのように、本丸に天守相当の櫓台が構築された城や、花巻市石鳥谷の寺林城では大手虎口の土塁や通路を大きくクランク状に曲折させた事例など、記録に現れてこないが、仕置と同時期に改修されたらしい城館も存在する。

いっぽう、南部信直家中の城館破却の実態はどうか。八戸市にある根城《ねじょう》は中世以来、寛永四年（一六二七）遠野城へ移るまでは根城南部氏当主の居城であった。本丸と周辺の発掘調査により、城館最終時には内部の御殿が建て替えられながら存続しているが、城館の象徴的な門や柵などが撤去され、虎口や前面の空堀が埋め立てられるなど、防御性を削いで城構えに見せないように築き直されていたことが判明している（八戸市教育委員会）。

天正十八年に豊臣秀吉から命じられた信直領国の城館の破却と家臣の三戸城下集住策は、三戸城下への集住は進められたが、家臣の抱える諸城の破却は居住機能を残したまま城館の防御の要となる城構えのみの破却というのが実態であった。石垣を備えた城の破却とは異なり、土の城であれば防御性の復旧は比較的容易である。事実慶長五年（一六〇〇）の遠野の騒乱の戦場となった火渡館《ひわたりだて》（遠野市）や、慶長六年（一六〇一）釜石一揆の拠点狐崎城《きつねざき》（釜石市）、慶長五年から六年にかけて岩崎一揆の拠点となった岩崎城（北上市）などは、破却が不十分であったものか、あるいは象徴的破却から防御性を復旧させ、合戦時に城館として機能したものである。

その後政権が豊臣氏から徳川氏へと移行し、元和元年の武家諸法度以後、大名の居城は一城に制限され、新期の城館構築は原則として不可能になった。このころから角館城《かくのだて》（秋田県仙北市）、檜山城《ひやま》（能代市）、金沢城（横手市）、一関城、大原城（岩手県一関市）など山城の破却が進められ、麓の居館に行政機能を持たせて統治するようになっていった。仙台藩でも、金ケ崎《かねがさき》要害（金ケ崎町）のように本丸は使用せずに二の丸に居館をおいた事例は多い。盛岡藩では中世以来の城館の本丸部分を代官所として機能させた七戸城《しちのへ》（青森県七戸町）、五戸館《ごのへ》（五戸町）、田名部館（むつ市）、野辺地城《のへじ》（野辺地町）などのほか、山城の麓や居館跡に代官所を設置した野田代官所（宇部館の麓）、宮古代官所（黒田館の麓）、大槌《おおつち》代官所（大槌城居館？）などが存在する。これらは有事を考慮しつつ、城館の行政機能を存続させた事例といえるだろう。さらに栗《くり》谷川《やがわ》古城（盛岡市）のように、中世城館の一郭を藩の火薬蔵として機能させた事例もある。これは堀で囲まれた立ち入り制限区域に爆発物を貯蔵するという安全対策でもあったのであろう。東北地方の中世城館には近世においても何らかの形で活用され、発掘調査でも一定量の近世遺物が出土する。

●和賀郡最大の城館

二《ふた》子《ご》城《じょう》

〔所在地〕北上市二子町坊館・宿ほか
〔比　高〕六〇メートル
〔分　類〕平山城
〔年　代〕築城年代不明、天正二〇年（一五九二）破却
〔城　主〕和賀氏
〔交通アクセス〕ＪＲ東北本線「村崎野駅」下車、徒歩四〇分。

【二子の山】　二子城は別名飛勢《とばせ》城とも呼ばれる。北上盆地中央部に位置し、北端を北上川が蛇行《だこう》している西岸にある。段丘縁辺に、詰城《つめじろ》や物見《ものみ》台に利用された比高六〇㍍《メートル》を超える大小三つの独立丘があり、南北に北上川や沼地をひかえた自然の要害《ようがい》となっている。独立丘の二つの山、八幡《はちまん》神社のある八幡山（別名　飛勢ヶ森）と秋葉《あきば》神社のある秋葉山が遠くから並び見え、その景観が地名「二子」の由来と伝えられている。現在、白鳥《しらとり》神社がある白鳥館（別名　古館《ふるだて》）と八幡山は公園緑地として保存されているが、周辺には工業団地が近接し開発が危惧されている。北上市は周辺部も含め整備を前提とした発掘調査を行ってきた。

地表面の観察では堀や帯郭《おびくるわ》がいく本かのこり、外観的には状態のよい戦国領主和賀《わが》氏の平山城と理解されている。詰城とされる八幡山頂上と平常の居館とされる白鳥館は、明治時代以降の公園造成により削平されて保存上〝のこりの悪い〟城と考えられていた。しかし発掘調査によって、八幡山と白鳥館では廃城以前の大規模な造成の痕跡や建物群などが確認され、予想外に〝のこりの良い〟城であることがわかった。

【史料にみえる二子城】　「二子城」の名前は一五世紀半ばからみられる。永享七年（一四三五）、和賀氏一族内の領地をめぐる争いは、北に境する稗貫《ひえぬき》氏を巻き込み和賀郡・稗貫郡が合戦の場となった。これに南部義政《なんぶよしまさ》が奥州《おうしゅう》北部などの諸氏を動員、さらに斯波《しば》西御所・奥州探題大崎《おうしゅうたんだいおおさき》氏が出陣し翌

●—二子城（南東上空から　右手上が北上川）（北上市教育委員会提供）

年ようやく終息をみる。この争いの中、二子城は南に境する江刺《えさし》氏に警固《けいご》されている。江戸後期の地誌に、和賀氏は更木《さらき》村梅ヶ澤館《うめがさわだて》から更木館《さらきだて》へ、その後二子城へと移ったと伝えられている。これらのことから、二子城は一五世紀半ばには存在し、警固に値する需要な城だったと推測される。

天正十八年（一五九〇）豊臣秀吉の奥州仕置《しおき》により和賀氏は所領没収《しょりょうぼっしゅう》・城地追放となるが、同じく仕置により所領没収となった稗貫氏と共に旧領回復を目指して和賀・稗貫一揆《いっき》を起こし二子城を奪還した。しかし翌年の再仕置により蒲生《がもう》氏郷《うじさと》勢に攻略された。天正二十年の「南部領内諸城破却《なんぶりょうないしょじょうはきゃく》書上《かきあげ》」には「二子　平城破」と記され、二子城はこれにより破却されたことがわかる。

【遺構の概観】　南北約一〇〇〇《メートル》×東西約五〇〇《メートル》と広大な城館である。城主が常駐する館は白鳥館と呼ばれ、北上川に面した段丘崖上の北東隅にある。白鳥神社と和賀神社が北西隅に祀られている。文殊院《もんじゅいん》と呼ばれる南の同規模の郭と共に周囲を二重堀で区画されている。同じ段丘上には堀による区画が連なる。監物《けんもつ》館・坊館・加賀館・八重樫屋敷・御台坊屋敷・大森屋敷・渋谷屋敷・斎藤屋敷などの地名がのこり、家臣屋敷跡とみられる。文殊院の南には和小路と呼ばれる集落が広がり侍屋敷跡とみられている。

さらにその周囲に独立丘陵を利用した詰城《つめじろ》（八幡山）・物見台《ものみだい》（秋葉山・物見ヶ崎）などが配置されている。白鳥館東側の段丘崖下の低地には堀状の湿地を隔てて宿《しゅく》と呼ばれる城下集落が短冊《たんざく》状の地割を成して広がっている。城域を俯瞰すると、八幡山から西側丘陵地帯が詰城・物見といった戦時機能域、段丘上東側が領主・重臣の居館域、南側が家臣屋敷域と分かれている。その外側には家臣屋敷や城下集落を配置し、さらに和小路南端付近は大門《だいもん》と呼ばれることから大手門があったと推測されている。その周辺には寺院跡地名ものこり、二子城はこれらに囲まれた巨大な城館であったことがわかる。

なかでも八幡山の築造方法は特徴的である。頂上に約四〇〇〇平方メートルの広い平場があり、東斜面に三〜四段の切岸《きりぎし》と帯郭を重ね、頂上平場の南北には一段低く狭い平場を造成している。西斜面には堀が一本のみだが、八幡山を南北に突き抜ける竪堀《たてぼり》に繋がり、城域を東西に区画しているようにみえる。東斜面の構造をみると、守りをより堅固にするとともに、周囲、特に北上川対岸の東地域への威容を意図したものと考えられる。

【一五世紀の二子城】 平成十〜十二（一九九八—二〇〇〇）にかけて整備を前提とした調査が行われた。その結果、八幡山頂部平場では一五世紀前半の建物群とこれに伴う陶磁器がみつかっている。平場中央に廂《ひさし》付の大型建物と周囲に付属した建物とみられる建物群

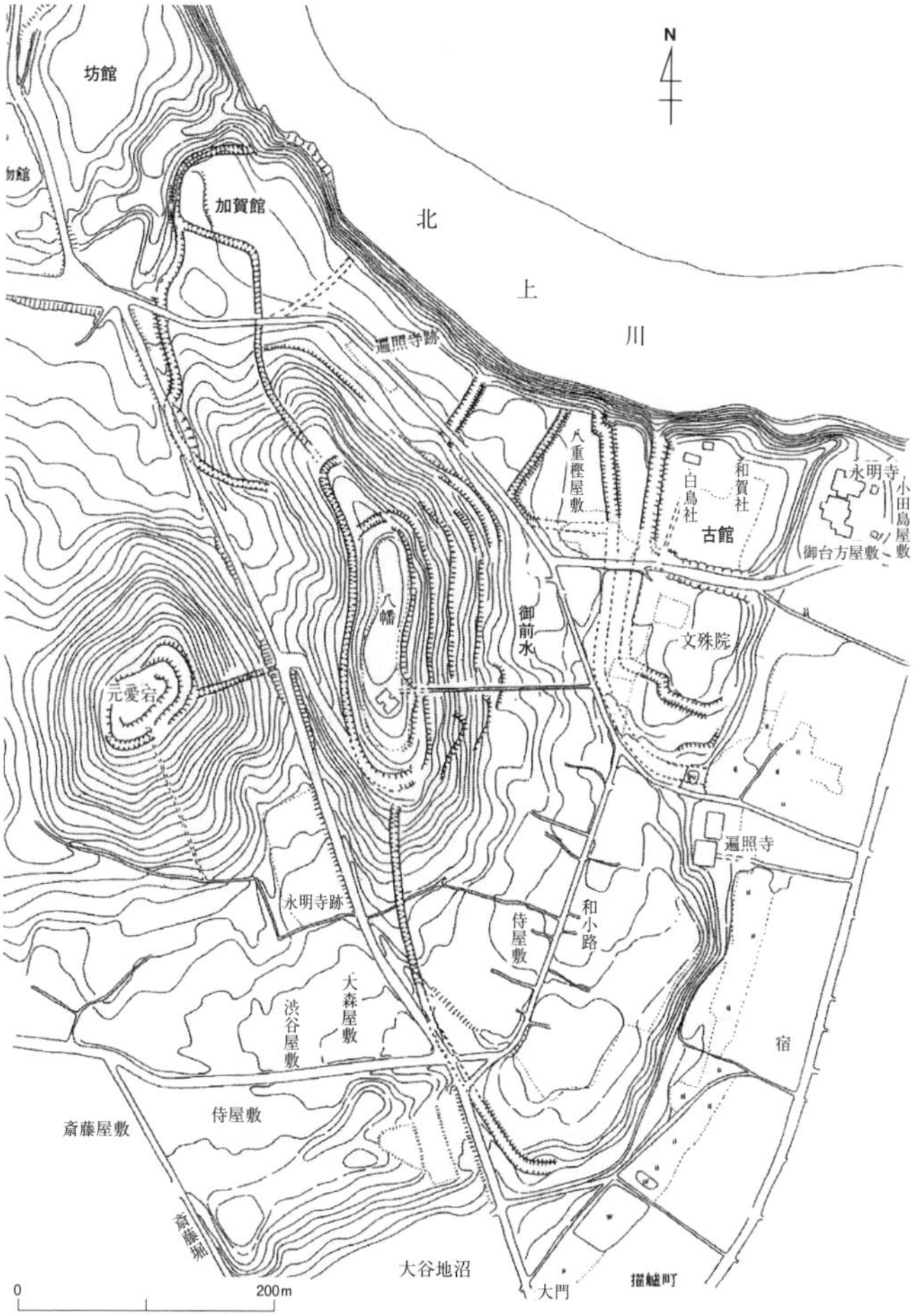

●—二子城概縄張図（『岩手県中世城館分布調査報告書』岩手県教育委員会（1986）より引用）（作図：本堂寿一）

がみつかっている。帯郭も同時期に構築されており、この時期大規模な普請が八幡山全体に行われたことがわかった。白鳥館では一四世紀後半〜一七世紀初めまで数度の大規模な造成が行われ、建物群が継続的に存在したことが明らかになった。一五世紀前半にも建物群が存在したと推定され、八幡山頂部とともに主要建物を構えた中心的な郭であったと考えられる。両地点とも、郭の北半に建物群が分布し、南側には広場的な空間をもっており、規格を意識した配置である。

この時期は、和賀氏一族が領地をめぐって永享七年の争乱（一四三五）が起きている。みつかった陶磁器には火を受けたものも一定量含まれており、記録にはないが二子城が合戦の場となり戦火を受けた可能性も考えられる。八幡山と白鳥館の一五世紀の遺構のあり方は、すでに二子城が本城化していたともみえる。

永享七年の争乱は、和賀氏の宗主権《そうしゅけん》が北上川東岸を本拠としていた総領家から北上川西岸を本拠としていた一族の鬼《おに》柳《やなぎ》氏に移り、北上川以西の勢力が強くなった時期に起きた。これ以後和賀氏が本格的に北上川以西の支配強化のために、拠点を北上川東岸から西岸へと移したものと考えられる。和賀郡支配における大きな変換期といえる。

【一六世紀の二子城】　一六世紀になると郭の機能にも大きな変化があらわれるようである。この時期以後一七世紀初めまで白鳥館は数度の大規模な造成により館を拡張している。特に一六世紀後半以降は、館の南を区画する堀（現在の県道）を構築し、それ以前の自然地形を利用した土塁《どるい》や堀を大規模に埋め立て、現在見える広さまで館を拡張している。

白鳥館の周辺の八幡山東麓では、御前水《ごぜんすい》と呼ばれている湧水付近の平場で数度の整地と建物群がみつかっている。それに伴う陶磁器は白鳥館のものに比べ日常的なものが多く、常の屋敷があったと考えられるが、現段階では不明である。逆に八幡山頂部付近では、この時期の陶磁器がごくわずかとなる。八幡山は拠点的機能を失い詰城化したものと推測される。以後、二子城は天正二十年の破却まで白鳥館を中心に大規模な造成を繰り返し、総構え的な城館に発展していったと推定できる。

これまでの発掘調査は、主要部の白鳥館と八幡山を中心に行われてきた。今後、周辺施設や集落内の調査により事実が蓄積され、新たな知見が提供されるであろう。二子城の歴史がより明らかとなることに期待したい。

【参考文献】『和賀一族の興亡（総集編）』（北上市立博物館、二〇〇〇）、北上市教育委員会『二子城跡』（二〇〇四）（小田嶋知世）

●戦国後期の阿曽沼氏本城

遠《とお》野《の》城《じょう》

〔所在地〕遠野市遠野
〔比　高〕七四メートル
〔分　類〕平山城
〔年　代〕一四～一九世紀
〔城　主〕阿曽沼広郷、盛岡南部氏、遠野南部氏
〔交通アクセス〕ＪＲ釜石線「遠野駅」下車、徒歩三〇分。

【阿曽沼氏と遠野城（鍋倉城）】
阿曽沼《あそぬま》氏は藤原秀郷《ひでさと》の末裔と伝えられ、鎌倉時代初期に遠野保《とおのほう》を与えられたという。最初は家臣宇夫方氏を代官として統治していたが、後に下野の領地から遠野に移転した。遠野の阿曽沼氏の拠点は横田城（遠野市光興寺）であったが、天正年間（一五七三―一五九二）の初期に、鍋倉山に移転したという。

　横田城はオーソドックスな単郭基調の台地城館であるのに対し、鍋倉山の遠野城は多郭構造の山城で、両城の構造を比較すれば、移転の時期は天正年間よりも早い時期であったのかもしれない。移転の理由は城の麓の猿ヶ石川が増水し、登城する家臣が難渋したためと伝えられているが、阿曽沼氏の基盤整備と防衛力強化のため、家臣団の集住と再編を押し進めたのが真相であろう。このころ阿曽沼氏は斯波《しば》御所との同盟を結び、一族の綾織《あやおり》越前広信《ひろのぶ》が雫石《しずくいし》御所に軍師として迎えられている。和賀氏一族を含め、斯波氏を中心とした連合体制が形成されつつあったらしい。

　天正十八年（一五九〇）阿曽沼広郷《ひろさと》は小田原参陣がかなわなかったが、江刺氏と同様に南部信直の家臣として存続を許された。慶長五年（一六〇〇）、広郷は南部利直の軍に属して最上へ出陣したが、留守中に家臣の上野氏、鱒沢《ますさわ》氏が背いて遠野を占拠したため、広郷は舅《しゅうと》の居城世田米《せたまい》城（住田町）へ落ち延びた。以後世田米を拠点に、伊達政宗の援助を受けながら、三度にわたり遠野奪還を試みるが、南部利直に支援された鱒沢氏、上野氏の軍に敗れ、以後伊達氏に仕えたとい

●—遠野城（国土地理院空中写真閲覧サービス提供）

う。

阿曽沼氏の失脚後、南部利直は上野右近、続いて毛馬内《けまない》三左衛門を遠野城代としていたが、寛永四年（一六二七）に八戸根城（八戸市）の南部直義《ただよし》を一万石の知行で遠野に移転させた。中世の八戸を拠点とした根城南部氏は、これ以後遠野南部氏として遠野を統治した。したがって遠野城には阿曽沼氏時代から遠野南部氏時代の遺構が重複している。

【城の構造】　来内《らいない》川南岸の遠野市市民会館、市立博物館裏手の鍋倉山全体が城域である。市民会館は遠野南部氏の居館跡であり、これに隣接して坂下門、坂の途中に中の門が構えられていた。中の門が存在した博物館西側の法面《のりめん》には石垣の石材が数個露出している。ここから南部神社をへてさらに登り切ると、三の丸の武者溜《むしゃだま》りに出る。ここには鍵形の土塁《どるい》を備えている。ここから右手に登れば本丸大手門に至る。現状は園路や階段で地形改変されているが、かつては小土塁を備えた平場を経て本丸大手門を入り、本丸北東側の腰曲輪《こしくるわ》に出るように造られていた。ここから右手に進めば本丸北西側の虎《こ》口《ぐち》空間に入り、左に進めば、本丸南側の喰違《くいちがい》虎口へと続いていた。現在道は途中で崩落しているが、遠野南部氏時代はこの手前から右（西）に折れて石段を登り本丸御殿の玄関に入るように造られていた。この付近の本丸側法面下部には低

●—遠野城（鍋倉城）縄張図（作図：室野秀文，1992 年）

●—搦手中腹の虎口

い石垣が積まれており、現在も二個の石材が露出する。本丸の西側と南側、北側は土塁が廻らされ、西側には搦手《からめて》門跡がある。

本丸内部では遠野南部氏時代の御殿の礎石建物と、先行する掘立柱建物が発掘調査されている。また北側の虎口空間からは土蔵跡の礎石のほか柵跡、阿曽沼氏時代の竪穴建物跡が確認されている。本丸から堀切《ほりきり》を挟んで南に二の丸（南館）、北東に武者溜りを挟んで三の丸がある。本丸西側中腹には空堀《からぼり》が廻らされ、虎口も認められる。また周囲斜面に雛壇《ひなだん》状の屋敷地や馬場が造られている。

江戸時代二の丸には新田《にいだ》氏、三の丸には中館氏と福田氏、本丸北西側腰郭には工藤氏と沢里氏、馬場近くの郭には小新田氏など、遠野南部家一門と重臣の屋敷が構えられていた。「遠野古事記」によれば沢里屋敷の場所は阿曽沼家臣宮森勘十郎の屋敷であったという。山上の曲輪に家臣屋敷を配置する形態は、阿曽沼氏時代も同様であったらしい。また阿曽沼氏時代には城内に二階門が存在したというが、遠野南部氏時代の本丸は板塀に狭間《さま》が切られ、大手門、搦手門ともに平門の四脚門であったという。二の丸と馬場の南尾根は大形の堀切で区切られ、ここが城の南限である。南側は尾根が次第に高くなりつつ物見《ものみ》山に至る。

【参考文献】『遠野市史』（遠野市、一九九四）、黒田慶一、高田徹編『一六世紀末全国城郭縄張図集成上』（倭城併行期国内城郭縄張図集成刊行会、二〇〇八）、遠野市教育委員会『遠野鍋倉城本丸跡発掘調査報告書』（二〇一四）

（室野秀文）

●貴重な「見える山城」

大《おお》槌《つち》城《じょう》〔県指定史跡〕

〔所在地〕大槌町小鎚
〔比　高〕一四〇メートル
〔分　類〕山城
〔年　代〕一五世紀～一七世紀前半
〔城　主〕大槌氏
〔交通アクセス〕ＪＲ「釜石駅」から岩手県交通赤浜線・釜石船越線「中央公民館入口」下車、徒歩三〇分。駐車場有

【海と川に囲まれた要害】　大槌城は「此城は滄海を前にして、高山を後にして、大槌・小槌《こづち》の二川を左右にし、城をその中央に占め、これを攻めるも陥らず」と『聞老遺事』に記されている。山頂の主郭まで車で乗り入れることができる。城の立地を体感したい方には、麓からの登城をすすめたい。「攻めるも陥らず」の意味がよく理解できる。

城跡は、標高一四〇《メートル》の主郭《しゅかく》を含め二、三、四の郭が尾根の頂部に沿って階段状に築かれている。主郭の下を巡る堀跡以外に防御用とわかる遺構ははっきりとは見当たらない。

大槌城は史跡公園整備のため昭和五十八年（一九八三）から平成七年（一九九五）にかけて発掘調査が行われている。現在は城山公園として町民の憩いの場として親しまれている。発掘調査は、主郭、二、三、四の郭のほか、主郭西側の砦跡とされる平場でも行われている。各郭《くるわ》で行われた調査は、公園施設が造られる場所だけの調査であるため、部分的な範囲の調査となっている。

【城の構造】　主郭では南側の一部を調査、柱穴跡が確認されている。ごく狭い範囲での調査であるため、建物の用途までは特定できない。

二の郭は東側を中心に調査が行われており、掘立柱建物、櫓《やぐら》跡、門跡、堀跡、橋脚跡などが見つかっている。二の郭全体をみると、郭中央の北側がわずかに窪んでいる。これは主郭もしくは二の郭を切土《きりど》して造成したときにでた残土を、窪みに盛土したものがずれたためと考えられる。出土遺物は

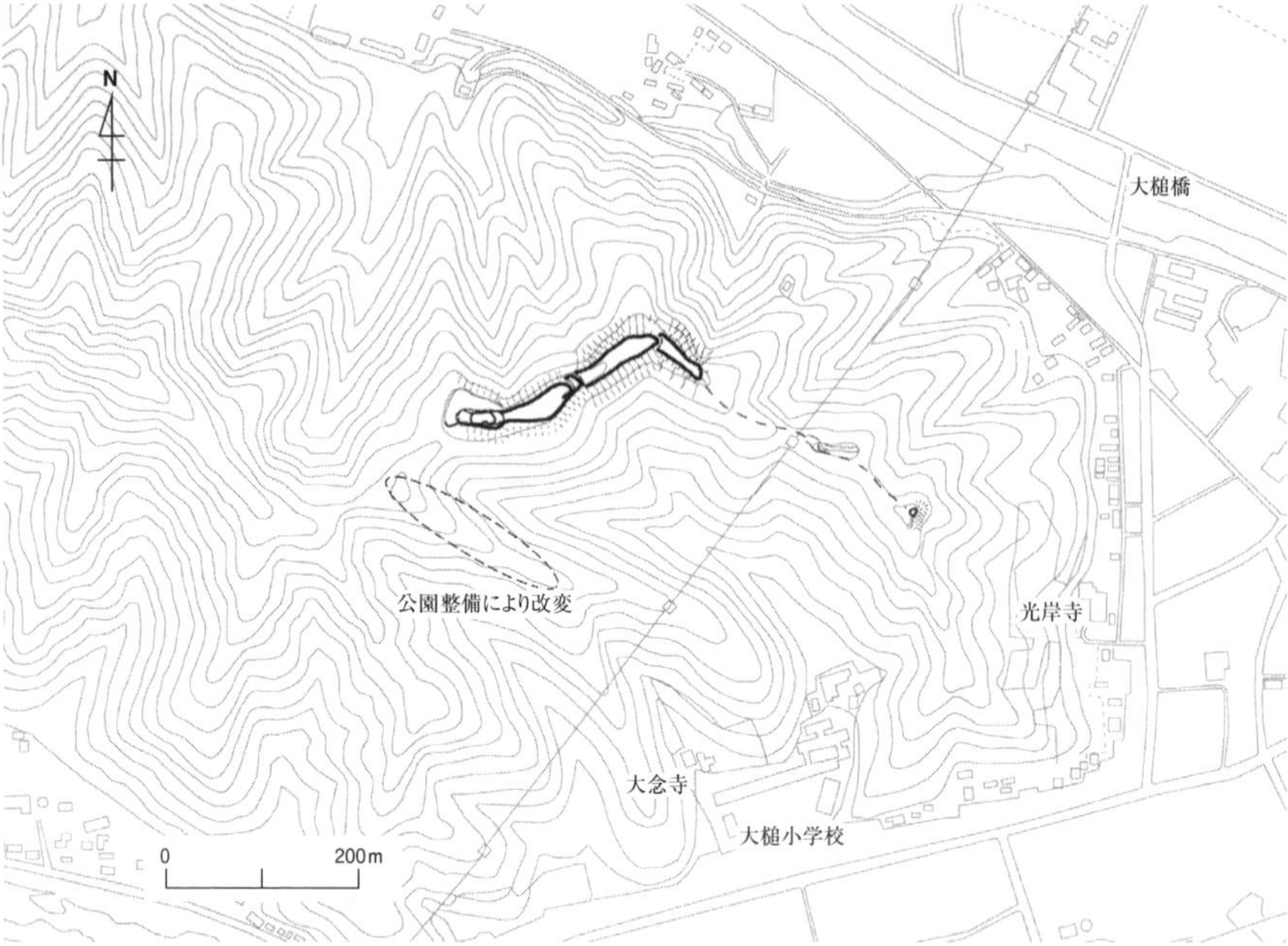

●―大槌城現況図（作図：安原誠）

一六世紀頃の貿易・国産陶磁器が出土している。

大槌城は、『聞老遺事』にもあるとおり、天険の地に築かれた城と言える。麓からあおぎ見る城跡からは、時代の緊張感が伝わってくる。麓の市街地のどこからも城をみることができ、地域の

●―大槌城跡遠景（南から）

シンボルとしてはもちろん、「見える城」として地域の城跡、歴史を知るうえで貴重な遺産と言える。

【参考文献】岩手県教育委員会『岩手県中世城館跡分布調査報告書』（一九八六）

（安原　誠）

●中世の大型平山城と仙台藩要害

岩《いわ》谷《や》堂《どう》城《じょう》

〔所在地〕奥州市江刺区岩谷堂字館山
〔比　高〕七〇メートル
〔分　類〕平山城
〔年　代〕一四〜一九世紀
〔城　主〕江刺氏、溝口氏、桑折氏、母帯氏、猪苗代氏、古田氏、増田氏、藤田氏、古内氏、岩城（伊達）氏
〔交通アクセス〕東北新幹線「水沢江刺駅」下車、市営バス（江刺バスセンター経由）「前田」・「本町」下車、徒歩二〇分。

【大規模な平山城】　岩谷堂城は東側を人首川の急崖に面した丘陵に立地し、比高はは約七〇メートル。中枢部は本丸、中曲輪、二の丸で構成されるが、二の丸下の外曲輪を含めた城域は南北七〇〇メートル、東西三五〇メートルにおよぶ。北西側には六日町の丘陵が続き、西側には深い沢があり、南側は比高二〇メートルから五〇メートルの崖となり、その下は城下の平坦地となっている。

【葛西氏と江刺氏】　中世前期の江刺氏については不明な部分が多いが、鎌倉時代後期から南北朝時代、奥州葛西氏の一族が岩谷堂城に居住し、江刺姓を名乗ったと考えられている。江刺氏は南北朝時代から室町時代に勢力を伸ばし、しだいに宗家の葛西氏とも対立するようになる。康安元年（一三六一）に江刺郡浅井で戦闘があり、つづいて文明十七年（一四八五）と明応四年（一四九五）にも江刺隆見《たかみ》と葛西政信《まさのぶ》が合戦におよんだ。この合戦により江刺隆見が敗北し、葛西政信の孫、葛西重胤《しげたね》が江刺氏を継いだ。この数代後の当主江刺信時《のぶとき》は主家の葛西晴信《はるのぶ》に勘当され、江刺重恒《しげつね》が継承している。天正十八年（一五九〇）豊臣秀吉は全国諸大名に小田原参陣を命じたが、葛西晴信は領内不穏のため小田原参陣を果たせず、奥羽仕置によって所領を追われた。江刺氏もまた岩谷堂城を追われ、城には木村吉清《よしきよ》の家臣溝口外記《げき》が入城したが、直後に起こった葛西、大崎一揆により戦死した。翌天正十九年の奥羽再仕置では大谷吉継《よしつぐ》が胆沢《いさわ》郡、江刺郡の検地に入り、水沢城と岩谷堂城の普請《ふしん》を行っている（『伊達治家記録』）。江刺氏は浅野長政の取り成しにより、南部信直の家臣となることで

命脈を保った。葛西氏のなかにも南部氏に仕官した一族がいた。江刺氏は稗貫郡新堀《にいぼり》城（花巻市石鳥谷）、次いで和賀郡土《つち》沢《ざわ》城（花巻市東和）の城主となり、南部氏領国の南辺を守備している。

伊達政宗の支配下の岩谷堂城には、天正十九年桑折《こおり》政長が入城した。政長は桑折堰《こおりぜき》開削や湿地干拓を進めるなど、領地整備を推進した。文禄二年（一五九三）政長が朝鮮出兵中に釜山《プサン》において病没すると、城主は母帯越中《えっちゅう》、猪苗代長門《ながと》と続き、慶長七年（一六〇二）に古田重直《しげなお》、元和五年（一六九一）には増田宗繁《むねしげ》、元和八年（一六二二）に岩谷堂が伊達政宗の世子忠宗の御部屋領となり、城代として寛永二十年（一六四三）まで藤田宗和《むねかず》、その後は古内義重《よししげ》・義如《よしゆき》父子が在城した。万治二年（一六五九）古内氏が口内要害（北上市）へ移転すると、伊達忠宗《ただむね》の子岩城宗規《むねのり》（伊達宗規）が入城した。岩城氏は伊達氏の一門として伊達姓を名乗り、九代にわたり岩谷堂要害屋敷を治めた。明治二年（一八六九）岩谷堂要害屋敷は廃され、新政府に引き渡された。

【城の構造】　丘陵のもっとも高い場所に本丸、南西に中曲輪（仮称）、次いで二の丸へと続く。二の丸は江戸時代に岩谷堂要害屋敷の居館だったところで、南の外曲輪に面して水堀があり、桝形《ますがた》には大手門が構えられていた。中世の大手門は中曲輪の西側下、六日町方向に向いていたとされており、丘陵続きの六日町は城の外郭《がいかく》に含まれていた可能性もある。本丸は南北七五メートル、東西九八メートルの曲輪で周囲を高さ二メートルほどの土《ど》塁《るい》が囲んでいる。曲輪内の北東側が五〇メートル四方の広さで高くなっており、中世には本丸居館が存在した場所であろう。北西部の土塁には横矢掛けの突出部に館山八幡宮が鎮座し、土塁が広くなっており櫓台《やぐらだい》らしい。社殿のすぐ東側には延慶二年（一三〇九）の板碑《いたび》があり、少し離れて藤原経清《つねきよ》と清衡《きよひら》を祀る二清院がある。

また、本丸内には樹齢八〇〇年と言われる大銀杏が存在する。この城を平安時代後期の藤原経清、清衡二代の豊田館に擬する見解もあるが、それはともかくとして、板碑と大銀杏はこの城の創築の古さを物語っている。本丸の虎口《こぐち》は南西側中央に正門があり、東端に搦手《からめて》の平虎口がある。本丸正門はクランク状に張り出した位置にあり、正門への登り坂の南側に土塁を構え、北側には虎口を側面から防御する袖《そで》曲輪とでも言うべき平場が突き出している。この平場も土塁囲みであり、西側は空堀を挟んで中曲輪に面し、北西側の土塁は屏風折りとなって、一段下の帯《おび》曲輪、腰《こし》曲輪と間の坂道や虎口を見下ろしている。袖曲輪に続く本丸腰曲輪は本丸北側から東側、南東側を廻り、縁辺に土塁を築いていたので空堀《からぼり》状で

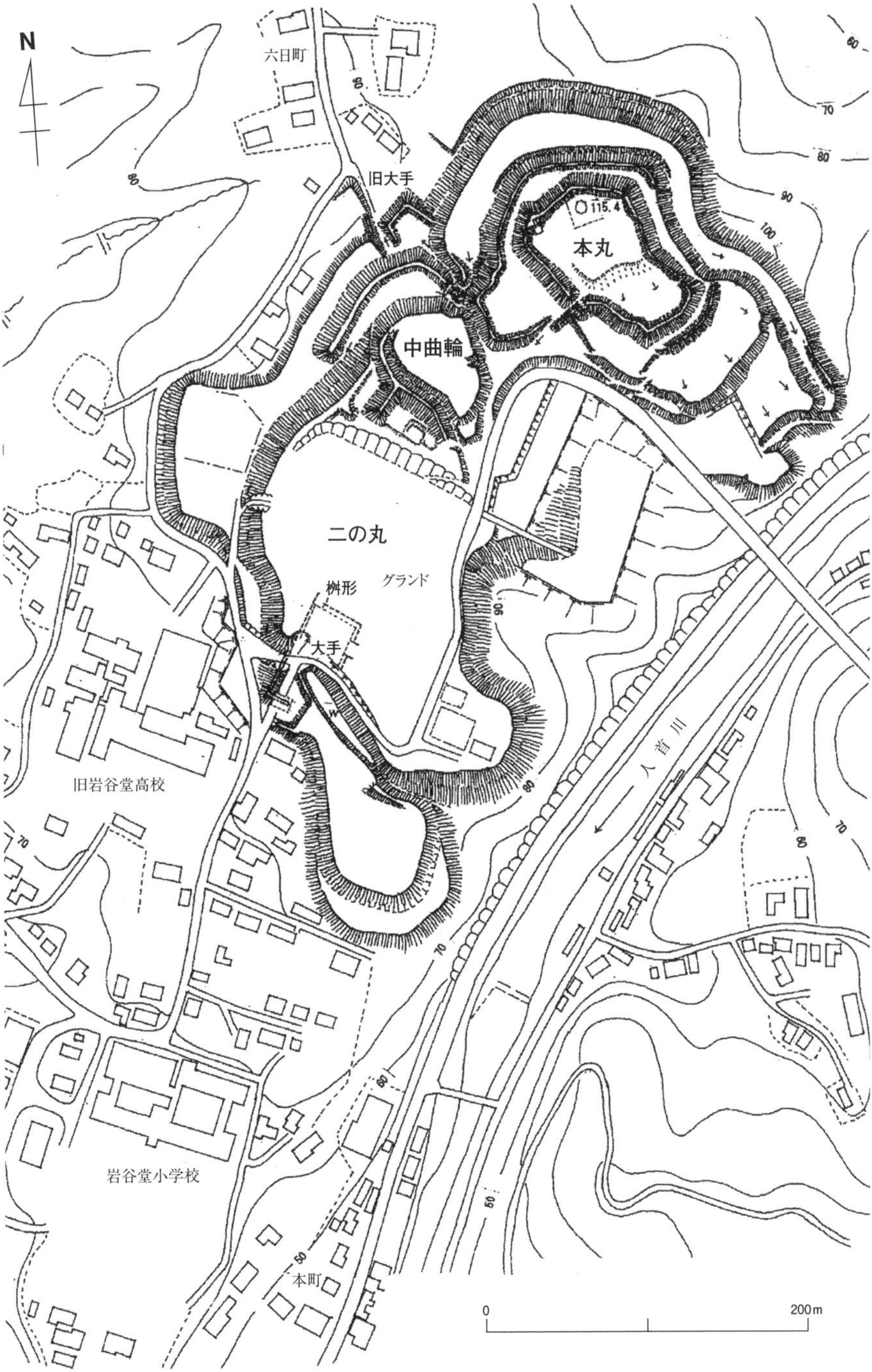

●—岩谷堂城縄張図（2013年　調査・作図：室野秀文　国土基本図（1：5000）を改変して使用）

ある。また本丸南東側にも外側へ傾斜した二段の広い平場があり、本丸北側二段目の帯曲輪が伸びて、二段の平場の東側まで取り巻いている。腰曲輪と帯曲輪の裾は空堀が廻る。本丸袖曲輪と中曲輪の間には空堀が有り、堀底道となっている。中曲輪の北側中腹に土塁囲みの腰曲輪があり、本丸北の帯曲輪とは同じ並びになっている。北西側の六日町からの道は中世の大手道《おおてみち》といわれ、現在館山八幡宮の参道である。虎口は本丸正門と同様に、道の西側に土塁、東側に方形土塁囲みの小郭《しょうかく》を構え、中曲輪下の腰曲輪と本丸北の帯曲輪の間を曲折し、中曲輪と本丸の袖曲輪間の堀底道に至る。

二の丸は中曲輪から一段低い南西側に広く造られているが、現状は野球グラウンドになっている。その北側に大きな段差があり、本来は北から南へ緩く傾斜した地形であったが、グラウンド造成時に削平したことがわかる。この時大手門の内桝形も埋められ、さらに外桝形についてもグラウンドへ登る車道が横断している。二の丸南側に残る水堀と、わずかに残る桝形土塁の一部を頼りに絵図と比較すると、外桝形は織豊系城郭によく見られる嘴《はし》状虎口であり、虎口先端の西側部分と東側土塁の段差が残存している。要害当時は先端喰《くい》違《ちがい》土塁の前面に石垣が存在したらしい。外桝形の奥には楼門の大手門があり、門を潜ると方形の内桝形に入る。内桝形法面《のりめん》の下部は石垣積みで、桝形北辺の西端に平門、東辺の中央には二柱門があった。この内部に入ると岩谷堂要害屋敷の居館であり、多くの建物が建ち並んでいた。二の丸の搦手門は北西側で、土塁の桝形が残存している。中曲輪の西側空堀に沿う土塁がそのまま二の丸北辺の土塁になっており、この土塁の西端が搦手門の桝形で、中曲輪北側の腰曲輪から登る道が到達している。市内江刺区の興性寺山門は岩谷堂要害屋敷搦手門を移築した門といわれている。

岩谷堂城は中世には江刺氏の本城として、江戸時代には仙台藩の要害屋敷として存続した。江戸時代岩城氏の要害屋敷は本丸、中曲輪など、山頂部分は使用されず、専ら二の丸居館が使用されていた。中世以来の本丸や中曲輪が実際のところいつまで機能していたのかは明らかではない。

【参考文献】えさし郷土文化館『北辺の城　岩谷堂城』(二〇一三)

(室野秀文)

●北上川舟運の要衝

白《しろ》鳥《とり》舘《たて》遺《い》跡《せき》

〔国指定史跡〕

〔所在地〕奥州市前沢区字白鳥舘・鵜ノ木田・浪洗
〔比　高〕二〇メートル
〔分　類〕山城（低地部）
〔年　代〕一四～一五世紀（一二～一四世紀）
〔城　主〕白鳥氏
〔交通アクセス〕JR東北本線「前沢駅」下車、徒歩四〇分。

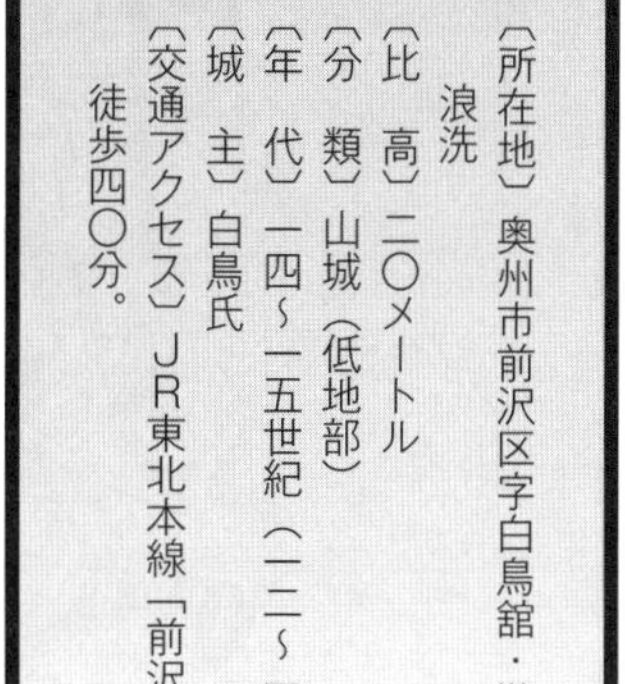

【北上川を一望に】　白鳥舘遺跡は、奥州《おうしゅう》市の南端、平泉町との境界付近に所在する。平泉町の北部を東西に横断する丘陵が北上川の右岸に接するところ、川に半島状に突き出した丘陵が白鳥舘遺跡である。遺跡付近は、東西に丘陵が迫る北上川の狭窄《きょうさく》部であるため、遺跡の北側では北上川が大きく蛇行する。JR東北本線平泉駅から前沢駅へ向かう途中、トンネルを抜けた付近から北東方向を望むと、北上川河畔に島状に浮かぶような遺跡を見ることができる。また遺跡の突端からは、崖を洗って大きく蛇行する北上川と、広大な平野が眼下に広がる雄大な景観が望める。

遺跡は、箱石橋《はこいしばし》付近から南北八〇〇㍍、東西四〇〇㍍の規模をもつ。このうち丘陵の北端部に中世城館の遺構がよく残されており、国史跡に指定されている。

【遺構の概観】　南北にのびる丘陵は、堀で大きく三つに区画されており、北から順に本丸、二の丸、三の丸と俗称されている。伝本丸の先端部は戦後の採石により失われているが、近世の地誌から伝二の丸とほぼ同規模であったことがわかる。伝本丸と伝二の丸は、堀と切岸《きりぎし》によって区画された平場で、標高が最も高い。その周囲には伝三の丸から同じ高さで続く平坦面があり、平坦面の下には、幅の狭い平場が二～三段めぐる。伝二の丸は南北九〇㍍、東西二五㍍で、西と北の縁に小規模な土塁《どるい》が残る。現在、伝二の丸にある白山《はくさん》神社は、伝本丸の先端にあったものを、採石の際に移転したものである。また、伝三の丸の南にも方形に区画された平場（平場B）があり、西縁には低い土塁が認められる。

【発掘調査から】 平成十五年（二〇〇三）度から前沢町（現奥州市）によって範囲内容確認のために行われた発掘調査で、地表観察からは分からなかった多くの事実が判明した。

●—白鳥城縄張図（調査・作図：室野秀文）

まず、城館の地形については、本来かなり幅の狭い丘陵であったものを切土《きりど》と盛土により平坦面を作り出し、現在見られる階段状の地形を造成している。採石で掘削された周囲は原状の改変が大きく、伝本丸の西に残る横矢《よこや》状の地形は採石時にできた地形であることも確認された。伝本丸と伝二の丸の周囲は堀がめぐっており、伝本丸下の平場Aから東へ抜ける通路にもなっている。伝二の丸の平場では東西棟の建物と多数の柱穴、掘り残し土塁が確認されたほか、現在も通路になっているところが虎口《こぐち》であることが明らかとなった。これに対し、伝本丸は柱穴がほとんど見られず、土塁跡も確認されないことか

●―伝本丸と伝二の丸間の堀

ら、主たる居住の場は伝二の丸であったと推定される。伝本丸については、かつて白山神社が鎮座していたことを考えると、聖地としての空間であった可能性が高い。さらに遺構には、二時期の遺構面や、堀跡・虎口に改修の痕がみられることから、新旧の二時期があると考えられる。

出土遺物は、白磁、青磁、瀬戸、常滑《とこなめ》、在地産陶器、信楽《しがらき》、瓦質《がしつ》土器、かわらけなど一四世紀後半から一五世紀のもので、ほかに一六世紀後半の染付が一点と、一一〜一二世紀の遺物がわずかに出土している。出土遺物から城館の年代は一四世紀後半から一五世紀中ごろに限定され、戦国期には使用されてないと考えられる。また二時期の遺構面の年代は、古い遺構面が一四世紀後半ごろ、いま地表で確認できる縄張は一五世紀中頃と推定される。一五世紀の遺構は、おおむね自然に堆積した土で埋まっていて、長期間にわたり放置されていた様子がうかがえる。なお平場Bでは一六世紀末の遺物が出土することから、戦国期の空白の後に屋敷的な空間として利用されたようである。

【城　主】　安永六年（一七七七）の『白鳥村《しろとりむら》風土記《ふどき》書出《かきだし》』には、安倍頼時《よりとき》の子、白鳥八郎行任《ゆきとう》の居所であり、天正年中まで白鳥治部少輔《じぶのしょうゆう》が居住したとある。『奥羽観蹟聞老志《おううかんせきもんろうし》』（一七一九）は天正中に岩淵《いわぶち》伊賀守居住と記すが、これは上白鳥《かみしろとり》地区に所在する六本松館《ろっぽんまつたて》の城主と混同した結果と考えられ、一五世紀ごろの白鳥館の館主は白鳥氏とするのが妥当であろう。

【中世前期の遺構群】　また白鳥館遺跡では、丘陵の館跡だけではなく、周囲の低地にも中世前期の遺構群が広がっていることが平成二十一年（二〇〇九）からの発掘調査によって確認された。

中世前期の遺構群は、丘陵南西の沼地付近から北上川河畔にかけての二〇〇メートル四方の低地の微高地上に広がる。微高地の中央部には、掘立柱建物群とかわらけ窯や鍛冶《かじ》遺構など手工業生産遺構からなる一二世紀から一三世紀前半にかけての遺構群が展開し、その北西部では溝で区画された内部に建物群や鍛冶遺構をもつ一四世紀中頃の遺構群が確認されている。さらに遺跡の北端の北上川河畔では、道路状遺構や方形《ほうけい》竪穴《たてあな》遺構などからなる一三世紀後半の遺構群が確認されており、一二世紀から一四世紀中頃にかけて拠点を転々と移動しつつ、低地が連綿と使われている様子が読み取れる。

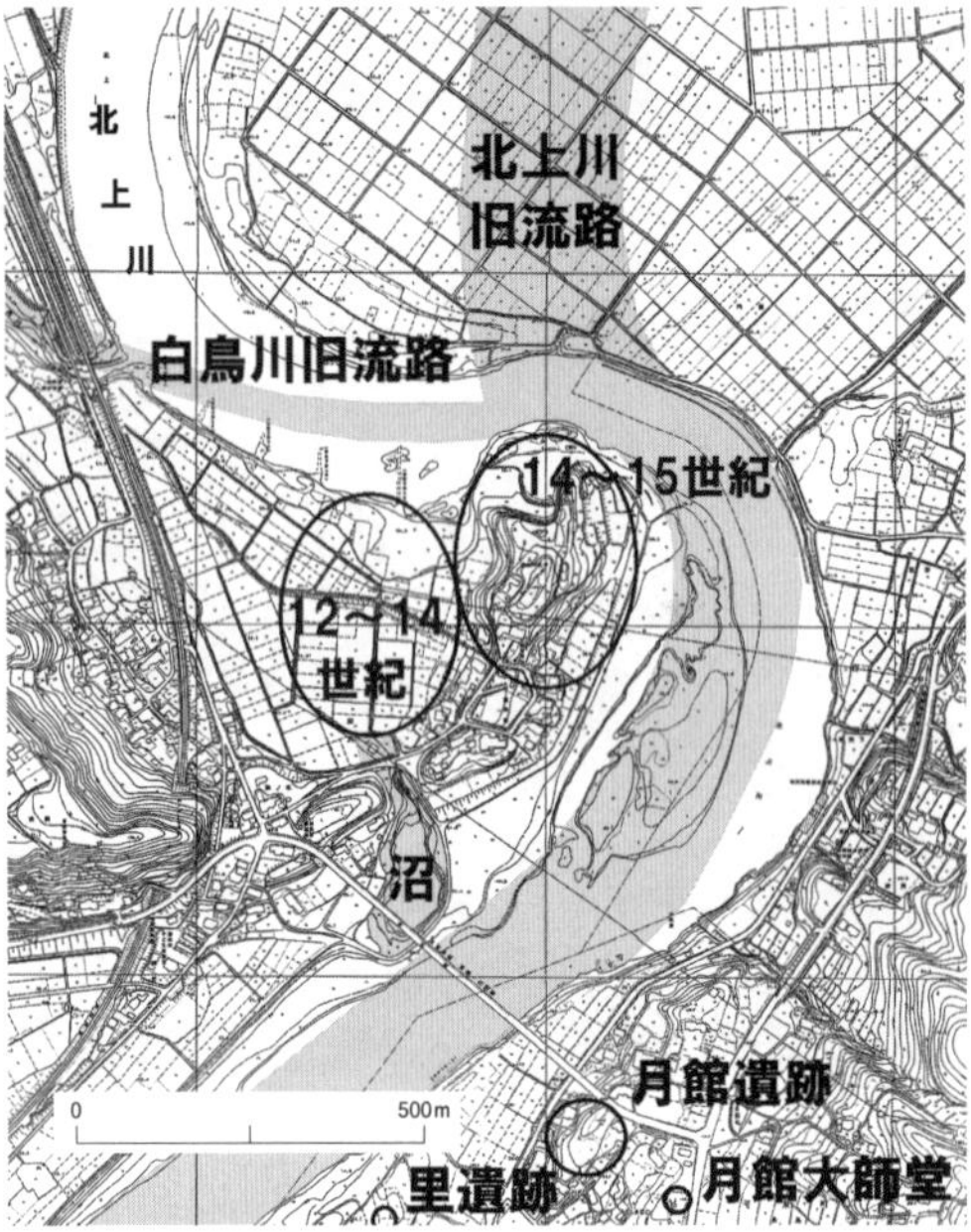

●—白鳥舘遺跡周辺全体図

低地の遺跡群には、かわらけ窯や鍛冶炉などの手工業生産遺構、倉庫と推定される方形竪穴遺構、道路などの遺構や、銅塊《どうかい》や数珠玉《じゅずだま》未成品、製鉄炉壁など手工業生産や流通を示唆する出土遺物があり、これらは中世前期を通じて継続的に認められる。このような遺構や遺物は、中世の湊や流通拠点とされる遺跡に見られるものであり、白鳥舘遺跡もこのような流通の拠点であったと思われる。

一四世紀後半には、低地の遺構群が途絶えてしまういっぽうで、丘陵には城館が築かれる。これは低地の遺構群が丘陵へ移転したためと考えられ、流通拠点という機能を維持したまま、丘陵へ本拠地を移し中世城館を築いたとみてよいだろう。

【北上川の川湊か】　中世前期の遺構群は、現在でも北上川が氾濫すると浸水するような場所に立地する。現在の北上川の流路は、半島状に突き出した丘陵部を川が取り巻くように西から南へと流れるため大規模な洪水に見舞われるが、北上川流路が描かれた最も古い資料である「下胆沢郡大絵図《しもいさわぐんおおえず》」（一六九九）には、丘陵に向かって真っすぐ南流し、丘陵の北麓で白鳥川と合流する現在とは異なる流路が描かれている。絵図の流路は近世の郡境と一致しており、絵図が当時の流路を正確に描いていることは間違いない。洪水堆積層が中世には見られないという発掘調査の所見からは、中世の北上川河道は絵図の流路と大きく変動していないと考えられ、中世には丘陵の北麓が北上川と白鳥川の合流点であり、低地部は白鳥川を少し遡った地点であったと思われる。また微高地の南には、北上川の落堀《おっぽり》とされる沼がある。両者ともに川船の停泊には最適な場所であり、白鳥舘遺跡は北と南に船着場を擁していたとみられる。

また遺跡から対岸にかけての河床は岩礁《がんしょう》であるため、北と南に船留めをもつ白鳥舘遺跡は、岩礁を避けて川を通行する場合の要地ともなっていたと考えられる。さらにこの付近は、近世には対岸への渡河点でもあった。対岸には、一二世紀からの聖地であり中世城館もある月舘《つきだて》遺跡や、一二世紀の手工業生産遺跡の可能性がある里《さと》遺跡などがある。川を挟んで類似する遺跡が対置することから、白鳥舘遺跡は中世以来、川の渡河点としての要地でもあり、陸上交通と水上交通の結節点として機能していたものとみられる。

【川の要衝地】 以上のことから、白鳥舘遺跡は、中世を通じて、川湊として流通に関わった遺跡といえる。一二世紀に平泉の川湊として利用が始まり、奥州藤原氏の滅亡後も廃絶することなく機能が引き継がれる。一四世紀後半には低地から丘陵へと拠点を移し、城館が築かれる。一五世紀には現在見られる城館に改築されるが、一五世紀半ばには城としての機能を失い廃絶する。これらは船留めの適地と陸上交通と水上交通の結節点という特質により川湊として機能していたとみられ、中世城館はこれらの機能を引き継ぐとともに、伝本丸にあった信仰空間を取り込んで成立したと推定される。戦国期に入り葛西《かさい》氏の一円支配が進むなかで、白鳥舘遺跡は河川交通の要衝としての機能を失うことにより城館が廃され、一般的な村と化していったと考えられる。

【参考文献】前沢町教育委員会『白鳥舘遺跡発掘調査報告書』第二～八次調査（二〇〇五～二〇一〇）、奥州市教育委員貝『白鳥舘遺跡第九次～第一五次発掘調査報告書　遺構・遺物編』（二〇一七）

（及川真紀）

●前九年合戦の舞台

鳥《との》海《みの》柵《さく》

〔国指定史跡「鳥海柵跡」〕

〔所在地〕金ケ崎町西根縦街道南、原添下、鳥海、二ノ宮後
〔比　高〕一〇メートル
〔分　類〕平城
〔年　代〕一一世紀前半～中頃
〔城　主〕安倍宗任（安倍頼良）
〔交通アクセス〕JR東北本線「金ケ崎駅」下車、徒歩二〇分。岩手県交通バス「城下」下車、徒歩一〇分。駐車場有

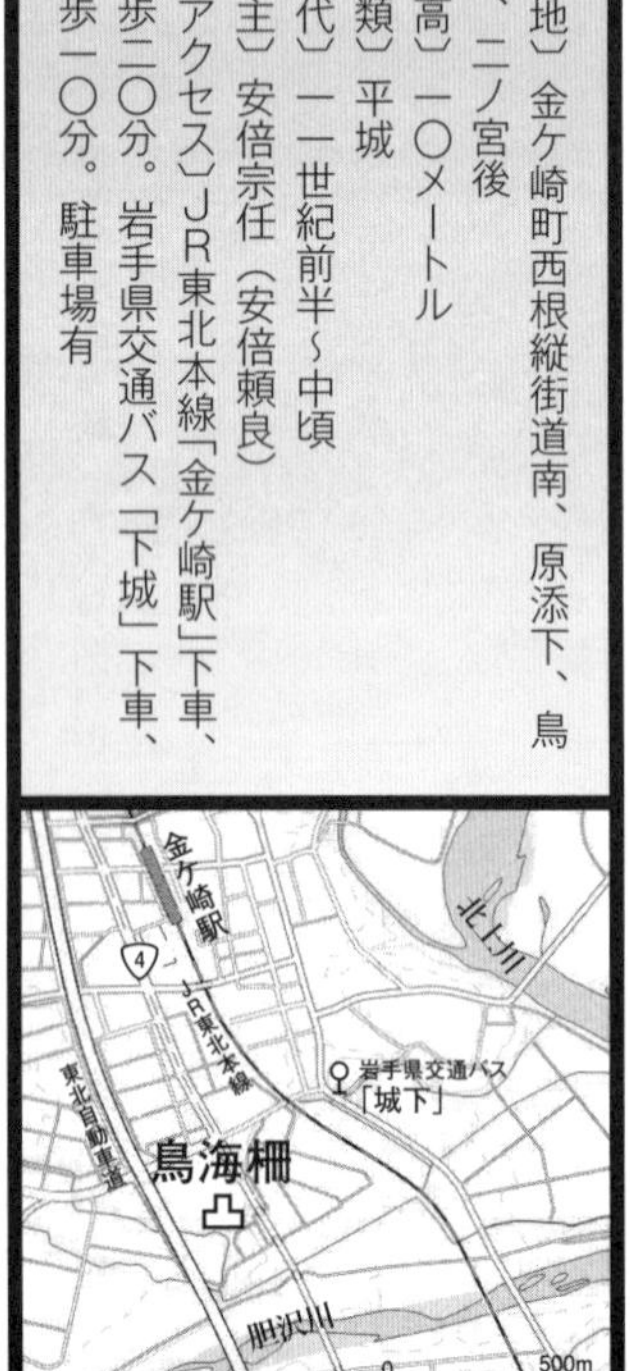

【沢で造られた巨大な堀】　国道四号線を北上し、胆沢《いさわ》川を渡って間もなく左を望むと段丘があり、そこが鳥海柵跡である。柵跡には沢による深さ一〇メートルの開析谷《かいせきたに》があり、巨大な堀を想像させる地形に圧倒される。現在は開析谷が二条残り底の一部に水が流れるが、近年まで三条あり台地は四つに分かれていた。発掘調査では、十和田火山灰降下（九一五年）頃に沢の規模が縮小して自然の地形が残ったことが分かり、掘削の痕跡が確認されず、人工の堀とは断定できなかった。しかし、開析谷の周囲からは、その地形に合わせた人工の堀、櫓《やぐら》状建物、柵等の跡が見つかり、堀として使用していたと想定され、地表で見ることができる唯一の遺構といえる。

【鳥海柵の存続時期と安倍氏】　鳥海柵は、一一世紀中頃に陸奥国奥六郡（岩手県奥州市から盛岡市までの範囲）で起こった前九年合戦に登場する。本柵（城）の主は、『陸奥話記《むつわき》』に安倍頼良《よりよし》（のちの頼時《よりとき》）が「還鳥海柵死（鳥海柵に還りて死す）」とあり、頼良であった可能性がある。また、『吾妻鏡』に「鳥海三郎宗任《むねとう》」とあり、その三男宗任の柵であったとされる。安倍頼良は『陸奥話記』（国立国会図書館本）に「六箇郡之司」、五位の位階の安大夫《あんだいふ》とあり、胆沢城の在庁官人（在地で国司が任命する官人）であった。六箇郡は、延暦二十一年（八〇二）坂上田村麻呂造営の胆沢城（のちに多賀城から鎮守府移行）管轄の奥六郡で、陸奥国中部に中央政府が置いた胆沢、江刺、和我《わが》、斯波《しわ》、稗縫《ひえぬい》、岩手の六つの郡の総称をいう。

安倍氏は中央政府の政策転換により、胆沢城の中央政府の官人に代わって、奥六郡を治めるようになった。その拠点として、北上川流域に厨川柵《くりやがわのさく》や鳥海柵等の複数の柵を築き、一族を配置した。柵のうち、石坂柵と小松柵は衣河関《ころもかわのせき》の外、つまりは奥六郡以南の多賀城管轄領であり、関の外まで勢力拡大したことが、国府多賀城と軋轢を生じ、前九年合戦が起こったとされる。

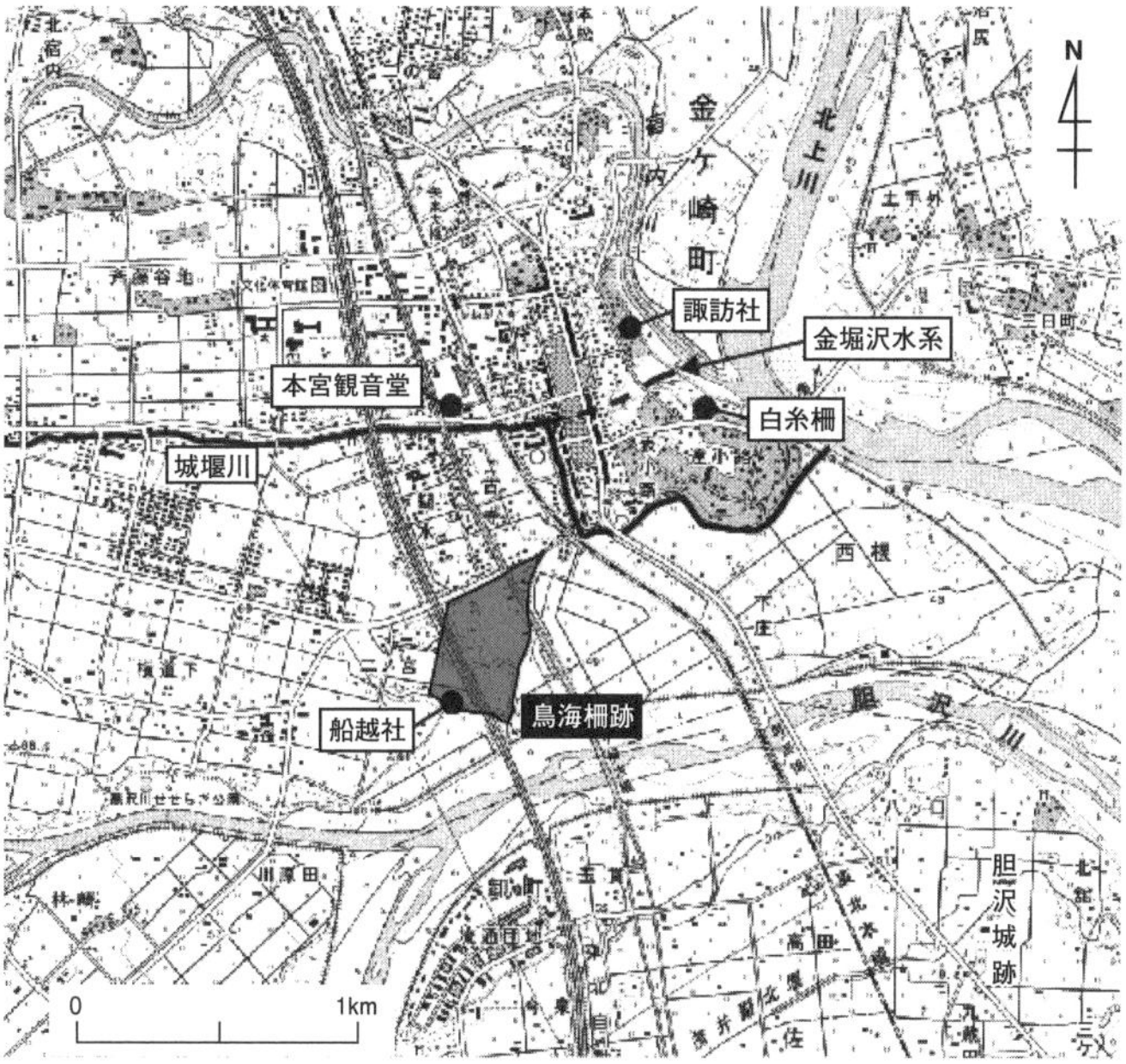

●—鳥海柵位置図（鳥海柵跡発掘調査報告書 掲載図に一部加筆）

築城時期は不明だが、発掘調査の結果で前九年合戦以前の一一世紀前半から使用されていたことが明らかとなっている。「一一世紀に安倍氏の鳥海柵・楯を中心とした奥六郡の支配が原型となって、一二世紀には藤原氏の平泉館を中心とした陸奥・出羽の支配が行われるようになり、さらに一三世紀は鎌倉の幕府御所を中心とした東国の支配へと発展していったのである。（中略）地域が主体となる中世の社会は鳥海柵から

●—沢で造られた巨大な堀　第二沢（東から　八重樫純撮影）

●―縦街道南区域の掘立柱建物跡（北から）
（金ケ崎町教育委員会提供）

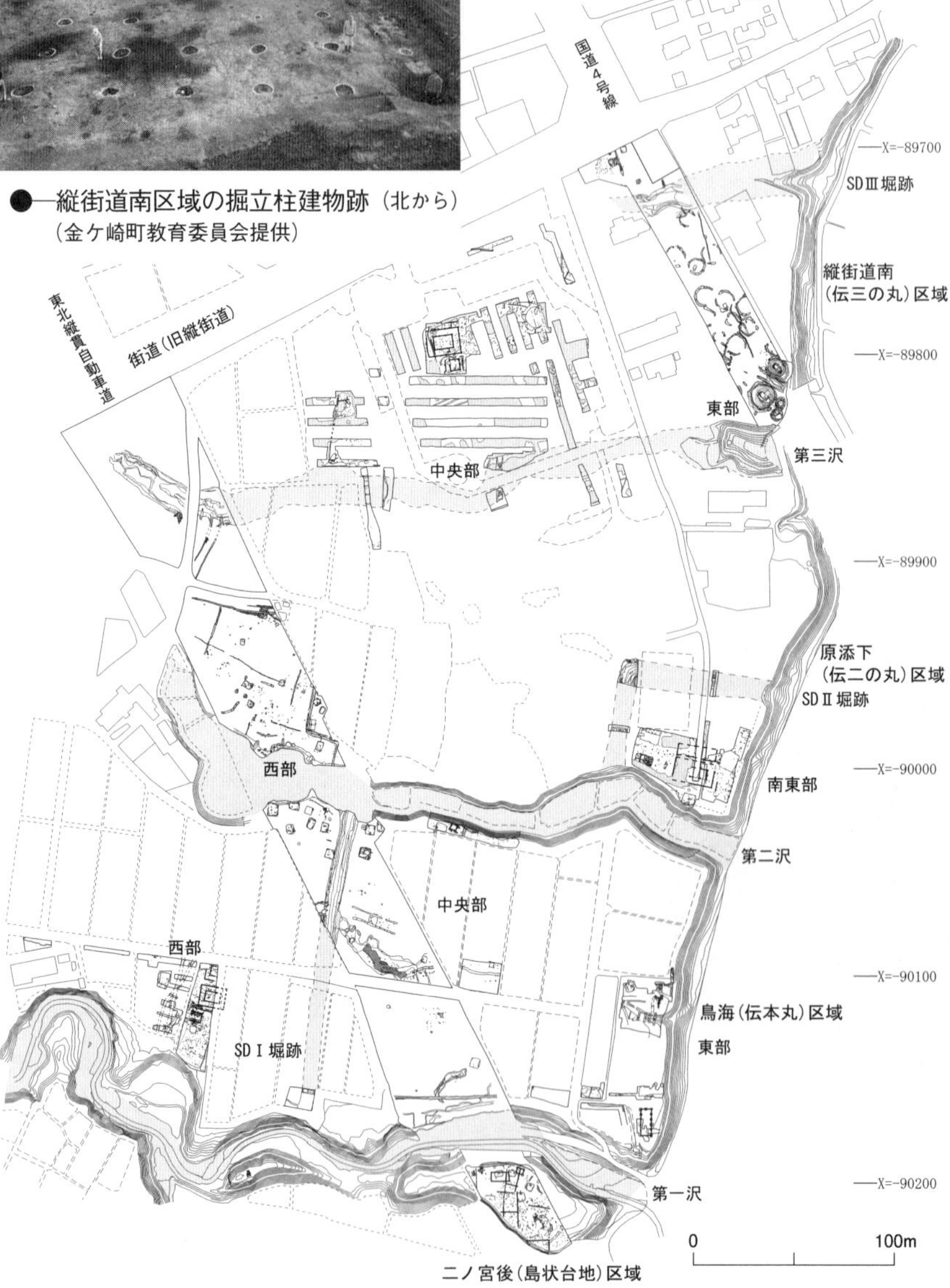

●―鳥海柵跡全体の遺構配置図

始まったといっても過言ではなく、地方分権の発祥の地は金ケ崎にあった。」との考えが五味文彦から示されている。

【前九年合戦】 前九年合戦の始まりは永承六年頃の鬼切部《おにきりべ》の戦いで、陸奥守藤原登任《ふじわらのなるとう》ら国府軍は安倍頼良を攻めたが、安倍氏は大勝した。同年、陸奥守に任命された源頼義が赴任したが、大赦《たいしゃ》で罪を許された安倍頼良は頼義に恭順を誓って名を頼時と改めた。しかし天喜元年（一〇五三）に頼義が鎮守府将軍を兼任、天喜四年（一〇五六）に阿久利河《あくりがわ》で人馬殺傷事件が起こった。頼時は息子貞任に嫌疑が掛けられて身柄を引き渡すように迫られたため、衣河関を閉じて再び合戦へと発展した。天喜五年頼時は鳥海柵で亡くなるが、貞任、宗任を中心に激しく戦った。康平五年（一〇六二）頼義の要請を受けた出羽国の清原武則《きよはらのたけのり》が一万余の兵を率いて加勢し、厨川柵で安倍氏は滅ぼされた。このとき、宗任は捕えられ、九州へと流された。

【鳥海柵跡の立地、範囲】 鳥海柵跡は夏油川《げとうがわ》によって形成された金ケ崎段丘の南東端で、北上川とその支流胆沢川の合流点が東南東方向約二・五キロにあり、東と南はその二つの河川によって囲まれる。範囲は南と東が段丘縁までと考えられるが、北と西が地形では判断しがたい。大正末年頃作製「鳥海柵見取図」を参考に旧公図や過去の調査と比較検討した結果、同見取図の中で北側に記載される道「縦街道」を境に字名が分かれ、過去の発掘調査では字境の北側から遺構が確認されなかったことから北境とした。西側も同見取図の旧道、字名、遺構の有無を根拠に西境とした。その規模はおよそ南北五〇〇、東西三〇〇メートル。範囲内の四つの台地は字名により北側から「縦街道南」「原添下」「鳥海」「二ノ宮後」区域とした。

鳥海区域の南東端は、胆沢川を挟んで約二キロ南東方向に胆沢城が望める位置にあるが、現在は胆沢川の堤防があり、全く見えない。しかし、かつては胆沢城が見え、逆に胆沢城から標高が約一〇メートル高い鳥海柵の段丘縁は見えても、その中を知ることはできなかったと想定される。鳥海柵を襲った鎮守府将軍源頼義が語った「頃年聞鳥海柵名不能見其體《数年に亘り鳥海柵の名を聞いていたが、その姿を見ることができなかった》」が、そのことを物語る。

【鳥海柵への交通路、入口の検討】 頼時は奥六郡以北で離反した安倍富忠《とみただ》の説得に向かうが合戦となり、流矢で負傷し鳥海柵に還って亡くなった。頼時が北上川から上がった場所は旧諏訪社（金ケ崎神社）付近で、同社のある白糸《しらいと》遺跡は一族の白糸柵との伝承がある。その西にある本宮観音堂は源義家が陣を敷いた場所と『風土記御用《ごよう》ニ付書上《かきあげ》控』に記される。

●—紙本著色前九年合戦絵詞「重陽《ちょうよう》の節供《せっく》に安倍貞任、将軍を奇襲する」（国立歴史民俗博物館所蔵）

本宮観音堂の南を東西に流れる城堰川《じょうぜきかわ》の東延長上には金堀《かねほり》沢《さわ》水系、その北に旧諏訪社が位置する。城堰川は江戸時代に金ケ崎要害の堀とするため南に曲折して造成されたもので、伝承と地形から城堰川と金堀沢水系は前九年合戦時に直線に繋がり、縦街道とともに鳥海柵への交通路や北の防御の役目を担っていたと想定される。また、本宮観音堂の真南には鳥海柵の二ノ宮後区域に鎮座する船越明神社がある。同社には舟で源頼義らを渡らせたとの伝承が残り、胆沢城側からの入口が考えられる。同区域は鳥海柵南端に位置し、鳥海区域の南面を防御する土塁の様相を呈している。その南には田園風景が広がるが、胆沢川の堤防が築かれるまでは川の氾濫原で、段丘下まで川水に浸っていたと想定され、「殿様に会うために南から同社まで舟で渡ってきた」との言伝えが残る。その地からの眺望は自然の要害を意識することができる。

【鳥海柵の始動期と安倍忠頼、忠良】　鳥海柵の築城時期は一一世紀前半と考えられ、縦街道南区域で大型の建物が造られる。東西三間、南北二間の四面に廂が付く掘立柱建物で、全体の規模は南北一二・四九メートル、東西一五・九八メートル、総床面積が約二〇〇平方メートル。床張りで、北面廂《ひさし》の柱列付近から碁石を模した水晶や円形土製品が見つかり地鎮祭が行われた可能性がある。また銙帯《かたい》の鉸具《かこ》等が出土し、官人安倍氏の存在が伺える。建物の南側からは方位や柱列の軸線がほぼ揃う掘立柱建物（一×二間）が見つかり、一体の建物の可能性がある。この建物を中心施設とし、大規模な人工の堀はなく、沢等の自然地形を利用して柵列や塀で区画しながら、原添下区域西部、鳥海や二ノ宮後の区域を使用していた。二ノ宮後区域は竪穴建物跡、鍛冶工房があったと想定される。

頼良の父忠良《ただよし》は長元九年（一〇三六）陸奥権守に任じられた「安倍忠好」と同一人物（戸川一九九九）で、在地の長ではなく中央政府の官人であったと考えられ、本時期にあたる。また頼良の祖父忠頼《ただより》の「威名大いに振い部落みな服す」時期とも考えらえる。安倍氏が胆沢城の在庁官人として奥六郡を統治し始めた時期で、鳥海柵の始動期と想定される。

【軍事的性格を強めた「鳥海柵」】 一一世紀中頃、鳥海柵は大きく変革する。原添下区域の南東部には、L字状の堀で区画された方形小区画の中に、四面廂付と廂無の掘立柱建物、竪穴建物三棟が建てられていた。堀は最大で幅一二・〇四メートル、深さ三・二メートルである。四面廂付きの建物跡の規模は東西二〇メートル以上、南北一一メートルで、この時期最大である。竪穴建物跡から鉄滓が出土し鍛冶を営んでいたと考えられる。その西からは柵等で区画された空間にロクロ土器生産の跡や焼土遺構、鋳型片が見つかり、土器や鋳物の生産が行われていた可能性がある。段丘下からは土師器《はじき》が大量に出土し、廃棄の場であったと考えられる。小区画の南の鳥海区域には大規模な直線状の堀が南北に掘削され、南北約一四〇メートル、東西約一七〇メートルの大規模な方形区画が造られていた。堀は最大で幅八・八メートル、深さ三・二メートルで、両側に土盛、堀の西面壁に柵が造られていたと考えられる。区画内には北側縁に遮蔽施設の柵と櫓、南側縁には通用口を有する塀が廻らされ、南東隅には掘立柱建物が設けられていた。二ノ宮後区域は掘立柱建物、櫓、柵、塀が配されていた。他に、鳥海区域西部からは三棟の掘立柱建物、柵列、門の跡が見つかっている。

この時期は安倍頼良、貞任、宗任によって勢力が拡大され、前九年合戦の起った時期と考えられる。康平五年九月一一日、頼義ら官軍は鳥海柵を襲った。『陸奥話記』には「柵中一屋醇酒数十甀《柵の中の一つの建物に芳醇な酒が数十甕あった》」以外、構造の描写はない。代わりに厨川柵には二面が河で遮られ「隍《ほり》」「楼櫓《ろうやぐら》」「柵《さく》」があったと記され、発掘調査で明らかとなった鳥海柵の構造とよく似ている。双方とも「城」とあり、鳥海柵は一一世紀中頃に軍事的性格を強めた城館になったと考えられる。

安倍氏の拠点は『陸奥話記』に記される一二の柵のうち鳥海柵のみが特定されており、中世の始まりを文献と比較研究しながら明らかにできる遺跡として重要である。

【参考文献】 金ケ崎町教育委員会『鳥海柵跡 平成二一・二三年度発掘調査報告書』（二〇一三）、五味文彦『地方分権の黎明 鳥海柵跡』（金ケ崎町、二〇一一）、戸川点「前九年合戦と安倍氏」十世紀研究会編『中世成立期の政治文化』（東京堂出版、一九九九）、工藤雅樹『平泉への』道（雄山閣、二〇〇五）

（浅利英克）

●胆沢郡最大の城館

大《おお》林《ばやし》城《じょう》

〔金ケ崎町指定史跡〕

〔所在地〕金ケ崎町永栄柏山館
〔比　高〕約三八メートル
〔分　類〕山城
〔年　代〕一三～一六世紀
〔城　主〕柏山氏
〔交通アクセス〕JR東北本線「金ケ崎駅」下車、徒歩約四〇分。東北自動車道水沢ICから車で約二〇分。駐車場有

【美称「舞鶴館」】　岩手県道永沢《ながさわ》・水沢《みずさわ》線を北上し、胆沢《いさわ》川を渡ると、かつて舞鶴館《まいづるだて》と呼ばれた丘陵が見える。県道の東脇の頂上部は鶴の胴体にあたる本丸柏山館《かしわやまだて》、西翼が二の丸松本館《まつもとだて》、東翼が東外郭で、東と西になだらかに下る様相は、まさに翼を広げる鶴のようである。寛延四年（一七五一）「増補行程記《ぞうほこうていき》」にも舞鶴館と記される。この館名は大林城の美称で、胆沢川と永沢川の間を北東に楔《くさび》状に延びた永栄《ながさかえ》丘陵の先端部に立地し、城と城下町全体が堀や段丘の断崖で囲まれる。規模は南西から北東に約一三〇〇メートル、南東から北西に二〇〇～五〇〇メートル、面積約三三万平方メートル。このうち城は谷《たに》頭《がしら》状の大きな沢を取り囲むように、東が柏山館と三の丸、生《しょう》城寺館《じょうじだて》、西が松本館とした包谷式《ほうこくしき》で個々の館が堀で囲まれる。これに柏山館の東の外郭を含んだ全体は幅一〇メートル前後の大規模な堀と外側に沿った土塁《どるい》で囲まれる。規模は東西約四七〇メートル、南北約三二〇メートル、面積約一一万平方メートルで胆沢郡最大の居城であり、胆沢郡主にふさわしい。

【胆沢郡主柏山氏】　文治五年（一一八九）奥州合戦で、源頼朝が奥州藤原氏を攻め滅ぼし、葛西清重《かさいきよしげ》に陸奥国御家人奉《むつこくごけにんぶ》行《ぎょう》を命じ、岩手県南から宮城県北の五郡二保《ごぐんにほ》を与えた。葛西氏家臣として胆沢郡を治めたのが柏山《かしやま》氏である。柏山氏の由来は平姓千葉氏を祖先とし複数の説が伝わる。「長坂《ながさか》千葉氏系図」等には奥州合戦の際に軍功を立て奥州地方の所領を与えられた千葉常胤《つねたね》（または頼胤《よりたね》）の六子（千葉六党）が各地城主となり、常胤が胆沢郡百岡《ももおか》城から東山の長坂（唐梅）城

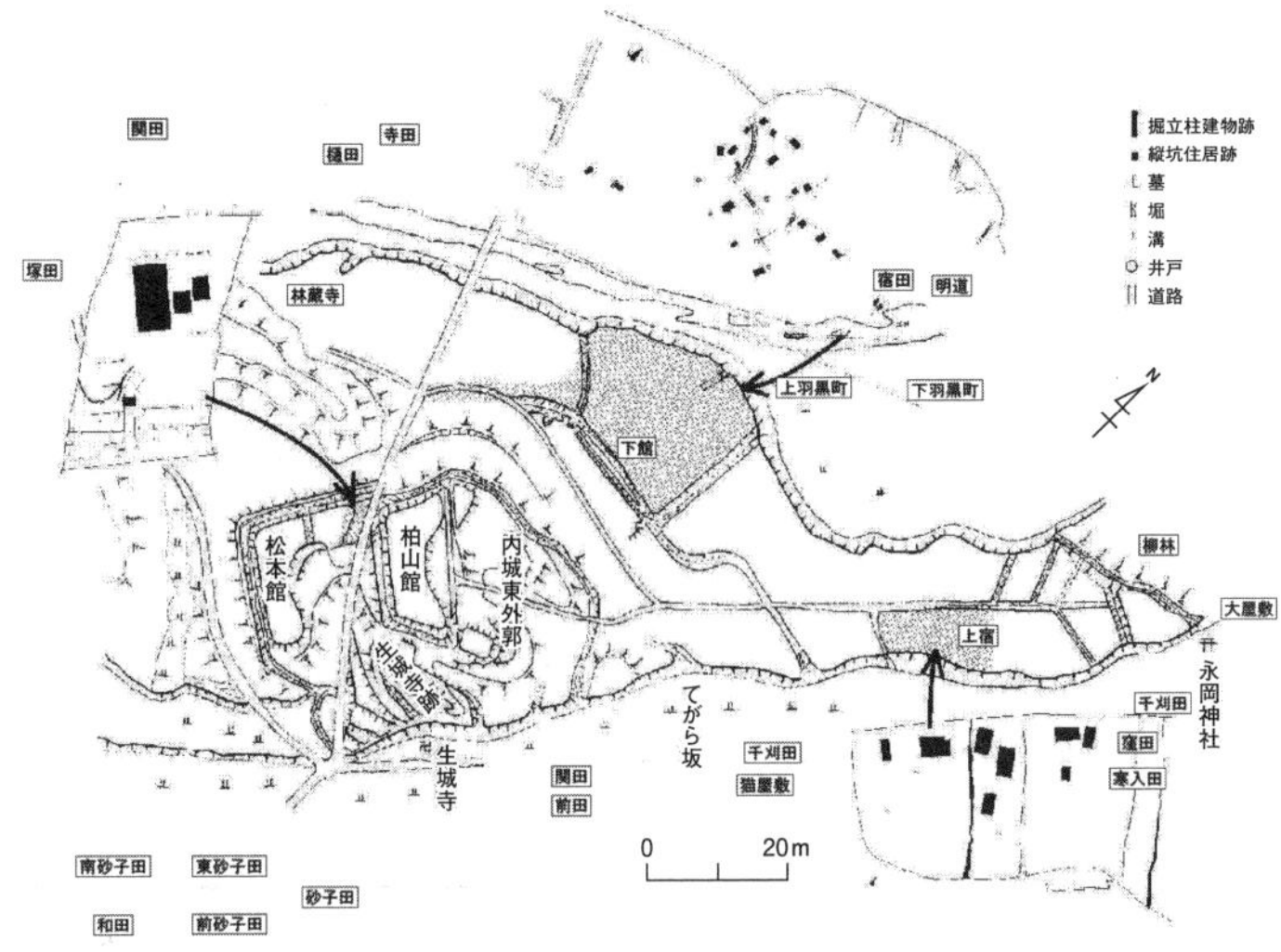

●—大林城の城と城下町全体の見取図（岩手県埋蔵文化財センター発掘調査報告書 掲載図に一部加筆）

に移住し、百岡城主となった次男胤広《たねひろ》（百岡二郎）が柏山氏の祖とある。この常胤は頼朝が奥州出兵に使用する旗の準備を命じた千葉常胤であろうか。また「参考諸家系図」には平兼盛《たいらのかねもり》末裔明廣《あきひろ》が頼朝から胆沢郡を賜って郡主となり上胆沢大森城（大林城か）に居城、柏山氏に改めたとある。安永五年（一七七六）「真言宗功徳山観音寺書出」では平清盛《きよもり》末裔とある。

康永元年（一三四二）「石塔義房《いしどうよしふさ》書状」には柏山氏が葛西氏を頭越しに北朝方奥州管領から軍勢催促状を受けて活躍、文和四年（一三五五）「大炊介経盛《おおいのすけつねもり》書状」には南朝方の柏山氏が敗北のため上胆沢の一部を幕府直轄領（料所）として没収されたことが記される。応仁二年（一四六八）の薄衣美濃《うすぎぬみの》入道《にゅうどう》書状「薄衣状」によると、柏山伊予守重朝《しげとも》の拠点は「寺蜘《てらくも》（細越城《ほそごえじょう》）」「伊沢大林」とあり、この時期までに大林に城があったと考えられる。天文三年（一五三四）には三戸《さんのへ》南部《なんぶ》氏の金ケ崎侵攻を撃退し、天正九年（一五八一）には柏山氏の内紛で長男明国《あきくに》と次男明宗《あきむね》とが争って勝利した明宗が家督を継いでいる。天正十八年、豊臣秀吉が小田原の北条氏を攻め滅ぼし、参陣しなかった者は所領没収となり、柏山氏も明宗のとき奥州仕置により主君葛西氏とともに領地を没収され、大林城を追放されることとなった。

【今も残る大手道と城下町】台地東端の永岡神社付近から南西に折れて台地中央をほぼ直線で横断し、東虎口《こぐち》から柏山館に到る道がある。これは上宿からの大手道（城内中軸路）である。過去四度にわたる発掘調査のうち第一次調査では上宿

●—城全体の見取図（本堂寿一作図『金ケ崎町史1』より）

地域から北東端の堀跡の一部、溝や掘立柱建物の跡、第三次調査では農道の南から溝で区画された中に掘立柱建物跡が検出され、上宿地域には大手道の両側に三四区画程の屋敷地が並び、家臣団の城下町が形成されていたと想定される。また、東段丘下には、「猫屋敷《ねこやしき》」の字名《あざな》が残り、城館の麓に発達した集落「根小屋《ねごや》」があったと考えられる。

【「柏山館」と「松本館（半入館《はんにゅうだて》）」】 柏山館は、東側中央部に窪地を有するコの字状で、規模が南北二〇〇～二八〇メートル、東西四五～一五〇メートル、面積約一四〇〇〇平方メートル。上宿から続く大手道がこの窪地まで直線状に達しており、本館への大手虎口（正面入口）があったと考えられる。周囲は幅一〇～一五メートル、深さ四～七メートルの堀で囲まれ、湧水をもって部分的に水堀とした可能性が考えられる。大手道は途中で北に分かれ、堀を土橋《どばし》で渡って外構えの下館地域へと入る。永沢川方面から北の虎口に入る道が今も残り、虎口の外には堀を渡る土橋、約一〇メートル四方の桝形《ますがた》があり、搦手《からめて》虎口（裏口）と考えられる。

二の丸の呼称は、伊達政宗家臣の松本氏の居館であったことから松本館や、柏山氏重臣で胆沢川対岸の半入屋敷当主石川氏の城内屋敷があったことから半入館とされる。形状は「くの字」状で、規模は最長で東西約一一五メートル、南北約一五五メートル、面積約九〇〇〇平方メートルである。北から西、南側にかけて幅一〇数メートルの堀で囲まれる。

柏山館と松本館の間には、東西約六〇メートル、南北約三三メートルの方形状の独立郭（①）がある。両館とは東が幅約一〇メートルの堀、西が幅約四メートル、深さ約一メートルの小規模な堀で隔てられているが、柏山館とは土橋で接続し松本館との連絡郭《れんらくかく》として機能を果たしていたと考えられる。独立郭の東部を通る県道の拡幅にともない行われた第四次調査では、独立郭の北側で城全体を巡る幅約一七メートル、深さ七・八メートルの薬研堀《やげん》の空堀《からぼり》を検出した。南も堀で区画され、土橋や木橋《きばし》、門が設けられていた。内部からは、塀や垣根、掘立柱建物、竪穴建物の跡が検出された。

出土遺物は宴での使用が想定される数多くのかわらけ、経済力を示す中国製の大型盤や香炉等、茶の湯に用いる天目《てんもく》茶碗や天目台がある。よって、宴が催される柏山氏重臣屋敷の存在が伺える。遺物から想定される時期は史実より若干新しく、一五世紀末には機能し、最盛期は一六世紀とみられる。

【生城寺館と駒形塔、柏山壇】　生城寺《しょうじょうじ》館は、承応二年（一六五三）開基の生城寺がこの地にあったことによる呼称である。形状は弓張状で、規模は頂部一帯で南北二〇～一五〇メートル、東西二二～一〇〇メートル。西側から南側にかけて幅約一〇メートル、深さ約六メートルの堀が存在する。

●―柏山壇（金ケ崎教育委員会提供）

生城寺館の南東部には石碑駒形塔《こまがたとう》がある。宝暦十三年（一七六三）「風土記 百岡村」にある「駒形明神」の跡とみられる。『柏山家先祖并系統』には、天正十六年（一五八八）頃、柏山明宗《あきむね》が重陽《ちょうよう》の節句の鎮守駒ケ岳《こまがたけ》の御駒《おこま》降ろしの祭礼を欠席した重臣前沢《まえさわ》城主三田左衛門一家を逆臣として滅ぼしたとあり、柏山氏が駒形神を大切に祀っていたことがうかがえる。

駒形塔の東には柏山壇と呼ばれる塚があり、その上の石碑には三日月に丸星の紋が刻まれる。前述の風土記にある古塚「柏山伊勢守殿御先祖之石塔」は「石塔江月星之紋所御座候」とあることから、柏山壇を記したと分かる。この紋は柏山氏の祖千葉氏家紋であり、安永五年「風土記御用書出」にも同様の古塚が柏山伊勢守先祖の墓とあり、柏山氏先祖を弔うために築かれたものと考えられる。寛文七年（一六六七）「千《ち》葉介《ばのすけ》平《たいらの》広胤《ひろたね》書状」では長坂城主一門広胤が荒廃した千葉一族の墓所の復興を望んでおり、柏山壇は復興を望む広胤が千葉氏の流れを意識して建立した可能性がある。生城寺の北側約三〇〇メートル付近にある「てがら坂」は柏山氏が戦いに勝利した際に、この坂を上がって大林城に凱旋したと地元の人達が伝えている。柏山氏の歴史はその一族を偲ぶ人々によって長い間語り継がれてきたことが分かる。

【参考文献】『金ケ崎町史1』（金ケ崎町、二〇〇六）、金ケ崎町教育委員会「金ケ崎町指定史跡大林城パンフレット」（二〇一二）

（浅利英克）

●平泉藤原氏拠点の館（平泉館）

柳《やなぎ》之《の》御《ご》所《しょ》遺《い》跡《せき》

〔国指定史跡〕

〔所在地〕平泉町平泉字柳御所
〔比　高〕三メートル
〔分　類〕平城
〔年　代〕一二世紀
〔城　主〕奥州藤原氏（藤原秀衡ほか）
〔交通アクセス〕ＪＲ東北本線「平泉駅」下車、徒歩一〇分。ＪＲ東北新幹線「一関駅」下車、車で一五分。

【北上川のほとり】　柳之御所遺跡は平泉町中心部の東端にあり、北上川西岸の河岸段丘上に立地する。遺跡に立つと北上川の東には穏やかな山容の束稲山《たばしねやま》が山裾を広げている。往時の束稲山の桜の景色はことに優れ、平泉を訪ねた西行は「ききもせず　たわしねやまのさくら花　吉野の外にかかるべしとは」と詠じた。

遠く北西に経塚山《きょうづかやま》などの焼石《やけいし》連峰を望み、間近には地続きの高館《たかだち》の丘、奥に中尊寺の関山《かんざん》丘陵、金鶏山《きんけいざん》、毛越寺《もうつうじ》の塔山《どうやま》と平泉の遺跡をおりなす低い山並みが西に連なっている。ゆったりと流れる北上川は海抜標高一七メートルで約七〇キロを緩やかに南下して石巻で太平洋に注ぐ。柳之御所には近世にお蔵場があり、「船戸」と称され舟運が盛んであった。

【平泉藤原氏】　一一世紀後半にみちのく北部で起きた前九年合戦、後三年合戦をへて覇権を握ったのは、平泉藤原氏の初代藤原清衡《きよひら》である。清衡は本拠地を江刺郡豊田館《とよだのたち》（現奥州市江刺区）から平泉へ移した。一二世紀初めのことである。以来、二代基衡《もとひら》、三代秀衡《ひでひら》にわたり、仏教をもって人心を治めみちのくの平和と安定そして平泉の繁栄を築いた。しかし四代泰衡に継がれてまもなく源頼朝率いる鎌倉軍に滅ぼされ、わずか一〇〇年足らずで潰えた。

【平泉館】　室町時代の幸若舞《こうわかまい》「八島《やしま》」では源義経の居館を「やなぎのごしょ」としている。近世の地誌では柳之御所は清衡基衡の居館であったが今は川の底になったと伝えていた。

堤防バイパス事業に伴う大規模な発掘調査が昭和六十三年（一九八八）より開始され、館の姿を現した遺跡の内容は想像をはるかに越え、保存を求める声が高まった。平泉遺跡群調査指導委員会（藤島亥治郎委員長）は柳之御所を平泉藤原氏の政庁平泉館《ひらいずみのたち》であると見解を示した。これを受けた建設省の大規模な計画変更の決断により平成五年に保存が決定され、平成九年（一九九七）に国史跡に指定された。北上川の河道を東に移して西岸沿いを埋め立てて築堤するという大胆な河川改変工事で、遺跡の保存と治水事業が両立した。

●—整備された柳之御所遺跡（園池から東稲山を望む）

岩手県教育委員会が指定後に発掘調査を継続しており、整備も進められて平成二十二年に史跡公園として暫定開園し公開されている。

平泉館についての記述は『吾妻鏡』（文治五年〈一一八九〉九月十七日条）に「金色堂《こんじきどう》の正方、無《む》量光院《りょうこういん》の北に並べて宿館を構う、平泉館と号す、西木戸に嫡子国衡《くにひら》の家あり、同じく四男隆衡《たかひら》の宅これに相並ぶ、三男忠衡《ただひら》の家は泉屋の東にあり、無量光院の東門に一郭を構う、加羅御所《からのごしょ》と号す、秀衡の常の居所なり、泰衡これを相継ぎて居所となす」（原漢文）とある。宿館平泉館は儀式や宴会を執り行う政庁と考えられる。柳之御所は幅一〇メートル、深さ三メートルの巨大な堀に囲まれた館跡である。北上川と猫間《ねこま》が淵《ふち》という低地に挟まれて要害化した細長い河岸段丘上に立地する。推定全長五〇〇メートルにおよぶ堀跡に囲まれた約四万平方メートルの面積の堀内部地区と、高館裾野側の堀外部地区とに分けられる。

【堀　跡】　昭和六十三年の初年度調査で幅一〇メートルの堀跡が姿を現した。平成二十六年までの調査で堀の実態はだいぶ明らかになった。とはいえ五〇〇メートルの長大な範囲の全体でみれば未だ一部の調査に過ぎない。内堀と外堀が六～七メートルの一定距離を隔てて平行しており二重堀の様相を呈する。

各堀の断面形状は地点によって異なる特徴をもち地形的な条件に制約されたと推定される。内堀については最下層に一二世紀第4四半期頃の遺物が出土することから廃絶もその頃と考えられる。いっぽう外堀は構築に伴う整地層からロクロかわらけのみが出土しており一二世紀前半に構築された可能性が考えられる。

両堀は平行するものの形態や規模の差異は顕著である。併存する時期の可能性も排除できないが、堆積状況や特徴から同時期とする根拠はむしろ少ない。遺物の特徴からは両堀とも一二世紀後半の堆積と判断されるが、内堀が新しい様相を示し、外堀が古相である。内堀の機能した時期に外堀は窪みとして残っていたのかもしれない。堀に伴う土塁の存在は明瞭には確認できていない。なお、堀に架かる橋は三ヵ所で見つかっている。

【堀内部地区】 堀に囲まれた約五万平方メートルの地域を堀内部地区と称する。道路、塀などで区画され、門、掘立柱建物、竪穴建物、園池、広場（庭）、井戸、汚物廃棄穴（トイレ関連土坑）などが配置されていた。

南の堀に架けられた橋を渡って内部に入り、幅七メートルの道路（両側に側溝）を進むと、一辺約一二〇メートルの板塀に囲まれた敷地の中に園池、広場（庭）、そして中心建物群がある。年代は三代秀衡の時期（一二世紀第3四半期）にあたる。中心建物群は園池の北に位置し掘立柱建物ではあるが柱筋が通り柱間寸法を等間とする格式の高い建物が集中している。中でも五間×四間の南北棟（28ＳＢ2）と、九間×四間の南北棟（28ＢＳ4）は四面庇建物で規模や構造、立地からみて中心的な役割を果たした並設の建物と想定されている。整備対象としての性格規定の検討では28ＳＢ2を京都的な様式によって建築され平泉藤原氏と外部者との儀式の施設とし、28ＳＢ4を在地的な様式によって建築された平泉藤原氏一族内の儀式の施設とした。

廊が付設された大型の建物（23ＳＢ1）は遺跡の性格を考える上で重要なものである。五間×二間の総柱建物（31ＳＢ5）は高床の倉庫と想定される。竪穴建物跡（55ＳＸ2）は南北一二・五メートル、東西一三・四メートルの規模を有し、床面までの深さは約八〇センチ、床面に柱穴三二個が設置されている。これに類する遺構はほかにはなく機能は不明だが中心建物群に接して存在することから重要な施設だったことは間違いない。

堀内部地区からの出土遺物は多種豊富である。かわらけ、陶磁器、瓦、木製品、金属製品、石製品など当時の暮らしを生き生きと伝えるさまざまなものが発見された。特にも膨大な量のかわらけは頻繁な宴会儀礼をうかがわせる。常滑《とこなめ》産、

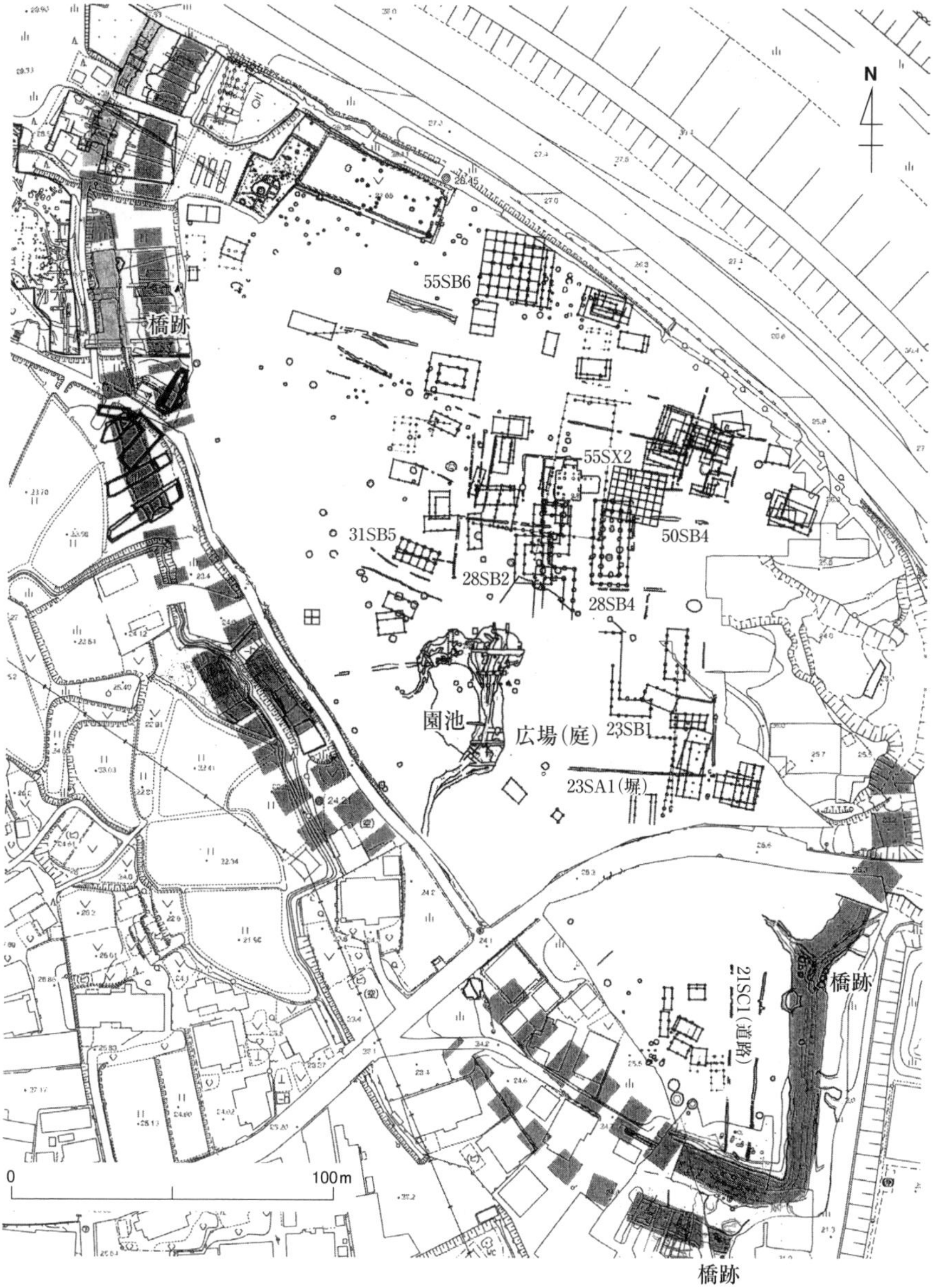

●—堀内部地区主要遺構位置図

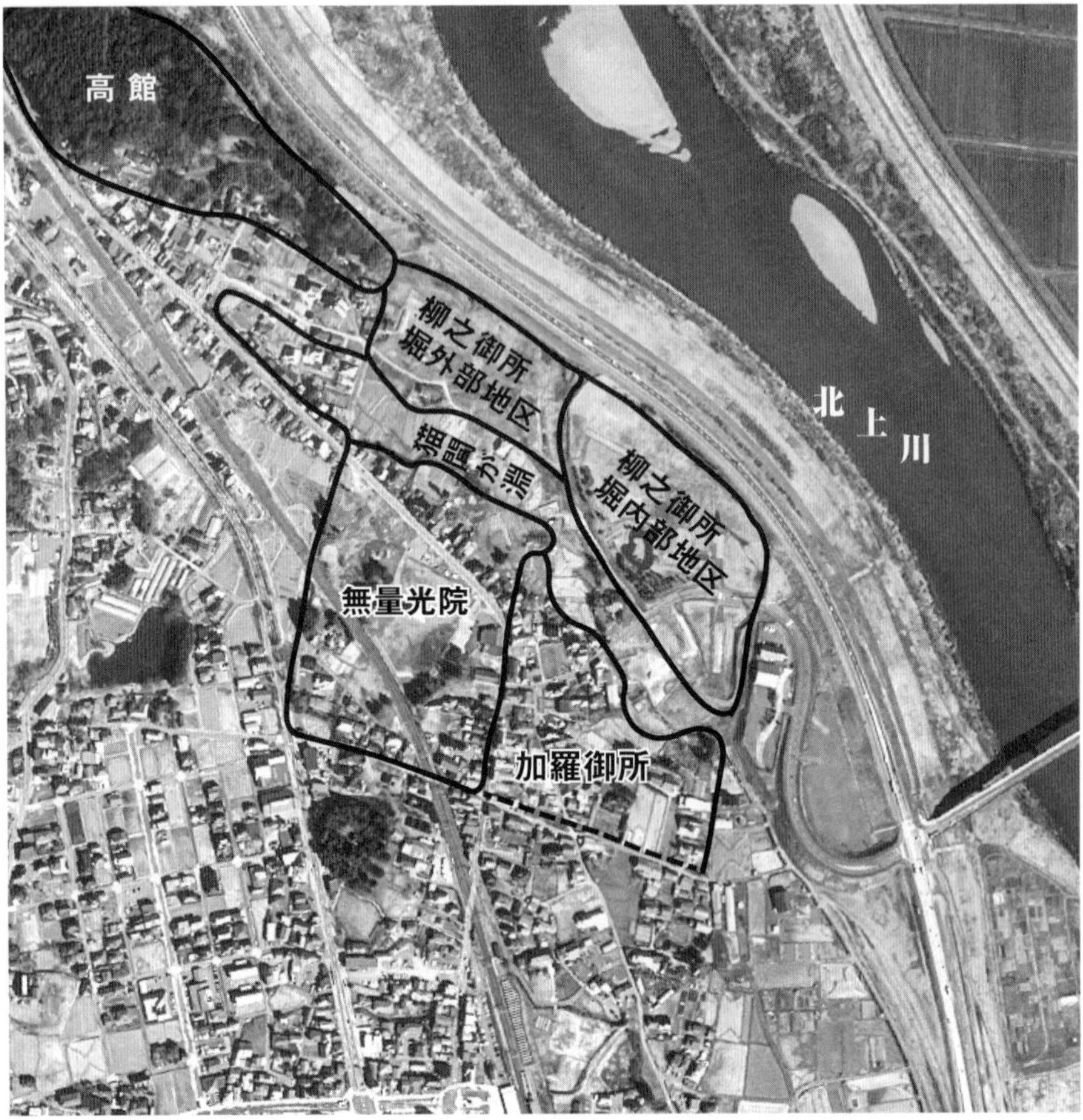

●―柳之御所と周辺（空撮）

渥美《あつみ》産など東海地方をはじめ日本各地からのやきもの類、交易でもたらされた中国産の陶磁器など豊かな財力を背景としている。一族や従者とおぼしき人名が記された「人々給絹日記《ひとびとたまうきぬのにっき》」の折敷や、寝殿造りの建物の一部が描かれた墨画折敷、「磐前《いわさき》村印」印章など遺跡の性格にかかわる重要な出土品は枚挙に暇がない。

近年も内堀（72ＳＤ1）堆積土から出土した擬人化されたカエルの墨画資料は一二世紀後半に位置づけられ、国宝『鳥獣人物戯画』とほぼ同時期であり、京と平泉との人・文化の緊密な結びつきがみてとれる。また七五次調査では内堀から文書行政の存在を示す題籤軸《だいせんじく》が出土した。「馬」、「日記」と記されていることから馬の出納《すいとう》に関わる文書の存在が想定され、遺跡の行政機関としての性格を傍証する。

堀内部地区での建物群の時期変遷と性

格を明らかにすることは今後の課題である。

【平泉の中の柳之御所遺跡】　堀内部地区の建物は三代秀衡期を中心とするが、柳之御所遺跡からは初代清衡期、二代基衡期の遺構遺物が見つかっている。特に清衡期のロクロかわらけ群（五二次SE10）は中尊寺を除いて他の遺跡では見られないもので、一二世紀初期から柳之御所遺跡は開かれて主要な施設が建てられていたといえる。この地を選んだ清衡にも安倍氏、清原氏に伝統的な河岸段丘上に施設を築く意図があったといえよう。

地続きの高館でも丘陵を囲むと想定される大きな堀（一二世紀）が見つかっている。頂部平坦地（義経《ぎけい》堂の西）の調査（昭和三十九年、平成十六年）では四棟の掘立柱建物が重複して検出された。土塁《どるい》・堀も確認でき、一五〜一六世紀の城館で、出土遺物には当該期の古瀬戸、中国産磁器があるが、一二世紀のかわらけが混じり何らかの施設が近隣にあったことをうかがわせる。近世に松尾芭蕉が平泉を訪れて先ずこの高《たか》館《だち》に上り、景色を眺めて義経主従に思いをはせた。いまなお平泉随一の眺望を誇る景勝地である。高館については柳之御所遺跡との関連を明らかにするための発掘調査が平成二十六年度から岩手県教育委員会により開始されている。

高館の丘と前述の堀内部地区との間が柳之御所堀外部地区である。ここでは中尊寺金色堂方向と堀内部地区とを結ぶ幅七メートルの道路跡を中心に区画溝で地割りされて屋敷地が並んでいる。それぞれの区画の中に複数の掘立柱建物をはじめ井戸や汚物廃棄穴（トイレ関連土坑）が配置されている。出土遺物は堀内部地区と比べて遜色はなく立烏帽子《たてえぼし》が出土するなど藤原氏近親あるいは重臣の居住区であったと思われる。

秀衡期には堀内部地区の南に猫間が淵を挟んで加羅御所があり、秀衡は常の居所としていた。遺跡名は伽羅《きゃら》之御所跡という。この遺跡の地形北縁に土塁がわずかに面影を残している。加羅御所は無量光院の東門に隣接して作られたもので、私宅（加羅御所）と政庁（柳之御所）、そして仏堂（無量光院）の三施設のまとまりにより秀衡街区というべき大区画を形成した。前代の基衡街区（毛越寺・観自在王院地区）を継承しつつ、新たな街区を設けて、都市平泉の最盛期を支えた。平泉館とされる柳之御所遺跡は平泉藤原氏の要の施設で、平泉の仏教文化を推し進め、みちのくに平和と安定をもたらした原動力だったのである。

【参考文献】岩手県教育委員会「柳之御所遺跡第一期保存整備事業報告書」（二〇一〇）、岩手県教育委員会「柳之御所遺跡第七四次発掘調査概報」（二〇一四）、岩手県教育委員会「柳之御所遺跡第七五次発掘調査概報」（二〇一五）

（及川　司）

お城アラカルト

平泉政権と一二世紀の館

八重樫忠郎

柳之御所遺跡は、大鳥井山遺跡（秋田県横手市）の系譜を引き、大鳥井山遺跡における小吉山と類似した二重堀に囲まれた内部地区と以外の外部地区からなる。さらには大鳥井山を想像させる堀に囲まれた小高い山である高館跡が接続している。これらの中、内部地区は、『吾妻鏡』にみえる平泉藤原氏の政庁、平泉館である。

柳之御所遺跡内部地区は、一二世紀初頭から胎動を開始するが、一二世紀中に活動を停止していることが、六万平方《メートル》中四万平方《メートル》以上を調査して、一三世紀の遺物がほぼ皆無なことから判明している。初期は、堀に囲まれた空間の中に、四面庇建物が数棟ある程度だったが、平泉藤原氏の成長とと

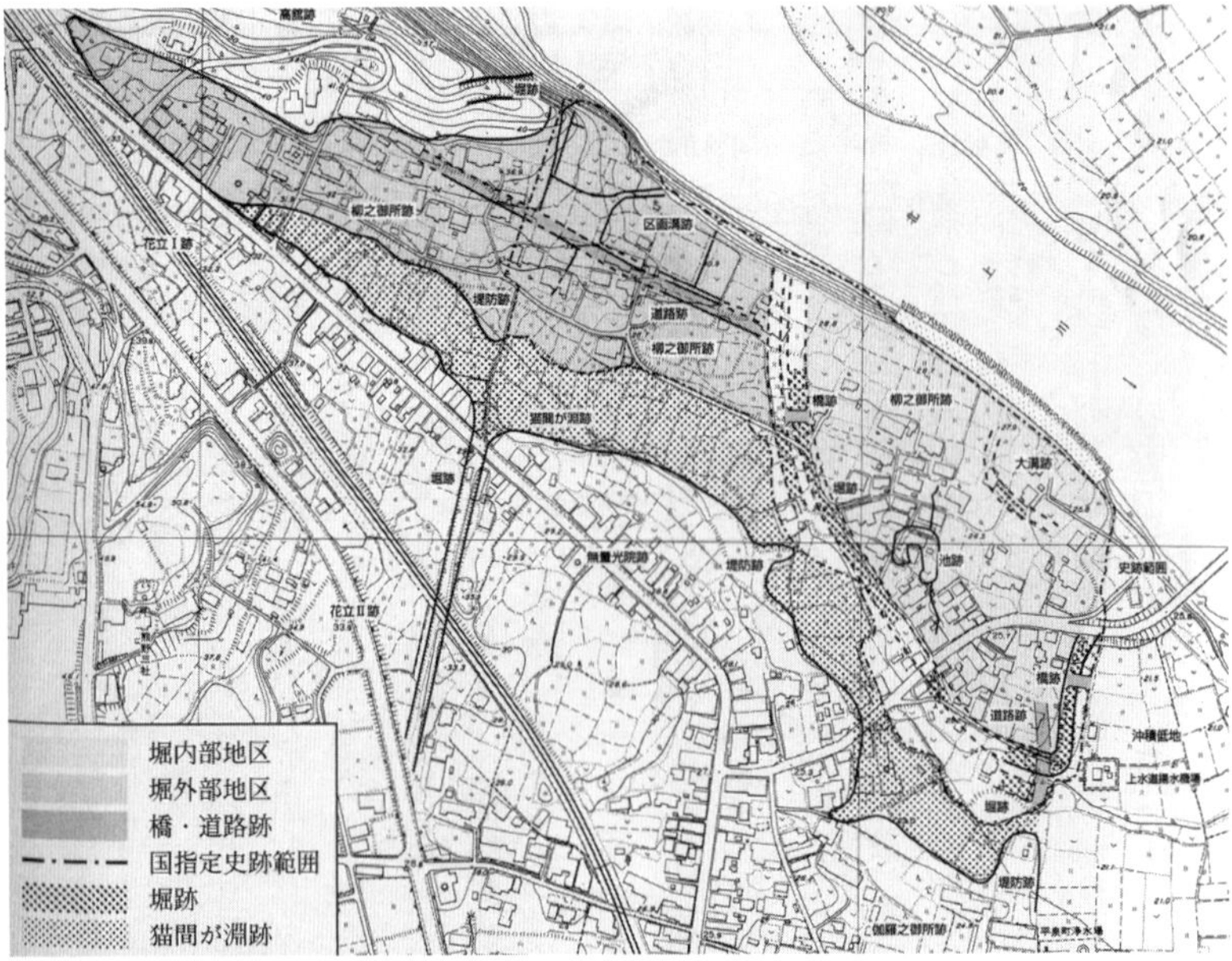

●―柳之御所遺跡

●—柳之御所遺跡の内堀と外堀

もに棟数が多くなり、園池も伴うようになる。そして最終的には、四面庇建物は姿を消し総柱建物が出現している。

出土遺物としては、かわらけが最も多く、常滑や渥美などの国産陶器大甕破片が続く。大甕の多くは、酒を造った貯蔵容器と考えられ、それを小分けにすることで移動可能にするものが壷、さらに杯がかわらけである。内部地区からこれらが大量に出土しているということは、君臣秩序の確認と合意形成を行う宴会すなわち政治行為が大規模かつ頻繁に行われていたことを示す。自らの正当性を示すため前代から継承した堀を有し、さらに内部にて宴会を行っていた柳之御所遺跡内部地区は、まさしく東北地方に君臨した平泉藤原氏の政庁平泉館の姿といえる。

越後城氏の館と推定されている遺跡も発見されている。二重堀を有する陣が峯城跡（福島県会津坂下町）である。平泉に比べると年代は若干古く、一二世紀前半に収まるものの、内容的には非常に類似する。

このように陸奥出羽の豪族にとって堀は、自らの正当性を示すものとして、館にはなくてはならないものだったのである。

●千葉氏系大原氏の居城

大《おお》原《はら》城《じょう》

〔一関市指定史跡〕

〔所在地〕一関市大東町大原字川内
〔比　高〕六〇メートル
〔分　類〕平山城
〔年　代〕鎌倉時代?～一七世紀
〔城　主〕千葉氏系大原氏、伊達氏、田手氏
〔交通アクセス〕東北新幹線「一関駅」下車、一関市営バス(大東)「大原中側線バスセンター前」下車、徒歩二〇分。

【千葉氏系大原氏】 千葉氏は上総の御家人で、鎌倉時代に葛西氏領内に入った。磐井郡大原（一関市大東町大原）は、内陸部と沿岸の気仙郡を結ぶ要地であり、鎌倉時代から胆沢郡の千葉氏系百岡《ももおか》氏の系統が根をおろし、大原氏となった。大原氏は室町時代から戦国時代には葛西氏配下の有力国人領主であり、磐井郡東山地域（現在の一関市河東地域）の旗頭《はたがしら》として大きな勢力を保持していた。

しかし天正十八年（一五九〇）の奥羽仕置、翌年の再仕置で主家の葛西氏とともに改易され、勢力を失った。天正十九年の再仕置では、豊臣家重臣の石田三成が気仙城とともに本城に改修を加え、伊達政宗に引き渡している（伊達家文書）。その後伊達氏家臣の田手氏が大原を所拝領《ところはいりょう》して南東の麓に田手館を構えた。この時点で山城部分がどのようになっていたのか明確ではないが、おそらくは江戸時代の早い段階で破却されたものと推定される。

【城の構造】 城は東西に長い丘陵の中程に占地しており、頂上に本丸（Ⅰ）、東に二の丸（Ⅱ）、西に三の丸（Ⅲ）を配していて、二の丸の東側にはⅤ、Ⅵの郭《くるわ》、三の丸の西にもⅣの郭がある。ほかに本丸の北側に堀で区画された郭が存在し、各郭は空堀《からぼり》や堀切《ほりきり》で区画され、本丸、二の丸、三の丸の周囲には雛壇《ひなだん》状の平場などが造成され、多郭構造の大型城館である。中世の大手口は、南西側の大原中学校付近の登り口であったが、伊達氏の時代には南東側の一関市役所大東支所付近に付け替えられた。この東側にある勤労者体育センターの

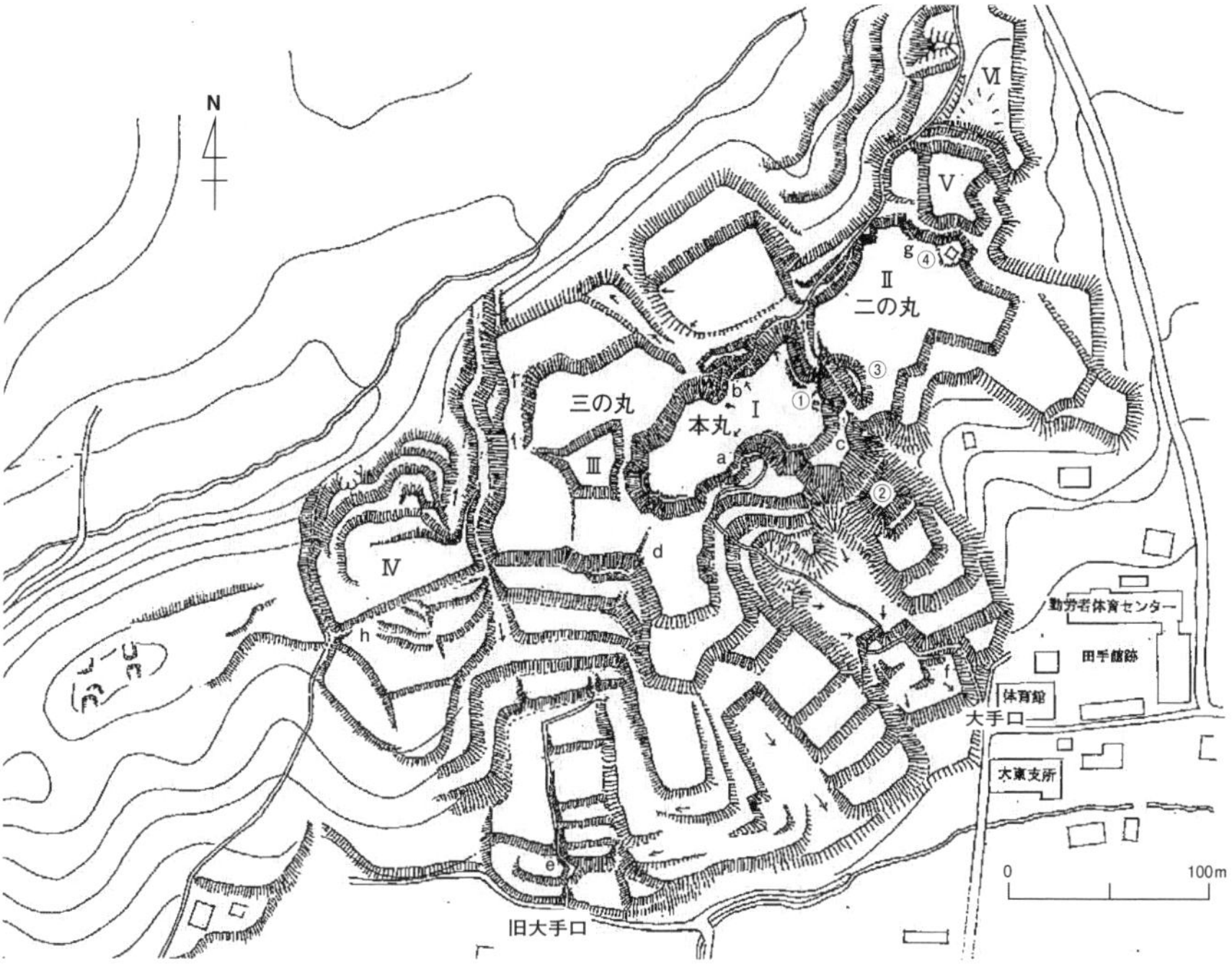

●—大原城縄張図（日本城郭大系２掲載図に加筆）

●—大原城遠景

ある場所が田手館《だて》である。おおむね一町四方の敷地があり、田手館は近世初頭に居館があった場所であろう。

本丸は東西に長い不整形なプランで、中央部に括れがある。この括れを境に東半がやや高く、西半が低い地形になっていて、東西に分かれていた曲輪を一つにまとめた可能性もあるが明確ではない。北側を除く縁辺部に土塁《どるい》があり、塁線は至る所で折れを形成している。大銀杏のある東側の突出部①はやや小高く、石祠が祀られている。東側には堀切を隔てて男森と呼ばれる小郭《しょうかく》③が対峙している。この男森は二の丸から本丸南東部に至るまた南東側腰郭下には、堀切を隔てて②の櫓《やぐら》台があり女森と呼ばれて

●—二の丸から本丸を見る

いる。ここは女達が出陣する武士を見送った場所だといわれている。

二の丸は本丸よりも六メートルほど低く、広く平坦である。南東側に張り出しがあり、この中腹には二段の郭が造成されている。北東側の尾根に面した堀切は曲折しており、④の櫓台から横矢《よこや》が掛かる構造になっている。この北東側にはⅤとⅥの曲輪が造られており、堀切で区切られているが、Ⅵは地形改変が著しく、外側の堀切りは不明確になっている。三の丸は本丸の西にあり、本丸とは曲折する堀切で隔てられ、不整五角形の平場を中心に、周囲を幅の広い平場が取り巻く構造である。南側に張出があり、この基部の入隅に中世の大手道《おおてみち》が登っている。張出の南東と南は雛段状の平場が廻らされている。

三の丸の西側に空堀を隔ててⅣの曲輪がある。頂部平場は自然の起伏が残る粗野な造成で、周囲には雛壇状の平場が造成されており、中世的な曲輪となっている。この西側は堀切を隔てて自然地形の尾根が続き、頂上部分には竪穴《たてあな》建物らしい窪みが五つ認められる。周囲の眺望が開けた場所であり、物見《ものみ》の場所であるのかも知れない。本丸へと登る大手口は田手館の西側にあり、メインのルートは曲折を六度繰り返して、②の女森の南西側に出る。このルートとは別に、西側に隠し虎口《こぐち》のような小さな登り口が見られる。女森の南西下から坂を登り、本丸南の腰郭に出て、本丸南側の括れ部分を登って本丸に到達している。

城の遺構の状況は、戦国期の大原城全体の構えがひじょうによく残されている。また折れを多用した本丸のプランと女森の櫓台、曲折の多い大手口などは、天正十九年の改修を物語る遺構と考えられる。

【参考文献】大東町史（大東町、一九八二）、本堂寿一「大原城」『日本城郭大系第二巻』（新人物往来社、一九八〇）

（室野秀文）

●磐井川に臨む山城

一《いちの》関《せき》城《じょう》

〔所在地〕一関市一関釣山
〔比　高〕六〇メートル
〔分　類〕山城
〔年　代〕戦国期?～一九世紀
〔城　主〕小野寺氏、留守氏、伊達氏、田村氏
〔交通アクセス〕東北新幹線「一ノ関駅」下車、徒歩三〇分。

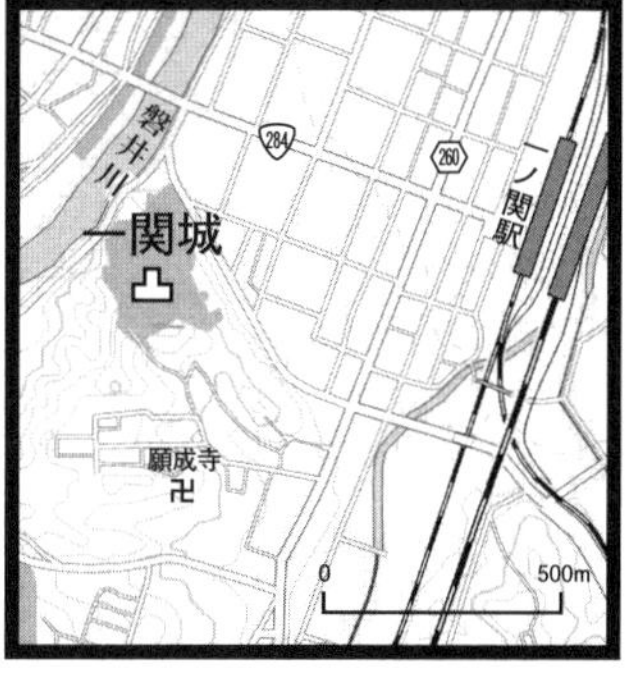

【磐井川に臨む山城】　東北新幹線一関駅の南西方向にあり、磐井川南東側の釣山の頂部から山麓部が一関城跡である。別名高崎城とも呼ばれ、安倍氏の小松柵に擬定されたこともある。戦国時代末の天正年間の城主は葛西氏に仕えた小野寺道《みち》照《てる》（伊賀）であったが、道照は天正十九年（一五九一）年八月に糠塚《ぬかづか》の役で討ち死にしている。

奥羽仕置後一関は伊達領となり、城主は留守政景《まさかげ》、伊達宗《むね》勝《かつ》と続いた。天和二年（一六八二）、伊達氏一門の田村建顕《たてあき》が岩沼要害から移り、一関藩（仙台藩支藩）として明治初めまで続いている。一関城は幕府の意向によって山麓居館のみとされ、館山の使用は固く禁じられた。また岩沼から櫓《やぐら》門の移築も叶わず、平門を構えた。現在裁判所、法務局や公共職業安定所などの一帯は城内と呼ばれ、ここに水堀を巡らせた居館があり、外堀の内側には家臣屋敷が置かれた。現在平泉町毛越寺の山門として残る長屋門は、田村氏の一関城表門を移築したものである。

【城の構造】　尾根を二ヵ所で掘り切り、北東側に千畳敷と呼ばれる本丸がある。尾根の南側の堀切は尾根を切るのみであるが、本丸西側の堀切《ほりきり》は大きく、北西方向へ竪堀となって降り、城の西側を区画している。堀切の南側は車道で改変されているが、痕跡をたどると南西側尾根の際で喰違《くいちがい》を形成していたらしい。ここが本丸の搦手《からめて》と推定され、本丸南下の沢を活用した堀になっていた。本丸には現在田村神社が祀られており、社殿裏手には烽火台《のろしだい》とされる小山がある。堀切を

挟んで尾根に対峙しており、その位置から見て櫓台であろう。この南東側に土塁の痕跡が有り、堀切に沿って高い土塁が構えられていたと推定できる。本丸は東西八六メートル、南北三八メートルの広さがあり、北東隅が一段低く造られており本丸正門の虎口であろう。本丸から北西、北東、南東には尾根が延びており、尾根上と間の斜面部は雛壇状に造成されている。北東中腹には殿様の井戸とされる池があり、館山で月見の宴など催す際に使用された井戸と言われている。ここに居館からの登り道が到達している。城の南東尾根の突端には八幡神社があり、あるいは出丸のような所であったのかもしれない。

【参考文献】紫桃正隆『史料　仙台領の古城・館』（一九七二）

（室野秀文）

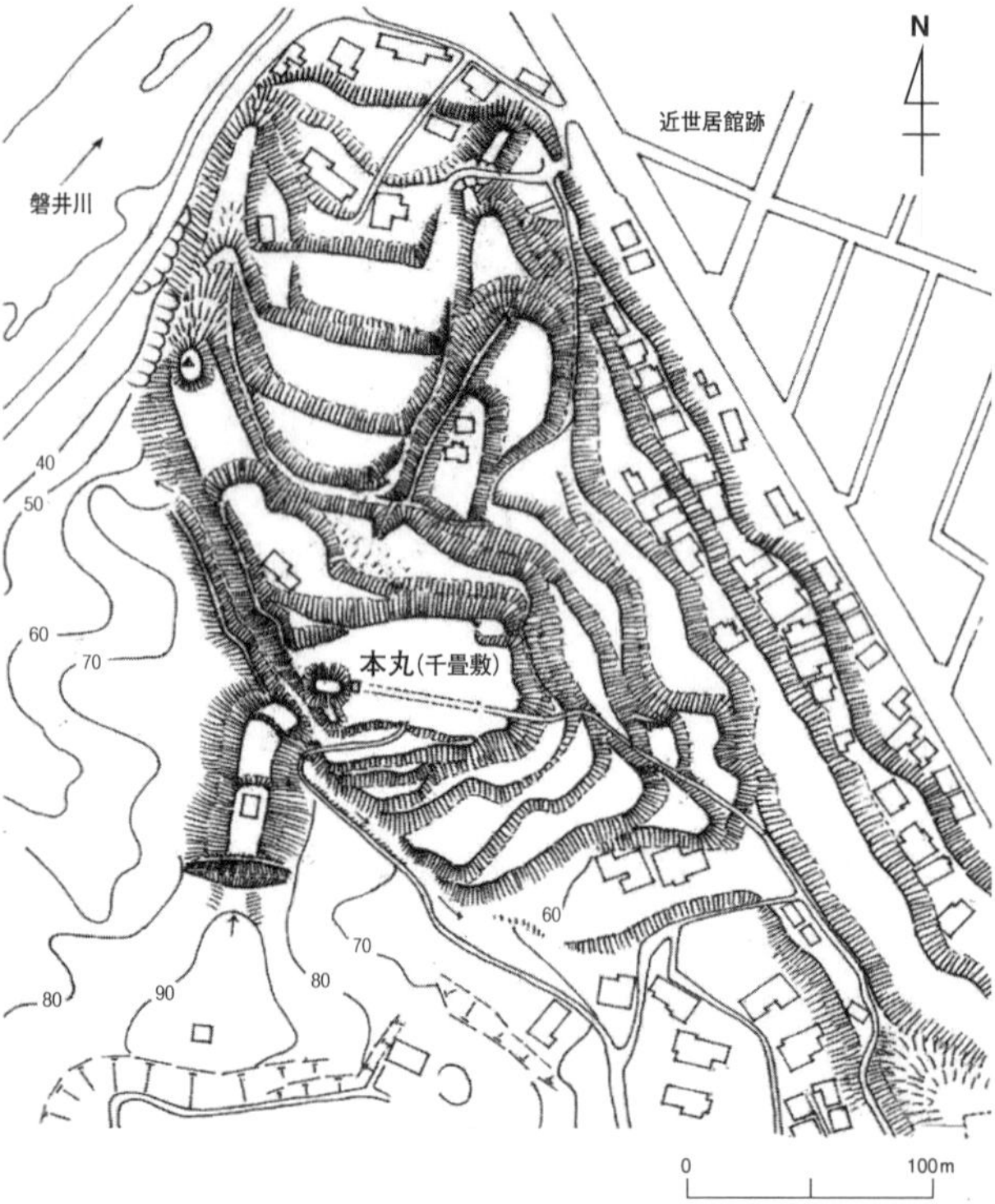

●—一関城縄張図（2005年　調査・作図：室野秀文）

●—本丸北東虎口

●海の領主の巨城

米《よね》ヶ《が》崎《さき》城《じょう》

(付)高《たか》田《だ》城《じょう》

〈所在地〉陸前高田市米崎町字館
〈比　高〉二五メートル
〈分　類〉台地城
〈年　代〉一五～一六世紀
〈城　主〉浜田（千葉）広綱
〈交通アクセス〉ＪＲ大船渡線（ＢＲＴ）「脇之沢駅」下車、徒歩一五分。

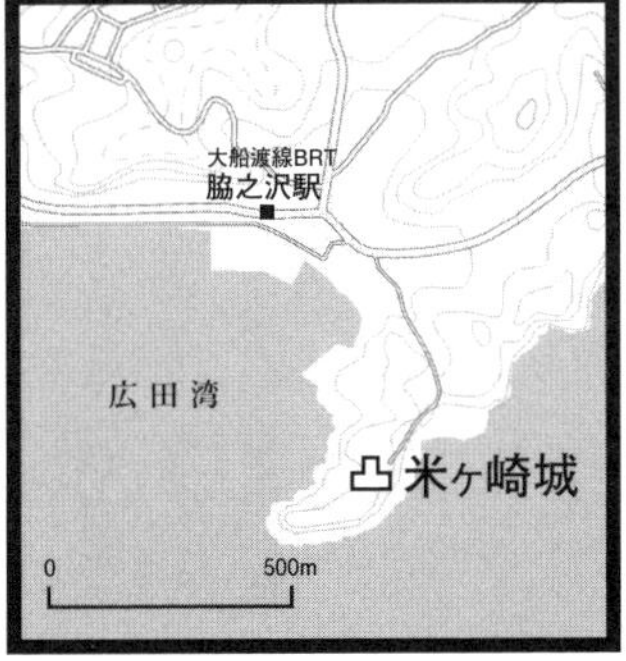

【岬全体を城郭化】　平成二十三年（二〇一一）三月十一日の巨大地震と大津波は、陸前高田市街地や漁港を壊滅させ、この城跡（海抜約二五メートル）に迫った。台地上の住宅は流失を免れたが、中腹や低い所の人家は押し流され、城跡は陸地と分離されて孤島のようになったという。この岬全体が戦国時代末期に、気仙の旗頭として葛西家中でも一際大きな勢力を誇った浜田（千葉）氏の居城米ヶ崎城である。西側には脇ノ沢漁港があり、広田湾の対岸には今野《こんの》（金）氏の二日市《ふつかいち》城跡が対峙している。

【葛西氏と千葉氏】　葛西氏が奥州に入部したのは、文治五年（一一八九）奥州合戦の結果、葛西清重が牡鹿郡石巻に入部し、平泉検非違使《けびいし》所司《どころのつかさ》と奥州総奉行を兼ねたのが最初である。

その後葛西氏は岩手県の南部から宮城県北部にあたる、胆《い》沢《さわ》、江刺、磐井、気仙、牡鹿の五郡と奥玉、黄海の二保を加えた広大な地域を所領とした。千葉氏は葛西氏と同じ平氏の末裔であり、鎌倉時代後期の一四世紀、本吉郡馬籠《まごめ》（宮城県気仙沼市）から、気仙郡矢作《やはぎ》（陸前高田市）に一族が分れ、さらに矢作から高田へと一族が進出したとされる。この過程で千葉氏は高田氏を名乗り、天正年間の千葉広綱《ひろつな》の代、さらに海辺の米ヶ崎城（島崎城）へと進出して浜田氏を名乗った。浜田氏の勢力は本家の矢作氏を凌駕し、近隣の村落領主を従えて気仙の旗頭となっていた。天正十六年（一五八八）、浜田広綱は気仙沼、本吉郡に攻め入り、熊谷氏や本吉氏と交

●—米ヶ崎城東側の景観（倒木は津波によるもの）

戦したが、葛西晴信の仲裁によって兵を引いた。しかし同年葛西氏に反してふたたび挙兵したため、葛西晴信《はるのぶ》によって鎮圧されるに至った。結果浜田広綱《ひろつな》は気仙旗頭の地位を剝奪されて蟄居し、代わって一族の矢作千葉氏が気仙の旗頭となった。この葛西領内の騒擾は葛西晴信の小田原遅参の原因となり、天正十八年（一五九〇）奥羽仕置で葛西氏は所領をすべて没収され、千葉氏もまた没落した。

【城の構造】　城は岬南端から北側基部に向けて、ⅠからⅨまでの郭《くるわ》を連ねた連郭《れんかく》式の構造で規模が大きい。各郭は空堀《からぼり》や堀切《ほりきり》で区切られている。大手口は城の北西側の脇ノ沢にあり、南東側の海沿いが搦手《からめて》であろう。Ⅰの先端には土塁《どるい》があり、中央に一段高く土塁囲みの曲輪が存在し、ここに米崎神社が存在する。神社南側には長方形の櫓台《やぐらだい》が突出している。Ⅰから堀切を隔てⅡの曲輪があり、城内で最も安定した曲輪になっている。北東側は土塁が構築されて虎口《こぐち》があり、城主千葉安房守広綱《ひろつな》と重臣大和田掃部《かもん》の墓碑がある。Ⅱの北側は幅の広い二重堀で区画され、北にⅢの曲輪が東西に横たわる。ⅢとⅣの間は一段低い平場と幅広の空堀となるが、あるいはここも二重堀なのかもしれない。堀の北側には、大手からの道の東西にⅣとⅤの曲輪が存在する。中央の道は両側のⅣ、Ⅴよりも一段低く、その北辺にはⅣとⅤから土塁が伸

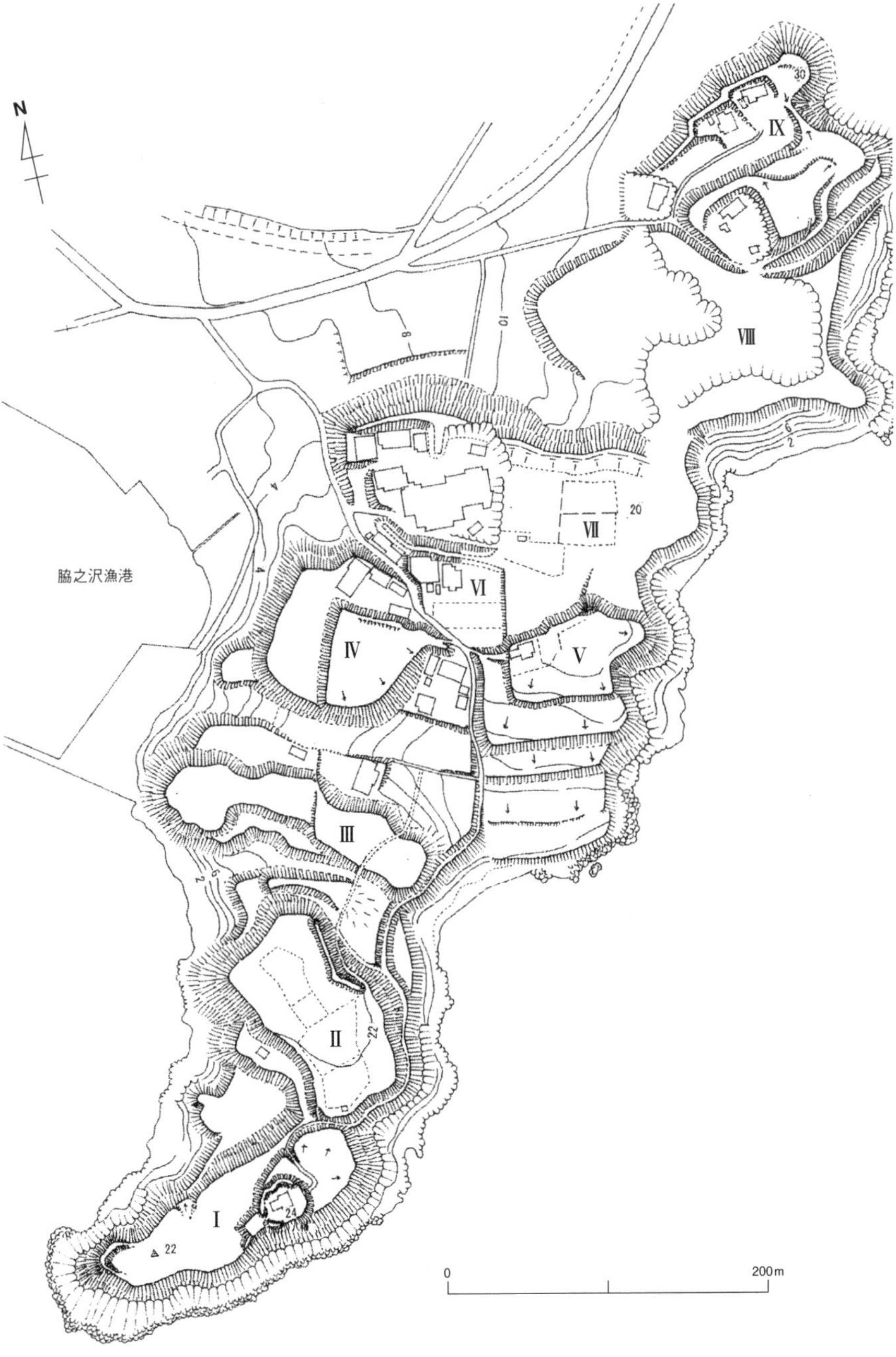

●—米ヶ崎城縄張図（作図：室野秀文）

びて虎口になっている。この北側には大手道に面してⅥとⅦがあり、土塁で区画されている。ⅦからⅧは土取りなど後世の地形改変が進行し、当時の詳細がわかりにくい。Ⅶの北側の低地には堀の痕跡がある。Ⅷの北東側には空堀で区切られたⅨがあり、北壁に折れ邪みがある。ⅥからⅨは浜田氏に出

●—高田城縄張図（作図：室野秀文，陸前高田市都市計画図に加筆）

仕した領主層の郭や家臣団屋敷群であろうか。

米ヶ崎城は対岸の二日市城とともに、広田湾を抑える要衝である。この城跡からは縄文、弥生時代、古代の貝塚も存在しており、古くから人々の拠点であったことがうかがわれ、平安時代から中世前期に気仙郡司を世襲した金《こん》氏もここに拠点を置いていたのではないかと想像したくなる。

【高田城】 高田城跡は八幡館または東館とも呼ばれ、同市高田町字本丸、字鳴石に所在する。千葉安房守広綱の居城で、広綱が米ヶ崎移転後も浜田氏の重要な城として存続したらしい。丘陵上にⅠ～Ⅴの曲輪が連なる城館で、このうちⅤとⅢは中世山城の形態であるが、ⅠとⅡ、Ⅳの部分は近世的な要素が認められる。

Ⅰの本丸、二の丸の南麓には外桝形《そとますがた》の大手虎口があり。ここから曲折して登った丘陵頂部が本丸である。将棋の駒形の本丸で土塁で囲み、南と西、北東に虎口があり、北端の土塁際《ぎわ》は高く、櫓が想定される。本丸よりも一・二段下がった二の丸や腰郭などには横矢掛けや屏風折の曲折が見られ、大手から本丸に至る道は複雑に曲折する。Ⅱは中

世高田城の本丸と伝承され、長方形の土塁囲みの郭北西隅に高さ四メートルほどの天守台がある。多角形プランで上面は一六×一〇メートルの広さがあり、二層または三層ぐらいの櫓が推定される。中世の本丸を天守曲輪または詰の丸としたのであろう。

Ⅲは中世山城の形態をとどめ、Ⅱとは屈曲した空堀で区切り、Ⅳとの間は自然の沢を利用した空堀で区画されている。Ⅳは頂部から南斜面に矩形の平場が多く造成され、頂部は削り出し土塁で区画されている。さらに南東側尾根には土塁が伸びて洞《ほら》の沢の集落を囲んでいる。ここは中軸街路の両側に雛壇《ひなだん》状の屋敷地が並び、現状の宅地割が当時の家臣団屋敷群と推定される。またⅠの南麓には大手の外桝形を構え、桝形東側の土塁はⅠの中腹から伸びて桝形を囲んでいる。中世の城下は米ヶ崎城と高田城の中間に存在した本宿、中宿、下宿の集落が該当するらしく、街道の両側に町場が形成されていた。高田城直下の大町付近にも町場が存在した可能性があるが、大町と荒町はクランク形の街路を形成し、大手外桝形から町場に伸びた処には市神様が祀られていた。この西側は馬場、馬場前と呼ばれ、馬場が存在した平坦地である。このことから大町と荒町は高田城改修に併せて町割《まちわり》された城下町であったと考えられ、この町が高田町の原点であった。高田城は天正十九年（一五九一）に石田三成が磐井郡大原城（一関市大原）とともに改修を加えた気仙城（伊達家文書）の可能性が高い。ただその後何らかの事情で高田城は使用されなくなり、拠点は広田湾西岸の二日市城に移され、鉄砲足軽組も置かれていた。後に一時高田城に移動するが、程なく対岸の今泉に気仙郡代官所と肝入屋敷が置かれ、鉄砲足軽もここに移転した。以後今泉は幕末まで気仙郡の統治拠点となった。震災前の今泉町はクランク状街路を形成する城下町的町割で、西側の舘脇館の麓には江戸時代の気仙郡代官所跡があり、その南東側に肝入屋敷の吉田家住宅（岩手県指定文化財）が残っていた。舘脇館は天正十八年（一五九〇）の浜田攻めで伊達政宗の陣所。元和元年（一六一五）気仙郡巡視の際にふたたび伊達政宗の宿所となったという。

高田城跡はⅣとⅤの曲輪全域とⅢの曲輪の一部は、震災復興の高台移転住宅地とするため、発掘調査後に造成された。また大手の桝形と城下の大町、荒町は大規模な嵩《かさ》上げ工事で地中深く埋没した。現在は城跡のうちⅠ、Ⅱの全域と、Ⅲの郭中心部、Ⅳの郭南東尾根と洞の沢が残っている。

【参考文献】『織豊系城郭とは何か』（織豊期城郭研究会、二〇一七）

（室野秀文）

震災復興と中世城館

室野秀文

　平成二十三年（二〇一一）三月十一日の東日本大震災は、東北地方の岩手、宮城、福島三県の太平洋岸を中心に甚大な被害をもたらした。震災の翌年以後、被災地域の城館跡を歩く機会があったが、平地の少ない海辺の城館には山城が多い。津波で押し流された市街地は、戦災の焼け野原に似た光景。そこを通り抜けて山城に登ると、麓には倒木や海水で枯死した杉林があり、海面から一三メートルから二〇メートルの斜面には漁網や浮き、魚箱などが押し上げられて散乱しているのを目の当たりにし、巨大津波の現実を改めて認識させられた。津波で市街地が壊滅した自治体では、行政機能や中心市街地を嵩《かさ》上げするか、または近くの丘陵を大きく造成して移転し、そこに将来の拠点を確保しようと懸命に働いている。海辺の高台には縄文時代、弥生時代の貝塚や集落跡、古代の古墳群や集落跡、中世城館跡など、多様な遺跡が残っている。こうした遺跡が開発区域に存在した場合、工事着手前に遺跡の詳細を記録保存するための発掘調査が義務づけられている。このため全国の自治体から専門職員が応援に駆けつけて、各地でさまざまな発掘調査に挑んでいる。この中から中世城館跡の代表的調査を二例紹介したい。

　岩手県九戸郡野田村の伏《ふし》津《つ》館《だて》跡は、三陸自動車道の用地となり、平成二十六年に山城の主郭と中腹部分を中心に岩手県文化振興事業団埋蔵文化財センターによって発掘調査が実施された。頂上の主郭は二辺に土塁を築いた不整方形で、内部には掘立柱建物跡が複数棟確認された。また北側中腹の郭からは四面廂《ひさし》の大型掘立柱建物跡が確認された。頂上の主郭は領主の立て籠もる主郭で、中腹の郭の大型建物は公的性格の強い館の主殿と考えて良いと思う。頂上の主郭からは一四世紀から一五世紀の瀬戸、

●―野田村伏津館現地説明会

美濃の陶磁器、常滑《とこなめ》や越前などの瓷器《しき》系陶器の甕類、瓦質土器が多く出土した。城館主については明らかではないが、出土遺物の年代から一戸南部氏系の野田氏よりも古い時代の領主の山城と考えられる。

岩手県大船渡市小出館《こいでたて》跡は、越喜来《おきらい》湾に臨む丘陵の先端に築かれた山城で、被災した小学校の移転先となったため、平成二十五年度に大船渡市教育委員会が発掘調査を実施した。あまり大きな城館ではないが、主郭《しゅかく》を二重に空堀《からぼり》が囲み、郭の内部は数段に造成されて、大小の掘立柱建物が重複していた。一五世紀末あたりから一六世紀にかけて使われていた陶磁器破片、金属の武具や金具類が出土したが、被熱した多くの陶磁器類は、この城館の運命を暗示しているのかもしれない。

●—大船渡市小出館現地説明会

伏津館は室町時代中期、小出館は戦国時代後半を中心とした海辺の城館で、漁業や海運業など、海の権益を基盤に自立性を高めた領主たちの城館である。中世の一次史料が少ない地域においては、当時の金石文《きんせきぶん》とともに、中世城館跡や中世遺跡そのものが歴史の生き証人である。これまで三陸地方沿岸部は、内陸地域に比べて大規模な開発や発掘調査は比較的少なく推移してきた。震災復興に伴い、かつてない規模の発掘調査によって、考古資料の蓄積は急速に進んでいる。震災直後、遺跡の発掘調査は復興事業の妨げのようにとらえられがちであったが、数年をへてからの遺跡現地説明会には、どこも数百人規模の参加者が集まり、年齢や性別を問わず、地域の人々の強い関心が寄せられている。

小出館《こいでたて》跡では家族に両脇を支えられながら、山城の坂をゆっくり登る高齢者の姿も見受けられた。仮設住宅や避難先から故郷の発掘現場を見に来た人も多かったに違いない。被災地域の中世城館を歩くと、保存状態の極めて良好な城館跡が各地に残っていることに驚く。復興事業に関連していくつかの城館跡は姿を変え、あるいは消滅する運命にあるのが現実であるけれども、そこから得られた発掘調査成果をしっかりと踏まえながら、城館の丹念な縄張調査を進め、将来の保存活用に備える努力が重要である。城館の調査研究成果を地域の人々と共有し、城館跡の保存活用と地域復興の両立を目指したいものである。

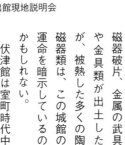

秋田県

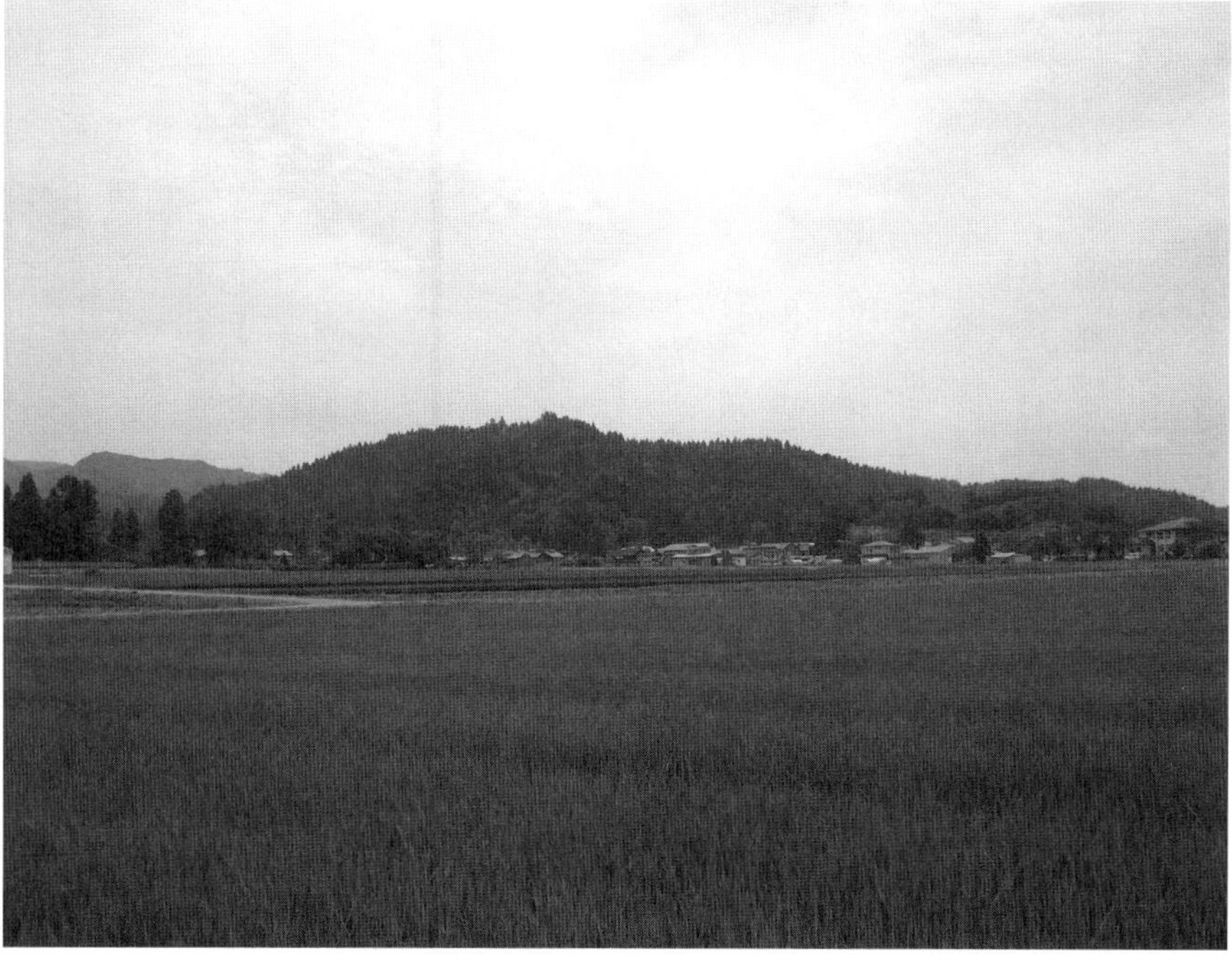

金沢城遠景（室野秀文撮影）

室町，戦国時代から近世初頭に至る山城

●河谷平地に聳える天然の要害

大《おお》湯《ゆ》館《たて》

秋田県

〔所在地〕鹿角市十和田大湯字和町
〔比　高〕五〇メートル
〔分　類〕山城
〔年　代〕戦国期頃から明治まで
〔城　主〕大湯氏、毛馬内氏、赤尾氏、北氏
〔交通アクセス〕JR花輪線「鹿角花輪駅」から秋北バス「大湯保育園前」下車、徒歩一五分。

【館の構造】 大湯館は三戸と鹿角を結ぶ来満《らいまん》街道の宿場町として発達した大湯市街地のほぼ中央南側標高二三〇メートル、比高五〇メートルに複数の郭をもつ山城である。十和田湖南側の外輪山から流れる大湯川により複雑に作り出された河谷平地の左岸台地縁辺部に位置する。

郭は第Ⅰ郭から第Ⅳ郭までがほぼ同列に並び、郭と郭の間に入る沢合は大円寺とその奥の寺の沢に向かって開かれる。第Ⅰ郭は館の連郭の中で最も広い面積（東西一二〇メートル×南北三〇メートル）を持ち、本丸と呼ばれる。標高二二五メートルで市街地との比高五五メートルである。郭の西側には館下から登る大手坂（お城坂）に面し、虎口《こぐち》は桝形状に屈曲する。南側縁辺には高さ〇・六メートル、下幅二メートル前後の土塁の痕跡が残り、第Ⅱ郭を区画する郭の南側には深さ一〇メートル（第Ⅱ郭側一五メートル）の堀合が入る。この堀は普門山大円寺に通じる。

第Ⅱ郭は二の丸と称され、東西六〇メートル×南北一二〇メートルの広さを持つ。藩政時代館主になった北氏が斯波氏本流の汲川《くみかわ》氏を客分として迎え厚遇したことから新城とも呼ばれる。この郭の南側に位置する第Ⅲ郭とは空堀《からぼり》で隔てられる。

第Ⅲ郭は東西一〇〇メートル×南北三〇メートルと東西に広い郭である。南側は第Ⅳ郭との間に上幅一一メートル長さ二八メートルの空堀が造られ堀の奥は沢頭につながり沢合に沈む。

第Ⅳ郭は東西五〇メートル×南北六〇メートルの郭で清姫神社が鎮座する。清姫神社は南部守行の息女で南朝長慶天皇の御子寛光親王妃である清子を祀るといわれる。

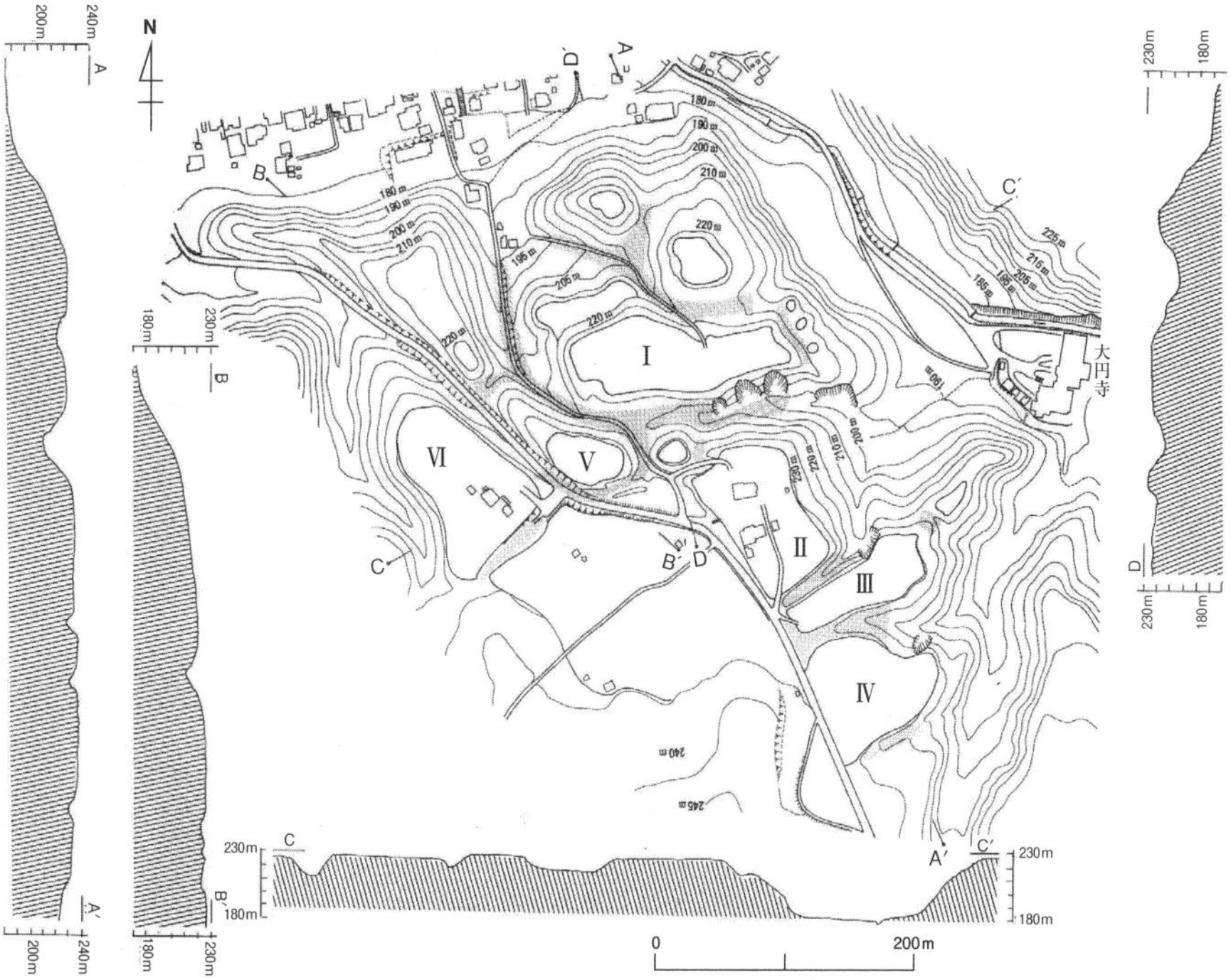

●—大湯館縄張図（鹿角市教育委員会『鹿角の館（3）』より）

●—大湯館遠景（西より）（鹿角市教育委員会『鹿角の館（3）』より）

第Ⅴ郭は第Ⅰ郭と大手坂を挟んで向かいあい、大きさ東西六〇《メートル》×南北三〇《メートル》の柳館と呼ばれる。郭の南側に狭い堀合坂を隔て下屋敷と呼ばれる一画があった。

第Ⅵ郭は第Ⅴ郭と沢を隔てた西側に位置し、向新城《むこうしんじょう》と呼ばれる。

第Ⅱ郭と第Ⅲ郭の西側の傾斜地に段差を設け家中屋敷

●—第Ⅱ郭への登り口

●—柳館と下屋敷跡の堀

が区画された。

【築城について】　大湯館はいつ誰の手で築城されたか明らかではない。明暦三年（一六五七）に館主となる赤尾氏の築城と称されることがあるが、幕藩体制下で自然地形を巧みに利用し、空堀や土塁《どるい》を備えた城館を築くことは困難なため、戦国期の築城が想定される。

【大湯館と大湯鹿倉館】　大湯館から西に七〜八〇〇《メートル》離れた場所に大湯鹿倉館《かくらだて》がある。大湯川の左岸、大湯市街地から西側に位置する鹿倉山山頂比高八八《メートル》に築かれた山城である。郭は山頂部にあり、単郭型の館と推測される。往時には四囲が良く見渡され、難攻不落とも言い表せる地形である。主郭の南東側にわずかに平地があり侍屋敷地と伝承される。築城年代は不明だが、鹿角四氏と呼ばれる武士団のうち奈良氏惣領である大湯氏の居館として伝えられる。

　奈良氏や大湯氏に関する史料が残存しないため不明な事柄が多いが、動向が見えるのは大湯四郎左衛門昌次である。天正十七年（一五八九）南部氏による大館城攻略の際に鹿角郡地士とともに従軍するが、奥州仕置に反発した九戸政実にくみ入り九戸城の攻防に従軍する。この一揆の前哨戦となる戦いが大湯鹿倉館で起こる。大湯四郎左衛門昌次が籠城したものの、破られ九戸城へ落ち延びている。しかし、九戸城も浅野長政率いる討伐軍により落城する。この討伐軍に南部氏も加わっているが、南部方の武将として大湯五兵衛の名がみられる。大湯五兵衛昌忠は四郎左衛門昌次の兄であ

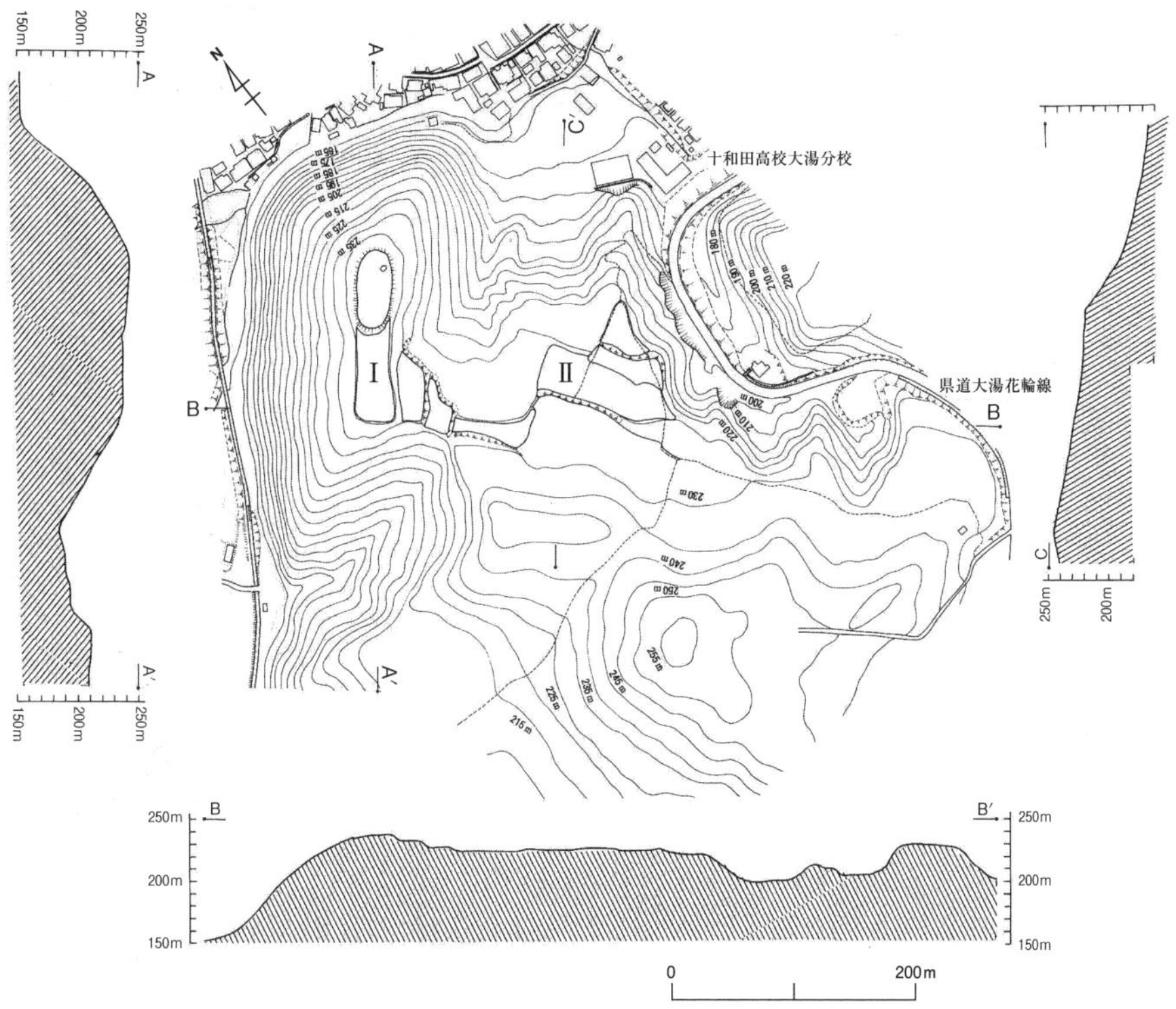

●—鹿倉館周辺図（鹿角市教育委員会『鹿角の館（3）』より）

り、毛馬内《けまない》氏と重縁関係にある。嫡家五兵衛昌忠が南部信直方に、四郎左衛門昌次が政実方に加担し、一族の存亡をかけ、大湯館と大湯鹿倉館が並列したと推測される。四郎左衛門が九戸政実らとともに処刑されたのち、大湯鹿倉館は廃館となり、大湯氏は大湯館に居館したと考えられる。

その後大湯氏は正保年間（一六四四—四七）に断絶する。大湯は大湯五兵衛昌光娘婿に当たる毛馬内三左衛門直次が治めていたが、寛永二十年（一六四三）に毛馬内を治めた毛馬内氏四代靭負《ゆげい》範氏《のりうじ》と知行替えとなっている。明暦三年（一六五七）に赤尾又兵衛・伊兵衛兄弟が入館するが、寛文五年（一六六五）に南部氏の一門である北氏が入館している。大湯館は花輪館・毛馬内館（柏崎館）同様に藩境警備の要地として要害屋敷に準じ北氏のもとに御同心一五人が駐屯し明治に至る。

【参考文献】鹿角市『鹿角市史　第一巻』（一九八二）、『鹿角市史　第二巻上』（一九八六）、鹿角市教育委員会『鹿角の館—館跡航空写真測量調査報告書（三）—』（一九八四）、冨樫泰時、安村二郎ほか『日本城郭体系二』（新人物往来社、一九八〇）

（工藤　海）

●南部氏勢力拠点の城

柏《かしわ》崎《ざき》館《たて》

〈所　在〉鹿角市十和田毛馬内字柏崎、字三ノ丸
〈比　高〉四〇メートル
〈分　類〉平山城
〈年　代〉慶長十三年～明治
〈城　主〉毛馬内氏、桜庭氏
〈交通アクセス〉ＪＲ花輪線「十和田南駅」から秋北バス「小笠原医院」下車、徒歩一五分。

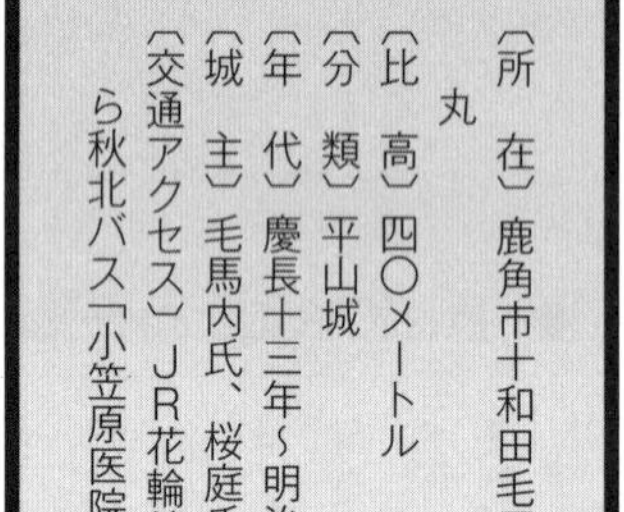

【所　在】柏崎館は鹿角盆地を流れる大湯川とその支流である小坂川に挟まれた比高四〇メートルの河岸段丘上に位置し、鹿角盆地に築かれた城館の中で唯一築城年代が文書に記録される館である。

【館の構造】館は毛馬内《けまない》市街地を真下に見下ろし、本丸（Ⅰ郭）・二の丸（Ⅱ郭）・三の丸（Ⅲ郭）など複数の郭に分かれる。本丸は柏野の先端にあり、東西二〇〇メートル×南北一二〇メートルの三角形に近い形を呈する。館主桜庭《さくらば》氏の陣屋（御田屋）、館神八幡神社、稲荷神社が配置され、二の丸との接続部分には桝形虎口《ますがたこぐち》、空堀《からぼり》、土塁《どるい》が築かれ、土橋《どばし》で通じていた。二の丸と区画する空堀の北側は館の下から延びる切通《きりどお》し状の堀合坂を上りつめ二の丸に通じる。

二の丸は東西二五〇メートル×南北二五〇メートルの方形を呈し、本丸に近い順に毛馬内通代官所（お役屋）、御蔵、御蔵奉行所が並び、その東隣に土手を隔て家中屋敷が配置された。また北側本丸寄りに武具蔵が配置され、次いで家中屋敷が区画された。二の丸のほぼ中央を貫通する二の丸小路は三の丸と接続する桝形虎口につながる。三の丸との接続部には本丸同様、空堀と土塁が築かれ、空堀の北側には館坂が延び二の丸と三の丸に通じる。

三の丸は二の丸と空堀を隔て西・南・東に整然と直角に交わる同心町の小路を配するコの字状の郭で桜庭家召し抱えの鉄砲同心町と推測される。西の小路は三の丸小路（手前同心町）と呼ばれ、二の丸と区画する空堀に沿って直線状に延び、

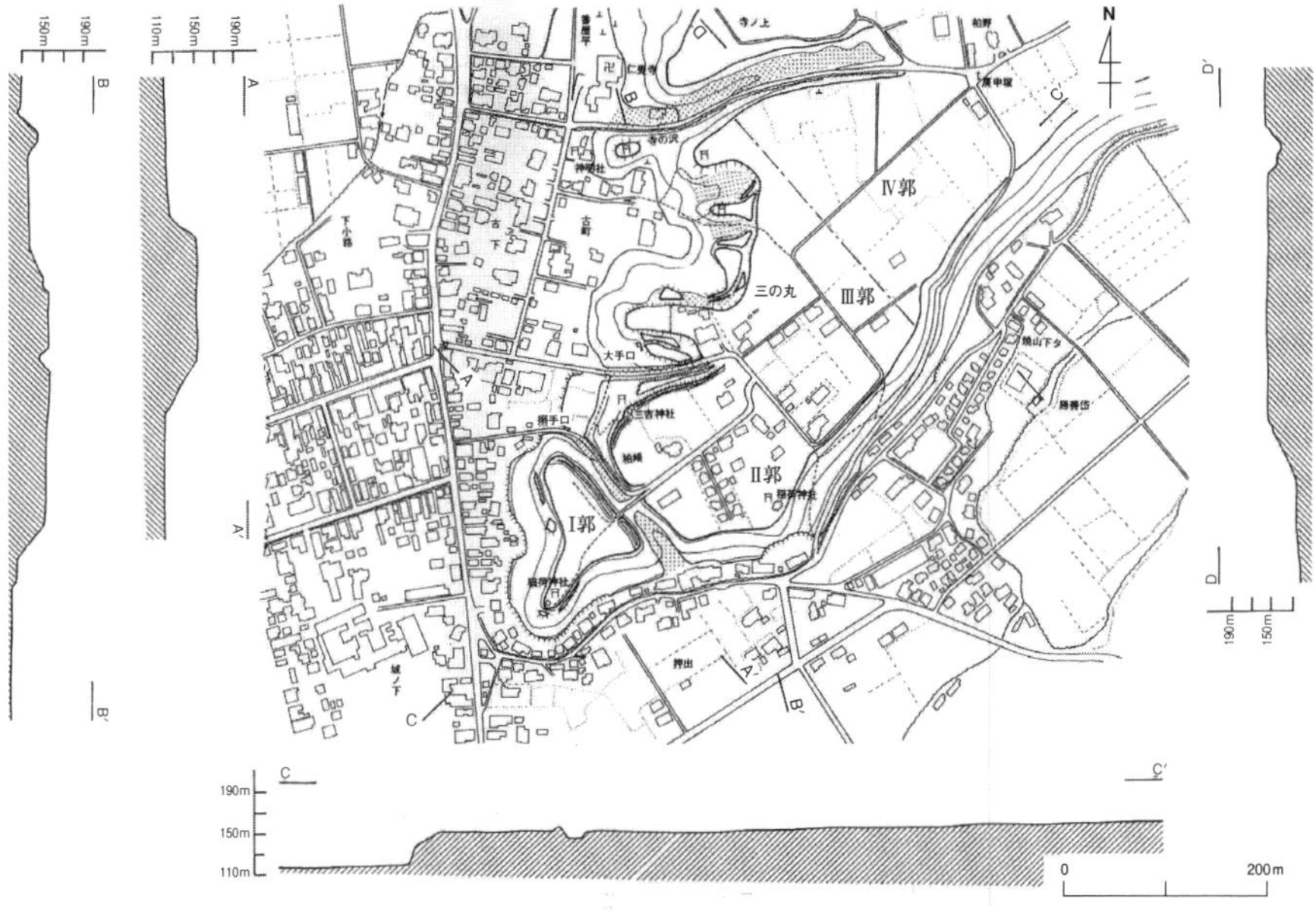

●―柏崎館周辺図（鹿角市教育委員会『柏崎館発掘調査報告書』より）

●―柏崎館周辺（鹿角市教育委員会『柏崎館発掘調査報告書』より）

郭の南端を区切る羽場小路につながる。羽場小路から東の小路である手前同心町（鉄砲小路）が続き、直角に曲がると盛岡から延びる鹿角街道の支道の来満街道へ通じる。この合流地点には庚申塚《こうしんづか》（元文五年銘、宝暦十四年銘）、経塚《きょうづか》（正徳五年銘）など境界を意識するものが残っていることから、この

●—正徳２年毛馬内図（内藤十湾『鹿角志』より）

地点までが柏崎館建設当初の縄張と考えられる。現在では宅地開発等が進み、館跡の痕跡は本丸桝形虎口付近の土塁がわずかに残存する程度である。

【柏崎館築城までの経緯とその後】 柏崎館より北方に一キロ離れた場所に毛馬内古館（当麻館）がある。舌状《ぜつじょう》台地とその縁辺の地形を巧みに利用し、空堀で四・五の郭で区画した多郭連続式の形態をした館であり、慶長十三年（一六〇八）まで毛馬内氏の館として機能していた。毛馬内氏は天文年間（一五三二年～）頃、南部政康《まさやす》の五男靭負佐信次《ゆげいさのぶつぐ》（のち秀範《ひでのり》）が毛馬内地域に入部し、毛馬内村の在名を氏としたことによって始まる。毛馬内古館は鹿角《かづの》の西境を侵す安東氏・浅利氏に備えるとともに鹿角郡内の反南部氏勢力を抑え、津軽における南部氏勢力の背後を守り、あわせて津軽との連絡を確保する拠点とされた。

なお天正十八年（一五九〇）、秀吉による仕置と同時に下知された南部領内の城割では、同郡内花輪・大湯・長牛《なごうし》と共に秋田境の要地として廃城を免れている。その後、慶長十二年（一六〇七）二代権之助政次《ごんのすけまさつぐ》の代、領内巡検の際に立ち寄った藩主南部利直《としなお》の命により古館から南方の柏崎に引き移ったと伝えられる。この移転は慶長三年に古館から南西五キロを隔て白根金山が発見され、同十年秋田境長木沢において藩境争論が初めて起こった直後のことであり、鹿角を南方に俯瞰《ふかん》できる要地で三戸から津軽および比内に通じる交通上の要所であったことが想定される。元和元年（一六一五）の元和の一国一城令では花輪館とともに秋田藩に対する関城として存置され、領内統治上政治・経済的にも重要な意義を有する擬似的城館として明治期を迎える。

【柏崎館主の変遷】　柏崎館主は築城から明暦三年（一六五七）までの毛馬内氏宗家・支族の代と明暦三年以降の盛岡藩家老である桜庭氏の代に分かれる。

毛馬内氏二代権之助政次は天正十四年（一五八六）に家督を継ぎ、藩主利直《としなお》の命により慶長十二年から十三年にかけ柏崎に新館を築き、同十三年に新館に移っている。政次の三子である三代権之助政氏《まさうじ》が寛永十九年（一六四二）に没したため、四代靭負則氏《のりうじ》が四歳で家督を継ぐが、幼弱で論争が激しい藩境の守備を堪え難いとして寛永二十年大湯へ知行替えとなり、代わって大湯より三代権之助政氏の弟である毛馬内三左衛門直次《なおつぐ》が入った。その後正保二年（一六四五）に直次の嗣子長次が家督を継ぐが、明暦三年（一六五七）花輪館に知行替えとなっている。

明暦三年毛馬内氏に代わり、閉伊郡より桜庭兵介光英《へいのすけみつひで》（初め由之、守綱）が柏崎館に入った。桜庭氏は南部光行にしたがい、甲斐国から下向したと伝えられる甲州譜代の南部四天王の一人と呼ばれた家柄である。毛馬内における桜庭氏の治政は光英以降、明治に至るまで二一〇年間一二代にわたったが、多くは藩家老として藩政の枢機に参画していたため代々盛岡在府であり、毛馬内には家士たちが居住しその留守を預かっていた。

【毛馬内代官所】　毛馬内は桜庭氏の預かり町であったが、寛永八年以降、代官所により統治が行われている。盛岡藩では地方行政区分としての代官支配区画を「通《とおり》」と称し、元禄期頃には毛馬内通四五村を統治した。組織としては文政五年（一八二二）では代官・下役・植立奉行・牛馬役・御蔵奉行が置かれたが、嘉永五年（一八五二）には巣鷹御用懸・御境役・御物書を加えたほかに御蔵奉行が御山奉行を兼帯している。御境役は、秋田藩との藩境争論が延宝六年（一六七八）、幕府裁定により大境が確定するまで激化し、裁定後も藩境を守備、見回りをするため所御給人として昇格している。また白根金山などを有するため鉱山の管理を行う役人も配置されている。

【参考文献】『鹿角市史　第一巻』（鹿角市、一九八二）、『鹿角市史　第二巻上』（鹿角市、一九八六）、鹿角市教育委員会『柏崎館跡発掘調査報告書』（一九八九）、冨樫泰時、安村二郎ほか『日本城郭体系二』（新人物往来社、一九八〇）

（工藤　海）

●出羽北部の対津軽氏・南部氏の要衝

大館城《おおだてじょう》

〈所在地〉大館市字中城・三ノ丸・桂城・長倉・片町・上町
〈比　高〉一メートル（北崖は一〇メートル）
〈分　類〉平城
〈年　代〉天文年間～明治元年
〈城　主〉浅利氏、安東(秋田)氏、南部氏、小場(佐竹)氏
〈交通アクセス〉JR奥羽本線・花輪線「大館駅」下車、秋北バス「大館市役所前」下車、徒歩二分。

【現　況】　大館城は大館盆地中心部、大館市街地ののる台地上の北東部に位置し、その北側は長木川《ながき》に面した急崖となっている。本丸跡西部は桂城公園として整備され、市街地を望める眺望のよい場所に立地している。なお、本丸跡東部は、昭和三十七年（一九六二）の市民体育館建設に伴い土居の一部が壊され、昭和四十五年（一九七〇）にはプール建設のため、土居の大部分が壊され内堀の大半は埋められてしまった。したがって、現在は、本丸南西側の内堀と土居の一部が現存するのみである。また、二の丸・三の丸は市街地化されており、当時の面影はほとんど残っていない。しかし、城下には江戸時代に由来する町割や町名などが残っており、現在の大館市街地の基礎をなしている。

【大館城に関する古記録】　大館城に関しては『大館旧記』に「元慶四年（八八〇）に大楯城主公家《きみけ》が瞋関《いかりせき》（青森県平川市・旧碇ヶ関村）の橘吉明《よしあき》を討つ」とあり、また「安部の頃大なる館を築きて河田次郎を居らせしむ」とあるが、いずれも信憑性は疑わしい。『独鈷《とっこ》村旧記』によると「其子民部勝頼《かつより》大館扇田両城を築き、長岡の城に住し」とあり、天文十九年（一五五〇）に独鈷の浅利氏初代則頼が亡くなった後、勝頼が大館と長岡（扇田）に城を築いたとされ、この記録が大館城に関する初見である。

【目まぐるしく変わる城主】　大館は北東北三県のほぼ中心に位置し、戦国時代には、東は南部氏、南西は安東氏（のちの秋田氏）、北は大浦氏（のちの津軽氏）と三方を強大勢力に囲

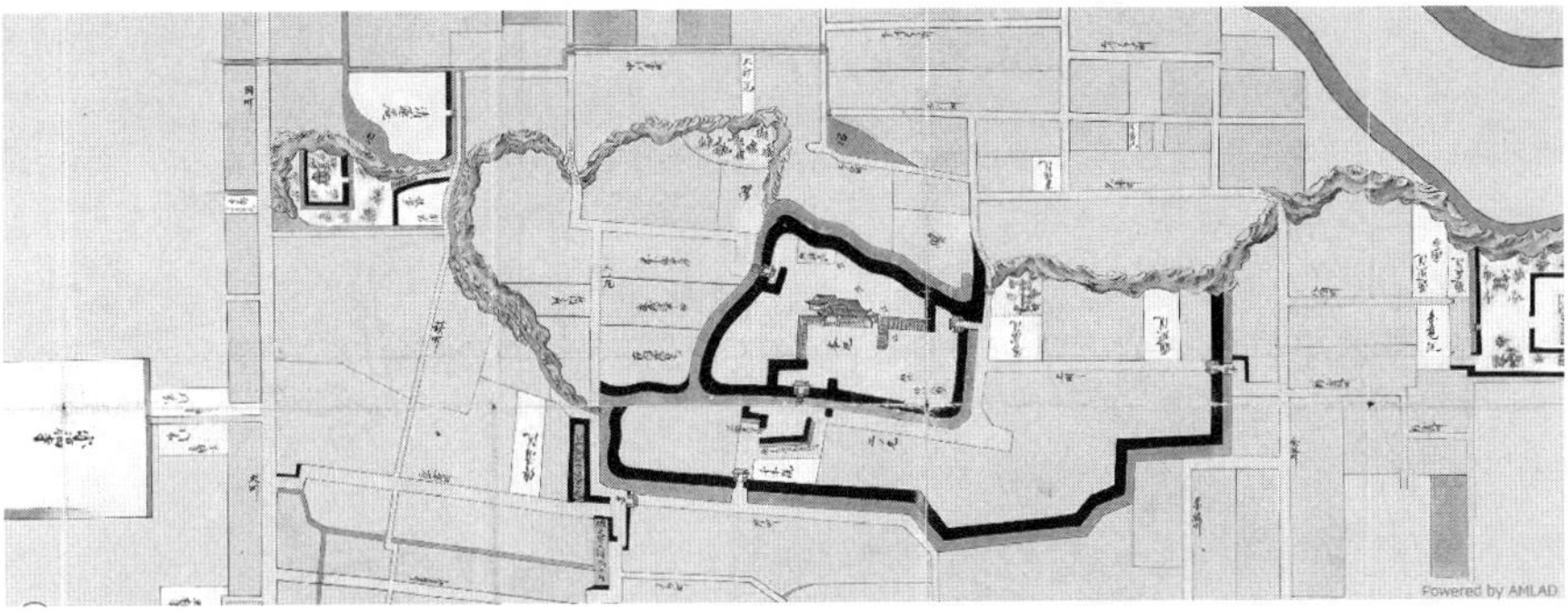

●—宝永元年（1704）城下絵図（秋田県公文書館所蔵）

まれていた。このようななか、浅利氏が戦国大名としての独立を試みたが、滅亡の一途を辿るという歴史を歩む。

浅利勝頼は当初、安東氏の配下についた。天正年間に入ると、独立をはかり抗争を起こしたため、天正十年（一五八二。異説あり）に安東愛季《ちかすえ》により長岡城で謀殺された。大館城は安東氏の支配下に置かれ、五十目《ごじゅうめ》兵庫秀兼《ひでかね》が城代となった。しかし、天正十五年（一五八七。異説あり）、兵庫は南部氏に内通し、大館城は一時的に南部氏の領域となった。この二年後には秋田実季が大館に兵を送り、阿仁《あに》と米内沢《よないざわ》の嘉成氏、津軽大浦氏の助力を得て大館を回復。大館城には浅利勝頼の子頼平を戻らせたが、頼平は秋田氏に従うことを拒否し続けたため、確執が生じ、両者は紛争に発展した。これが豊臣秀吉の惣無事令に反し、慶長二年（一五九七）、その裁定が大坂へと持ち込まれるが、上洛中に頼平が急死（毒殺）し、浅利氏は滅亡。ふたたび大館地方は秋田氏の支配下に置かれた。なお、この裁定の際に頼平が提出した「比内千町と申習候村数之覚」には「大たて村家二〇〇余り　我等屋しき廻り」と記されている。

【江戸時代の大館城】　慶長七年（一六〇二）、国替えにより秋田は佐竹氏の領国になる。同十五年（異説あり）、佐竹一門の小場《おば》義成《よしなり》が大館城代となり、義宣から五〇〇〇石の領地を認められ、義成は大館城の改修・拡張や町割を行う。元和元年（一六一五）に幕府は一国一城令を発したが、同六年、将軍秀忠は佐竹領に久保田城の支城として、大館・横手両城の存置を認めた。小場氏は三代義房の時に「佐竹」を名乗ることを許され、六代義村以後は「佐竹西家」と呼ばれるようになった。大館佐竹氏は一一代義遵《よしゆき》まで約二六〇年続いたが、慶応四年（一八六八）の戊辰戦争により盛岡藩の攻撃を受け、義遵は大館城に火を掛け退却し、落城した。

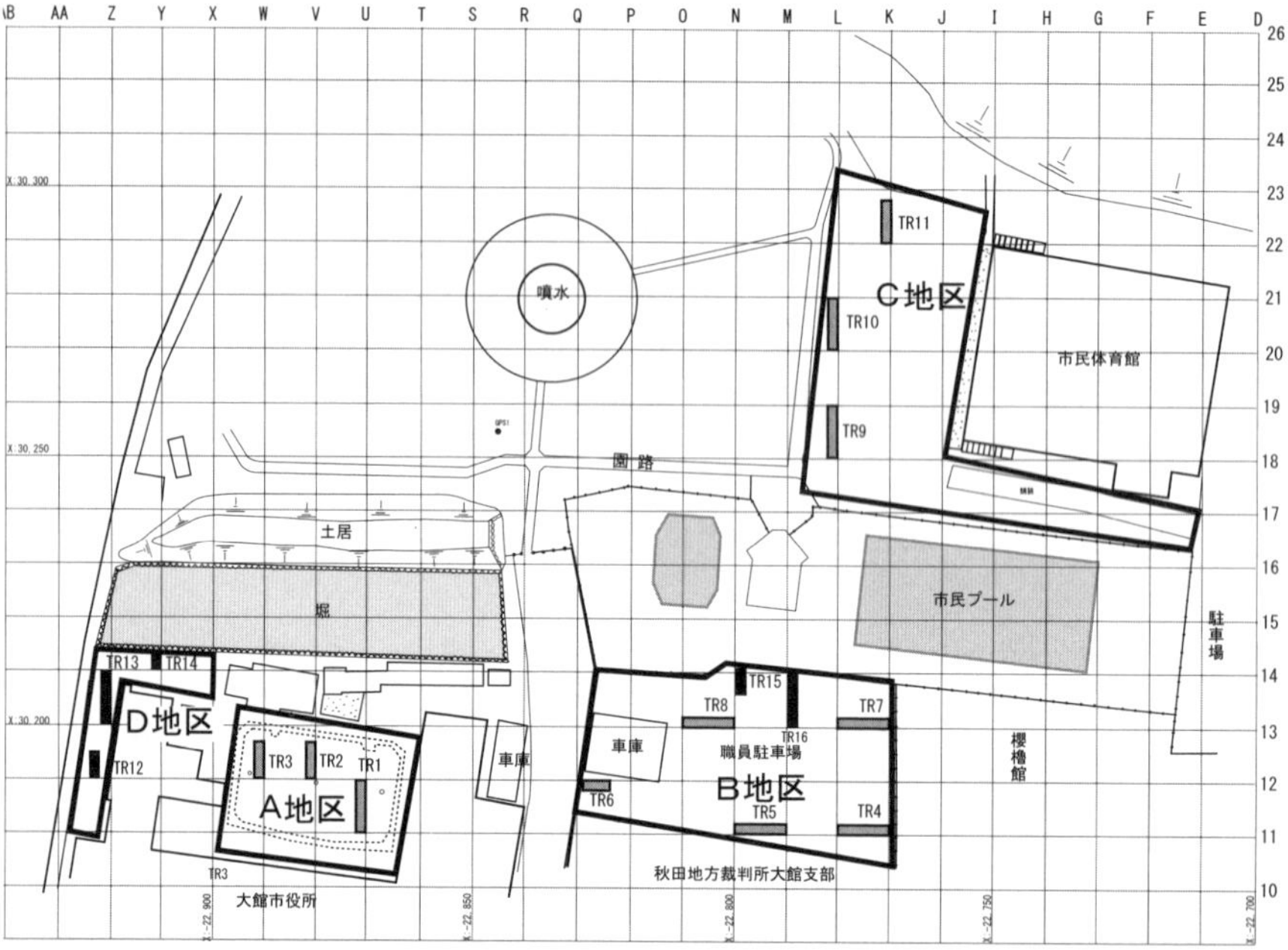

●—大館城試掘確認調査位置図

【江戸時代大館城の構造】　大館城は台地上に水堀を配し、本丸、二の丸、三の丸で構成されていた。本丸の東から南を二の丸が取り囲み、西側に三の丸が配置される梯郭《ていかく》式の縄張となっている。本丸の形状はおおよそ台形をなす。虎口《こぐち》は三つあり、南側表門にあるものは入桝《いります》形になっている。久保田城と同様に石垣のない土居造りで、正面だけがすこし石土居をなしている。本丸と二の丸の間に内堀があり、この堀の幅は約十一間あったものと推測される。二の丸と三の丸は西家の家来の屋敷となっている。

城には大手門、東門、随時門（西門）、搦手《からめて》門、穴門、虎門、大門（中城門）の七つの門があり、備米倉、武具蔵、矢場、作事場、厩舎、炭小屋、井戸四ヵ所などがあった。

【遺構の概観】　大館城は小場氏により、近世城郭として改変されており、中世の姿を現況で推測するのは難しい。大館城跡は、大館市役所新庁舎建設候補地となったことから、平成二十六～二十七年（二〇一四—一五）にかけて、城跡の残存状況を確認する目的で試掘確認調査が行われた。本丸一地点、二の丸三地点の四地点を対象に調査された。出土遺物は一七世紀以降の陶磁器が出土しているが、中世以前の遺物は得られていない。

近世の遺構には、本丸からは掘立柱建物跡を構成するとみられる柱穴列が検出されており、御殿の一部と考えられる。また、出土遺物から一七世紀後葉に構築された石敷き遺構が見つかっており、絵図等には描かれていない庭園などに関係する遺構と推測される。二の丸からは、大手へ通じる馬出《うまだし》の堀とそれに伴う整地層や小柱穴が検出され、これらは土居の基底部や堀に面した柵の可能性が想定される。また、二の丸にはほかに佐竹西家家来の屋敷跡の一部とみられる柱穴なども発見されている。

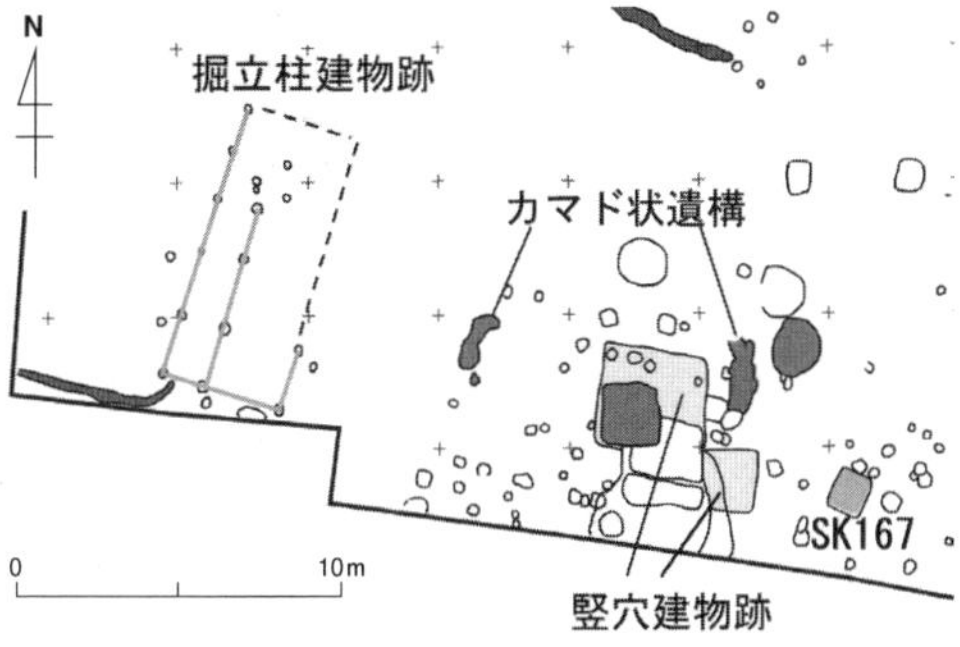

●—B地区南西部の遺構

B地区およびその北側の内堀跡に市役所の新庁舎が建設されることが決定し、平成二十八年（二〇一六）から大館市教育委員会が発掘調査を実施している。このうち二十八年はB地区のほぼ全面を対象に発掘した。江戸期の絵図によれば、調査地は本丸南側の内堀に面した通路と屋敷地にあたる。

調査の結果、近現代の土地造成等による大規模な破壊を受けており、近世以前の生活面の大部分は失われていたが、柱穴や井戸跡などの近世以降の遺構が二〇〇基ほど発見されている。

戦国期とみられる遺構は、調査区南端に位置する土坑（SK一六七）一基のみである。SK一六七は平面形が北東-南西方向を長軸とする隅丸長方形で、規模は一・三×一・一メートルある。底面には四隅に小穴があり、上屋がかけられていたと推測される。遺物は底面から鉄製品一点、中層から瀬戸美濃産陶器丸皿（一六世紀後葉）の底部破片が三点出土した。SK一六七の西側には重複する竪穴建物跡二軒やカマド状遺構などがあり、その西側に掘立柱建物跡一棟がある。これらの時期等は不明だが、主軸方向や分布状況から、これらは関連していたとも考えられる。カマド状遺構の性格も不明だが、地面が赤く焼けていたため、何らかの燃焼をしたことがわかる。この遺構は東北北部の中世城館でよく検出されるものであり、本調査で戦国期の遺物も数点出土していることから、戦国期の遺構の可能性も考えられよう。今後も新たなる事実が提供され、そのなかで大館城の謎が解明されることを期待したい。

【参考文献】『大館市史』第二巻（大館市、一九七八）、秋田県教育委員会『秋田県の中世城館』（一九八一）

（嶋影壮憲）

●出羽北部の対南部氏の要衝

十二所城《じゅうにしょじょう》

秋田県

【現　況】　十二所城は、ＪＲ十二所駅の南東側にある真山岱《しんざんたい》と呼ばれる高台に広がる城である。城の北側には十二所町があり、眼下に米代川《よねしろがわ》を見下ろすことができる位置にある。周辺には、北側が米代川に面して開けていて、ほかは標高二〇〇～四〇〇メートルの山稜に囲まれている。

　城の中心をなす本郭（Ⅲ郭）には本丸跡の碑が建てられている。また、その東の郭（Ⅱ郭）には神明社があり、境内となっている郭上には種々の石碑が建立されている。神明社には文政十二年（一八二九）、十二所所預《ところあずかり》茂木《もてぎ》氏八代知達《ともみち》が奉納した扁額「十二天」（大館市有形文化財）がある。城の西郭には茂木家代々の墓地（大館市史跡）があり、地元の住民に大切に守られている。

〔所在地〕大館市十二所字元館
〔比　高〕二〇メートル
〔分　類〕平山城
〔年　代〕天文年間～元和元年
〔城　主〕十二所氏、赤坂氏、塩谷氏
〔交通アクセス〕ＪＲ花輪線「十二所駅」下車、徒歩一五分。

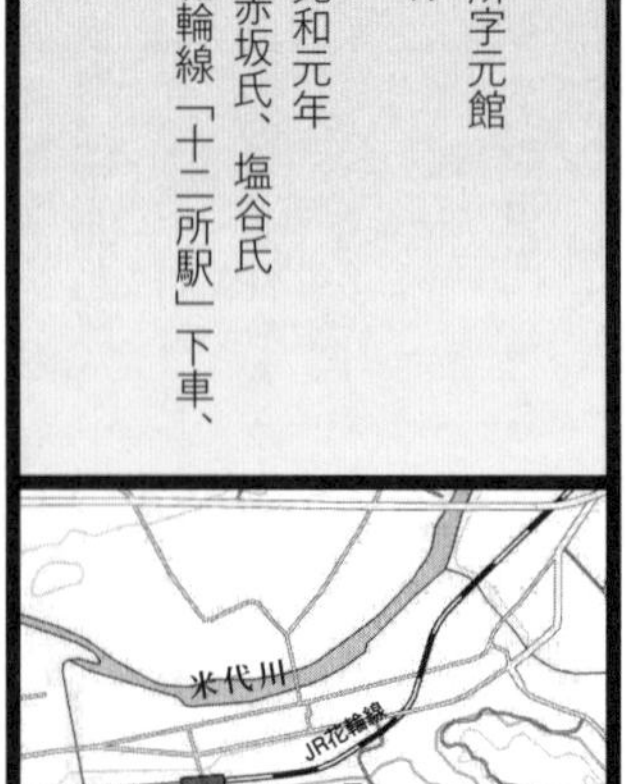

【中世の十二所城】　十二所は、古くから鹿角《かづの》（陸奥）と大館《おおだて》（出羽）を結ぶ交通路の要衝地であるが、十二所城の築城者・築城年代は不明である。

　養和元年（一一八一）、藤原秀衡が陸奥守に任ぜられて奥州一円を支配下に置いた頃、十二所には藤原氏一族の藤原肥後が地頭として居住したと伝えられ、その付近一帯は藤原岱《ふじわらたい》（現真山岱）と呼ばれた。

　藤原氏滅亡後は、浅利氏が地頭として入った。一六世紀前半には、『浅利與市《よいち》侍分限帳』によると、鹿角口取扱役人として十二所信濃の名がみえる。十二所は南部領鹿角と接する軍事的に重要な拠点であり、浅利氏がその管理者として置いたと考えられる。このことから、十二所城が築かれたのは、浅利則頼が大館地方一帯を支配した頃と推測できる。
天正十年（一五八二。異説あり）には、則頼の子、勝頼が安東（のちの秋田）愛季《ちかすえ》に謀殺され、大館地方は安東氏の支

●—十二所城付近航空写真（大館市所蔵）

配下に入る。愛季は大館城代に五十目《ごじゅうめ》兵庫秀兼《ひでかね》を置いたものの、同一五年（異説あり）、秀兼が南部氏に内通し、南部氏は派兵して大館地方を占拠する。秀兼はその功により十二所城代になったともいわれる。同十八年、秋田実季は津軽の大浦為信と手を結び、南部氏から大館地方を回復した。この時、為信の斡旋もあり、為信のもとに身を寄せていた浅利頼平を大館に戻らせた。こうして浅利氏は秋田氏の臣下となり、ふたたび大館地方を支配する。

慶長二年（一五九七）の「比内千町と申習候村数之覚」には「十二所村　家二十　我等おとな三人之内七兵衛」と浅利氏家臣の七兵衛の名がみえる。七兵衛はその後、秋田方へ従った。

【近世十二所城への改築と廃城】　国替えで秋田へ入った佐竹義宣の命により、元和元年（一六一五）に塩谷義綱《しおのやよしつな》が十二所城代として派遣され、新たに城館および城下町の移築を行った。真山岱にあった館や侍屋敷を十二所町南方台地（A台）に築城し、空堀で隔てた東の郭（Ⅲ郭）を本丸とした。A台には主な家臣を居住させて一部二の丸の役目をも兼ね、東郭（Ⅱ郭）、南郭（Ⅰ郭）等に三の丸の役目をさせた。また、城下町としては、本郭西側の台地（A台）および台地北側崖下一帯の低地を埋立て、台地寄りを武士の居住する内町、米代

●—十二所城地形図（大館市教育委員会作図）

川寄りを町人が居住する外町として整備した。

しかし、元和六年（一六二〇）、幕府の一国一城令により十二所城郭は破却となり、塩谷義綱は、城館に替わって居館「再来館」を本丸跡に建てた。延宝七年（一六七九）に塩谷氏に替わって、梅津忠貞《ただ さだ》が所預として派遣されたが病のため、天和三年（一六八三）、茂木知恒《ともつね》が十二所所預として派遣された。知恒は元禄元年（一六八八）、A台の北側低地の城下町の一画に、新しく居館を構えて移った。以後、十代知端《ともただ》まで一八七年間にわたり、茂木《もてぎ》氏が代々十二所の所預を務めた。しかし、慶応四年（一八六八）、戊辰戦争の初戦敗退の際、知端自ら屋敷に火を放ち、居館や十二所の街は焼亡した。

ちなみに茂木《もてぎ》屋敷跡地は明治七年（一八七四）、成章《せいしょう》学校（のちの成章小学校）が建設され、学校がほかの場所へ移転してからは、平成二十四年（二〇一二）に十二所公民館が現在地に改築された。公民館建設に伴い、平成二十一・二十二年（二〇〇九・一〇）に大館市教育委員会による発掘調査が実施されており、一七世紀以降の掘立柱建物一五棟のほか、井戸跡や区画溝（道）などが発見されている。

【三つの郭と台部】 十二所城があった真山岱は、その規模東西約一二〇〇メートル、南北約六〇〇メートルの広大な台地である。東と北側は急崖となっており、周囲からの比高は一五～二〇メートルある。真山岱は、侵食谷により複雑に刻み込まれ、その侵食谷を堀として利用し、侵食谷によって独立した高台を郭にしている。このほか、空堀、帯郭、湧水（水の手）などの遺構がほぼ当時のまま残っている。中心となる郭は三郭であるが、西と南に広大な台地（A・B・C台）があり、侵食谷や空堀《からぼり》で区画されている。これらの台地も十二所城との関連がうかがわれる。

Ⅰ郭は、中心郭で、規模は東西約一〇〇メートル、南北五〇～七〇メートルあり、整然とした形をしている。東側は下位水田面から比高約一六メートルで急崖となっており、他の三面の空堀とは比高は約五メートルある。北側の空堀には、現在、豊富な湧水を利用して溜池がつくられている。

Ⅱ郭は、Ⅰ郭の北に幅約四〇メートルの空堀を挟んで、東西に細長く構築されている。北側の眼下に米代川やその流域の水田地帯を望む位置にある。規模は東西約一〇〇メートル、南北約三〇メートルあり、東・北側は比高約二八メートルの急崖となっている。

Ⅲ郭は、Ⅱ郭の西側の小侵食谷をへだてた所にあり、後述するA台の東端に浸食谷を利用した空堀により切り離してつくられた郭である。規模は東西約六〇メートル、南北約八〇メートルあり、南側が張り出した不整形をしている。空堀部からの比高は約四メートルある。三つの郭のなかでは遺構の保存度がもっともよいとみられる。

A台・B台・C台はそれぞれ東西約五〇〇～七〇〇メートル、南北約一〇〇～二七〇メートルある広大な台地で、侵食谷によって切り離されている。

A台の南側の侵食谷はA台の西側へと下刻しているが、その谷の開口部には、沢水と湧水を利用した堤が二つつくられている。この豊富な水によって城館が築かれた頃には、侵食谷は潤沢な谷地であったものと思われる。

B台は、Ⅰ郭の南側へ三〇メートルほど離れているが、Ⅰ郭に面した台地北側斜面は人工的に整えられ、Ⅰ郭との間の侵食谷も空堀として整えられている。B台中央南側に真山神社がある。

郭や台部上、空堀間からは、土師器《はじき》、須恵器《すえき》、珠洲《すず》系陶器、中世陶器、染付などが採集されている。十二所城の発掘調査はこれまで行われていないが、多くの遺構が手つかずのまま残されていると推測されるため、その解明は将来に委ねたい。

【参考文献】『大館市史　第一巻』（大館市、一九七九）、平井聖ほか編『日本城郭大系　第二巻』（一九八〇）、水沢文則『十二所歴代城代付十二所城及び城下町』（一九八四）

（嶋影壮憲）

●中世比内領主浅利氏の本拠

十狐城《とっこじょう》

〔所在地〕大館市比内町独鈷字館間
〔比　高〕二〇メートル
〔分　類〕平山城
〔年　代〕永正十五～慶長三年
〔城　主〕浅利氏
〔交通アクセス〕ＪＲ奥羽本線・花輪線「大館駅」下車、秋北バス「独鈷大日堂入口」下車、徒歩一分。

【現　況】　十狐城は、大館盆地南東部に位置する比内町独鈷《とっこ》集落の東側に位置する。城跡は、ダンブリ長者伝説が伝えられる独鈷大日神社が鎮座する台地の北西側に広がっており、神社から続く道は城郭の南端部に接する。城郭を構成する台地の南側を炭谷《すみや》川、北側を小川が流れ、独鈷の西側を北流する犀《さい》川に合流する。

東館保育所の後に、北端の一郭があったが、土砂採取で消失した。ほかの郭は大日神社の台地へ連なって、三つの主郭《しゅかく》と中小二郭が残っている。また、大日神社の鎮座する台地も十狐城の一部であった可能性もある。腰郭《こしくるわ》を含め平坦面は畑地、東端部は杉林となっている。地元では浅利氏の城跡として、大切に保存されており、空堀《からぼり》や郭の外観もよく残っている。

【比内地方と浅利氏】　文治五年（一一八九）の奥州合戦で奥州藤原氏を征服した頼朝軍のなかに、浅利《あさり》太郎冠者遠義《かじゃとおよし》（義遠カ）の名がある。浅利氏はその祖浅利與市《よいち》義成以来、甲斐の国青島荘浅利郷（山梨県中央市付近）を本貫地《ほんがん》とする名族である。奥州合戦後、義遠は頼朝から比内《ひない》（大館・北秋田地方の古称）地方の地頭職を与えられた。

建武元年（一三三四）、陸奥守北畠顕家《あきいえ》は南部師行に鹿角《かづの》・比内を給付する。これに対し、浅利氏は、翌二年の足利尊氏の反乱に際して北朝方に与し、同三～四年に南朝方の南部氏が支配する鹿角の諸城を津軽の曽我氏とともに攻めている。正平九年（文和三、一三五四）「沙弥浄光譲状」によると、こ

●—十狐城周辺図（大館市教育委員会作成）

の頃の浅利氏は甲斐国浅利郷と比内郡を所領していたことがわかる。

【比内浅利氏の興亡】　十狐城の築城年代と城主浅利則頼《のりより》の築城以前の経過については確かな史料が少なく、不明な点が多い。『長崎氏旧記』では「永正十五年（一五一八）三月、奥州津軽より引移、初めて十狐城を築」としている。則頼は比内地方各地に支城を構え一族や家臣団を配した。則頼は天文十九年（一五五〇）に十狐城で生涯を終え、長子則祐《のりすけ》（範祐）が跡を継ぐ。しかし、則祐は、永禄五年（一五六二）に檜山《ひやま》城を拠点に支配していた檜山安東氏（のちの秋田氏）との不和が原因で長岡城で自害し、その弟勝頼が安東氏臣下として比内領主となる。則祐と安東愛季《ちかすえ》との対立の間で、勝頼は、愛季側に与していたとみられ、その勝頼も天正年間（一五七三―九二）に入ると、安東氏の力が南に向けられている間に独立をはかり、安東氏との間に抗争を起こす。そして天正十年（一五八二。異説あり）に愛季は勝頼を謀殺、比内の支配権を安東氏に奪われ、勝頼の子頼平《よりひら》は大浦為信《ためのぶ》のもとに身を寄せることになる。

　天正十五年（一五八七。異説あり）、秋田氏の大館城代五《ご》十目《じゅうめ》兵庫秀兼《ひでかね》は南部氏へ内通し、一時比内地方は南部領となる。しかし翌年、秋田実季は大浦為信と手を結び比内を奪還、実季は為信の斡旋もあって、為信のもとに身を寄せていた浅利頼平を比内に戻らせた。浅利氏は秋田氏の臣下となり、太閤蔵入地の代官としてふたたび大館地方を支配することになる。ところが、蔵入米と名護屋御陣用金子の未進問題

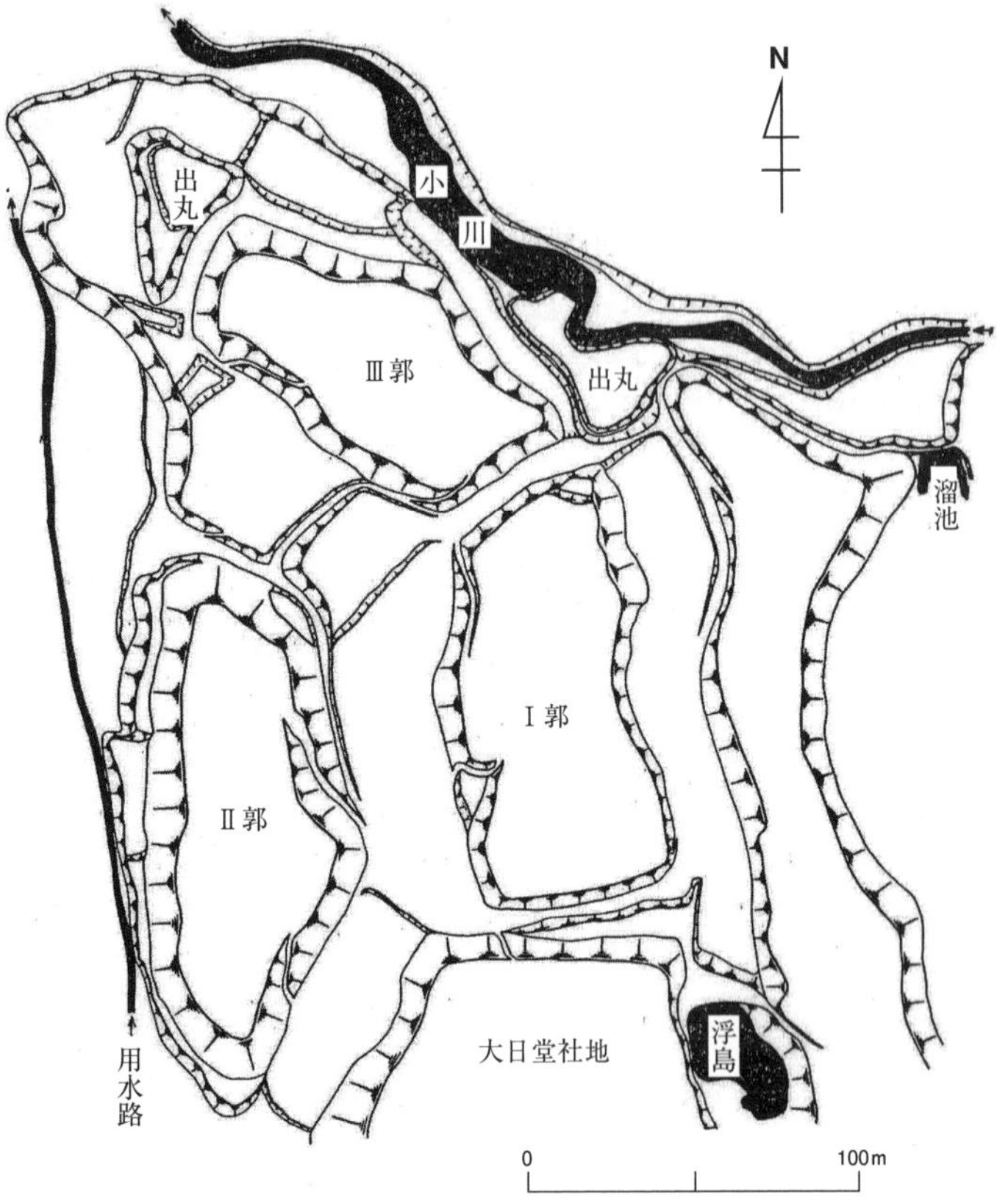

●—十狐城縄張図（『大館市史』第１巻より）（作図：板橋範芳）

に端を発して、秋田氏と争いを起こし、慶長二年（一五九七）の大坂での裁定へと発展したものの、その裁定中に頼平が急死して、浅利氏は滅亡した。その後、同七年の国替えにより佐竹氏が就封するまで秋田氏による比内支配が続いた。なお、この裁定の際に頼平が提出した「比内千町と申習候村数之覚」には「とつこ村　家二〇余り」と記されている。

十狐城の末路については、『大館旧記』によると、頼平が亡くなったのち、実季は浅利氏残党を平定し十狐城を破却したとある。また、『十二所町郷土読本』によれば、浅利家臣の片山駿河《するが》は浅利勝頼を殺害、頼平を大坂で毒殺し、十狐城を守っていた頼平の子頼治を攻め、十狐城は落城したという。

【十狐城の構造】　十狐城は、東西約一五〇〇《メートル》、南北約五〇〇《メートル》、標高一〇〇〜一一〇《メートル》の段丘台地最西端部に立地している。城郭は河川に向って刻まれた侵食谷を工作して空堀とし、四郭二出丸からなる連郭《れんかく》式城館で、四郭（Ⅰ・Ⅱ・Ⅲ・Ⅳ）のうちⅠ郭かⅡ郭が主郭と考えられる。ここからは大館盆地南域、比内の穀倉地帯を

一望することができる。

Ⅰ郭は、東西三〇～五〇メートル、南北約一二〇メートルの不整矩形で、周囲の空堀からの比高約四メートルを測る。この郭に上るための通路は、西側のⅡ郭からの道、北西側のⅢ郭からの道、東側の空堀から上る道の三つがある。東側の空堀は、南東の大日堂裏の「浮島」と呼ばれる小沼から流れる水で、当時は谷地状態であったと思われる。Ⅲ郭と向い合うⅠ郭の北端部に、約五×九メートルの腰郭が設けられている。

Ⅱ郭は、Ⅰ郭の西側に幅約四〇メートルの空堀をへだてて立地する。東西三〇～五〇メートル、南北約一三〇メートルを測る。東側空堀からの比高約六メートル、西側の現水田面からの比高は約一五メートルあり、北・西・南の郭斜面中位に幅四～八メートルの帯郭がある。またⅡ郭中央部東側から、かつて多量の焼米（籾か）が出土したことがあり、地元では「米蔵跡」と呼んでいる。

Ⅲ郭は、Ⅰ郭とⅡ郭の北側にあり、東西約一一五メートル、南北約四〇メートルの不整形で、もとはⅠ郭と連続する台地であったものに、幅約一五メートルの空堀を配して切り離している。Ⅱ郭の東側に二路、Ⅲ郭の南側に三路の道があるが、いずれも城内に向いて設けられている。下方から城内に入る通路としてはⅡ郭北側と、Ⅱ郭の南側大日堂の座する間の空堀と、およびⅠ・Ⅲ郭間の空堀を通る通路は、城外に出て味噌内《みそない》集落に至る道に結ぶ。Ⅲ郭の西側と北東部に出丸が構築されている。

Ⅳ郭は、Ⅲ郭の北約五〇メートルの所に離れてあった。現在はその間を小河川が流れている。東西約四〇メートル、南北約八〇メートルの規模であったが、土砂採取で消失した。

水の手としてはⅠ郭の南側の大日堂裏の浮島と呼ばれる湧水沼や、空堀として利用した小侵食谷に浸透する湧水がある。それぞれの郭上面や空堀は耕作地となっていて、かつては土師器《はじき》・須恵器《すえき》・珠洲《すず》系陶器・中世陶器が採集された。

十狐城の発掘調査は実施されていないため、詳細は不明である。外見はきわめて保存度がよく原状をとどめているが、郭上面は耕作のためにかなり深くまで撹乱《かくらん》されていて、遺構の確認が可能かどうかは危ぶまれる。中世大館地方の政治・経済の中心であり、そのおおよその存立年代も知ることができる城館跡であるだけに、今後、調査の機会が望まれる。

【参考文献】達子勝蔵編『十二所町郷土読本　巻二』（一九三四）、『大館市史　第一巻』（大館市、一九七九）、平井聖ほか編『日本城郭大系　第二巻』（新人物往来、一九八〇）

（嶋影壮憲）

●日ノ本将軍檜山安東氏の本城と城館群

檜山城《ひやまじょう》・大館《おおたて》・茶臼館《ちゃうすだて》

檜山安東氏城館
〔国指定史跡〕

〔所在地〕能代市檜山
〔比　高〕約一二五メートル
〔分　類〕山城
〔年　代〕明応四年～元和六年
〔城　主〕檜山安東氏歴代、小場氏、多賀谷氏
〔交通アクセス〕ＪＲ奥羽線「東能代駅」からタクシーで一二分、あるいは日本海沿岸自動車道能代東インターから一一分。

【能代平野の眺望】　古城地区の通称三の丸までは車で行ける。三の丸の北西からの眺望は、米代川下流域に広がる能代平野と河口に形成された能代の港と町が見渡せる。この港への町立ては弘治二年（一五五六）檜山安東愛季《ちかすえ》によるものと伝わっている。日本海に緩く弧を描くような湾状の海岸線は、北は青森県深浦町、南は男鹿《おが》半島北浦までをおさめる。
　ただし檜山城から見える範囲は北側は八峰町須合岬を限度とし、南側は丘陵によって隠されおり眺望はできない。立木が低ければ、愛季がのちに居城とした男鹿《おが》半島南海岸の脇本城まで見ることができたかもしれない。北方には奥羽の国境、白神山地を見渡せる。冬は雪深く、車では登れないが、晴れた日に除雪されていない道を歩く覚悟があれば通称三の丸からの眺望を楽しむこともできる。

【檜山安東氏】　安東氏はもとは陸奥国津軽の十三湊《とさみなと》に本拠を置き、北日本海交易を掌握した豪族であった。一五世紀中ごろに南部氏との抗争で十三湊を放棄するが、支配地であった蝦夷地《えぞち》（北海道）に拠点を移し津軽奪還への行動を続けた。津軽にいたころに若狭国小浜の勅願寺である羽賀寺を当主の康季《やすすえ》が再建した際に日《ひ》ノ本《もと》将軍と称えられ、戦国末期に実季《さねすえ》が再建を命ぜられた時も、日ノ本将軍の末裔であるゆえの正統性により、その栄誉が与えられたとみられる。
　安東氏が檜山に入った経緯は北海道松前氏の歴史書「新羅之記録」によれば、秋田湊を拠点とする同族の湊安東氏の協力を得て、男鹿半島に入り、その後米代川河口域に根付いた

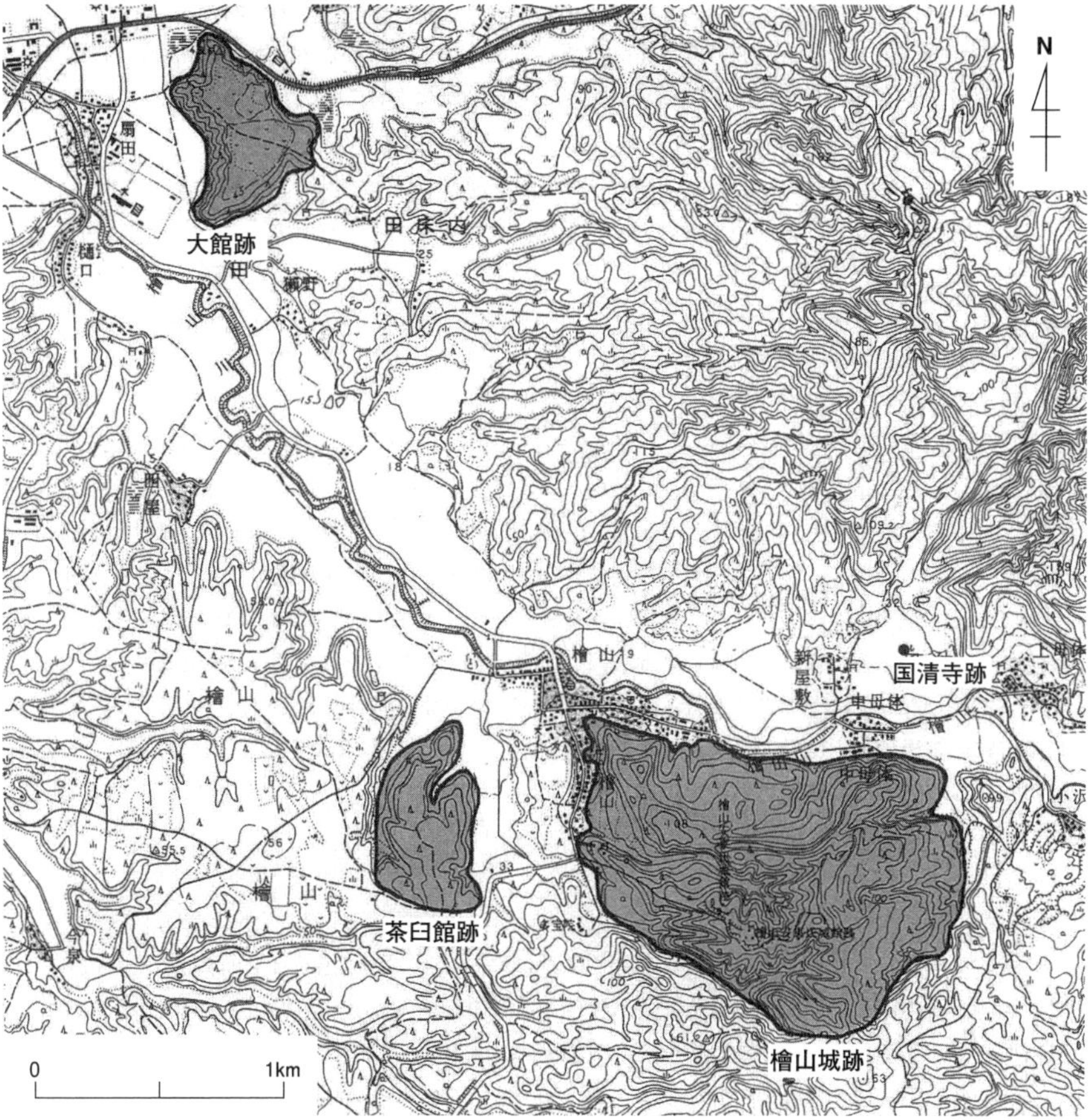

●—檜山安東氏城館周辺図

葛西氏を討って領域支配を始めたとされている。その本拠を置いたのが檜山の地であった。交易拠点は蝦夷地に残したまま、政治的拠点は出羽国におく体制をつくったと考えられる。戦国期の愛季の代になるまでの檜山安東氏に関わる出来事の多くは、安東氏の家臣であった松前氏（中世には蠣崎《かきざき》氏という）によって近世に入ってから作られた、この「新羅之記録」をもとに語られている。

【檜山城】江戸時代後期に佐竹領内を歩いた紀行家菅江真澄《すがえますみ》の記録によれば、檜山城跡は霧山の城と呼ばれていた。実際、見通しが利かないような軍事的な効果が期待できるほどではないが現在でも霧の立つ日が多い場所である。

檜山城跡は一三三㌶の広大な山塊部に造営された中世の山城である。尾根部を中心として裾野まで郭が構築され、深い沢を天然の堀とした要塞を作り出している。尾根部に主要な郭が並ぶ構造で、最高所で一六五メートルほど、中心部と考えられる古城地区の通称本丸で一四〇メートルほどである。城下からの比高は一二五メートルである。北羽を西流する米代《よねしろ》川河口部よりは南東へ一二キロの丘陵部にあり、米代川本流からは五キロ南にあたる。城の北側を檜山川が西流し、その後北上して米代川へと合流する。近世には羽州街道が城の西麓に形成された檜山町を通過した後、檜山川に沿って北上し、途中から野代湊に向かい日本海の海岸線を津軽領に至る大間越《おおまごし》街道と分かれて、本道は丘陵を越えて米代川沿いの宿駅鶴形を通り比内大館《ひないおおだて》方面へつながっていく。ちなみに比内郡は陸奥国であったが安東氏の領地となったのち近世には秋田郡の一部として出羽国に組み入れられている。

築城は明応四年（一四九五）忠季《ただすえ》が檜山屋形となったときには城としてあったと想定されており、その年代をもって築城の年としている。忠季が檜山に入るまでには先代政季《まさすえ》の蝦夷ガ島統治時代があり、その後、同族の湊安東氏の援助を得て河北郡（現在の能代市山本郡域）に入ったのが康正二年（一四五六年）以後であり、そのころには糠野《ぬかの》城（現能代市二ツ井町荷上場）を居城としていた可能性もある。愛季が脇本城に移る天正五年（一五七七）以降は、嫡子実季が城主となり、愛季没後も跡を継いだ実季が主城とした。慶長七年（一六〇二）に湊城を改修して実季が移ってからは、弟の英季や重臣の大高相模が城代になったとされている。脇本城に愛季が入った時や、実季が湊城に移った時は津軽氏・南部氏など陸奥勢力への押さえの機能も果たした。また野代《のしろ》湊を通しての交易の管理も檜山城代の役割であった。転封により佐竹氏への明け渡しののちは、徳川幕府による元和六年（一六二〇）の城破《しろわ》りまで使用されたと考えられるため、室町時代後期の屋形クラスの主城としての約一〇〇年に渡る使用から、近世初期の佐竹氏の配置した城代（所預という）の居城としての改変も想定される。

通称本丸、二の丸、三の丸と呼ばれる古城地区が最終的な中心地区であったと想定される。とはいえ発掘調査が行われたのは広大な城域のうちのわずかな面積であり、現在みられる城跡全体が使われた時期や、築城期のかたちと、そこからの拡張、主要部の変遷など解明すべき課題も多い。そこから延びるいくつもの小さな尾根は腰郭《こしくるわ》が段状に構築され、堀切《ほりきり》で区画される。山城として防御的な施設を配置していることが明瞭である。さらに東へと進むと桝形虎口《ますがたこぐち》が配置され、城の主要部への出入り口として意識されていたことがわかる。全体を通して郭は機能的に連続しているというよりは緩やかな平場の集合のようにもみえ、縄張からは戦国の城と

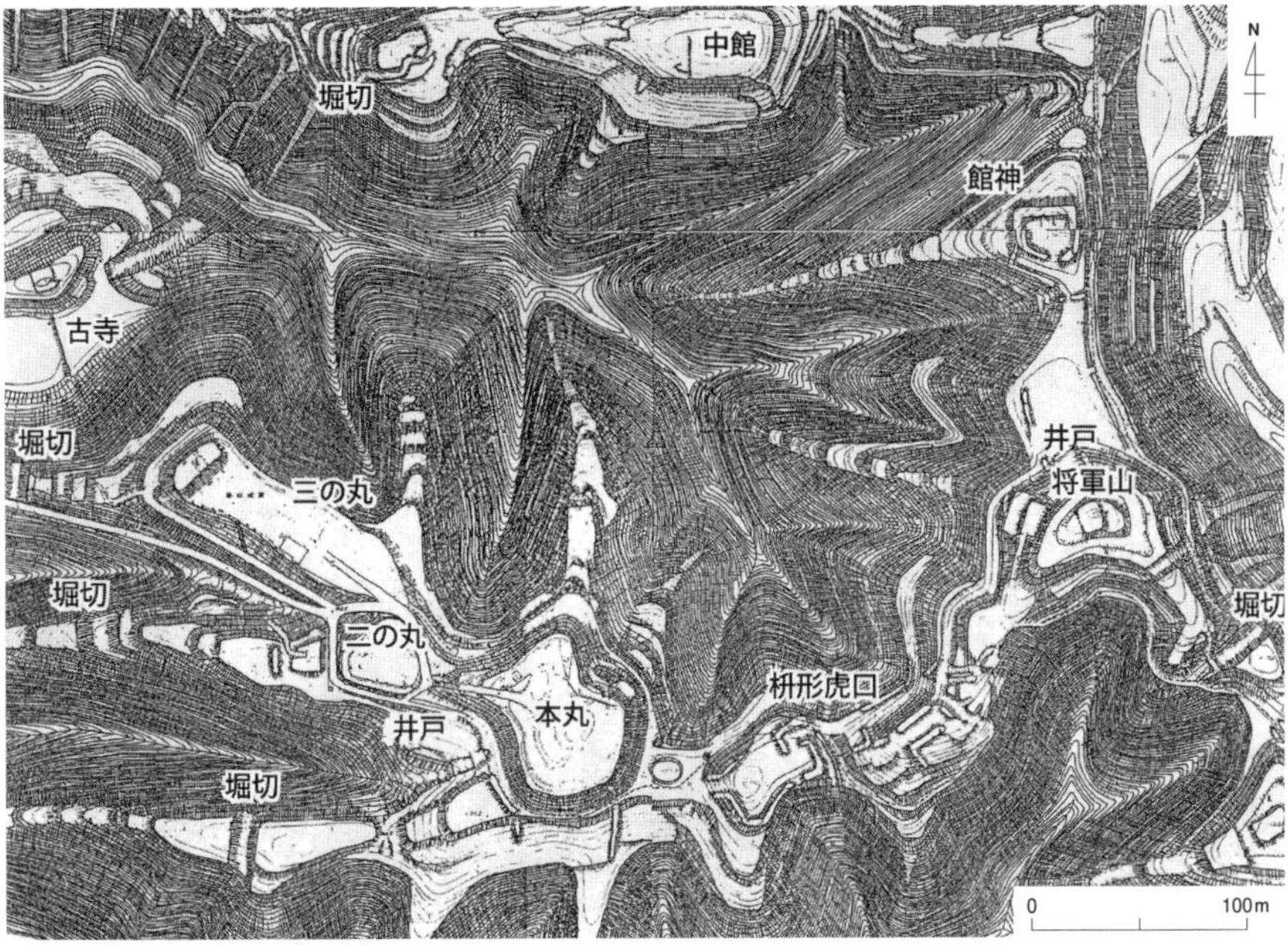

●—檜山城主要部縄張図（作図：遠藤巌，市村高男，誉田慶信，小山彦逸）

秋田県

しての厳つさはそれほど感じられない。ただし山の上からの眺めは堀切で交通を遮断し、深い谷で周辺の丘陵から隔離された堅固な山城の様相を呈している。本丸周辺の腰郭群も家臣団の屋敷をおいた様子を想像すると戦国の領主の主城の姿が浮かび上がってくる。

全体では主な尾根が二本西に延びて馬蹄形《ばていけい》になっているが、その付け根付近にあるのが最高所の将軍山であり、その周辺の郭群を将軍山地区としている。南の尾根に配置された古城地区からは桝形虎口を通って将軍山地区へ至る。城の南は尾根を堀切で画して、そこからの通路は白坂道と呼ばれ城外を南に三種町岩川まで続くルートとされる。また、同地区北側には館神が配置されている。安東氏の氏神は日吉社とされるが檜山にはみられず、能代鎮守として今に残る。館神に祀られたのが何社であったのか気になるところである。同地区の東側は急峻な切岸となっており、その下にも腰郭がみられる。檜山城への登城ルートはこの東側にもあったと想定されているが、現状では正確な位置はわかっていない。

北の主要な尾根には中館と呼ばれる郭があり、さらにその西の高まりを高山と呼んでいる。その先は城下浄明寺裏に通じている。先述の菅江真澄の「かすむ月星」には霧山の古城として中館の切岸と思われる図絵が描かれている。古城地区

●—本丸切岸

だけでなく中館もまた城の一部として認識されていたことが分かる。図絵には中館に桜が描かれているが今は見られない。ちなみに当地にはいくつかの安倍・安東氏伝承が残る。「かすむ月星」とは、能代市築法師に残る安倍貞任《さだとう》の末裔月星、高星が住んでいたという伝承に因む書名である。

檜山城のつくりは、一五世紀半ばまでの本拠地十三湊の系譜にはない山城で、北奥の南部氏とも違う。安東氏系の山城は、交易に適した海に面した場所に作られることが多いが、檜山城の場合は立地としては少し内陸に奥まっている。選地の理由の一つにはのちに羽州街道となる主要街道の抑えと、野代湊を利用した日本海海運の抑え、米代川舟運と羽州街道の結節点である鶴形地区を合わせて抑えることのできる利点という意味をもつ立地ではなかったかと思われる。それが檜山を拠点とした安東氏の戦略であったのであろう。城のつくりはそれまでの山城の特徴を持ちながら、その後数十年の間に徐々に進む日本海側の守護大名や国人《こくじん》領主の山城への移動の先駆的な城としても位置付けられる。ただし、現在のところ、北陸以西に多く見られる根小屋的な麓の居館を想定させるような郭は確認されていないのも特徴の一つである。

【北方交易と出来事】 戦国期に安東氏の担ってきた北方交易は、蝦夷地の同族に任せていたが、アイヌとの抗争も絡み、蠣崎氏（のちの松前氏）が力をつけてきた。家臣であれば収益はすべて領主のものとして、蠣崎氏には知行高に合わせて禄を与えればいいようなものだが、収益の半分を納めさせるという半独立的な松前守護という立場を与えての蝦夷地支配の形態をとった。檜山城主への三度のお願いの末に認められたという話が記録されている。

【城下町】 檜山城が使われた時期の城下町の様相はわかっていないが、いくつかの事象が、痕跡を残している。檜山城主ゆかりの一族が開基したと伝わる浄明寺が現在も残り、山門は檜山城の門を移した「城下がりの門」の伝承を伝える。また、愛季の祖父尋季《ひろすえ》の菩提寺である楞厳院《りょうごんいん》も地元では山寺と呼ばれて今も檜山城の麓にある。これらの配置から、現在に残る羽州街道の通り沿いに中世からの寺町を含む城下が形成されていたことが想定できる。また、檜山城を築いたとされる忠季の菩提寺は檜山城の北側、檜山川を挟んだ位置にあったとされ、その東、檜山城から見て北東には愛季が再興したという八幡神社が鎮座する。檜山川流域全体が城下として整備されていたことが伺える。これらの寺社は江戸期の転封の際にも常陸への転出はなく、佐竹氏の下でも檜山において存続した。安東家（そのころには秋田氏を名乗る）の菩提寺・祈願寺は常陸において新たに設けられた。

先述の浄明寺には江戸時代に斜面が崩れて頭蓋骨が現れた記録があり、それをそのまま埋め戻したという場所がある。現在も首塚として残るが、檜山城で謀殺された浅利勝頼のものではないかとも言われている。

【檜山の出城・大館】 檜山城跡の下を流れる檜山川が東から西に流れた後、町を過ぎたあたりから北へと進路を変えてさらに米代川方面へと流れていく。檜山川と米代川の合流地点からもっとも近い東側の台地上にあり、檜山城跡からは北西に三キロ離れている。檜山安東氏の支城として檜山城跡とともに国史跡に指定された館跡である。檜山川を挟んで西側の台地との間は約五〇〇メートルと平野部が最も狭まる位置にあたり、檜山と能代を結ぶ街道が通っている。大きさは二七万平方メートルにおよぶ。立地としては北方面からの侵攻に対しての最前線にあり軍事上重要であることは疑いない。

【館の年代】 古代の遺跡としても知られ、『日本三代実録』に記述された元慶《がんぎょう》の乱と呼ばれる住民蜂起の際に登場する秋田城側の前線基地野代営の擬定地となっている。昭和に行われた発掘調査では、堀や柵列が中世のものと考えられたが、中世の遺物の出土はわずかにとどまり、近年の発掘調査でも、中央の堀と土塁《どるい》は平安時代のものであろうことが指摘されている。少数の中世遺物は表採などが多い。青磁一点、

●―大館の堀切

洪武通宝一枚の出土があったほか、中世陶器の破片も採取されていることから、中世の土地利用が確認される。地表面で観察できる主な遺構は、中央を台地を分断するように走る一条の堀と土塁、台地上の各先端に施された数条の堀であり、中でも遺跡の東端では、台地と館跡を画する幅五メートルの堀を含む三重の堀と二重の土塁がみられる。

発掘調査では、広大な平場から、製鉄施設を持つ竪穴跡や建物跡、柵列などが確認されており、古代防御性集落との関連も指摘される。また北海道で使われていた擦文土器《さつもんどき》の出土からは北方との交流などが想定される。城主の伝承なども残っておらず、中世の使われ方は不明だが、安東氏時代の遺物はほぼ見られない。なぞの多い館である。

館跡の東約五〇〇メートルを近世には羽州街道が通り、さらに連続して南東方向には標高二一一メートルの幟山に続いており、その頂上部にあった八重堀館は愛季の居城とも伝えられている。

【街道の抑え・茶臼館】 檜山城の西に位置し、支城とも考えられるのが茶臼館である。檜山城の最も南に位置する沢から流れるむじりき川が近世多賀谷氏の居館のあった茶臼山の南を回り込み、茶臼館との間を北流している。檜山城から西に五〇〇メートルほど離れた標高二〇メートルほどの比較的平坦な台地につくられた。面積は二〇万平方メートルだが、台地は館を画する明瞭な遺構を持たずに終わっている。江戸時代の絵図にも描かれた東側の登り口からは台地上まで数分程度で到達する。現在みられる主な遺構は台地上の複数の郭と、それらを画する堀切である。安東氏の主城である山城の檜山城と違い、台地上を堀で区切られた郭で構成される館であるが、防御施設の規模はそれほど大きくなく、軍事的な要素よりも、家臣の屋敷や街道の監視といった役割が想定される。

【茶臼館の館主】 城主の伝承は、檜山の重臣としてのちに檜山城の城代ともなった大高氏や、津軽氏侵攻による陸奥浪岡城落城後に安東氏被官となった岩倉（北畠）右近の名がしら

●―茶臼館の郭と堀切

れる。岩倉氏はのちに安東氏が名乗る秋田氏の姓を与えられ、近世には秋田氏の転封に伴って陸奥国三春藩にまで残る家であるが、中世には茶臼館《ちゃうすだて》に住んだとされる。この茶臼館をめぐっては、いくつかの候補地があり、檜山の茶臼館がそれにあたるかは想像の域をでない。浪岡陥落の際には愛季は檜山から七里離れた男鹿半島の脇本に城を築いており、家臣団が集住したものか、あるいは北方へのにらみとして檜山にも軍団をおいたものか、いずれの可能性も考えられよう。

愛季はこれより前、秋田湊を本拠とする同族の湊安東氏を統合しており、湊安東氏と敵対していた山北の戸沢氏や小野寺氏とも直接対峙しなければならなくなった。そのいっぽうで同盟北畠氏を新興勢力の津軽氏に攻められ、対応を急がねばならなかった背景を考えれば、津軽に近い檜山に岩倉氏を置いた可能性も大きいのではないだろうか。

【使用年代とその後】　表採された遺物は青磁と中世陶器があり、いずれも安東氏時代より前代のものと考えられる。また、館跡の下からは中国産の染付が一点出土しており、檜山城築城以前ではあるが安東氏使用年代に近い遺物もみつかっている。北側は緩やかな段丘崖であるが、近世にはその先端に古四王神社があったともいう。現在は沢を挟んだ北向かいの台地に檜山神社として残っている。安東氏転封後については伝承もないが、江戸期の絵図には一部に弓場とあり、また現在まで、多賀谷氏を頼った芦名氏の遺臣の墓が残るといい、近世城下町の縁辺部として使われたようだ。

【参考文献】能代市教育委員会『檜山城と檜山城跡』（二〇〇四）、能代市『能代市史　通史編Ⅰ』（二〇〇八）、『菅江真澄遊覧記』（平凡社、二〇〇〇）

（播摩芳紀）

●未完の山城

脇《わき》本《もと》城《じょう》

〔国指定史跡〕

〔所在地〕男鹿市脇本脇本字七沢ほか
〔比　高〕約一〇〇メートル
〔分　類〕山城
〔年　代〕天正五年（一五七七）〜一七世紀前葉
〔城　主〕安東愛季
〔交通アクセス〕ＪＲ男鹿線「脇本駅」下車、徒歩二〇分。駐車場有

【日本海海上交通の要所】　秋田市方面から男鹿半島へ向かうと、最初にぶつかる丘陵が脇本城の立地する生鼻崎である。標高一〇〇メートルほどのその丘陵ほぼ全域が脇本城の範囲となっている。中世脇本城の中核である内館地区。日本海に突き出た男鹿半島の南沿岸に位置するため、遮るものがなにもない日本海の雄大な景観が広がる。そして北東方向には、かつて日本で二番目に大きい湖であった旧八郎潟《はちろうがた》（現、大潟村）、中世脇本城の整備に伴って発展した城下町集落である脇本集落（脇本遺跡）を一望することができる。丘陵中腹には菅原《すがわら》神社、丘陵裾部には寺院群も残り、日本列島の南北を結ぶ日本海航路の要所、男鹿半島陸上交通の要所として、重要な拠点的位置にある。それが脇本城である。

【広大な城】　脇本城は一五〇ヘクタールほどの面積を有しており、地区ごとに分けて呼び名を与えている。一〇世紀代が中心となる乍木《ながらぎ》、兜《かぶと》ケ崎《がさき》・打《うち》ケ崎《がさき》地区、一五世紀前半代を中心とする馬乗り場地区、一六世紀代の戦国期安東氏による改修が行われた内館地区と宗教色の強いお念堂、寺院地区、そして、城下町地区である。戦国期の内館地区の改修にともなって、過去に城として何らかの機能を有していた北部の全域を城として取り込んで、城下の整備も行ったと考えられている。

【中世の遺構】　現在の脇本城跡で見ることができる遺構の数々は中世末期の状況を色濃く残している。特に内館地区では、近世初頭の廃城以後、近隣集落の燃料や飼料を採取する草刈り場として、丁寧に管理されてきたため、中世脇本城の

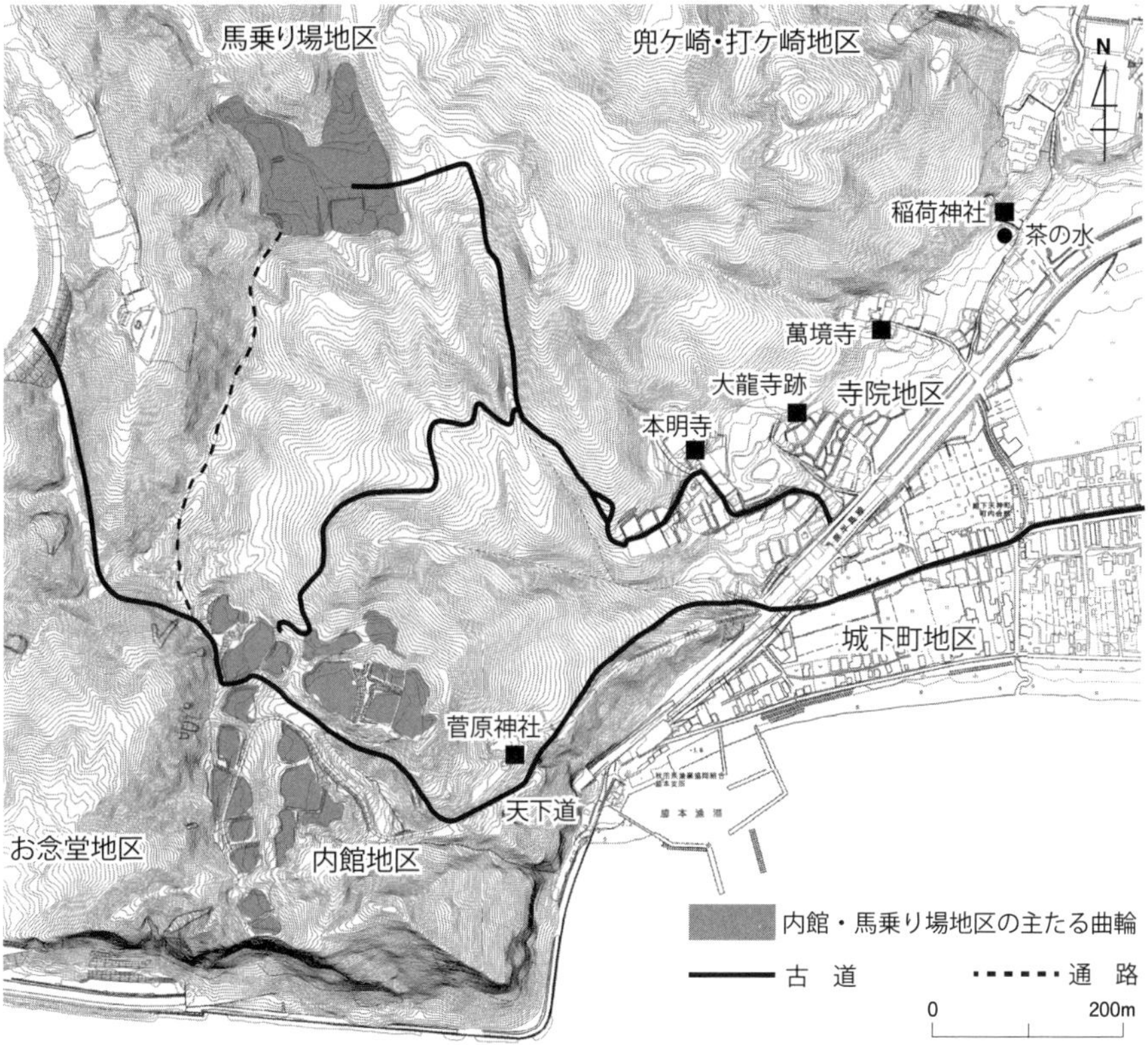

●—内館地区・馬乗り場地区の郭群

姿を想像させるには十分な遺構がそのまま残されている。

【郭と土塁】　脇本城眼下を通る国道一〇一号線から最もアクセスしやすい南端部が内館地区である。郭と呼ばれる平場を二〇以上にわたり、並列的に配置している郭群や本丸推定地の郭を囲う高さ約六㍍の大土塁《どるい》と郭を区画する小土塁、内館地区西側を南北に連綿と囲う高さ約二㍍の土塁など見どころが多い。今も視認できる遺構だけではなく、郭群の発掘調査では掘立柱建物を中心とした建物遺構、郭端部には柵跡など、多くの遺構が見つかっており、出土した青磁や白磁、染付、瀬戸美濃焼や越前焼等から一六世紀に最盛期があったことがわかっている。また土塁上からは塀跡と考えられる溝が確認されており、日本海の船上からは壮観な姿であったことが想像される。

さらに内館地区から尾根沿いに北へ徒歩一五分ほど進むと馬乗り場地区にいたる。その名称から馬場などが推定されていたが、確たる証拠は現在までに確認されていない。しかし、内館地区とは異なり、大規模な郭の周囲に小規模な郭が配列している構造である。一五世紀の初めから中頃に最盛期があり、内館地区よりは古くから利用されてきたことがわかっている。ここからは中国元代の染付が出土している。これは現在までのところ日本列島最北での出土となっており、日本海流通における脇本城の重要性を際立たせる根拠の一つとなっている。

【郭の造成】 郭は切土と盛土をうまく使い分けて造成している。内館地区では見渡す範囲に郭群が広がっているが、それらがすべて、中世の大土木工事の跡である。自然地形を見極め、効果的にかつ効率的に築き上げた山城だ。ある郭では斜面を切土して土塁を削り出しながら地面を平らにしていく。そして、切土によって排出された土砂を先に盛ることで郭の広さを拡大していく手法がとられる。また、必要に応じて全面的に大規模な盛土をすることで郭を造り出し、同時に侵入を防ぐための斜面を造り出す。発掘調査ではこれらの造成の跡が明確に見出される。旧地形を想像し、その場所の役割を考えながら、地面の下の様子を探る。このような見方も脇本城では楽しめる。

●—内館地区の郭と井戸跡

【古道と井戸】 脇本城の大きな特徴の一つは、内館地区の中央部を「天下道《てんがみち》」の通称で呼ばれる古道が東西に通っていることである。この道は城内だけでなく、眼下の城下町集落から、内館地区を経由して男鹿方面へ抜ける古道で、廃城後、秋田藩主も男鹿の往来に使用したことから、こう呼ばれると伝わっている。生鼻崎《おいばなざき》を越える主要道として、昭和四十年代まで通行されていた道である。発掘調査の結果から、内館地区の整備と同時に造成されていることが考えられているが、城内の中央部を主要道が通るという、防御上の疑問点もあり、内館地区の普請《ふしん》以前からあった道を整備して取り込んだ可能性が考えられている。

さらに城内には井戸跡がくぼみとしていくつか観察され

る。雨が降った後には水が溜まって、まさしく井戸のようにみられることもある。井戸にまつわる金《きん》の茶釜《ちゃがま》伝説なども伝わっており、城の魅力を一層豊かにする遺構の一つとなっている。

【脇本城と鳥海山】 ところで前にも記したが、城からは壮観な景色を見ることができる。一帯の拠点的山城であったことが、その見渡す限りの景観からも容易に理解することができるため、登城した際には遺構の他に景色もご堪能いただきたい。さて、まれによく晴れた日には、南側の日本海遠方に、秋田県と山形県の県境ともなっている鳥海山を望むことができる。その場合は非常に幸運な日に訪れたことをお喜びいただきたい。その日は素晴らしい景観に恵まれた反面、翌日以降には城歩きの天敵ともいうべき、雨が降ると言われているからである。地元に住む人々に伝わる天候予測の言い伝えである。遠くの山が見えるほど空気が澄んでいるからであろう。

また、脇本城を歩く際には熊への注意も必要ない。男鹿半島で熊の生息は確認されていないからである。しかし、まれに特別天然記念物であるカモシカには遭遇することがある。それも幸運と思い、暖かく見守っていただき、自然と城が調和する脇本城の魅力の一つと思っていただきたい。

【安東愛季】 さて、安東氏は檜山城(能代市)を本拠とする檜山安東氏と湊城(秋田市)を本拠とする湊安東氏に分かれており、現在の秋田県中央部から北部をその領域としていた。元亀元年(一五七〇)に檜山安東の愛季《ちかすえ》が湊安東を併合し、その本拠として、天正五年(一五七七)に両城から中間地点であった脇本城を改修して拠点としたと考えられている。その後愛季は天正十五年に秋田県南部の戸沢氏との合戦のさなかに没し、そのわずか二年後の天正十七年愛季実子の実季《さねすえ》と叔父の湊通季《みちすえ》による家督相続争いである湊合戦が勃発

●—上:内館地区の天下道
下:城下町集落のカギ型に曲がる天下道

秋田県

した。その際脇本城に居城していた実季の記録には、「此時おか（小鹿）之城名城成といへとも、普請《ふしん》いまた出來せぬか故、檜山之古城江引移、籠城百五六十日（以下略）」とある（青森県史編さん中世部会、二〇〇五）。脇本城がその名をはせたのはわずかな期間であった可能性が高く、普請が終わり切っていなかったものと考えられる。

【愛季以前と安東氏】　脇本城と安東氏の関わりは発掘調査で出土した遺物からも明らかとなっている。宗教的要素が強いと考えられているお念堂地区では、「奉為大虚廓」（大虚廓は秋田湊城主湊堯季の法名「鉄船庵殿大虚洪廓庵主」の一部と考えている）と記された塔婆が出土しており、また、「月心明宗大姉覺灵位」（「高野山金光院過去帳」に安東氏に関わる女性として同じ戒名が見られる）と刻まれた墓石が出土している。愛季による内館地区の改修以前から安東家による脇本城との関わりが明らかとなっている（青森県史編さん中世部会、二〇一二）。

【脇本城と寺社】　脇本城のある生鼻崎南東裾部は寺院地区として脇本城と関わりの深い二寺院が現存している。本明寺へは不自然にカギ型に屈曲した参道が見られ、同時に馬乗り場地区へ至る道がある。さらに萬境《ばんきょう》寺《じ》はその名が、愛季の戒名である「龍隠院殿萬鄉生鉄大居士」の萬鄉と関わっていることが考えられており、愛季による脇本城改修との関連性が着目される。両寺院の間には、昭和七年に当時船川港町（現男鹿市船川港）に移築され現存する大龍寺跡があり、また金光寺も当地に建立されていたことが伝わっている。また付近には「茶の水」と俗称で呼ばれる湧水地があり、城と水の関わりが着目される。

中腹には菅原神社が鎮座している。幾度か焼失しているものの、神社に残される近世期の古文書には、安東氏による建立と遷宮の歴史が記されている。

【脇本城と城下町】　中世後期の安東氏による脇本城内館地区の整備に伴って、脇本城直下の海岸沿いに城下町が整備される。集落の中央部を上述した「天下道」が通り、その南北に間口の狭い地割が現在も確認できる。また天下道とその南北に通る道も、大幅に区画整理がなされたものの、カギ型に曲がるものや直線的に結ばれない様子が今も視認できる。さらには住所地として表示されない「館下」や「天神町」といった通称の地名などが現在も用いられており、中世城下町の名残として色濃く残っている。

【脇本城のその後】　慶長七年（一六〇二）に実季は茨城県の宍戸《しど》へ移封され、秋田には佐竹義宣《よしのぶ》が入ったこともあり、脇本城は廃城されたと考えられる。正確な廃城時期は不明であ

●―脇本城跡全景

るが、正保四年（一六四七）に江戸幕府に提出した『出羽一国御絵図』には「古城」と大きく描かれているため、この時期には確実に廃城となっていたことがわかる。

廃城以後、内館地区は入会地として管理されてきたこともあり、太平洋戦争中も開墾がなされなかった。そのため遺構の残存状況が極めて良好である。これらの理由から平成十六年（二〇〇四）には国の史跡に指定された。東北の戦国史には欠かすことのできない重要な城跡である。最後になったが、地域の大切な城であることに誇りを持って、草刈りを中心とした環境整備を精力的に行ってきた地元の有志団体である「脇本城址懇話会」にふれる。現在誰もが容易に城に登り、想像力豊かに脇本城跡を楽しむことができるのも安東家以降の脇本城主ともいうべき地域住民のおかげである。さらに近年では「脇本城跡案内人」という無料のガイドも活躍している。歴史的に重要なことはもちろんではあるが、地域から愛されている。それが脇本城跡である。

【参考文献】男鹿市教育委員会『脇本城跡―総括報告書―』（男鹿市文化財調査報告、第四〇集、二〇一三）、青森県史編さん中世部会『青森県史 資料編 中世二』（青森県、二〇〇五）、青森県史編さん中世部会『青森県史 資料編 中世三』（青森県、二〇一二）

（五十嵐祐介）

●檜山と湊両安東の狭間で揺れた城

浦《うら》城《じょう》

〔八郎潟町指定史跡〕

〔所在地〕八郎潟町浦大町・五城目町浦横町ほか
〔比　高〕約一〇〇メートル
〔分　類〕山城
〔年　代〕一六世紀代
〔城　主〕千葉氏、三浦氏
〔交通アクセス〕ＪＲ奥羽本線「八郎潟駅」下車、車で約一〇分。駐車場有

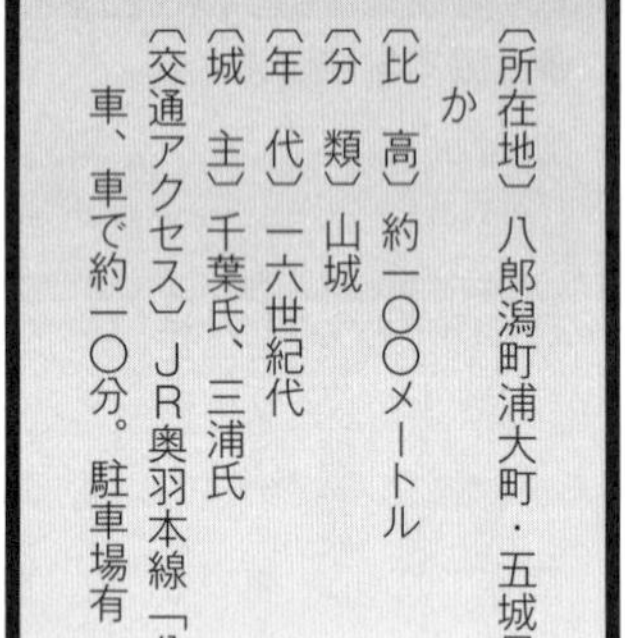

【尾根を遮断】　高岳山《たかおかさん》東方の尾根を深さ約九メートルの空堀《からぼり》で遮断して築かれている。城域は東西に広がる丘陵尾根上に約九〇〇メートルの範囲で展開し、尾根先端部を平坦に造成した郭と急な斜面、空堀を明瞭に観察できる城である。また、眺望もよく、旧八郎潟《はちろうがた》東岸の街並みを望むことができ、さらに北西部には壁面に梵字《ぼんじ》が刻まれる叢雲の滝もあり、中世の雰囲気をそのまま偲ぶことのできる城である。

【郭と堀】　東西にいくつかの郭が展開し、城域中央部の最も標高が高い南北四〇メートル×東西七〇メートルの郭が主廓として想定されている。本郭には井戸跡と推定される大きなくぼみが残されている。郭にはいずれも帯郭《おびくるわ》がめぐらされており、その様子が観察できるが、江戸時代以降に畑地化されたことがわかっており、耕作の影響も一部では受けた痕跡である可能性が高い。また、正確な城内路も不明であるが、各所にその痕跡と思われる跡や土塁《どるい》状の高まりが視認できる。

【浦城主】　浦城は千葉氏から三浦氏に引き継がれたと伝わるが、千葉氏についての詳細はわかっていない。浦城を引き継いだとされる三浦氏についても系図の混乱などの影響もあり、諸説ある状況となっている。そのため、築城や廃城に関わる明確な時期はわからない。

　そのような状況の中、三浦家の系図や近世以降の軍記物の中で、浦城主として取り上げられる三浦兵庫頭盛永《みうらひょうごのかみもりなが》に注目したい。浦城は盛永の死とともに落城したことが伝わる重要な人物である。八郎潟東岸一帯の支配拠点が浦城であり、そ

●—本丸から望む郭と整備状況

の近隣には山内城（五城目町）五十目《ごじゅうめ》氏、馬場目《ばばめ》城（五城目町）馬場目氏らの三浦一族と推定される城が展開していた。しかし檜山安東氏（檜山城・能代市）と湊安東氏（湊城・秋田市）の緊張関係の中、湊安東氏に与力した浦城が檜山安東氏に攻め込まれたことで落城したとされる（安部川・三浦、二〇一二）。

【城を歩く】 丁寧に管理された城である。杉林も間伐され、手作りの整備が行われている。これらの活動はＮＰＯ法人浦城の歴史を伝える会によるもので、地域で大切にされていることが一目でわかる。アクセスには南西裾部の常福院後方からの登城、秋田自動車道を越えて浦城北側の丘陵裾部林道を通り、散策するコースがアクセスしやすい。いずれも良く整備されており、森林浴も兼ね備えて気持ちがよい。今後は発掘調査等が積極的になされて、築城や廃城に関する年代や城そのもの位置付けが明確になると、さらなる面白味が付加されるであろう。

【参考文献】 秋田県教育委員会『秋田県の中世城館』（秋田県文化財調査報告書第八六集、一九八一）、安部川智浩・三浦直子「中世南秋田郡三浦氏の動向と系譜についての一考察」『三浦一族研究』第一六号（三浦一族研究会、二〇一二）

（五十嵐祐介）

●古代城柵に隣接する謎の城館

勅《ちょく》使《し》館《たて》

〔国指定史跡〕

〔所在地〕秋田市寺内神屋敷
〔比　高〕三〇メートル
〔分　類〕平山城
〔年　代〕―
〔城　主〕―
〔交通アクセス〕秋田駅前発、秋田中央交通バス「寺内地域センター前」下車、徒歩五分。

【謎の城館】　秋田平野の北西に位置し、最北の古代城柵として知られる国指定史跡秋田城跡。指定地内の南側、壮麗な築地塀に囲まれた城柵本体からやや南に離れた小丘陵は、通称「勅使館」と呼ばれている。

　昭和十四年（一九三九）の指定に至るまで、明治から大正にかけては、秋田城の中心部とする考えもあった。しかし、現在の中心部が把握されるに至って、その関連施設として指定地に含まれることとなった。当初、勅使館が古代秋田城の中心部と考えられたことには理由がある。その呼び名もさることながら、土塁《どるい》と空堀《からぼり》、郭がよく残っていたのである。

　古代城柵の調査研究が進むにつれ、城柵は古代の寺院や役所と同じく築地《ついじ》塀や材木塀で囲まれているものが多いと認識されるようになった。では、土塁・空堀に囲まれた勅使館は何なのか。その性格が問われることとなったのである。

　秋田市教育委員会による秋田城跡の発掘調査開始当初、勅使館の土塁の断ち割りが行われたが、古代の土器片がわずかに出土したのみで、その時期と正確を明らかにするには至らなかった。その後一帯の土地公有化が進められたが、遺構凍結地区として、発掘調査は行われていない。

【大規模な土塁と空堀】　勅使館は、西側が雄物川による切り立った河食崖、北側に小河川寺内川が流れ、独立した小丘陵状の地形となっている。その頂部には、主郭《しゅかく》となる平場があり、その南側には現況で高さ約一メートルの土塁が巡り、その直下には空堀、さらに外側には堀割《ほりわり》を有する高さ約三メートルの大規模

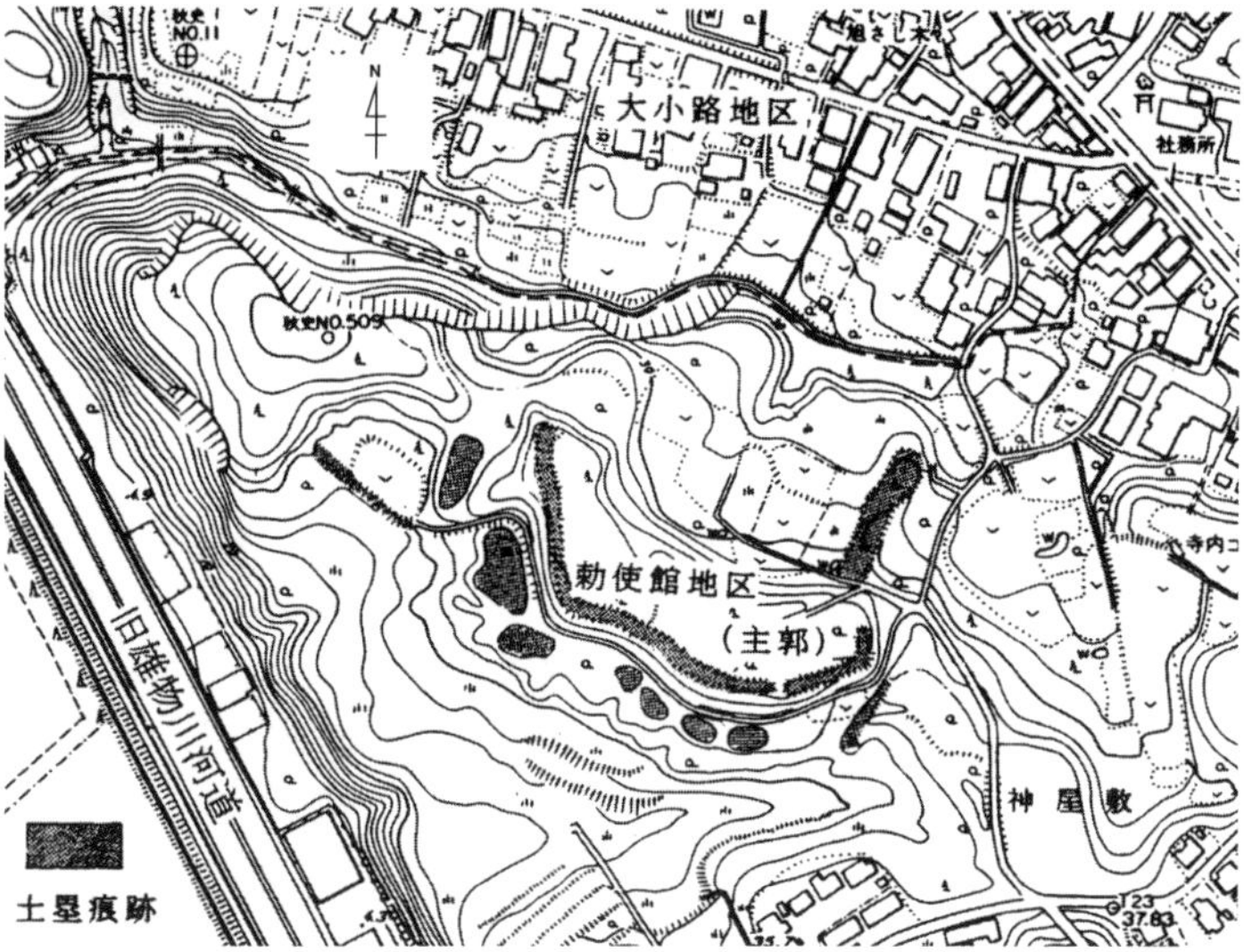

●—勅使館位置図

な土塁が構築されている。主郭の北側には寺内川に向かって数段の平場が帯郭《おびくるわ》状に設けられている。また、沢状地形をはさみ南側にも丘陵が伸びており、土地の改変を受けてはいるが、主郭以外にも複数の平場、郭が存在した複郭《ふくかく》構造と推定される。

【その性格をめぐって】従来、その年代については、中世に大まかに推定されているにすぎなかった。その性格については、一六世紀後半、戦国大名安東氏の内紛である湊合戦において湊安東氏が立て籠もったと『奥羽永慶軍記』に記される「寺内砦《とりで》」説が有力であった。しかし、近年は秋田城の北西の焼山地区に、一六世紀後半の土塁と材木塀を伴う遺構が確認されており、そちらが「寺内砦」に比定されている。

そこで考え得るのは、「中世の秋田城」の可能性と、さらに遡って、「平安時代後期の秋田城」の可能性である。後者については、一〇世紀後半に丘陵北側が古代城柵としての機能を失った後にも文献史料に記録が残る「秋田城」に比定する考えである。立地や構造において、平安時代後期の在地豪族である清原氏の「柵」との共通性が指摘され、今後さらに研究が進むことが期待される。

勅使館は現在、遺構凍結地区として、調査や整備が行われておらず、草木が生い茂る状況である。バス停から西に急な坂を上ったところに主郭方向に行く経路があるが、冬枯れの時期以外は踏査も困難な状況であることを申し添えたい。

（伊藤武士）

【参考文献】伊藤武士「出羽府中と秋田城」『中世出羽の領主と城館』（高志書院、二〇〇二）

●久保田藩主佐竹氏の居城

久《く》保《ぼ》田《た》城《じょう》

〔秋田市指定文化財（名勝）〕

〔所在地〕秋田市千秋公園
〔比　高〕四〇メートル
〔分　類〕平山城
〔年　代〕一五～一九世紀
〔城　主〕三浦氏、佐竹氏
〔交通アクセス〕ＪＲ「秋田駅」徒歩一〇分。

【秋田を治めた佐竹氏の居城】　久保田城は、近世に秋田地域を治めた佐竹氏の居城である。慶長七年（一六〇二）、佐竹義宣《よしのぶ》は常陸より出羽国の秋田に転封となった。入部当初は、安東氏の居城であった湊城に入ったが、手狭なため、秋田平野の中央部に新たに築城と町割を行った。慶長七年（一六〇二）に築城を開始し、翌年に本丸が完成し、その後、寛永年間にかけて、郭の整備や町割、外堀の役割を果たす旭川の付け替えなどが行われた。以後、幕末まで佐竹氏の居城となった。

　当初、築城された地名から窪田城、後に久保田城と呼ばれた。別名として矢留城があり、文書には秋田城と記されることもある。

【築城以前の中世城館】　佐竹氏の築城以前には、安東氏（秋田氏）配下の三浦氏（川尻氏）の城館が所在し、神明宮《しんめいぐう》を祀っていたことから、その丘は神明山と呼ばれていた。三浦氏の城は「鎗留《やりどめ》ノ城」「矢留《やどめ》ノ城」と呼ばれ、久保田城の別名となっている。

　しかし、佐竹氏の大規模な築城にさいし、大きく地形の改変を受け、その痕跡は残っていないと考えられる。城内で実施された数度の発掘調査においても、中世に遡る遺構、遺物は確認されておらず、その実態は不明である。いっぽう、城外南側の武家屋敷の発掘調査では、中世に遡る陶磁器も出土しており、周辺も含め中世段階の利用の可能性は残る。その把握は今後の課題といえよう。

【城の立地と巧みな縄張】　雄物川の支流である旭川の左岸、程野《ほどの》村窪田にある神明山と呼ばれる独立した低丘陵に築かれた平山城である。北側から西側に沿って旭川が流れ、東側は低湿地となっていた。南側に広がる低地には、家臣の居住地を郭状に配置し、防御を固めている。それら河川や沼沢を巧みに利用し、地形的弱点をカバーして、城全体の縄張や町割

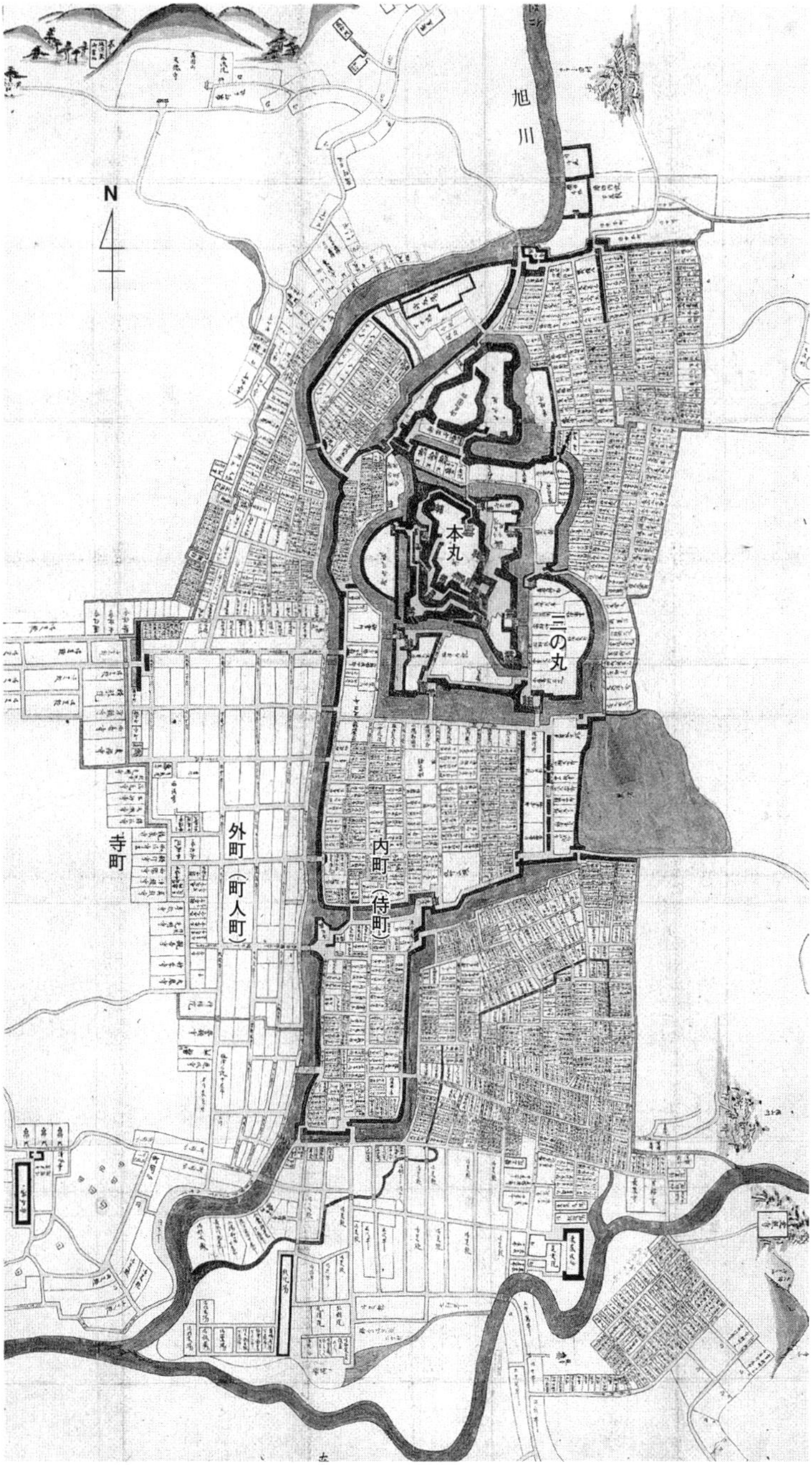

●―久保田城下の絵図（「羽州久保田大絵図」文政年間作成の一部，秋田県立図書館所蔵）

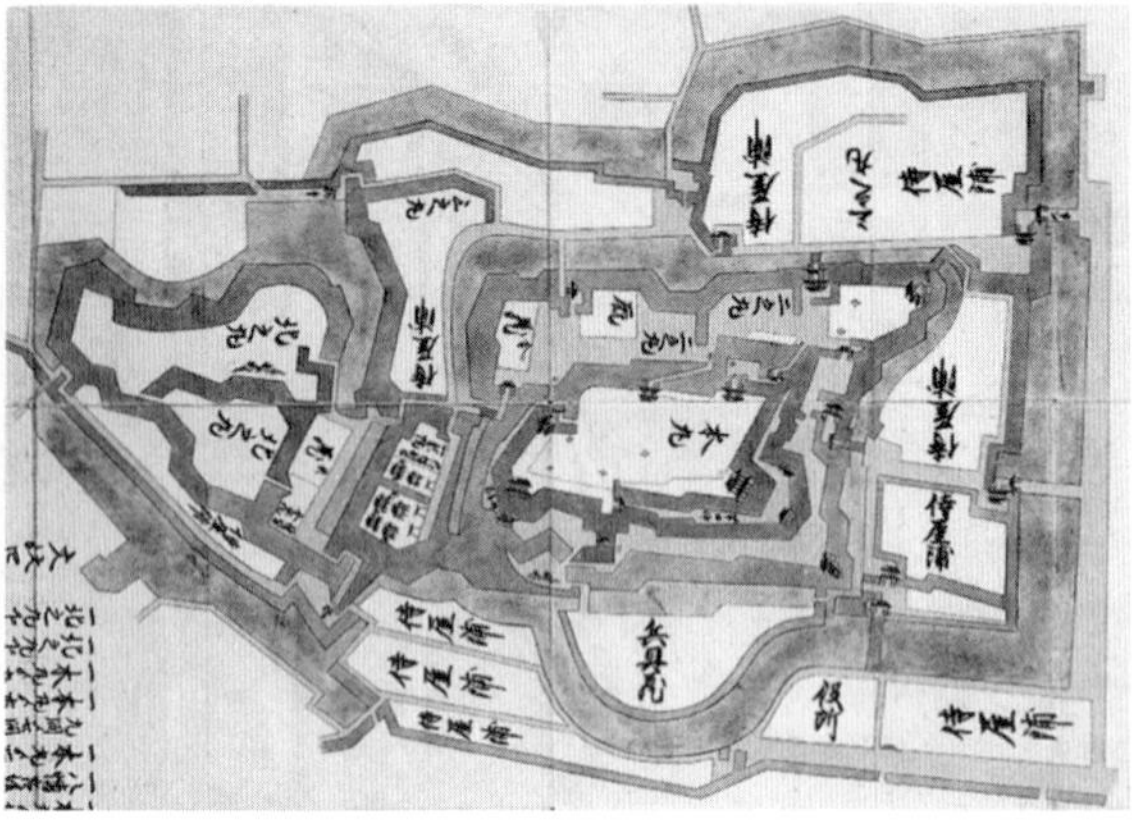

●―久保田城絵図（文政４年作成の一部）（秋田県公文書館所蔵）

を行っているのである。城自体は、城郭として円郭式《えんかくしき》と連郭式《れんかくしき》を組み合わせており、水堀など西国の様式も採り入れられている。

【城の構造―天守を持たない土塁の城―】

久保田城の構造上の特徴は、城壁に石垣を用いず、切岸《きりぎし》と土塁《どるい》で構成されている点である。また、天守も持っていない。本丸の南、城下の大手筋の正面に「出し御書院《ごしょいん》」と呼ばれる櫓座敷《やぐらざしき》を建てその代わりとしていた。他に土塁上に八棟の櫓を建設けていたことが、絵図等から推定されている。

石垣を用いず、天守を持たない理由については、関ヶ原の戦い以後に転封された外様大名として、幕府に戦意がないことを示すよう配慮した、石垣普請《ふしん》の技術不足や経費の問題があったなど諸説ある。しかし、城郭としての防御面では、巧みな縄張と急勾配の切岸により、十分に実戦的であったといえる。

なお、石垣は城に全く用いられていない訳ではなく、土塁の基部には、切石が積まれ、鉢巻土手となっている箇所を城門付近などに見ることができる。

その郭の配置は、神明山の最高所を均して本丸とし、本丸東側の一段低い土地を二の丸、二の丸の北・東・南を取り囲むように三の丸を配している。その北側には独立して北の丸がある。堀としては、本丸・二の丸を内堀で囲み、三の丸を外堀で囲んでいる。

本丸には、藩主の居館である本丸御殿と政務所が置かれた。二の丸には勘定《かんじょう》所、境目方《さかいめがた》役所、金蔵《かねぐら》など藩庁の施設や厩《うまや》、祈祷所安楽院、時鐘《じしょう》などが置かれていた。三の丸には佐竹一門や重臣の屋敷が設けられた。

城の直接的な機能を持つ本丸・二の丸・北の丸・西郭を総じて「一の廓」、重臣屋敷が設けられた三の丸を「二の廓」と呼んだ。外堀外南の重臣・上級家臣の屋敷を「三の廓」、「四の廓」と呼び、土手・堀で区切り郭として機能させた。その他の外側の侍町を「外廓」と呼んだ。

町人町は「外町」と呼ばれ、旭川を挟んでの西側に配置された。外町の更に西側には寺町として寺院が集中的に配置された。城下全体で防御機能を担うよう戦略的に縄張、町割がなされていたのである。

【城の発掘調査】　城内においては、本丸表門や御隅櫓《おすみやぐら》の建設、三の丸にある施設整備などに伴い、発掘調査が行われ、遺構とともに、瓦や陶磁器類などの遺物が出土している。特に表門跡では、創建当初の掘立柱の棟門から礎石式の八脚門への建て替えを確認し、城が整備されていく過程が把握されている。また、道路工事に伴い外堀の一部も発掘されている。

【城の現在】　明治十三年（一八八〇）の大火で、城内の建造物はほぼ焼失している。唯一残るのは、大火を逃れかつ解体も移築もされなかった御物頭《おものがしら》御番所（市指定文化財）のみである。市街地化の過程で水堀の多くも埋め立てられている。

現在、城の本丸・二の丸は、千秋公園《せんしゅうこうえん》として整備されており、土塁や切岸、桝形《ますがた》、復元された本丸表城門やその他の城門跡を見ることができる。水堀は南側の外堀と内堀の一部を除き埋め立てられている。

三の丸は、秋田県民会館や秋田市立中央図書館明徳館など公共施設、高等学校や宅地となっている。また、城下の郭も完全に市街地化し当時の面影はほとんどない。当時の町割の詳細は、絵図等により知ることができるのみである。

秋田駅前から西に五分程進むと、久保田の外堀が見える交差点に出る。そこから当時の正式な途上ルートに従い、北に進むと唐金橋《からかね》があり、それを渡ると二の丸への入り口黒門である。城内各所には標柱が設置されている。

黒門跡を通り、二の丸の平場に入ると馬場跡である。一帯は公園として整備され、花見の名所となっている。左手、南側には市立佐竹史料館があり、佐竹氏に関係する資料を展示している。

資料館前を横切り、西側の本丸方向に長坂を登ると、右手に御物頭御番、そしてその左手正面に復原された二階建ての本丸表門を見ることができる。門から本丸に入り北側に進むと本丸御殿の跡である。本丸南側には出し御書院の跡がある。本丸北西奥には、本丸北にあった新兵具隅櫓を三層の疑似天守として建設した「御隅櫓」がある。内部は展示室、最上階は展望室となっているので、訪れてみるのも良いだろう。

【参考文献】　渡辺景一『久保田城ものがたり』（無明舎出版、一九八九）

（伊藤武士）

●秋田平野南東の要衝

豊《と》島《しま》館《たて》

〔秋田県指定史跡〕

〔所在地〕秋田市河辺戸島
〔比　高〕七〇メートル
〔分　類〕山城
〔年　代〕一五〜一六世紀
〔城　主〕黒川氏、畠山氏、安東氏、羽川氏
〔交通アクセス〕JR奥羽本線「和田駅」徒歩四〇分。県道六一号線豊成橋北詰から徒歩三〇分。

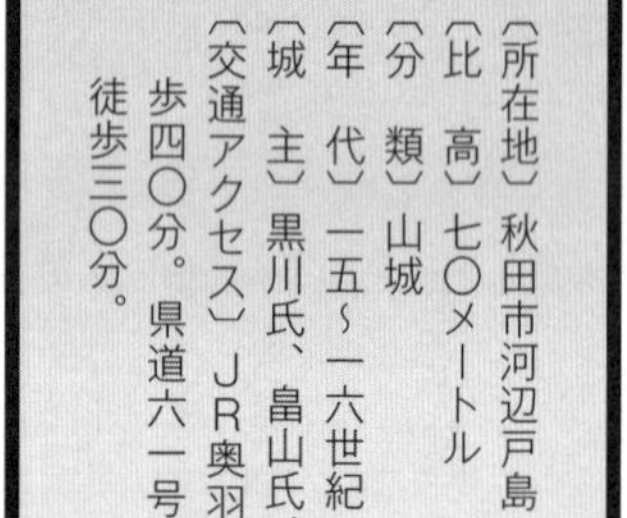

【秋田平野南東部の要衝】 豊島館は、秋田平野の南東、雄物《おもの》川と岩見《いわみ》川の合流点をやや遡った岩見川の右岸にある小高い山に位置する。南側麓を岩見川が流れ、東西両側を沢に挟まれた要害の地形となっている。

眼前の岩見川の河川交通を掌握し、流域を支配する拠点となったと考えられる。また、川を挟む対岸の戸島集落は、かって羽州街道の宿場であり、付近が渡し場となっていた。南東から秋田平野に入る陸路をおさえる役割も持つと考えられ、秋田平野南東部の交通の要衝にある城館である。その戦略的重要性は高く、往事も争奪の的となったことであろうことは、想像に難くない。

【城の攻防と変遷する城主】 豊島館は、文献に豊島城とも記される。室町時代の一五世紀に黒川氏が築城し、城主であったが、一六世紀に畠山氏（豊島氏）に代わった。当時の秋田県域の支配勢力であった安東氏、戸沢氏、小野寺氏、由利《ゆり》十二頭の勢力圏の接点にあって、攻防が繰り広げられた。

天正十年（一五八二）年には秋田平野に勢力を伸張させる安東愛季《あんどうちかすえ》に討たれている。戦国大名として成長する安東氏は、湊安東氏と愛季の檜山安東氏に分かれていたが、豊島城は湊安東氏の勢力に属し、安東茂季《しげすえ》が城主となる。天正十年年愛季の子である実季と、茂季の子である道季《みちすえ》が争い、安東氏の内紛「湊合戦」が起こる。争いに勝利した実季により安東氏は統一され、豊島城は、配下の羽川新助に与えられた。

まさにめまぐるしい城主変遷を繰り返した城館といえる。

その城も、慶長七年（一六〇二）の佐竹氏秋田入部と安東氏の転封に伴い、廃城となった。

【実戦的縄張と優れた眺望】 城館は、南北方向の尾根状地形を軸に構築されている。主郭は最高所にあり、通称奥御殿《おくごてん》と呼ばれる。その南側に前御殿と呼ばれる郭があり、南東に空堀《からぼり》と帯郭《おびくるわ》、南西に帯郭を伴う。南側が大手と考えられる。搦手《からめて》となる主郭の北側にも郭と大規模な空堀を配し、西側斜面に竪堀《たてぼり》を配するなど北側の丘陵からの防御を固めている。主軸両側は急斜面、東西に延びる小さな尾根にも郭を配するなど、実戦的である。ため池となっている西側の沢は、満蔵寺《まんぞうじ》沢と呼ばれ、豊島氏の菩提寺があったとされている。

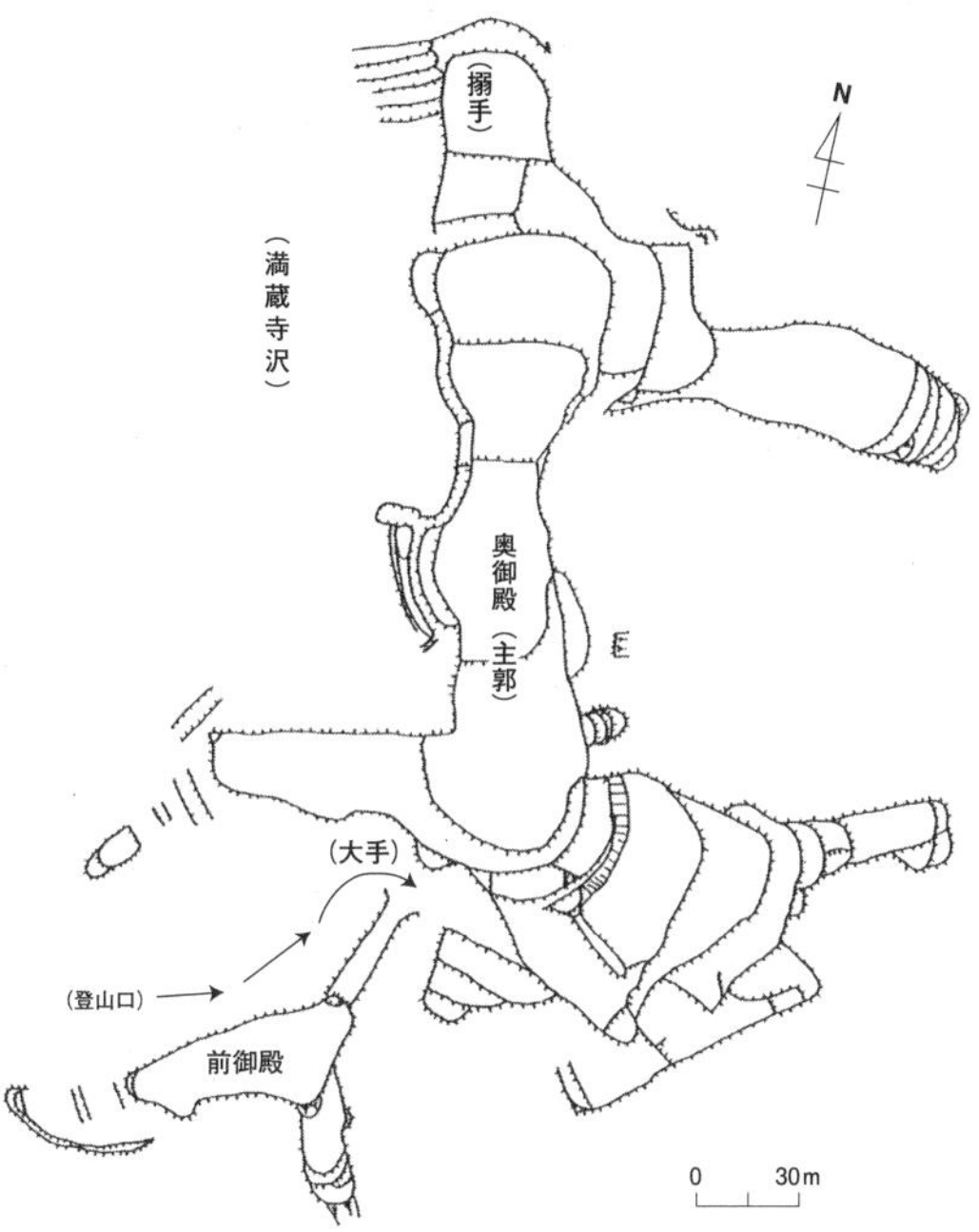

●—豊島館縄張図（秋田県教育委員会『秋田県の中世城館』1981より）

豊島館は、県指定史跡として、前御殿や奥御殿の一部が刈り払われ、城に登る道が整備されている。

秋田市の南東、御所野《ごしょの》ニュータウンから空港方面のバイパスを左に別れ、県道六一号を進む。踏切をわたり道標のある豊成《とよなり》橋北詰から東に川沿いの土手道をしばらく進み、道標に従い線路のガードをくぐると右手に登山口がある。車の場合、最後に駐車場等はないため車は途中に止めるしかない。踏切から線路沿いに行く道もある。道登り口には解説板と標柱がある。杉林の中の道を登っていき尾根に出ると右手が前御殿の平場、左手の北側奥に進むと山頂部の奥御殿の平場がある。

奥御殿付近からは、南西から東にかけて岩見川の流域を見渡すことができる。岩見川を越え、南東から秋田平野に入る経路をすべて視界に収めることができる優れた眺望となっている。

（伊藤武士）

【参考文献】秋田県教育委員会『秋田県の中世城館』（一九八一）

●本荘平野を見渡す平山城

本《ほん》荘《じょう》城《じょう》

〔所在地〕由利本荘市尾崎
〔比　高〕約二一メートル
〔分　類〕平山城
〔年　代〕一四世紀末〜一五世紀前半、慶長十八年（一六一三）〜慶応四年（一八六八）
〔城　主〕本城満茂、六郷氏
〔交通アクセス〕ＪＲ羽越本線「羽後本荘駅」下車、徒歩一〇分。駐車場有

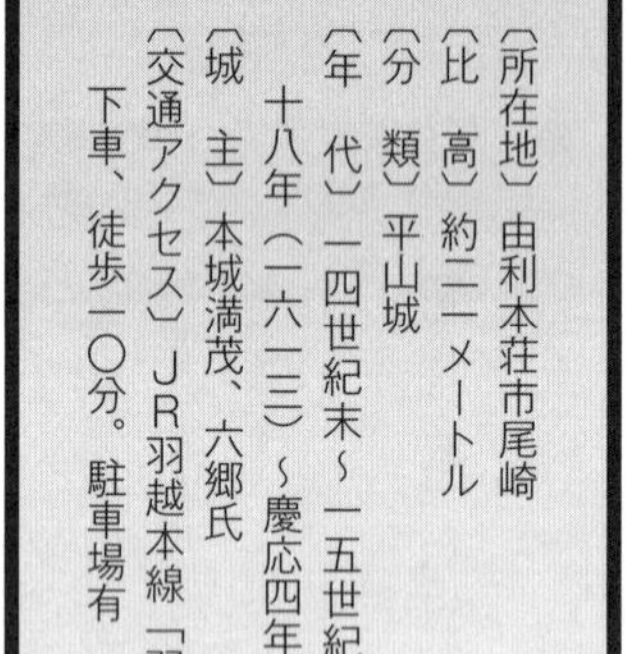

【廃城から現在にいたる城跡】　秋田県第三位の長さをもつ子《こ》吉川《よしがわ》は鳥海山《ちょうかいさん》に源を発し、その北西麓を貫流し、日本海へと注ぐ。その下流域に広がる本荘《ほんじょう》平野に向かって、鳥海山麓から北に伸び、突き出た丘陵の先端は尾崎山と呼ばれる。本荘城は平野一円が眺望できる絶好の場所に立地し、眼下の本荘市街は江戸時代の本城《ほんじょう》氏、次いで本荘藩六郷《ろくごう》氏の城下町が起源である。

戊辰戦争において、秋田藩に同調する形で奥羽越列藩同盟《おおうえつれっぱんどうめい》を離脱し新政府側に立った本荘藩は、慶応四年（一八六八）庄内藩と戦闘におよぶも圧倒され、由利《ゆり》郡各地が戦場となった。庄内軍が侵攻する中、奥羽鎮撫総督府《ちんぶそうとくふ》により、本荘の放棄と城の自焼が命ぜられ、本荘城は落城した。庄内軍の制圧時を含め、城下の大部分が焼亡する悲劇となった。秋田へ撤退する藩主一行が敵領内で「天をこがす火の手」をみたと侍医が記録している。

現在、城跡の大部分は本荘公園として市の中心部にある市民憩いの場となり、春の観桜会などではにぎわいをみせている。かつてにくらべ、今この公園を城跡として意識する住民は少なくなってきた。公園の各所に藩政期の施設名が刻まれた古い小さな石柱がややさびしげにたたずんでいる。

【近世本荘城の始まり】　慶長七年（一六〇二）、出羽における親徳川方の中核であった山形の最上義光《もがみよしあき》が庄内地方および由利郡を領有するにいたり、五七万石といわれる出羽最大の大名となった。由利郡の大部分が重臣の湯沢満茂《ゆざわみつしげ》に与えられ

●―本丸北西隅土塁（由利本荘市教育委員会提供）

る。満茂は当初佐竹氏との境に近い由利郡北部の赤尾津《あこうづ》に入るが、慶長十八年に子吉川河口部に新たに築城し、本城氏を名乗った。城下町本荘の始まりである。

満茂の城を示した絵図が現存し、城郭は四重構造になっていた。郭の名称が異なる史料もあるが本丸が尾崎山頂上面、二の丸が中腹に位置する。山続きだった南西側は堀割《ほりわり》で分断され、この切通しに現在国道一〇七号が通っている。防御上の必要からか西側のみ本丸下に堀がつくられ、その一部が池として残存する。三の丸は尾崎山の麓、北と東の低地に設けられ、公園前に名残をとどめる土塁《どるい》と堀で囲まれ、本丸とも水堀で隔てられていた。ここには一〇〇〇石以上の重臣の屋敷があったが、現在は公園広場や市役所、小学校が立地する。さらに三の丸の外側三方に数百石程度の家臣の屋敷が川や堀、土塁で区画され、下級武士や足軽、町人町は郭外に置かれ、階層で分化していた。現在の市街地は、城下町建設時の町割が基本形となっている。

【六郷氏の入部】　最上氏は相次いだ当主の死去後、家中の乱れにより元和八年（一六二二）改易にいたり、満茂は築城から一〇年もへず退去し前橋酒井家預かりとなった。城は秋田藩によって破城が行われた。由利郡は本多正純《ほんだまさずみ》に与えられたが、翌九年には分割され、本荘には常陸府中から二万石で六《ろく》

●—本丸南門東の櫓（由利本荘市教育委員会提供）

●—本荘城下絵図（貞享４年）（由利本荘市寄託資料　高山英雄所蔵）

郷政乗《ごうまさのり》が入った。

六郷氏入部後、城と城下には大きな改変がみられる。正保二年（一六四五）の絵図では、破城で実施されたらしく外郭の堀と土塁が撤去されており、城域の縮小だけでなく、城下の侍町も領地高に見合った縮小が行われた。この段階では本丸の虎口《こぐち》の形状など囲郭施設に変化がみられるものの、郭の性格に大きな変更がない。しかし、貞享四年（一六八七）までには藩主居館が本丸から現在の公園広場にあたる旧三の丸西部に移動し、これ以降三の丸が中枢となった。発掘調査では奥向きの庭のような空間において一八世紀前半の廃棄土坑からぼう大な数の遺物が出土した。波佐見《はさみ》焼の安価な食器が大量に使用された様子など、城内ならではの消費動向が垣間みられた。

【本丸の遺構】　公園整備に伴い本丸でも発掘調査が行われて

いる。外周は土塁が巡り、急傾斜の切岸《きりぎし》に連続する。土塁の名城と評され、下から見上げた様子が美しい。土塁は東西で規模が異なり西側が高い。北西隅の調査ではシルト岩が約四m《メートル》も積み上げられていた。この部分が特別に大きく、築城当初からの櫓台《やぐらだい》と推定される。城下の広がりが大きい北西方向から見通しがよく、特殊な建物が存在したものか。本丸では居館が移転するまでの時期の遺物が多く、これ以降は活発な活動がみられない。

注目された成果に、六郷氏時代の櫓の遺構がある。絵図には土塁上の要所に櫓の描写があり、このうち東側土塁の東門北、東門南、南門東の三棟が調査された。当初の土塁を拡幅し、長さ約九m《メートル》、幅四m《メートル》あまりの小さな建物が崖際ぎりぎりに建てられていた。壁筋に掘られた布掘り溝の底の礎石に柱を立てる構造で、この地方で初めて確認された特徴のある建築だった。土台のある建物なのか明確にしえないが、堅牢《けんろう》な建物だったのであろう。

【中世城館の発見】 築城時の盛土を掘り下げると、おびただしい数の柱穴や井戸等の遺構が現れ、予期せぬ中世城館の発見であった。全体の様子がよくわからないものの、北西部を区画する小さな空堀《からぼり》があったこと、ほぼ全域に多数の井戸が点在していることがわかった。こうしたことから、中世にはこのように平坦ではなく、空堀や段で区画された屋敷割のようなものがいくつかあり、相当活発な活動があったとみられる。遺物は江戸時代より中世が圧倒的に多く、かなり豊かな印象が持たれるが、年代はほぼ一五世紀の前半から半ば過ぎまでに相当し、急に活動が停滞した感がある。戦国時代に突入する時期、館にどのような変化が生じたのだろうか。

本荘藩の修験触頭だった常覚寺に伝わった文書に、在地領主由利氏の家臣佐藤氏が尾崎山を領有し、長禄三年（一四五九）に居宅を普請《ふしん》という本荘城前史ともいえる記述がある。直ちに信用できる内容ではないものの、検出された城館に何らかの示唆があるように思えるのである。本荘平野の中世史研究の進展が期待される。

【参考文献】 由利本荘市教育委員会『本荘城跡』（二〇〇八）

（長谷川潤一）

●戦国時代由利衆随一の山城

山《やま》根《ね》館《だて》

〈県指定史跡〉

〈所在地〉にかほ市小国字古館
〈比　高〉約六〇メートル
〈分　類〉山城
〈年　代〉一六世紀
〈城　主〉仁賀保挙誠
〈交通アクセス〉ＪＲ羽越本線「仁賀保駅」下車、徒歩一時間四〇分。駐車場有

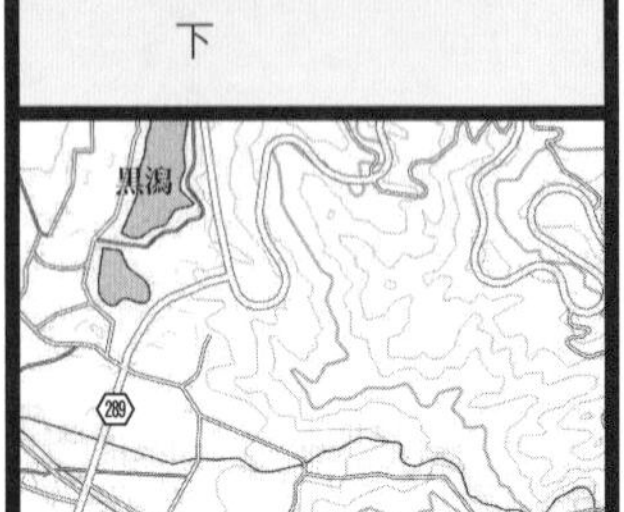

【日本海を望む山上の館】　山根館は秋田・山形県境に所在する鳥海山《ちょうかいさん》の北西麓に広がる仁賀保《にかほ》高原の西縁中腹に位置する。この丘陵地は南北に長く、旧仁賀保町を平野部と盆地とに分断し、日本海沿岸の仁賀保中心部からみると巨大な壁のようである。館跡に上がると西方の眼下には、鳥海山の岩屑《がんせつ》雪崩《なだれ》で形成されたいくつもの小丘が水田に浮かんでいるかのような独特の景観を見下ろす。遠景には日本海の水平線が広がり、彼方に飛島《とびしま》を望み、夏の夕景の美しさは格別である。館跡の一帯は現在は山林であるが、主郭《しゅかく》はかつて村の広場として運動会が行われたり子どもたちの遊び場だったといい、礎石を斜面から転がして遊んだという。中世の由利衆《ゆりしゅう》にかかわる城館跡の中でも規模が大きく保存もよいことから、秋田県の代表的中世城館の一つとされ、旧仁賀保町により公有地化され、主郭などが史跡公園として整備されている。

【由利衆と仁賀保氏】　山根館築城の起源は必ずしも明らかではないが、応徳二年（一〇八五）由利維安《これやす》によって築かれ、一三〇年にわたって由利氏が居城したとされ、その後、応仁二年（一四六八）に信濃から来た仁賀保氏の祖大井友挙《おおいちかきよ》が入城し、以後仁賀保氏の本拠になったと伝えられている。

　一六世紀の由利郡には由利衆（由利十二頭）と呼ばれる小領主らが割拠し、秋田、大宝寺《だいほうじ》、小野寺《おのでら》、最上《もがみ》氏といった周辺の大勢力の影響を受けつつ抗争を繰り返した。由利衆諸氏の多くは信濃の小笠原一族とされ、南北朝期以降に由利郡各地に土着したと伝えられる。仁賀保氏も小笠原一族で、およ

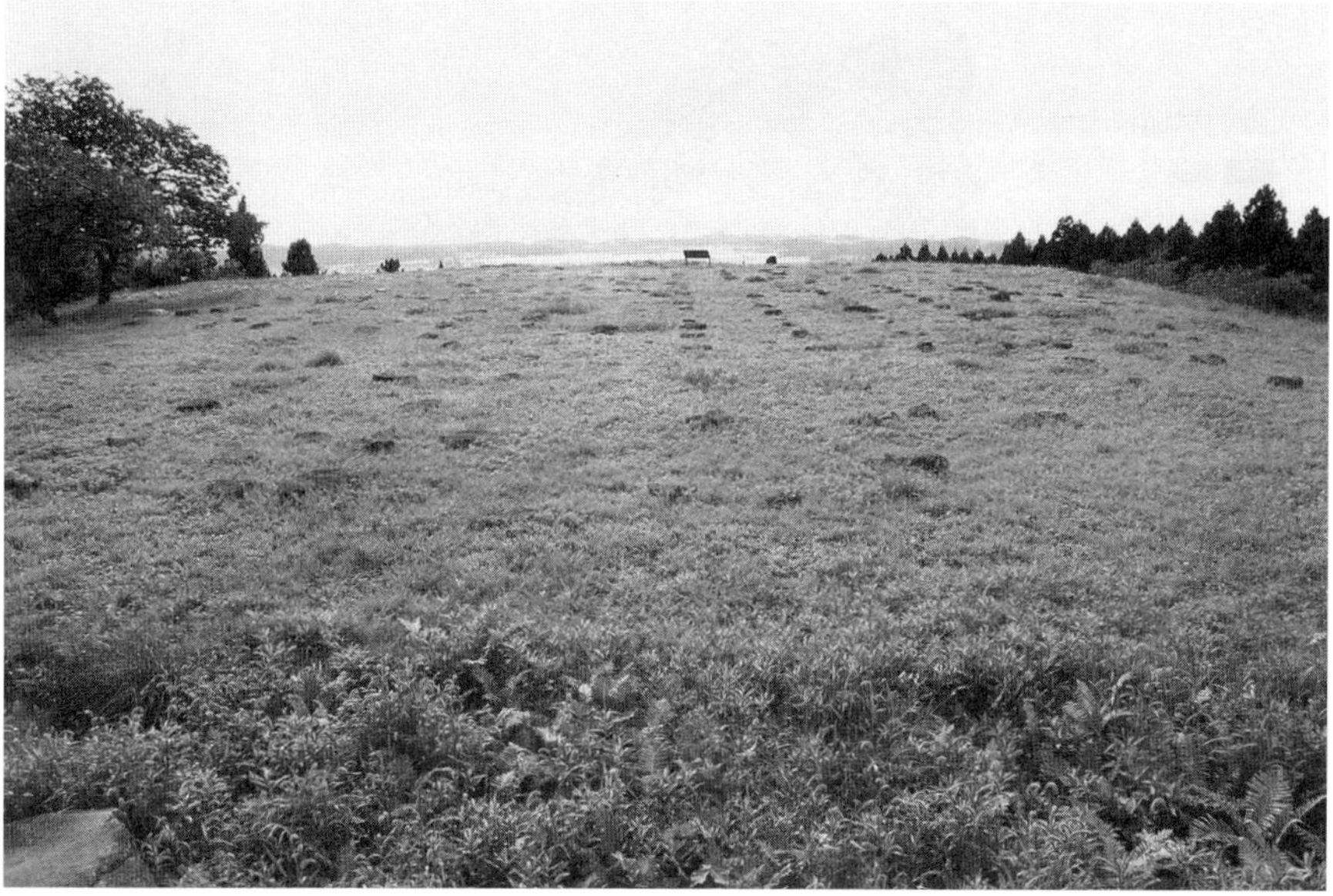

●—山根館主郭近景

その現在のにかほ市の範囲を領有する大身であった。江戸時代の早い時期の成立とされる軍記では、仁賀保氏と同族で由利郡南東部を拠点とする矢島《やしま》氏との永禄元年（一五五八）頃からの激しい争いを中心に記述されている。何人かの仁賀保当主が討ち死にするなど局面局面では劣勢が続いたものの、抗争の結末は、仁賀保挙誠《きよしげ》を含む由利衆連合が、山形の最上義光《よしあき》と結んで由利の主導権を握ろうとした矢島氏を天正十六年（一五八八）に滅ぼすというものである。結局戦国時代をつうじて由利衆の中から抜きんでる勢力は現れず、かつ外部勢力に直接のみ込まれることもなく、郡内が統一されないまま豊臣政権の奥羽仕置《おううしおき》を迎えている。

【城下町としての院内】　金浦《このうら》の港から東へ向かい、仁賀保の平野部を通過し、山越えして東方の矢島に至る「塩の道」と称される古道がある。まさに山を越える入口にあたるのが山根館である。道は館北端を流れる川に沿って丘陵上に通じ、館内を通過し、まさに交通の要衝であった。山中の道路遺構は今は歩く人が少ないようだが、深緑の中ほぼ昔の趣きを残している。

　館の麓にあたる院内《いんない》集落は「城前」「大門」の字名《あざめい》をもち、谷の中で館に登る道路を中心に家々が向き合った形で整備され、古い形態の城下町の面影が色濃く残っており、塩の道を

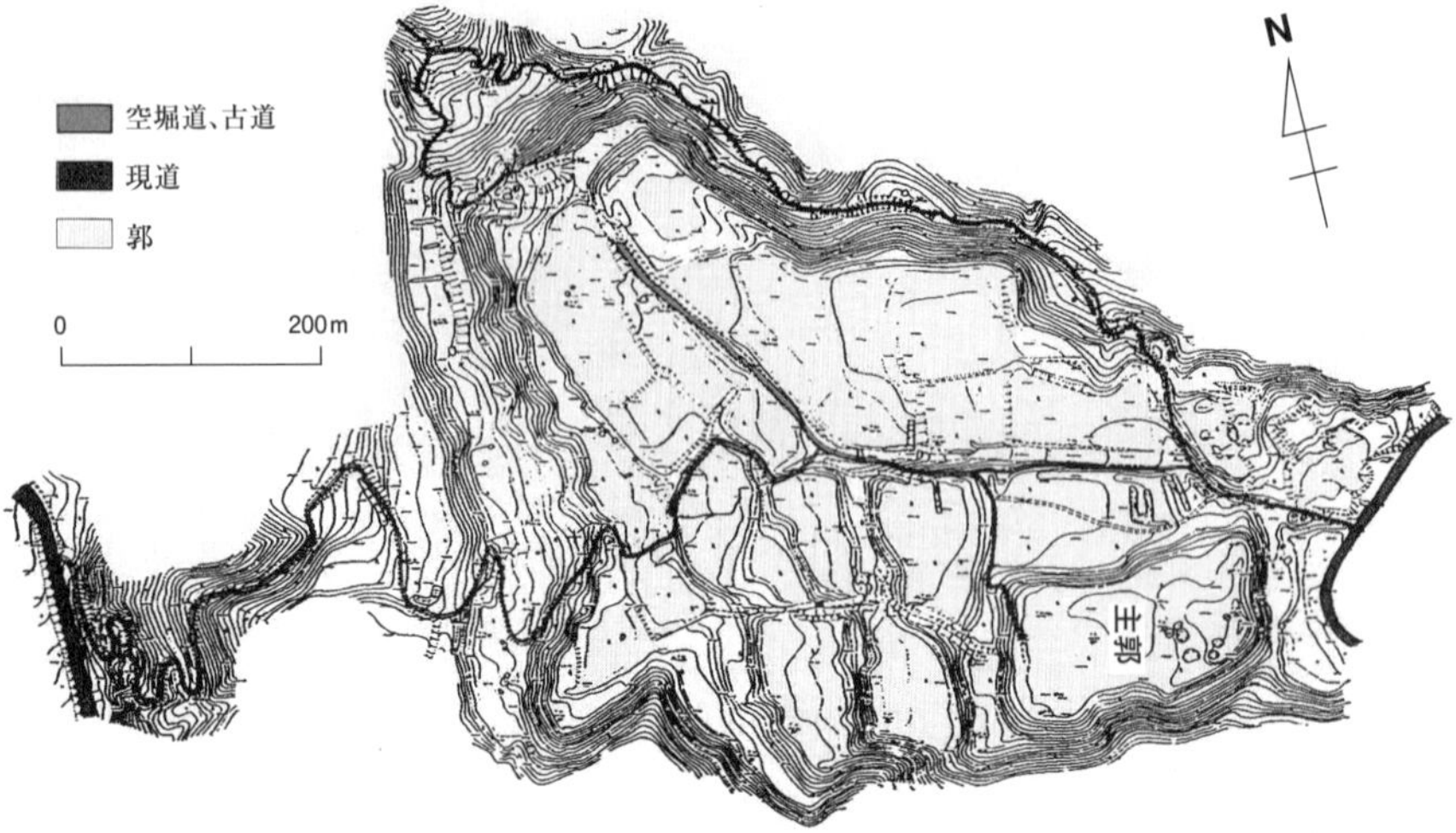

●—山根館の地形図（仁賀保町教育委員会「仁賀保町史 普及版」より）

通じて入ってくる物資が流通し、館の消費活動の場であったのだろう。周辺には館平、館ノ下、殿向、馬洗道、大手道、館道、堀ノ前など館に由来するであろう地名も多数残っていて、広範囲に城館と城下が配置されていたことがうかがわれる。往時そのままとはいかないものの、城と町をパッケージとして感じとれる貴重な地区である。

【館の概観】　秋田県指定史跡範囲の南東隅、標高約二〇〇メートルの最高所に位置する主郭から、西に向かっておよそ二〇の郭が大まかに三列の階段状に連なる梯郭《ていかく》構造になっている。館内には塩の道とは別に、主郭《しゅかく》の北側で一段下がった郭（二の郭）から各郭の端に沿って西に向かう大手道《おおてみち》と称する遺構が約七〇〇メートル続く。また二の郭の北側には幅約五メートルの空堀《からぼり》とされる遺構が走り、南北の郭を分断している。空堀は地形なりに傾斜し、北西に向きを変え数百メートルも続くように想定され、この場合には防御的な機能というよりもむしろ城内通路といえるかもしれない。

　一見する限り館での大きな改変はみられず遺構は自然に守られ良好に保存されてきたと思われる。この遺跡が注目されるようになったきっかけは主郭を中心に地元で知られていた建物の礎石の存在であり、昭和五十年（一九七五）から五十四年にかけて調査が行われた。

【主郭の調査と復原】　主郭は東西約八五メートル、南北約四五メートル、約四〇〇〇平方メートルもある平坦地で、四方が急傾斜の崖に囲まれ、周囲の郭から突出した高台になっている。昭和の調査は林の中を探索棒で石をさがすもので、一定の間隔で配置された二〇〇余りの石が発見された。この時の測量図をもとに奈良文化財研究所の細見啓三によって復原図が作られている。その後平成五年から八年にかけて史跡整備のための発掘調査が行われ、埋め戻し後に実物に近い石が置かれ整備されている。ここでは細見氏の復原をベースにその後の調査や研究成果を加えみていこう。

規則的な礎石は主郭の西側三分の二に分布し、ここが館の中枢であり塀で囲まれていたとみられる。細見案ではこの中枢域に廊下で連結された「コ」の字形になる合計七棟の建物を復原し、そこに具体的な機能を想定している。

主郭の表門は西辺の北寄りにあり、郭の北縁に沿って伸びる帯状の石畳《いしだたみ》は通路のようにみえる。石畳の先からは門柱礎石がみつかっていて、すぐそばの石敷きに面した場所を北向きの玄関および式台《しきだい》と考えている。ここから東側を表向きの場と考え、玄関の隣に会所《かいしょ》が置かれ、南奥で他の建物から離れた小さな建物が茶室である。玄関から西側は内向きの場と想定され、玄関の西側が警護の詰所である遠侍《とおさぶらい》、その南側に続く大きな建物が館主の居所である主殿《しゅでん》と考えている。主殿の東につながる場所は細見案では小さな建物の厨屋《くりや》とする。その南には独立して建つ土蔵を想定しているが、平成の調査で礎石が増え、南北に長い建物という見方も出ている。いずれにせよ最も奥向きな場と思える。

いっぽう、主郭の東側では様子が異なり、唯一東辺に高さ一・八メートルほどの土塁《どるい》が伴っている。土塁の底から細い石組がみつかったほか、盛土が一度崩れた後にふたたび築かれたと考えられている。築地《ついじ》から土塁へ変わったようにみておきたいのだが、いずれ囲郭施設に変遷があったようである。

主郭南東部は二メートルを超す巨石群がコの字形に置かれた庭園跡である。推定茶室に面し、会所からも石の並ぶさまがみえたであろう。いっぽう、主郭北東部は土塁とL字形の石塁《せきるい》で囲まれ、周囲よりも一段高い。焼土や鍛冶《かじ》遺物が出土しており、中枢域とは明らかに異なる空間と思われる。工房だとするとなぜこの一画におかれていたのか不思議である。

発掘調査では陶磁器を中心に割と多くの遺物が出土し、知られている限りではほぼ一六世紀の使用とみてよい。建物礎石よりも古い掘立柱の柱穴が存在するものの、伝承されてきた館の起源にせまるものはみつかっていない。

秋田県内の中世城館の建物は基本的に掘立柱《ほったてばしら》建物であり、

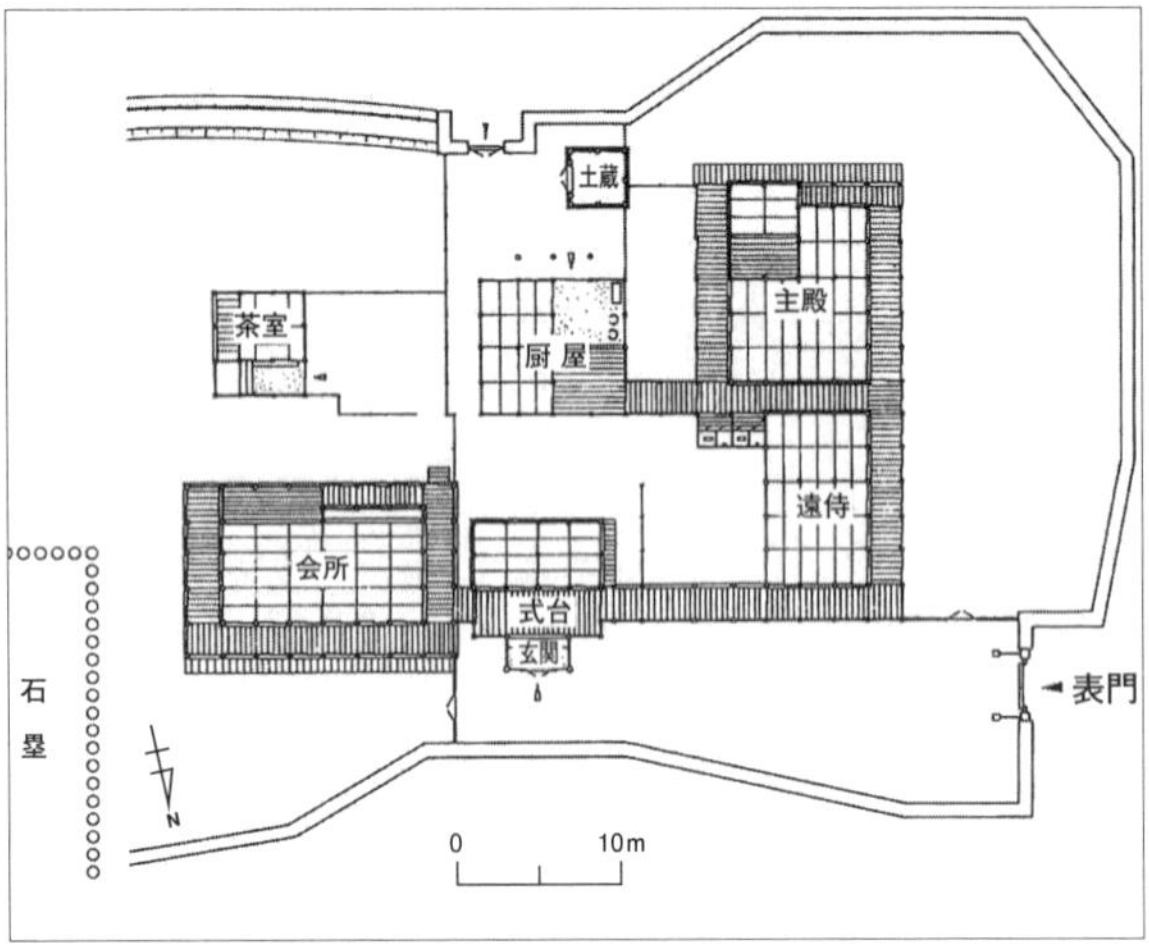

●―主郭復原図（仁賀保町教育委員会「仁賀保町史　普及版」より）

山根館はきわめてまれな遺跡である。北陸地方の研究では、礎石建物が城館の建物に用いられるのは主に一六世紀以後であることが明らかにされている。獲得した矢島領の一部を含むとはいえ、太閤検地時に三七一六石にすぎない小領主の仁賀保氏が、時代の流れに乗って庭園を持つ礎石建物を建てており、由利衆のイメージを超えるような壮麗な館の様子が思い浮かぶ。しかし同時代の城館調査が十分とはいえず、認識が追いついていないのかもしれない。今後の実態解明が期待される。

【廃城と仁賀保氏のその後】　豊臣秀吉亡き後、徳川家康の上杉攻めにあたって、仁賀保挙誠は徳川方に立ち、庄内地方での戦功により常陸の武田に国替えとなった。由利郡は最上義光の領有となり、旧仁賀保領の大部分は重臣の本城《ほんじょう》満茂《みつしげ》に与えられ、山根館は統治拠点としての役割を終えた。

最上氏は元和八年（一六二二）に改易となり、翌年に挙誠は仁賀保へ一万石での復帰を果たす。この時の本拠は沿岸部の象潟《きさかた》の塩越《しおこし》城であった。しかし翌年挙誠は死去し、仁賀保領は挙誠の子による兄弟分知となるも、やがて宗家が断絶し、旗本となった分家の二家が合わせて三〇〇〇石として幕末まで所領を維持した。わずかな期間をのぞき戦国時代から近世をつうじて故地に根を張り続けた仁賀保氏は、かつての由利衆の中で唯一の生き残りである。友挙、挙誠は仁賀保神社にまつられ、今も忘れられることのない存在となっている。

【参考文献】　仁賀保町教育委員会「山根館跡―「にかほ史跡の里づくり事業」に係る予備発掘調査報告書―」（一九九九）、仁賀保町教育委員会「仁賀保町史　普及版」（二〇〇五）

（長谷川潤一）

●戸沢氏の大規模城館

門《かど》屋《や》城《じょう》

〔県指定史跡〕

〔所在地〕仙北市西木町小山田字沢口（旧仙北郡西木村）
〔比　高〕一五〜二〇メートル
〔分　類〕平山城
〔年　代〕安貞二年（一二二八）、あるいは一五世紀代〜天正十八年（一五九〇）
〔城　主〕戸沢兼盛、戸沢家盛
〔交通アクセス〕秋田内陸縦貫鉄道「西明寺駅」下車、徒歩二五分。

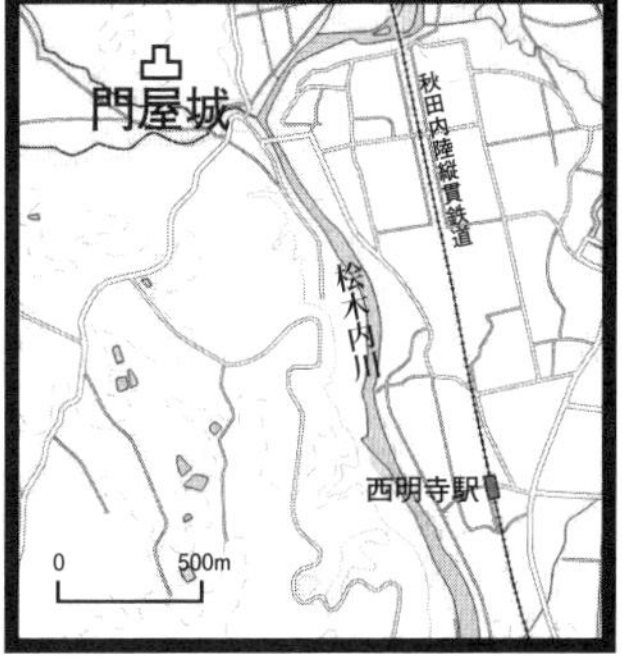

【位置と立地】　秋田県の内陸南部にあたる横手盆地最北端部に位置する。横手盆地は東側を奥羽脊梁山脈、西側を出羽山地に挟まれた地勢を示すが、城跡は出羽山地から東に派生する標高一三〇メートルの台地上に立地する。南流する雄物川支流桧《ひの》木内《きない》川を東に、ここから西方に分岐する大羅迦内《おおらかない》川を南に見下ろす位置にある。

【構造と規模】　城跡は、本丸、西館、中館、北の丸、台地A、台地B、台地Cと呼ばれる七郭で構成される。城館の全体形状は、本丸と西館を城域の南端に配置し、北端部に北の丸を置く南北に長い略三角形を呈する。規模は、南辺で約二五〇メートル、南北の長さは約四〇〇メートルである。桧木内川に面した東縁と大羅迦内川に面した南縁には、切岸状の段丘崖が明瞭に観察される。

最も規模の大きい本丸は、南辺の東西一二〇メートル、南北九〇メートルの台形状を呈し、その北東部には三嶽《みたけ》神社が鎮座する。西側に隣接する西館は東西九〇メートル、南北七〇メートルの方形を呈する。本丸と西館は南北方向の堀で区画される。堀の上面幅は一三〜一七メートル、深さは五〜九メートルであり、薬研堀《やげんぼり》の形状をよく残している。掘り上げられた土は、本丸側西縁に盛土され、上面幅二〜三メートル、高さ一〜二・五メートルの土塁《どるい》とする。土塁は北・南縁にも一部残存する。堀は西館の西辺でも南北に現存し、掘り上げ土を利用した土塁は本丸と同様に西縁と北・南縁の一部に存在する。

並列する本丸と西館の北側に位置する台地Aと中館の西辺

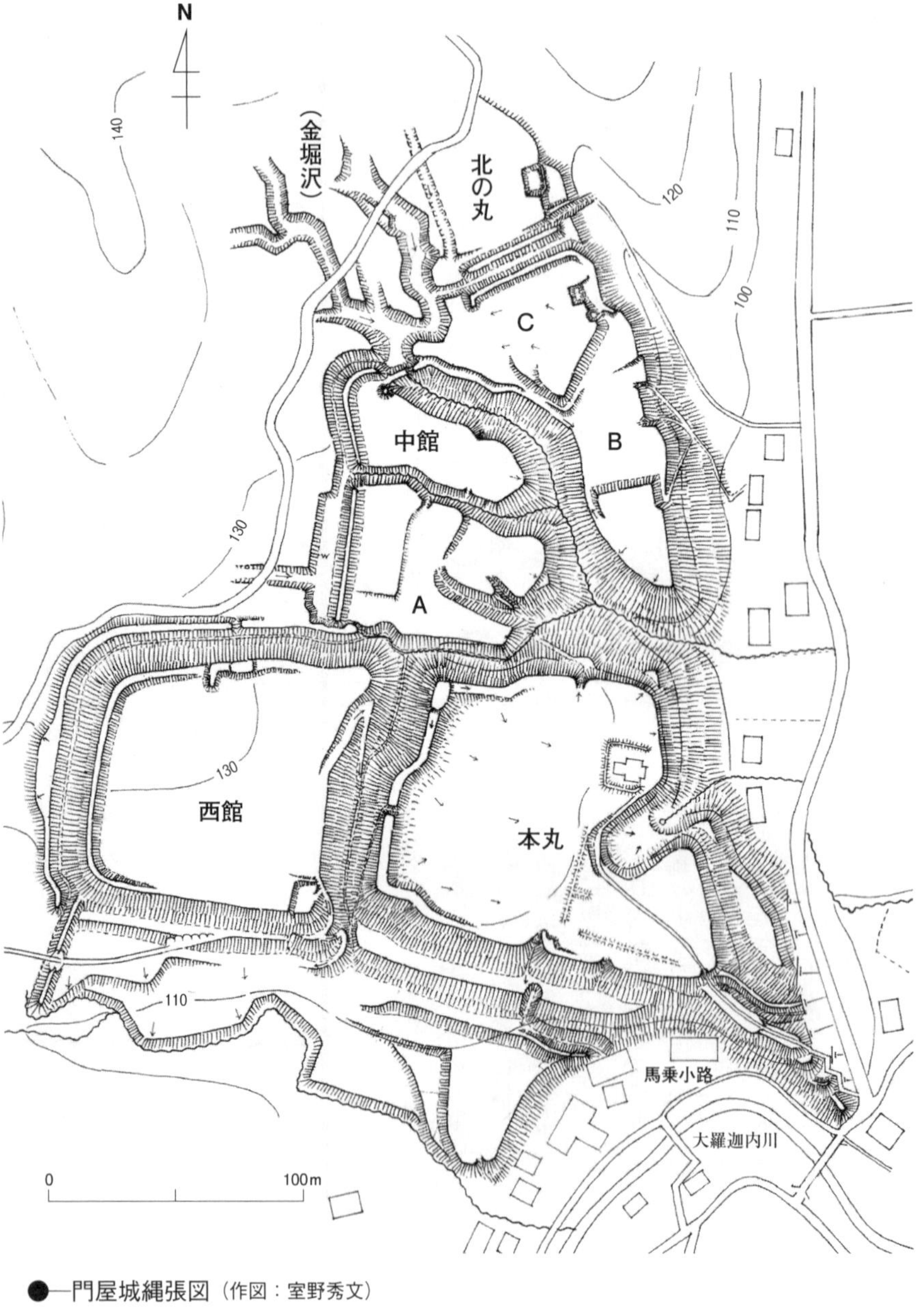

●—門屋城縄張図（作図：室野秀文）

にも、南北方向の堀が残され城域の西限をなす。堀は上面幅七〜一〇メートル、深さ一・八〜二メートルである。台地A・中館共に西辺には、掘り上げ土を利用した土塁が南北に延びている。北の丸は東西五〇メートル、南北一一〇メートルの略三角形状を呈している。

城館の立地や構造から見る築城年代は、一五世紀の可能性が高い。

●—門屋城本丸（右）と西館間の堀跡

【戸沢氏城館の変遷】陸奥国磐手郡滴石庄戸沢郷（岩手県岩手郡雫石町）を本拠としていた戸沢氏は、「戸沢家系」（新庄家臣楢岡氏所蔵）によると、建永元年（一二〇六）に出羽国山本郡鳳仙岱《ほんせんたい》（仙北市田沢湖）に移り館を構えた。鳳仙岱の館は、門屋城の北東約二五キロに位置する長者館遺跡（田沢湖田沢字宝仙台）に比定する説もある。同遺跡は、標高四〇〇メートルの舌状台地先端部に立地し、基部には幅八メートル程の堀切《ほりきり》が残る。

ついで承久二年（一二二〇）には同郡門屋庄小館に移る。小館の位置は、門屋城の北側に隣接する小山田城跡とされる。そして安貞二年（一二二八）、戸沢兼盛の代に門屋城を築いた。戸沢家盛の代である応永三十年（一四二三）に門屋城から角館城に移る（→「角館城」）。その後、門屋城には戸沢氏一族の宮内氏が入り、子孫は門屋氏を称している。天正十八年（一五九〇）、豊臣秀吉の命により角館城を除く戸沢三五館が破却されたが、ここに門屋城も含まれていた。

戸沢氏がなぜ横手盆地北端、山本郡域北部に拠点を置いたかについては、桧木内川上流域が砂金の産地であり、坊沢金山（仙北市角館町）などの鉱山開発との関連も想起される。実際に北の丸の西方には、鉱山跡に見られる樹枝状の沢状地形が認められ、〝金堀沢〟の俗称が残る場もある。城域の北側隣接地には、戸沢氏の祈願所であり代々の菩提寺でもある真山寺が所在する。

【参考文献】加藤民雄「戸沢氏」『地方別 日本の名族』一（新人物往來社、一九八九）、室野秀文「金沢城跡と周辺城館を歩く」『平成二十七年度 後三年合戦金沢柵公開講座』資料（横手市教育委員会、二〇一六）

（高橋　学）

●戸沢氏の実践的な山城

角《かくの》館《だて》城《じょう》

〔所在地〕仙北市角館町岩瀬字古城山
〔比　高〕八〇～一〇〇メートル
〔分　類〕平山城
〔年　代〕?～元和六年（一六二〇）
〔城　主〕菅氏か、戸沢家盛、戸沢秀盛、戸沢盛安、戸沢光盛、戸沢政盛
〔交通アクセス〕JR秋田新幹線「角館駅」下車、徒歩三〇分。

【立地、構造と規模】 秋田県の内陸南部、横手盆地の北部に位置し、南流する雄物《おもの》川支流桧木内《ひのきない》川とこれに東方から合流する院内《いんない》川に挟まれた独立丘状の山地に立地する。門屋城跡の南約六・五キロにあたる。地元で「古城山《ふるしろやま》」や「小松山」とも称される本城館は、南北約六五〇メートル、東西約四〇〇メートルの規模をもち、全体形状は南北に長軸をとる菱形あるいは楕円状を呈する。北端から西縁には桧木内川、東縁には院内川が流下しており、河川が堀の役割を果たしている。

郭面は自然地形を利用する形で南北方向に並ぶ。主郭《しゅかく》は、標高一六六メートルで最高位となる城域の中央南側にある。規模は東西約一〇〇メートル、南北約八〇メートルで南と西を端部とするL字形を呈する。ここには往時を偲ばせるものとして樹齢が六五〇年超とされる「姥杉《うばすぎ》」（仙北市指定天然記念物）が現存する。主郭から北へは階段状に下る小規模な郭が一〇段ほど認められ、いっぽうの南は一つの小郭が造り出され、現在東屋が設置されている。南北軸に沿う郭列には三ヵ所で西側に向く郭が加えられる。

主郭の西、北端部、そして両者の中間地であり、桧木内川越しに西方向を遠望できる。対する東側は、主郭から北東方向に下ると二重堀と堀底道、土塁《どるい》による重ね桝形《ますがた》と櫓台《やぐらだい》を組み合わせた複雑な大手虎口《おおてこぐち》が設けられている。ここを下って院内川を越えた先にある〝本町〟は、その南にある〝城廻〟と共に角館《かくのだて》城時代の城下町と見られる。本町・城廻地区は、北に向かう大覚野《だいかくの》（阿仁）、南に向かう角館、東（陸奥

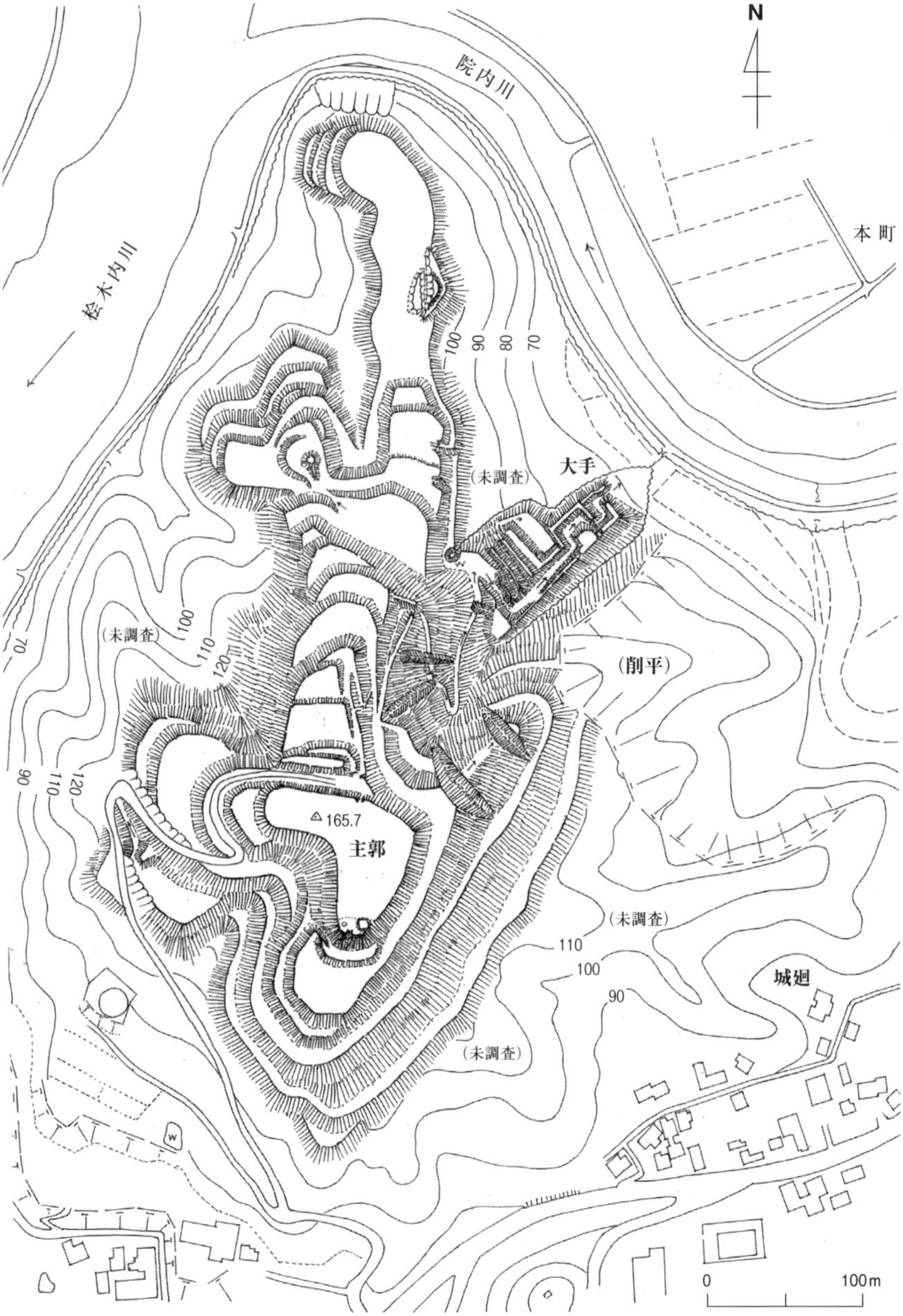

●—角館城縄張図（作図：室野秀文）

●—角館城主郭南の小郭越しに眼下を臨む

国）に向かう生保《おぼ》内《ない》の各街道の分岐点にもあたる。

【創建と戸沢氏の動静】　城の創建は不明であるが、「戸沢家譜《とざわかふ》」（山形県新庄市図書館蔵）によれば、応永三十一年（一四二四）に角館城主である菅《すが》（角館）利邦《としくに》を戸沢家盛《いえもり》が攻め落とし、門屋城から角館城に移ったとされる。菅氏の出自や詳細は不明である。いっぽうで、『古実記』を基にした「戸沢氏系図」に従うと、角館城進出は、文明十一年（一四七九）に家督を継いだ戸沢秀盛の時代とされる。

天正十八年（一五九〇）、戸沢光盛《みつもり》は豊臣秀吉により兄盛《もり》安《やす》の遺領を安堵されたが、角館城を除く戸沢三五館は破却されることになった。その領域は仙北《せんぼく》郡（現在の仙北市・大仙市・美郷町）の大部分と平鹿郡（横手市）におよんでいた。同年の検地により、戸沢領分は四万四三五〇石余とされた。光盛の後を継いだ政盛は、酒田城攻撃の軍功により慶長七年（一六〇二）、常陸国茨城郡小河（小川）城（茨城県小美玉市小川）に転封した。

角館城は、戸沢氏に替わり秋田に移封となった佐竹義宣《よしのぶ》の家臣である芦名盛重（義勝）が慶長八年（一六〇三）に城代となったが、幕府の命により元和六年（一六二〇）に破却となった。その後の戸沢氏は、寛永二年（一六二五）に出羽国最上郡小田島庄新庄城（山形県新庄市）に移り、近世大名として命脈を保ち明治維新を迎えることになる。

城跡は現在、古城山公園として市民に親しまれている。なお、城の南に広がる城下町（角館の武家屋敷として周知、重要伝統的建造物群保存地区）は、芦名《あしな》氏により建設が始まり、後に佐竹氏の分家である佐竹北家に引き継がれ形成されたものである。

【参考文献】　加藤民雄「戸沢氏」『地方別 日本の名族』一（新人物往来社、一九八九）、室野秀文「金沢城跡と周辺城館を歩く」『平成二十七年度 後三年合戦金沢柵公開講座』資料（横手市教育委員会、二〇一六）

（高橋　学）

お城アラカルト

古代城柵とは何か

高橋 学

律令国家は、その支配領域の北側に広がる〝蝦夷《えみし》の地〟を国家体制に組み入れるための拠点施設として城柵を設置した。城柵といえば、かつては蝦夷征伐のための軍事施設、砦《とりで》とも理解されていたが、発掘調査の進展から軍事だけではなく行政的な側面も兼ね備えた地方官衙《かんが》（役所）の一形態とされる。

史料上での城柵の初見は、『日本書紀』大化三年（六四七）条に「渟足《ぬたり》柵を造り、柵戸を置く」、大化四年（六四八）条には「磐舟《いわふね》柵を治《つく》りて、以て蝦夷に備える」とある。両柵は越（越後）国、現在の新潟県新潟市、村上市にあったと推測されるが、遺構は未発見である。

考古学的に確認される城柵は、陸奥国（宮城・岩手県）と出羽国（山形・秋田県）にある。その基本構造は都城をモデルとし、城域の外周に築地《ついじ》・土塁《どるい》あるいは材木塀による「外郭」と中枢施設である政庁域を方形に区画する「内郭」からなり、城柵をして〝ミニ都城〟とも称される。

立地に着目すれば、奈良時代に造営された城柵は、比高二〇〜八〇メートル程の丘陵・段丘上を占地し、外郭施設は方形を指向するものの地形の制約から不整形のプランとなる。多賀城（宮城県多賀城市）、伊治《これはり》城（同県栗原市）や秋田城（秋田市）などが該当する。いっぽう、平安時代の九世紀初頭に造営された城柵は沖積地面を選択し、その外郭は整った方形プランを示す。胆沢《いさわ》城（岩手県奥州市）、志波《しわ》城（同県盛岡市）、城輪柵《きのわのさく》（山形県酒田市）などである。胆沢城は一辺六七五メートルの築地による外郭を有している。

多賀城を除く各城柵は遅くとも一〇世紀中頃から後半にはその機能を停止する。それは城柵および政庁を拠点とした律令的支配の終焉を意味する。これには安倍・清原氏に代表される在地有力豪族の台頭と、彼らの手による「館」や「柵」といった新たな支配拠点の創出も大きな要因となったのである。

●金沢柵から金沢城へ

金沢城《かねざわじょう》・陣館遺跡《じんだていせき》

〔国指定史跡〕

〔所在地〕横手市金沢中野字安本館外
〔比　高〕約九五メートル
〔分　類〕山城
〔年　代〕金沢柵：一一世紀後半〜寛治元年（一〇八七）／金沢城：一四世紀〜元和八年（一六二二）
〔城　主〕金沢柵：清原武則・清原武衡・清原家衡／金沢城：南部家光（金沢右京亮）・南部家信（南部右京亮）、小野寺道秀、金沢権太郎（六郷正乗弟）、いずれも推定。
〔交通アクセス〕ＪＲ奥羽本線「横手駅」から大曲行きバス「金沢公園前」下車、徒歩一〇分。

【佐竹氏崇拝のお城】　金沢公園前から比高差約九五メートルの本丸まで向かう間、観光道路からは、気持のよい広大な横手盆地が広々と眼下に現れる。頂上駐車場で車を降りれば、周囲は本丸・二の丸の切岸《きりぎし》によって圧倒される。一角には納豆発祥の碑があり、後三年合戦最中に源氏側陣地内で納豆が偶然できあがった経緯が書かれており、それが全国に流布したことと納豆縁の地が源氏と関係があるのは実に興味深い。

二の丸にある八幡神社を目指し参道の階段を一〇段程登ると、そこは平泉の月見坂のような雰囲気で樹齢三〇〇年を超える杉並木が覆いかぶさってくる。平泉が伊達氏によって整備されたように、この金沢も佐竹氏によるものである。平坦な参道の先には、今は覆屋内の神木として樹齢九〇〇年ともいわれる兜杉《かぶとすぎ》の根本が大切に保存されている。そこから参道を少し上がれば、整然と整備された境内となり、金澤八幡宮と御神馬像が我々を迎えてくる。約九三〇年前、後三年合戦の源氏方には源義光《よしみつ》がいた。その後、約五〇〇年の時を超えて、子孫である佐竹氏が秋田に転封され、金澤八幡宮を庇護しているのは何かしらの因縁が感じられる。

【金沢柵推定地としての金沢城】　地元では、金沢柵の故地として金沢城が言い伝えられてきた。昭和四十年代の発掘調査において、本丸の整地層からは一四〜一五世紀の中国産陶磁器（白磁の皿・碗、青磁の皿・盤・香炉、天目《てんもく》茶碗、茶入）・国産陶器（須恵器《すえき》系陶器の甕《かめ》・片口鉢、古瀬戸の壺・深皿）などが出土した。他の遺物は一六世紀の瀬戸美濃大窯の丸皿など

●—金沢城・陣館遺跡全景（横手市教育委員会提供）

であることから、当地は金沢柵というより中世金沢城と捉えられていた。

【金沢柵推定地としての陣館遺跡】　平成十七年（二〇〇五）の市町村合併を契機に地域遺産を明らかにし活用するため、横手市教育委員会は後三年合戦関連遺跡の調査を開始した。清原光頼《みつより》・頼遠《よりとお》の居館である大鳥井山遺跡では、大量の土器（かわらけ）と大規模な土塁《どるい》と堀、柵列や櫓《やぐら》、そして四面庇《ひさし》掘立柱建物跡（館か寺院跡）などが確認され、平成二十二年に国指定史跡となった。

その後、大鳥井山遺跡の地形と立地を考慮し金沢周辺を踏査したところ、金沢城の前城ともいわれる陣館遺跡が類似することが確認され、発掘調査が行われた。その結果、大鳥井山遺跡と同規模の四面庇掘立柱建物（寺院跡）を検出し、金沢地区で初めて清原氏時代の土器（かわらけ）や鉄鍋が出土した。この成果により、清原氏に関わる遺跡として平成二十九年に国指定史跡となった。しかし、陣館遺跡を金沢柵として考えると、戦いの痕跡も確認されていないことや、約三万五〇〇〇平方メートルでは狭すぎるとの指摘があった。そのため過去に金沢城跡から出土した遺物の再確認をしたところ、本丸の整地層から清原氏時代の白磁碗があったことより、再度金沢城の縄張調査と発掘調査を開始したのである。

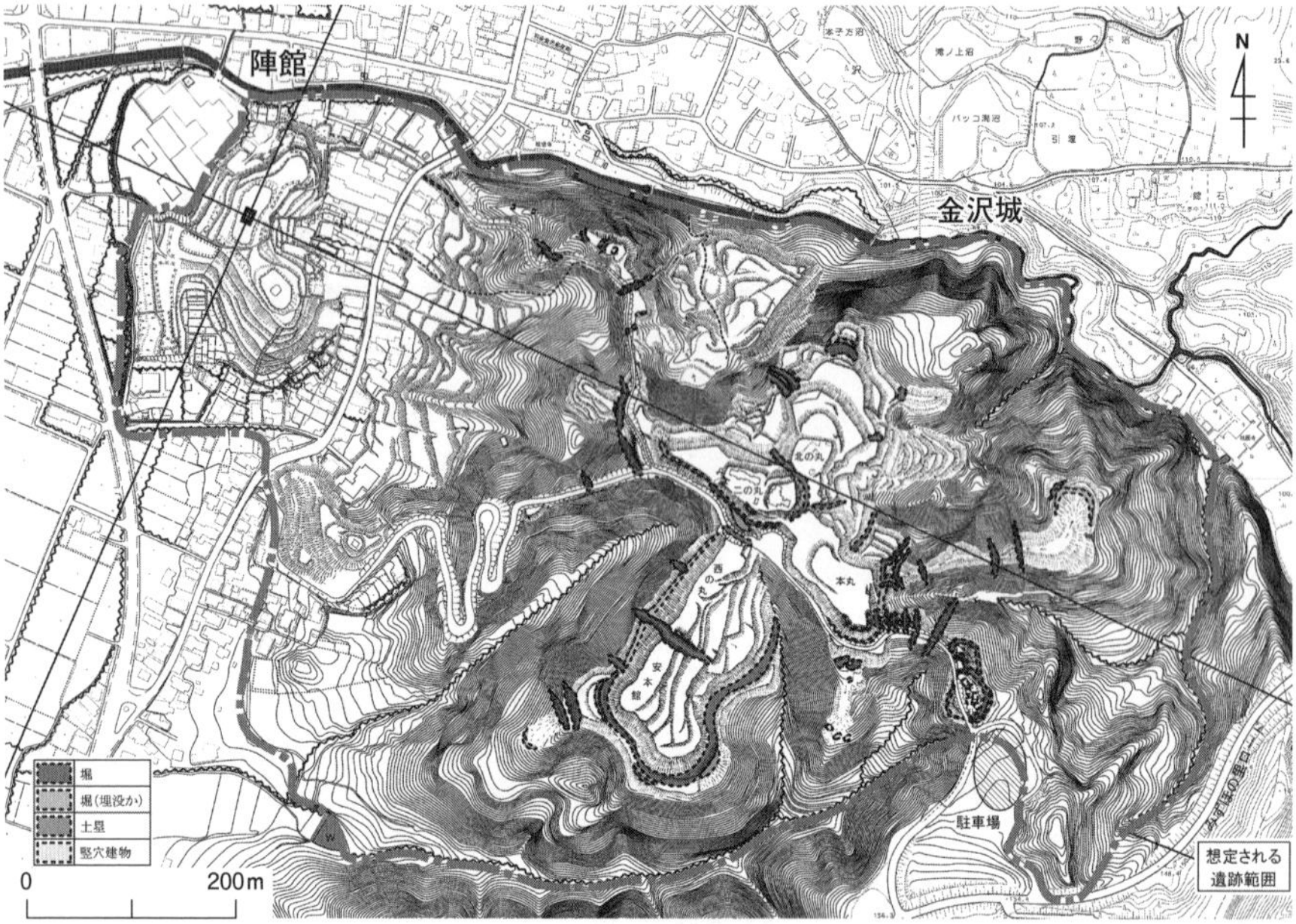

●—金沢城・陣館遺跡縄張図（横手市教育委員会提供）

【金沢城の構造と金沢柵の推定】　城跡は本丸・二の丸・北の丸・西の丸（安本館）からなる多郭構造の山城で、郭間の比高差が大きく、土塁や多重堀切《ほりきり》、竪堀《たてぼり》などが非常に発達している戦国山城の姿を残している。この中で本丸・二の丸・北の丸の造成工事が著しく自然地形をほとんど留めていない。このことは北側に向けた防御機能を強化したことを意味するであろう。これに対し、西の丸（安本館）は自然地形を利用して土塁や堀などが作られている。早急な城の防御の必要がなかったために古い形態を残していることが想定される。本丸東尾根や二の丸北西尾根には粗野な造成の郭や散発的な堀切があり、比較的古い様相を残している。本丸南東尾根には内部に竪穴建物らしい窪みがあり、その郭の外側は空堀《からぼり》が周回していることから、城の中でも最も古い様相を残していることが考えられる。陣館遺跡に対峙する低い場所にある金沢城西麓部に広がる段状地形も古い様相を示す場所である。

　いずれにしろ金沢城で金沢柵を突き止めるには、古い様相を残している場所を発掘調査し、内容を明らかにする必要がある。

【歴代城主】　金沢柵は、清原武則《たけのり》の本拠地ともいわれているが、寛治元年（一〇八七）に起こった金沢柵の戦いでは、清原武衡《たけひら》と家衡《いえひら》が籠城している。合戦後に金沢柵がどうであったか定かではないが、金沢城跡北側対岸の尾根には多くの経塚《きょうづか》が営まれ、その中には仁安三年（一一六八）に金兼宗《こんのかねむね》などの人物名が確認される。

金沢城関係としては、『聞老遺事《ぶんろういじ》一』に、応永十八年（一四一一）に仙北《せんぼく》刈《かり》和《わ》野《の》で起きた南部守行《もりゆき》と秋田安東某《なにがし》との合戦があったことを伝えている。弘前城主津軽氏の系譜を書いた『津軽一統志』付巻には初代・二代に金沢右京亮《うきょうのすけ》の名が見える。また『国立史料館蔵津軽家文書』では、永享六年（一四三四）文書に初代家光、宝徳三年（一四五一）文書に二代家信が確認されることから、金沢右京亮《うきょうのすけ》はこれに比定される可能性がある。『蜷川親元《にながわちかもと》日記』には、寛正六年（一四六五）に、南部氏が馬の献上を幕府から命じられ、仙北を通る際、小野寺氏が軍事力を行使して通路を塞いだという記事が見られる。『小野寺正系図』には、南部三郎（金沢右京亮）の幕下であった小野寺泰道《やすみち》が、寛正六年から応仁二年（一四六八）の戦いで南部氏を破り、泰道の息子である道秀《みちひで》が金沢城主になったと記録されている。

一六世紀前半は小野寺氏の本拠地が沼館城となっているため、当地の様相は不明であるが、『奥羽永慶軍記』の弘治五年（一五五五）には、小野寺氏の当主稙道を敗死させた人物として横手光盛とともに金澤八幡宮の衆徒である金乗坊がいる。一六世紀終わり頃の金沢は六郷氏所領分となっており、『奥羽永慶軍記』には、六郷正乗弟の金沢権太郎が確認できる。

【城の変遷】 清原氏段階の金沢柵は、陣館遺跡が金沢柵内の寺院跡と想定され、金沢城に柵本体があるのではないかと考えられるものの、今後の調査に委ねるところが大きい。一四～一五世紀は南部氏の城であった可能性が高い。一五世紀後半には、小野寺氏が城の北側の大規模な造成工事を行ったと思われ、現在目視できる金沢城の姿になったと考えられる。元和八年（一六二二）に金沢城は廃城となり、その後佐竹氏によって金澤八幡宮の整備が行われ、現在に至っているものと思われる。

【参考文献】 横手市教育委員会『金沢柵推定地陣館遺跡―総括報告書―』（二〇一六）、横手市教育委員会『金沢城跡』（二〇一七）

（島田祐悦）

●小野寺氏最後の拠点

横《よこ》手《て》城《じょう》

〔横手市指定史跡〕

〔所在地〕横手市城山町
〔比　高〕約四七メートル
〔分　類〕平山城
〔年　代〕永禄年間後半から天正年間（一五六四～一五九一）、慶応四年～明治元年（一八六八）
〔城　主〕小野寺輝道・小野寺光道・小野寺義道、伊達盛重、須田三代、戸村八代
〔交通アクセス〕JR奥羽本線「横手駅」から羽後交通バス「本町」下車、徒歩五分。あるいは「横手駅」から徒歩三〇分。

【秋田富士を望む】　横手城模擬天守の最上階に登れば、眼下に横手川が蛇行して流れ、その両岸には街並みがひろがり、城下町を感じることができる。その奥に目を向ければ南北六〇キロ、東西一五キロを有する広大で平坦な横手盆地が見え、田んぼは春には湖のように、秋には一面黄金色に変化する。そして遠くに目を向ければ、円錐形《えんすいけい》の秋田富士といわれる鳥《ちょう》海山《かいさん》が美しくそびえている。城跡は横手公園として整備されており、季節ごとに桜や紅葉が映え、冬には横手の小正月行事かまくらの会場となり、模擬天守とかまくらは美しいコントラスト。横手城という呼び名は対外的に使われていたもので、地元ではお城山が一般的で後述する平城に対する朝倉城という名称で親しまれている。

【小野寺輝道】　沼舘城主（後に湯沢城主）であった小野寺稙《たね》道《みち》は、横手東部の平城城主（旧横手城）であった横手光盛《みつもり》や金沢の金乗坊から攻められ討ち死にしたといわれる。遺児の四郎丸は庄内に逃れ再起を図り、数年後に横手光盛らを討ち果たし、平鹿郡東部も掌握した。仙北（横手盆地）の平鹿《ひらか》郡の混乱を鎮静化し、室町幕府に使者を送り、関係の再構築を図ったうえで、弘治二年（一五五六）、官職遠江守と将軍偏《へん》諱《き》を与えられて輝道《てるみち》となり、ここから戦国大名の一歩を踏み出した。輝道は平鹿郡の国人《こくじん》領主を服属させ、雄勝郡の同族である稲庭・西音馬内《にしもない》両氏や仙北北部の六郷・本堂・戸沢各氏と連繋しながら、横手盆地の盟主として支配を広げていった。

高野山清浄院《せいじょういん》所蔵『仙北三郡過去帳』には、小野寺氏に関わる永禄五年（一五六二）から慶安三年（一六五〇）の約九〇年間の記録がある。当初は沼館の記事が比較的多く見られるが、天正七年（一五七九）に横手の記事が初見されてからは少なくなり、天正十四年からは横手の記事が急激に多くなることが確認される。つまり当初輝道は、横手光盛を打ち滅ぼすもすぐには横手入りとはならず、ある程度の期間沼館城を本拠地としていたことになる。最近の研究では、天正十四年十月以前に、輝道が嫡男光道に家督を譲渡し大森城に隠居するも、天正十七年七月以前に光道が死去したことで、義道が家督を継承したとされる。これらのことに従えば、輝道が朝倉城（新横手城）を完成させたのは天正七年頃かそれ以前と思われる。

●―横手城から鳥海山・市街地を望む

【小野寺義道の改易】　豊臣秀吉の奥州《おうしゅう》仕置《しおき》などにより、自領であった仙北雄勝郡が最上領となっていた。慶長五年（一六〇〇）に勃発した関ヶ原合戦に至る前段階までは、義道は徳川家康に従っており、上杉攻撃命令を受け天童（山形県天童市）まで出陣していた。家康の帰陣命令により横手に戻る際に、義道は旧領であった最上領雄勝郡内に攻め込んだ。結果的にこのことが反逆とみなされ、十一月には最上氏家臣鮭《さけ》延愛綱《のぶあいつな》率いる軍勢に横手城を取り囲まれ、義道は降伏開城した。翌慶長六年一月に領地没収され津和野《つわの》に流罪となり、ここに小野寺氏の領国支配に幕が下りた。

【中世横手城の復元】　横手城の絵図は複数存在するが、明暦年間（一六五五―五七）・寛文九年（一六六九）「横手城下町絵図」（以下、明暦・寛文図）と延宝八年（一六八〇）「城下町絵図」（延宝図）で、城の縄張の変化が読み取れる。おそらく常陸から移ってきた佐竹家臣団は、横手が小野寺氏の本拠地であったため、当初は横手をはじめとした仙北の治安維持にあたらなければならず、すぐには城造成地業を行う余裕はなかったと思われる。関ヶ原合戦後八〇年経過し、寛文十二年に戸村氏が横手城代になってから、本格的な近世横手城とし

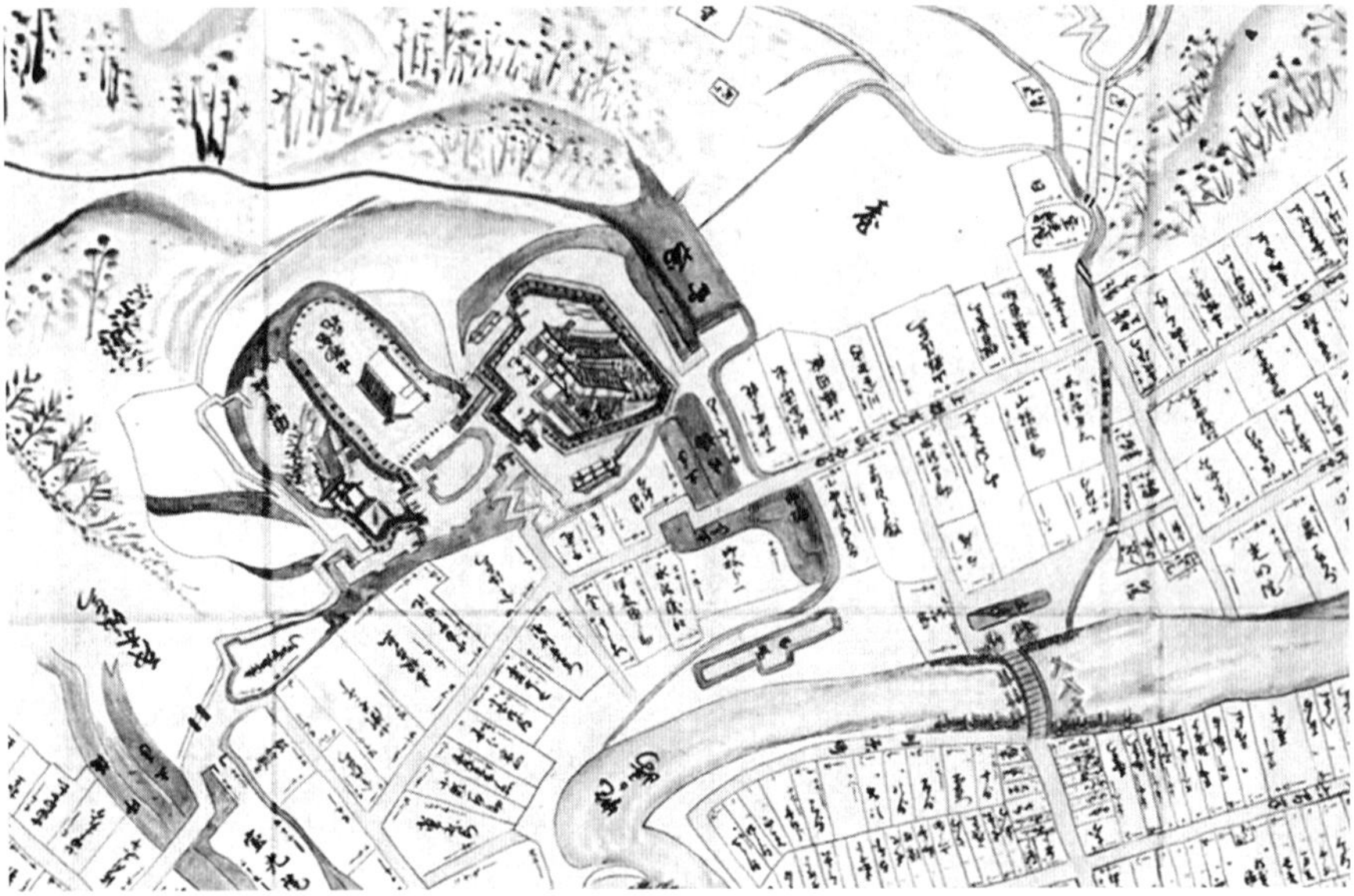

●―横手城拡大図（横手市教育委員会提供）

ての改修がなされたものと思われる。近世横手城は、山城部分と内町にある堀・河川から構成される平城部分の平山城と考えられ、その面積は約三六万平方メートルと広大であるが、今回は約一〇万平方メートルの山城部分に焦点を当てて、中世横手城を復元してみよう。

横手城は、奥羽山脈の山並みが横手川の河岸段丘に向かう先端部に築かれた山城であった。西側は切り立った崖であるが、城の正面入口はその中央部に位置し、そこから急崖に作られた比高差約四七メートルの七曲坂（九折坂）の階段を登ると大手門に辿りつき、南側には本丸、北側には二の丸が広がっている。この門は桝形《ますがた》の二重門ではなく、城内が一望できることからも、中世小野寺氏の居城をそのまま引き継いでいる可能性は考えられそうである。

現在の様子は、延宝図で示された一六八〇年以降の城縄張を体感できる。本丸は、延宝図では御本丸と書かれた郭を帯《おび》郭《くるわ》が四方に巡り、その下方に腰郭《こしくるわ》が東・南側に配置される。しかし、明暦年間・寛文図では本丸全体が一つの郭で、北西側に虎口《こぐち》があり、その中に本丸御殿が描かれている。二の丸は、延宝図では大手門をすぐ出た場所が広い空間（通称、武《む》者溜《しゃだま》り）と、現在模擬天守がある空間（通称、二の丸）が戸村十大夫在所と無地の空間（戸村十大夫閑居在所）で三つの空間となっている。西の丸北側入口は搦手《からめて》で、虎口が二カ所確認される。それに対し明暦・寛文図では、武者溜りには楕円状の土塁《どるい》らしきものがあり、そこは清兵衛台《せいべいだい》と呼ばれ、義宣の代の重要家臣であった向清兵衛正次の居所だったといわれる。また模擬天守がある場所は須田主膳《すだしゅぜん》と書かれ、須田盛久・盛品の居所を表している。無地の空間には御物置蔵として白壁の瓦葺の土蔵が描かれており、武者溜りとは柵木で分割していることや東側入口も土塁により虎口が作られていたことも現在確認できる横手城とは異なっている。

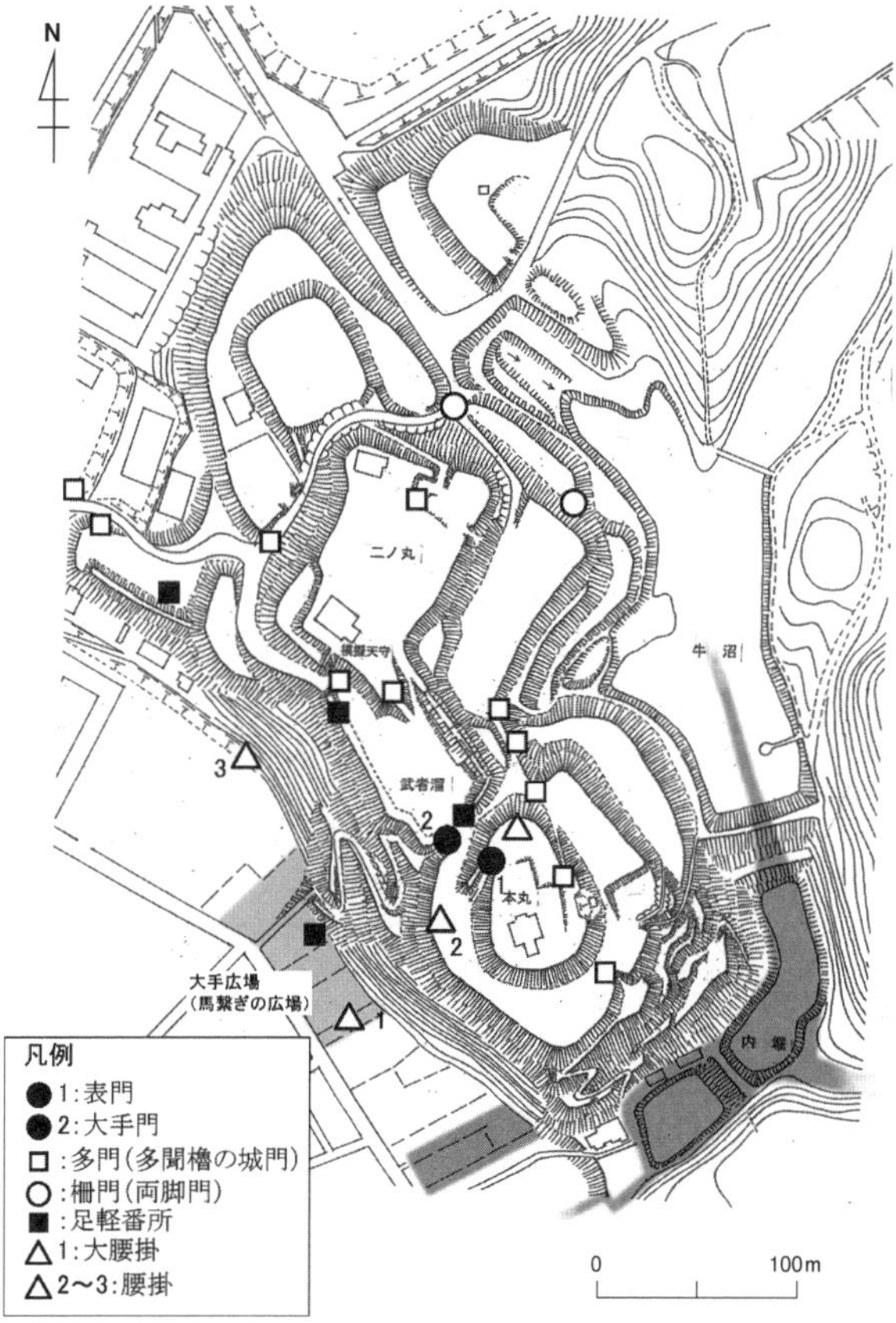

●―横手城縄張図と各施設（室野秀文作図に加筆）

【佐竹氏支城近世横手城へ】　小野寺氏滅亡後、出羽北部に封ぜられた佐竹義宣は、横手城には須田盛久・向正次など直臣を配置し、その統治にあたった。元和六年（一六二〇）の一国一城令発令の際には横手城は破却を免れ、仙北（横手盆地）統治の藩の支城として幕末まで存続する。寛永元年（一六二四）に二代将軍徳川秀忠は、本多正純・正勝父子の配流先を横手とし、横手城の外郭に正純・正勝父子幽閉所が設置された。現在では上野台という地名と墓碑がその名残である。慶応四年（明治元年〈一八六八〉）の戊辰戦争では、奥羽列藩同盟から総攻撃を受け、横手城は籠城戦の末落城する。秋田神社は、本丸御殿の資材を利用して作られているが、その柱には戦争時の弾痕が残る。また戸村氏菩提《ぼだい》寺龍昌院《じりゅうしょういん》には横手城で戦死した侍達の墓碑が残る。

【参考文献】横手市『横手市史　通史編　原始・古代・中世』（二〇〇八）

（島田祐悦）

●列島における初期山城の出現

大鳥井山遺跡《おおとりいやまいせき》

〔国指定史跡〕

〔所在地〕横手市大鳥町および新坂町
〔比　高〕約二〇メートル
〔分　類〕山城
〔年　代〕一〇世紀後半〜一二世紀前葉
〔城　主〕清原光頼・清原頼遠・藤原正衡
〔交通アクセス〕JR奥羽本線「横手駅」下車、大曲行きバス「幸町」下車、徒歩五分。あるいは「横手駅」から徒歩三〇分。

【日本列島の城郭の歴史】 これまで城郭の歴史は、北部九州から畿内にかけての古代山城と東北越後の城柵を初現とし、一一世紀前後の断絶期をへてふたたび方形居館から山城へ発展を遂げると理解されてきた。大鳥井山遺跡の居館としての存続時期は一〇世紀後半から一二世紀前葉までであり、時系列に捉えれば上述の空白期を埋めるものと位置づけられそうであるがどうであろうか。東北地方においては、古代城柵（八〜一〇世紀後半）および囲郭集落［防御性集落とも］（一〇〜一一世紀）から大鳥井山遺跡などの安倍・清原氏の居館［柵］（一〇世紀後半〜一一世紀）を経て、平泉藤原氏の居館である大規模な堀を備えた柳之御所遺跡［平泉館］（一二世紀）に至る時系列の流れが存在する。しかし、これらが列島全域に広がる中世山城の成立に直接影響を与えたという確証は今のところ持ち合わせていない。

　大鳥井山遺跡は前九年合戦（一〇五一〜六二）および後三年合戦（一〇八三〜八七）の関連遺跡であり、両合戦には河内源氏をはじめとして東海・関東などの多くの兵が参戦している。当然、この戦いの中で大鳥井山遺跡（文献では大鳥山）や鳥海柵《とのみのさく》（岩手県金ヶ崎町）などの安倍・清原の柵を目の当たりにし、その堅固な防御に触れているはずである。しかし、関東などにおける彼らの居館はその影響を受けることなく推移しており、鳥坂城《とっさか》（新潟県胎内市）や金砂城《かなさ》（茨城県常陸太田市）など一二世紀末〜一三世紀初頭に文献に登場する城との関係も不明確である。全国的には、初期山城として元

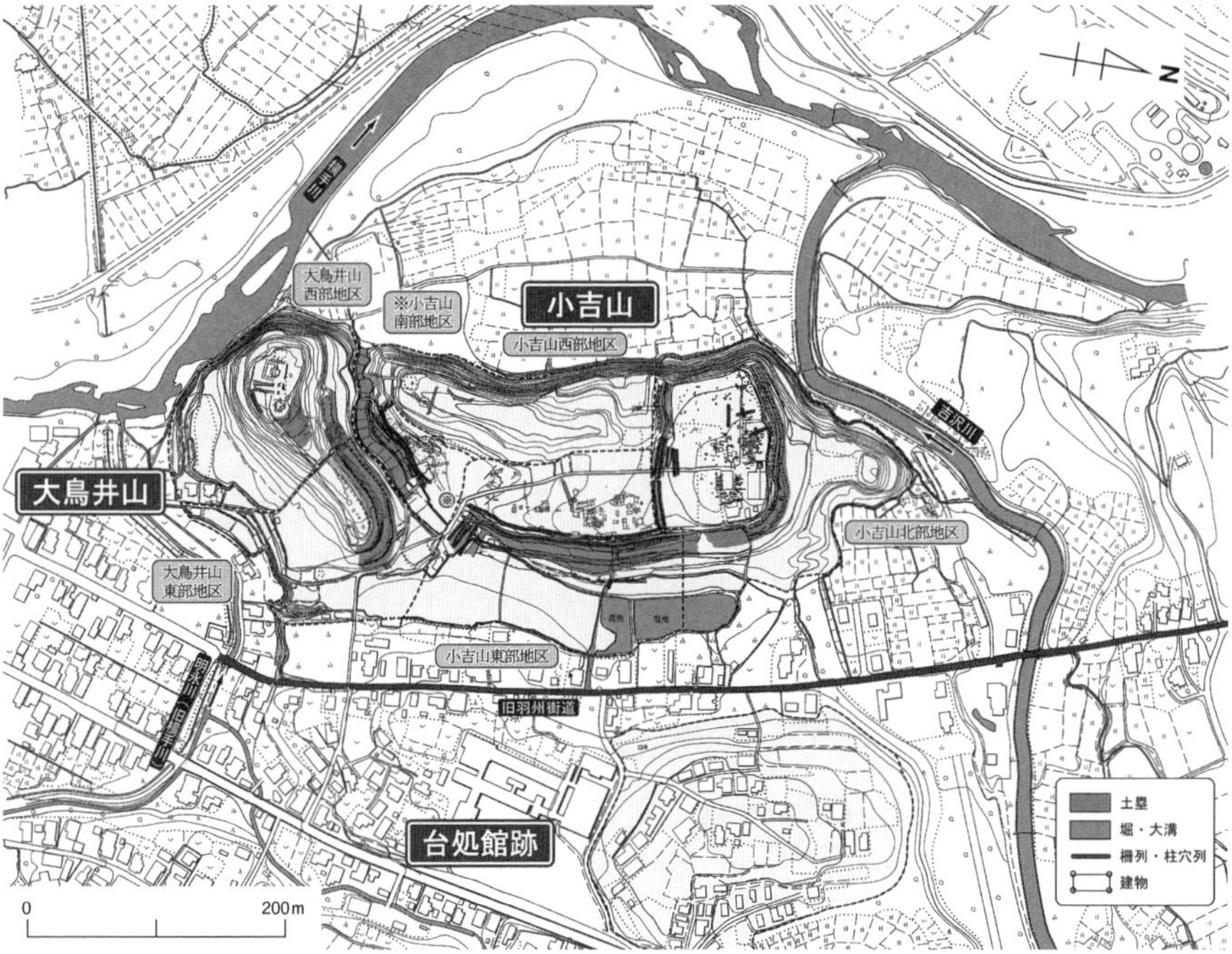

●—大鳥井山遺跡の立地と構造

弘二年／正慶元年（一三三二）に築城されたとされる千早《ちはや》城（大阪府千早赤坂村）が有名であるが、直接的なつながりはないと思われる。

【清原宗家の本拠地】 大鳥井山遺跡は、前九年合戦の顛末を記した軍記物『陸奥話記《むつわき》』や、後三年合戦の顛末を描いた国重要文化財『後三年合戦絵詞《ごさんねんかっせんえことば》』などに活躍が認められる清原氏の関連遺跡とされてきた。一一世紀中頃に出羽山北俘《せんぼくふ》囚主《しゅうのぬし》といわれた清原真人光頼《みつより》の代になると出羽北半（秋田県域）で大規模な軍の動員を行えるほどの勢力を持つ一族であった。前九年合戦では、源頼義の懇願を受けて一万人におよぶ軍勢を派遣し、安倍氏を滅亡に導いている。合戦終了後は、光頼の弟武則《たけのり》が鎮守府将軍に任ぜられ、安倍氏の地盤であった奥六郡を支配下に収めた。ここに出羽山北三郡に基盤を持つ光頼系列の清原氏と新たに奥六郡に基盤を構築する武則系列の清原氏が双頭し、後の後三年合戦の遠因となるのである。

遺跡が本拠地たる由縁は、光頼の長子たる大鳥山太郎頼遠《よりとお》の存在である。彼は前九年合戦の最中、衣川関《ころもがわのせき》（岩手県奥州市）から逃亡した本来敵方である安倍正任《まさとう》や良昭《よしあき》らを匿《かくま》った人物でもあるが、この理由は安倍頼時の正妻が清原氏出身で正任らが血縁関係であったともいわれる。『朝野群載《ちょうやぐんさい》』康

●―大鳥井山遺跡小吉山東部の土塁と堀（横手市教育委員会提供）

平七年（一〇六四）官符によると、出羽国守源斉頼がそのことを聞きつけ、正任のいる在所を囲んでいる。在所とは大鳥山であった考えられるが、結果的に正任が在所から逃亡後、出頭まで半年を有していることから、そこは国府の軍勢が時間をかけて包囲しなければならないほどの広がりと防備を持った場所であったと思われ、当主の子が拠点を置いていた大鳥山が清原氏にとっての最重要拠点と考えられるのである。

【『後三年合戦絵詞』に描かれた柵】　絵詞には多くの場面が描かれているが、その大部分は合戦の山場である清原氏の居館の金沢柵で占められている。ここで描かれている金沢柵は、急崖の頂上平坦面に柵列などを巡らし、外部からの進入路と考えられる土橋《どばし》近くに、太い柱で組んだ櫓《やぐら》を設けている。櫓は高いところに床を張って周囲を板で囲み、中から武者が応戦している様子が見られる。また、空閑地を挟んだ内側には縁を持つ建物が存在し、作戦本部や居住空間として描かれている。

【『後三年合戦絵詞』の柵が現れた遺跡】　発掘調査で明らかになった大鳥井山遺跡を見てみよう。遺跡は西・南・北を川に囲まれた独立丘陵の平坦な小吉山と急峻な大鳥井山に立地する。

遺跡を象徴するのは小吉山東部地区で、そこには自然地形を利用して構築された二重の土塁と堀の跡・櫓状建物跡・柵列・掘立柱建物跡がある。櫓状建物跡は台地端の丸太材を利用した柵列（布掘の柱穴列）に沿うように四棟確認されており、最大のものは梁間一間（二・七五メートル）、桁行四間（八・五五メートル）と非常に規模の大きいものである。また礫手《つぶて》と思われる拳大の礫が櫓や堀底から多く見つかっている。柵列が途切れる場所にある櫓状建物跡にはスロープと門が確認される。この門を出ると内側の堀（幅三メートル、深さ一・二メートル）と土塁があり、その土塁上には柱穴列が並ぶように確認され、ここにも柵が設置されていたようである。その延長上には外側の堀（幅九・七メートル、深さ三・五メートル）と土塁（幅一〇メートル、高さ一・八メートル）があり、

●—大鳥井山遺跡小吉山東部の櫓・大溝・柵列（横手市教育委員会提供）

門の延長上には土橋が設置され、ここにも門があった。櫓状建物の内側に入ると空閑地となっているが、その周囲には簡易的な建物が設置されていた。

柵内をさらに北へ進んだ小吉山北部があり、ここへ行くためにも、土塁や堀、柵列や門を越えなければ到着することができない。ここでは、梁間二間（四・二メートル）、桁行二間（六・三メートル）の建物跡とともに土坑や堀跡に投げ込まれた大量のロクロ土師器（かわらけ）が出土しており、遺跡にとって重要な場所であったことが想定できる。

大鳥井山遺跡で最大の建物跡は、大鳥井山頂上部の約四〇〇平方メートルの平坦地にある四面に庇《ひさし》が付く非常に格式の高い掘立柱建物跡である。庇を含めた梁間は四間（九・二メートル）、桁行は七間（一三・九五メートル）で面積は一二八平方メートルもあり、この建物は古代城柵官衙《かんが》遺跡で見られる国司の館かもしくは持仏《じぶつ》堂のような雰囲気である。ここからは横手盆地が一望でき、遠くに秋田富士と言われる鳥海山を望め、石母田正が論じた「辺境の長者」を感じとることができる。

このように大鳥井山遺跡の様相は、絵詞に見える金沢柵の描写や合戦場の実情をかなりの程度反映されていると思われ、空想と思われていた柵が現実世界で初めて確認された事例といえるであろう。後三年合戦終了から八四年後の承安元

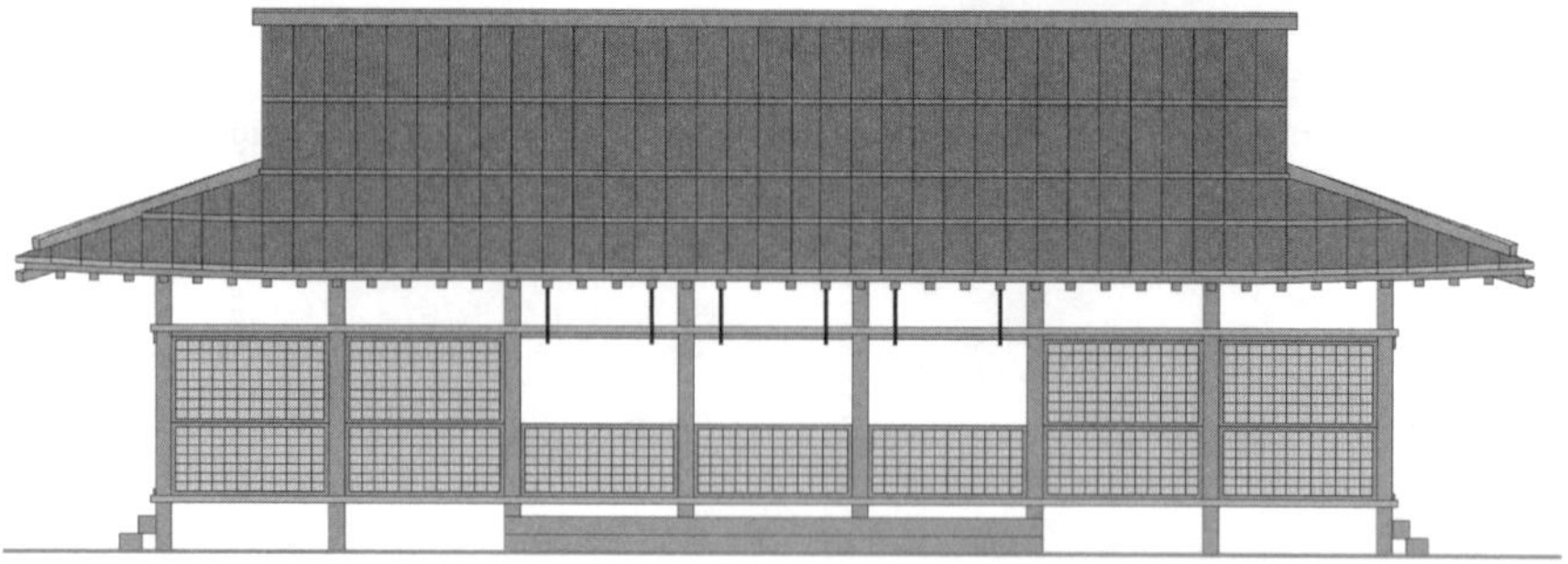

●—大鳥井山遺跡および陣館遺跡の掘立柱建物跡　復元案図（四面庇想定図）
（濱島正士作図に加筆）

年（一一七一）に後白河法皇が『後三年絵』という絵巻を描かせていたことが室町時代の中原康富の日記『康富記』に記されており、『後三年合戦絵詞』はこれを参考にして描かれている可能性が高い。

【古代城柵から中世居館へ】　大鳥井山遺跡の調査成果は、東北地方における城郭史研究の進展には欠かせないもので、同じ横手盆地にある古代城柵遺跡払田《ほったの》柵《さく》跡（秋田県大仙市）の立地や地形を模して、その権威を清原氏が柵（居館）として継承したものと思われる。そして、大鳥井山遺跡（大鳥山）の清原光頼の系統と思われる清原清衡（後の藤原清衡）がその築造を継承し、平泉に柳之御所遺跡（平泉館）を作り上げたのであろう。

【参考文献】　横手市教育委員会『大鳥井山遺跡』（二〇〇九）、島田祐悦「出羽山北三郡と清原氏」『東北の古代史五　前九年・後三年合戦と兵の時代』（吉川弘文館、二〇一五）

（島田祐悦）

お城アラカルト

前九年合戦の柵、後三年合戦の館

八重樫忠郎

文献史学の成果によれば北東北の武士たちは、前九年合戦（一〇五一～一〇六二年）の頃には柵しか設けることができなかったのだが、後三年合戦（一〇八三～一〇八七年）の段階には国司館があるにもかかわらず第二政庁ともいうべき館を構えていたという。その遺跡が、鳥海柵《とのみのさく》跡（岩手県金ケ崎《かねがさき》町）と大鳥井山遺跡（秋田県横手市）である。ともに河川交通と陸路の結節点の河岸段丘上に位置することから、北東北の武士たちは実効支配に適した交通の要衝と、防御しやすい要害の地を選んでいることが分かる。

鳥海柵跡の構造は、河岸段丘を東西に走る巨大な沢が分断し、三つの平場を形成している。さらにその平場を直線的な堀やL字の堀で分割しているが、柵列等は確認されていない。北側の平場からは、柱間が三《メートル》におよぶ四面庇《ひさし》建物が検出されている。

大鳥井山遺跡は、大鳥井山と呼ばれる小高い山と小吉山という舌状段丘から構成される。大鳥井山は数重に及ぶ土塁《どるい》と堀、小吉山は二重の堀と土塁でそれぞれ囲まれており、防御性は一段と高い。さらに小吉山には逆茂木や柵列、櫓《やぐら》門と推定される施設がある。また大鳥井山の頂上には、象徴的に四面庇建物が設けられていた。

全国的に見ても一一世紀の館等が発見された例はない。それらが北東北のみで見つかっているのは、単なる偶然ではなく、大きな合戦を行っていた結果といえる。両合戦には、多くの人員が投入されており、その人々をまとめ上げるのに館という施設が必要だったのである。

とはいえ、これらの館等が、戦国城館に直接つながるとは考えられない。しかしながら、伝統を重んじる武士たちの記憶に残り、それらの成立に大きな影響を与えたことは、充分に想像できる。

●小野寺氏の最初の拠点地

稲《いな》庭《にわ》城《じょう》

〔所在地〕湯沢市稲庭町字古館前平
〔比　高〕一七〇メートル
〔分　類〕山城
〔年　代〕一二世紀末あるいは一三世紀中頃
〔城　主〕小野寺重道、あるいは小野寺経道
〔交通アクセス〕JR奥羽本線「湯沢駅」下車、羽後交通バス「下早坂」下車、すぐ。

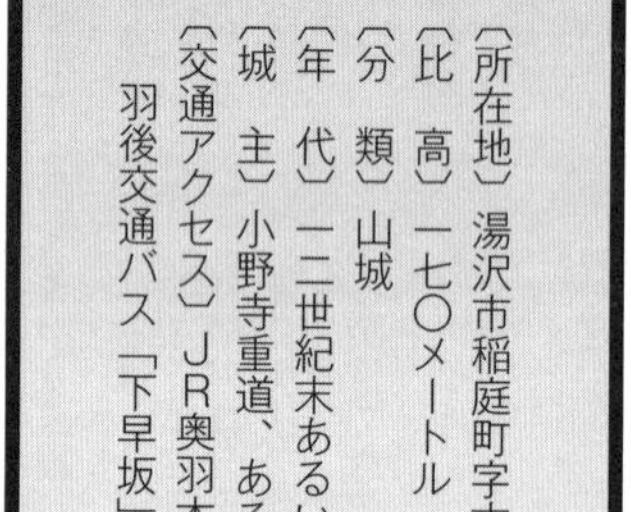

【位置と立地】秋田県内陸南部、横手盆地の南東端部に位置する。城跡は、雄物《おもの》川支流である皆瀬《みなせ》川右岸の狭い扇状地を挟んだ山地上に立地する。ここは東の陸奥国（岩手県）との境界をなす奥羽脊梁《せきりょう》山脈から西側に派生した大森山（七〇四メートル）の南西端にあたる。城下西側の北流する皆瀬川との間には、小安《おやす》街道（現国道三九八号）が南北に通っている。ここはかつて、後三年合戦（一〇八三―八七）の際に源義家《よしいえ》らが多賀城から横手（沼柵・金沢柵）に進軍したルートとされる。稲庭城には鶴ヶ城、早坂館・貝館の異称もある。

【主な遺構と二郭の発掘調査】主要な郭面は、最高位である標高三五二メートルに位置する主郭《しゅかく》（本丸）と西側の二郭（二の丸）、主郭の北東側に近接する三郭（名称なし）で構成される。

主郭は長径六〇メートル程の楕円の形状を示し、北端に堀切《ほりきり》が残る。隣接する三郭へは尾根で接続するが明確な地形改変痕跡はなく、主郭と一体的な使用であったと想定される。三郭の北側と東側には各二本の堀切りがあり、城域の北東限をなしている。主郭と二郭は約二〇〇メートル離れているが、両郭を繋ぐ尾根には少なくとも四本の堀切が残る。

標高二九九メートルにある二郭は、南北約一〇〇メートル、東西約三〇メートルの規模をもつ。その南端には一段高い櫓台《やぐらだい》がある。いっぽうの北端は、尾根を下るように階段状の小郭が七段ほど直列する。二郭の中央部には現在、模擬天守「稲庭城」（当初は「今昔館《こんじゃくかん》」）が建つが、築城に先立つ発掘調査が昭和六十一年（一九八六）に実施された。その結果、掘立柱建物跡四

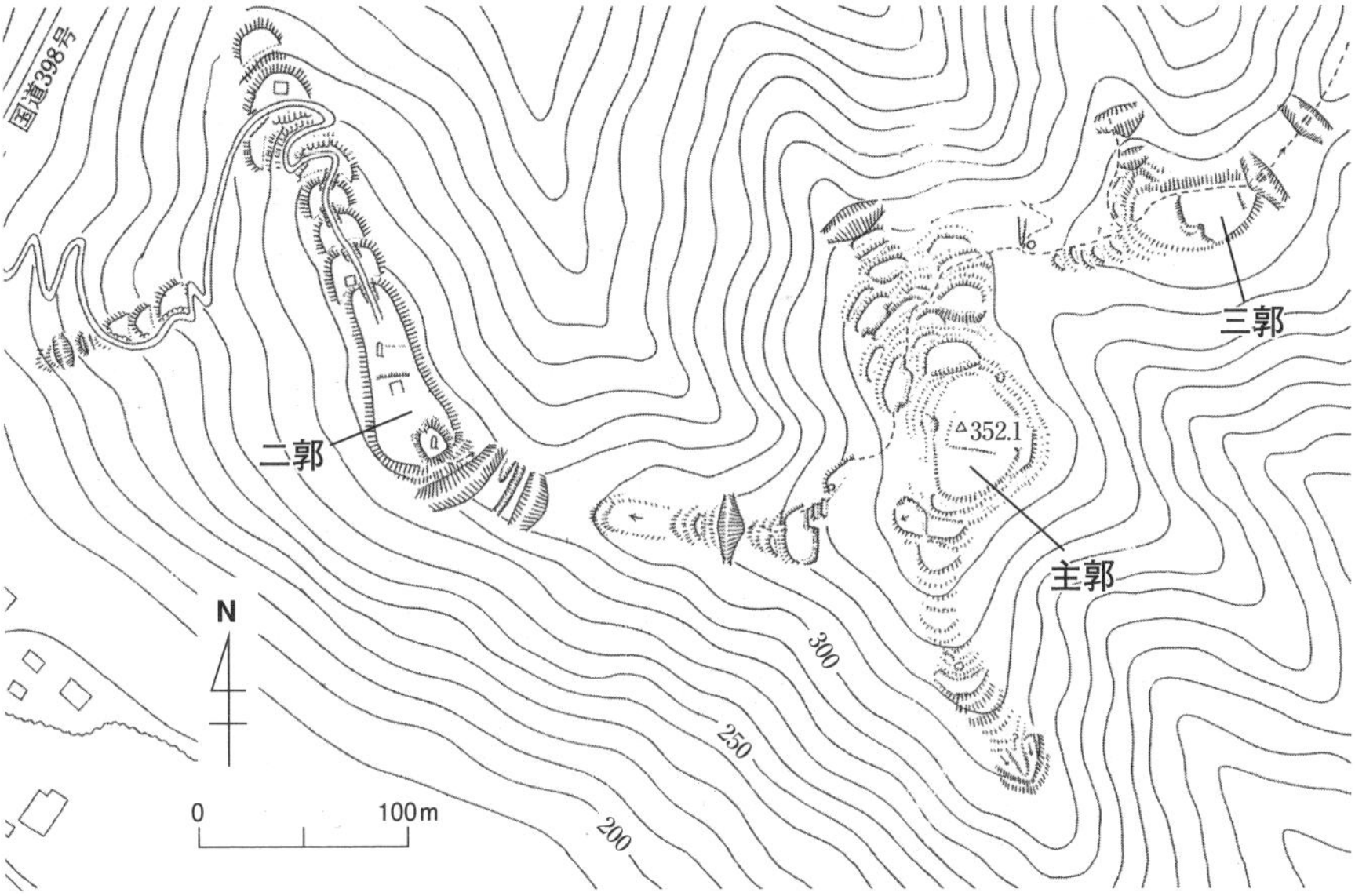

●—稲庭城縄張図（村田修三「稲庭城」『図説中世城郭事典第１巻』新人物往来社，1987より　作図：村田修三）

●—稲庭城からの展望

棟、石垣状遺構、土坑等が検出された。最も規模の大きな建物跡は、南北七間（一五・五メートル）×東西三間（六・一メートル）であり、二郭の中心施設と想定される。出土遺物は、中国産青磁碗・染付皿、国産陶器（信楽《しがらき》）等で一五世紀頃とみられる。

城跡西端麓から二郭北端にはスロープカーが設置され、誰でも簡単に登城が可能となった。二郭の模擬天守上からは東を除く三方に眺望が開ける。

【小野寺氏の動静と稲庭城】　下野国都賀郡小野寺保《おのでらほ》を本領としていた小野寺道綱《みちつな》は、文治五年（一一八九）の奥州合戦で源頼朝に従い軍功をあげたことにより、出羽国雄勝郡の地頭《じとう》職《しき》に任ぜられた。廣澤寺《こうたくじ》所伝とされる『稲庭城主小野寺家系』によると、道綱の四男とされる小野寺重道は「建久四年（或ハ元年或ハ文治五年）秋羽州雄勝郡ニ封セラレ稲庭城ヲ築テ之レニ居ル」とあり、遅くとも建久四年（一一九三）には稲庭城が造られたことになる。廣澤寺は小野寺氏の菩提寺であり、城跡の南東約一キロに現存する。

いっぽう、小野寺義道《よしみち》の子孫に伝えられた『小野寺家系図』には、道綱から四代下った経道《つねみち》が「大泉ヨリ羽州雄勝郡稲庭ニ移住」とある。経道は文永十年（一二七三）卒とされることから、稲庭城の造営は一三世紀中頃となろう。義道は関ヶ原の戦いで上杉景勝（西軍）に味方して、慶長六年（一六〇一）に所領没収され石見国津和野城主の坂崎成正に預けられた。稲庭城は文禄五年（一五九六）あるいは慶長五年、山形の最上《もがみ》氏に攻められ落城した。

【参考文献】村田修三「稲庭城」『図説中世城郭事典』第一巻（新人物往来社、一九八七）

（高橋　学）

●沼柵から沼館城へ

沼《ぬま》館《だて》城《じょう》

〔所在地〕横手市雄物川町沼館字沼館
〔比　高〕約三メートル
〔分　類〕平城
〔年　代〕一一世紀後半、大永年間（一五二一～一五二八）～慶長六年（一六〇一）か
〔城　主〕沼柵：清原家衡、沼館城：小野寺稙道、小野寺輝道、小野寺秀道
〔交通アクセス〕ＪＲ奥羽本線「横手駅」から本荘行きバス「新道角」下車、徒歩一五分。

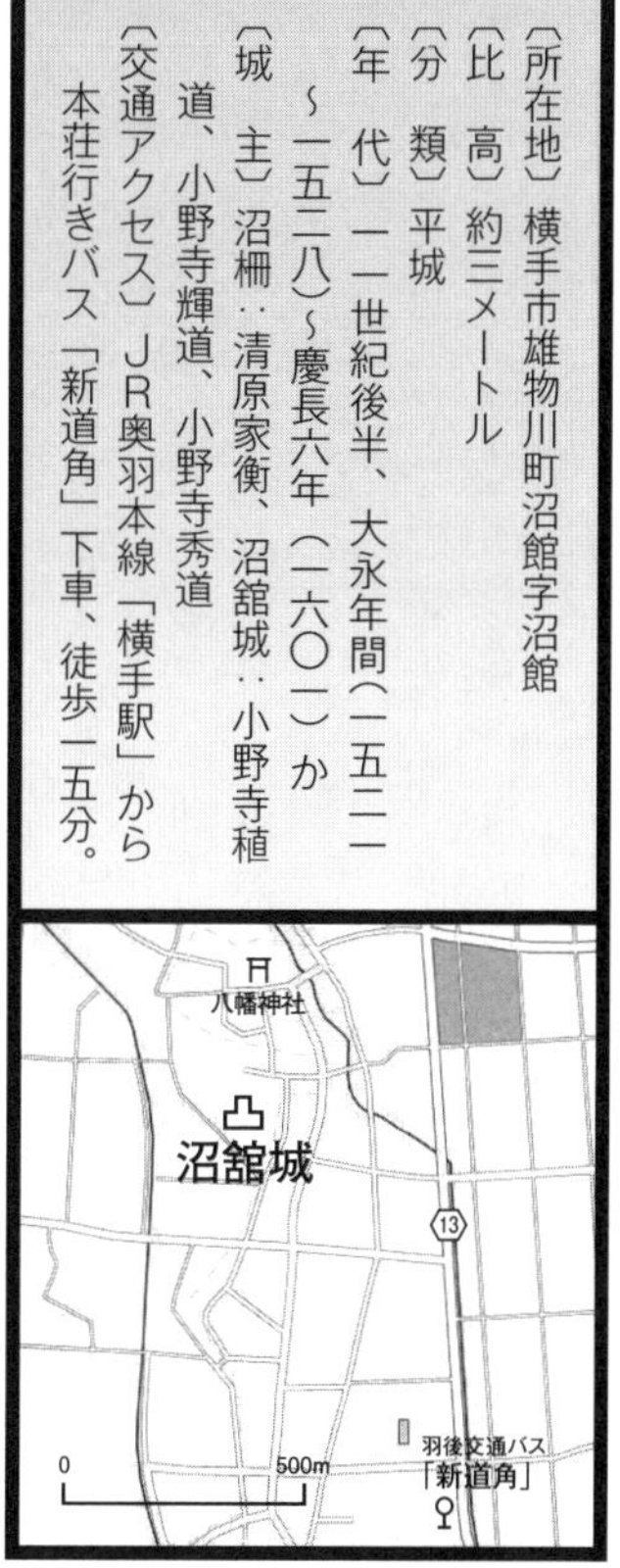

【沼柵推定地として】　街中から城方面に向かうと目の前に本丸の巨大な土塁《どるい》が見えてくる。そこには沼柵本城跡と書かれた標柱があり、ここは沼柵があったと伝えられる場所だ。「沼」の地名のとおり周囲は低地であり、昭和二十年代の洪水の際は、城は自然堤防上に浮かんでいるように見える水城といえるものであった。後三年合戦の沼柵の戦いでは、柵主である清原家衡が源義家と対峙し、三ヵ月の籠城の末、義家を退却させている。その理由としては周囲が湿地帯であったため騎馬戦が機能せず、また横手の土地柄、冬は大雪となることも、家衡側に地の利《ちり》が働いたのであろう。現在でも、西側の本丸土塁から周囲を見渡せれば低湿地が広がり、往時の余韻に浸ることができる。

【小野寺稙道】　小野寺氏は、文治五年（一一八九）の奥州合戦で源頼朝の配下として参陣し、その功績として出羽国雄勝郡の地頭に任じられた下野国の御家人小野寺道綱《みちつな》が祖とされるが、現地に赴任したのは四代下った経道といわれている。雄勝郡は山北《せんぼく》三郡のひとつであるが山間部も多く、本拠地と考えられる稲庭城（湯沢市稲庭）も雄物川支流皆瀬《みなせ》川によって南北に細く開かれた盆地の南端部の山間地帯に立地していた。このため穀物生産力の高い広大な平野部を有する平鹿郡への進出は必然的であり、盆地全体を手中に収めるべき徐々に北進していくのである。

　小野寺氏が平鹿郡への北進を始めたのは系図などから一五世紀前半頃と推定されるが、本格的な進出は、稙道《たねみち》が大永年

間（一五二一―二八）に稲庭城を晴道《はるみち》に譲り、自らは平鹿郡西部の沼舘城を本拠地に定めたことによる。平鹿郡東部には横手氏など抵抗勢力がいるが、西部には協力者の存在が考えられる。また稲庭城から沼舘城へは、皆瀬川から雄物川へ通じていることや日本海へ通じる由利方面とのつながりを意識したものであろう。

●―沼舘城近景（横手市教育委員会提供）

【巨大な土塁】 縄張図や地籍図から沼舘城を復元してみよう。沼舘城は、本丸・二の丸・三の丸、南東の郭を梯郭式《ていかくしき》に配置した南北六五〇㍍、東西三二〇㍍の面積二〇万八〇〇〇平方㍍の自然地形を利用した大規模な平城である。本丸は南北一六〇㍍、東西一三〇㍍の面積二万八〇〇〇平方㍍の不整形プランで、二の丸とはL字型の堀と土塁で区画されている。正門は北側で内部に入るとそこは大区画であり、城主居館と推定されている。現在は蔵光院という寺院と観音堂などのお堂が数棟ある。土塁は非常に残りがよく、高さ八㍍、上端幅五～七㍍、基底幅二〇～三〇㍍と巨大であり、土塁上端を歩きながら散策するとその規模を肌で感じることができる。この土塁の北東隅と南東隅には櫓台《やぐらだい》が置かれていたと想定される。土塁東辺中央部では古い虎口《こぐち》らしい括れ《くびれ》がある。南側の土塁が高いのに対し、北側の土塁が低くなっていることから、北側の土塁を削り埋めた可能性が高いと思われる。

【横矢掛りと折】 二の丸は南北一八〇㍍、東西一五〇㍍の面積二万七〇〇〇平方㍍の不整形プランで、大部分が小学校として利用されていた。北側土塁は現在一㍍弱の高さであるが、昭和二十年代までは非常に高く、外側の堀を埋めるため

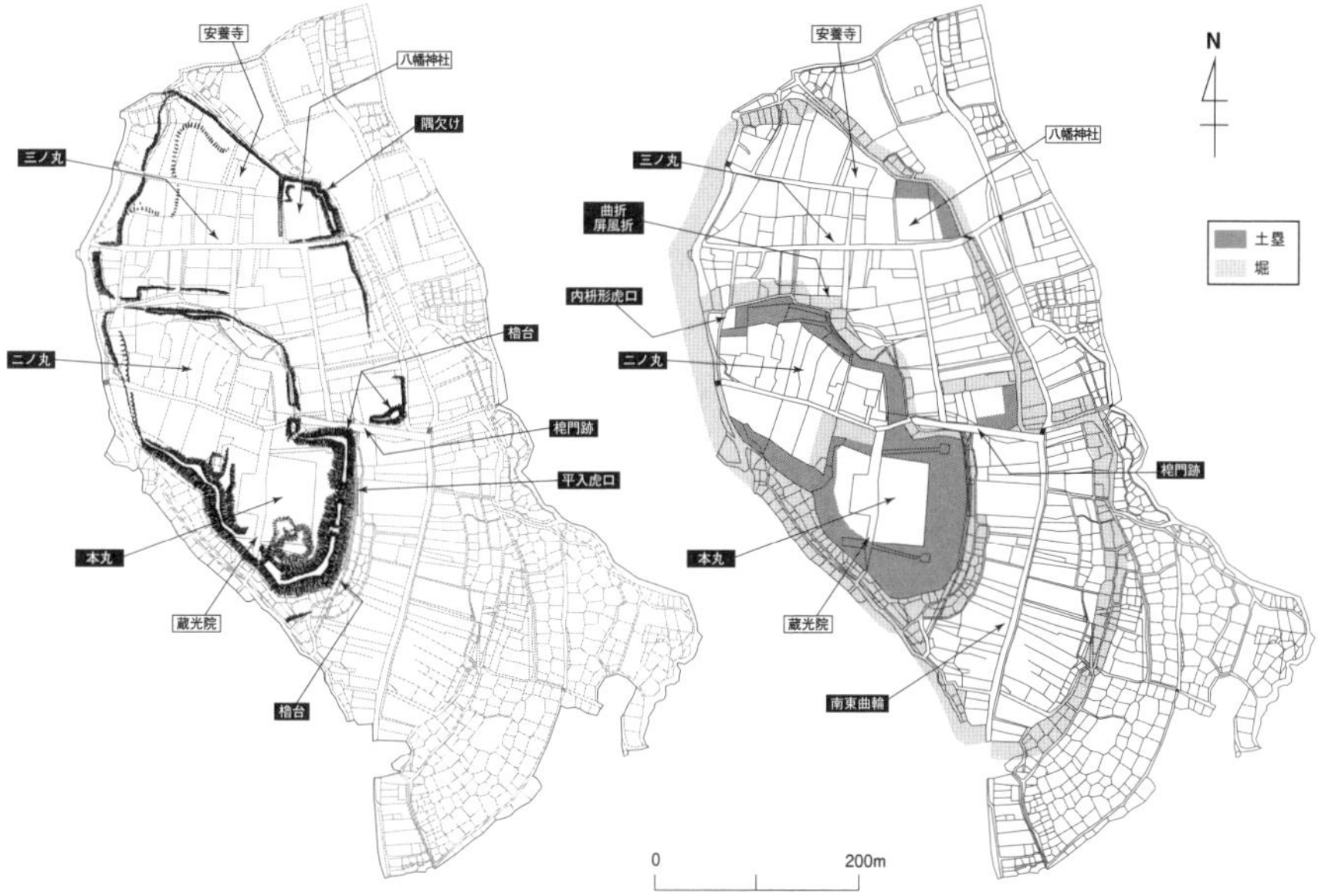

●—沼舘城縄張図および縄張復元図（横手市教育委員会提供）（室野秀文：作図に加筆）

に削られたという。北側土塁と堀には曲折が、本丸との接点の土塁は屏風折が、北西隅には内桝形《うちますがた》の虎口があり、防御機能が高い。

三の丸は本丸から北に延びる館小路・北西部に馬場と呼ばれる集落名が残る。北東部に八幡神社と安養寺が存在し、八幡神社北東土塁には鬼門除けの隅欠け、横矢掛《よこやが》けの折が確認される。東南端には梍《さいかち》門があったといわれ、そこには櫓門が想定される高さ五メートル、上端幅七メートル、基底幅一七メートルの土塁が部分的に残っている。南東郭は地籍図で確認できたもので、郭内には短冊形地割が残っている。

【沼舘城から横手城へ】 沼舘へ移った稙道は上洛を果たし、横手盆地（仙北）での戦国大名としての位置を確実なものとした。その後、最上氏との戦略上の観点から再び雄勝郡の山城湯沢城に拠点を移したが、横手光盛・金乗坊らから攻められ討ち死にしたといわれる。後に遺児の輝道は、大宝寺氏らに助けられ沼舘城から再起を図り、仇討《かたきうち》を果たして平鹿郡東部も掌握し、横手城を築くこととなる。

【参考文献】『横手市史　通史編　原始・古代・中世』（二〇〇八）

（島田祐悦）

執筆者略歴

浅利　英克（あさり　ひでかつ）	1972年生まれ	金ケ崎町教育委員会
飯村　　均（いいむら　ひとし）	別掲	
五十嵐祐介（いがらし　ゆうすけ）	1981年生まれ	男鹿市教育委員会
伊藤　武士（いとう　たけし）	1967年生まれ	秋田市観光文化スポーツ部文化振興課
乾　　哲也（いぬい　てつや）	1972年生まれ	厚真町教育委員会
岩井　浩介（いわい　こうすけ）	1977年生まれ	弘前市教育委員会 文化財課
及川　　司（おいかわ　つかさ）	1958年生まれ	平泉町教育委員会 平泉文化遺産センター所長
及川　真紀（おいかわ　まき）	1971年生まれ	奥州市教育委員会
小田嶋知世（おだしま　ともよ）	1961年生まれ	北上市教育委員会 教育部文化財課
小山　彦逸（おやま　ひこいつ）	1961年生まれ	七戸町教育委員会 世界遺産対策室
工藤　　海（くどう　かい）		鹿角市教育委員会 生涯学習課
工藤　清泰（くどう　きよひと）	1955年生まれ	青森県考古学会会員
榊原　滋高（さかきばら　しげたか）	1970年生まれ	五所川原市教育委員会
柴田　知二（しばた　ともかず）	1975年生まれ	二戸市教育委員会
嶋影　壮憲（しまかげ　たけのり）	1979年生まれ	大館市教育委員会
島田　祐悦（しまだ　ゆうえつ）	1972年生まれ	横手市教育委員会
高橋　　学（たかはし　まなぶ）	1958年生まれ	秋田県埋蔵文化財センター
羽柴　直人（はしば　なおと）	1965年生まれ	（公財）岩手県文化振興事業団 埋蔵文化財センター
長谷川潤一（はせがわ　じゅんいち）	1969年生まれ	由利本荘市役所
播摩　芳紀（はりま　よしき）	1972年生まれ	能代市教育委員会
布施　和洋（ふせ　かずひろ）	1981年生まれ	南部町教育委員会
船場　昌子（ふなば　まさこ）	1975年生まれ	八戸市教育委員会
室野　秀文（むろの　ひでふみ）	別掲	
八重樫忠郎（やえがし　ただお）	1961年生まれ	平泉町役場
安原　　誠（やすはら　まこと）	1974年生まれ	宮古市教育委員会

編者略歴

飯村　均

一九六〇年、栃木県に生れる

一九八三年、学習院大学法学部卒

現在、（公財）福島県文化振興財団

〔主要著書〕

『律令国家の対蝦夷政策　相馬の製鉄遺跡群』シリーズ「遺跡を学ぶ」（新泉社、二〇〇五）、『中世奥羽のムラとマチ　考古学が描く列島史』（東京大学出版会、二〇〇九）、『中世奥羽の考古学』東北中世史叢書（高志書院、二〇一五）

室野秀文

一九六〇年、長野県に生れる

一九七九年、長野県立下伊那農業高等学校卒

現在、盛岡市教育委員会

〔主要論文〕

「陸奥北部の館」『鎌倉・室町時代の奥州』（高志書院、二〇〇二）、「城館の発生とその機能」『鎌倉時代の考古学』（高志書院、二〇〇六）、「中世道南の領主と城館」『北方社会史の視座第一巻』（清文堂、二〇〇七）

東北の名城を歩く　北東北編

青森・岩手・秋田

二〇一七年（平成二十九）十一月十日　第一刷発行

編者　飯《いい》村《むら》均《ひとし》
　　　室《むろ》野《の》秀《ひで》文《ふみ》

発行者　吉川道郎

発行所　株式会社 吉川弘文館

郵便番号一一三―〇〇三三

東京都文京区本郷七丁目二番八号

電話〇三―三八一三―九一五一〈代〉

振替口座〇〇一〇〇―五―二四四番

http://www.yoshikawa-k.co.jp/

組版・製作＝有限会社 秋耕社

印刷＝株式会社 平文社

製本＝ナショナル製本協同組合

装幀＝河村　誠

ISBN978-4-642-08319-5

飯村 均・室野秀文編

東北の名城を歩く 南東北編

宮城・福島・山形

A5判・二九八頁・原色口絵四頁／二五〇〇円

往時を偲ばせる石垣や土塁、郭の痕跡などが訪れる者を魅了する中世城館跡。宮城・福島・山形の三県から精選した名城六六を紹介する。最新の発掘成果に文献による裏付けを加えた、〈名城を歩く〉シリーズ待望の東北編。

峰岸純夫・齋藤慎一編

A5判・平均三一四頁

関東の名城を歩く 北関東編

茨城・栃木・群馬　二一〇〇円

関東の名城を歩く 南関東編

埼玉・千葉・東京・神奈川　二三〇〇円

吉川弘文館

（価格は税別）